Liberté à l’association
– Le miroir de la République

アソシアシオンへの自由

〈共和国〉の論理

高村学人
TAKAMURA Gakuto

keiso shobo

アソシアシオンへの自由
〈共和国〉の論理

目次

目次

序論

第1部　反結社という近代

第2部　中間団体政策の変遷

第3部 アソシアシオン法の形成

序論

本書は，フランスにおいて1901年に成立したアソシアシオン法の形成過程を法社会学的に分析することを目的としている．

アソシアシオン（association）とは，利得の分配以外の目的で結成され，独自の規約を備えて恒常的に活動を行う非営利組合（結社）[1]である．

1901年のアソシアシオン法は，「結社の自由」を保障すると同時に，届出を行うアソシアシオンに「小さな法人格」を付与するという制度を設けることによって，その活動に法的基盤を与えた法律である．

I　アソシアシオンの現在と歴史

近年，フランスでは，アソシアシオンの活動が目覚ましい発展を遂げている．この法律制定日から百周年のル・モンド紙の社説は次のように記している．

> 「アソシアシオンは，人間的活動の大半の領域において存在する．釣り人の会からNGO諸組織の連盟まで，アソシアシオンには，穏健なものや

1　1901年の「アソシアシオン契約に関する法律」は，次のような定義を与えている．「アソシアシオンとは，二名以上の者が，利得の分配以外の目的のために，自分たちの知識や活動を恒常的に共同するために結ぶ合意のことである」（第1条）．

本書では，アソシアシオン（association）の民事的側面については「非営利組合」，その公的自由の側面については「結社」という訳語を用い，双方の側面を含む場合，アソシアシオンとカタカナで表記する（「非営利社団」ではなく，「組合」という訳語を用いた理由については，本書286頁）．

ただし，「アソシアシオン」という概念は，実際の歴史過程においては，多義的に用いられる．本書の課題は，多義的な意味を有した「アソシアシオン」という言葉が，以上のような法的定義を獲得するにいたった過程を分析することにある．

野心的なもの，相互交流を目的にするものや異議申立を目的にするものがあるが，それは，集合し，行動し，自らの運命に影響を与えようとする市民の意志を現している．また経済的，社会的な側面も持っている．アソシアシオンは，……第三のセクターと呼ばれ……，120万人の有給職員を抱え，5%の雇用を支えている．教育，スポーツ，文化活動において主要な役割を演じているだけではなく，保健や社会福祉の領域でも最も明瞭な貢献をもたらしている[2].」

このような発展を反映して，この法律の生誕百周年には，政府による省際ミッションとして一年を通じて様々なセレモニーや研究集会が行われた[3].

実際，この法律は，その成立年である「1901年法 loi de 1901」の略称で呼ばれており，今日，フランス市民にとって最もよく知られている身近な法律の一つとなっている．これまで80万近くのアソシアシオンがこの法に基づいて届出を行っており，フランス人の二人に一人が何らかのアソシアシオンへ会費を払っているとされる[4].

生誕百周年が盛大に祝われたのは，このアソシアシオンが，国家中心社会でもなく，市場原理が支配する社会でもない「新しい市民社会[5]」を切り拓いていくことへの期待が市民においても高かったからでもある．

構成員の自発性，対等性を基本原則としながら新たな共同性を人為的に創り出そうとするアソシアシオン法の仕組は，「新しい市民社会」の構成原理そのものを体現しているとも言える．

2　*Le Monde*, le 21 juin 2001, 15.

3　人権宣言200周年（1989年），奴隷制廃止150周年（1998年）に続く形で，政府の省際ミッションとして各種の記念行事が組織された．

4　*Le Monde*, ibid.

5　本書において，「新しい市民社会」ないし「新しい市民社会論」と言う場合，それは，ハーバーマスの「市民社会（Zivilgesellschaft）」概念を念頭に置いている．ハーバーマスは，ヘーゲルが「欲望の体系」として概念化した市場経済社会としての「市民社会（ブルジョワ社会）bürgerliche Gesellschaft」に代えて，自由な意志に基づく非国家的，非経済的な結合関係やアソシアシオンを中核にする「市民社会（Zivilgesellschaft）」という概念を提示している．そこでは，アソシアシオンでの連帯的関係を通じて，公共圏のコミュニケーション構造が生活世界の社会的構成要素に根を持つことになるとされる（ハーバーマス 2003［1992］: 97).

＊

しかし，このアソシアシオン結成の自由が承認されるまでの道程は，フランスにおいては，極めて困難なものであった．

フランス革命では，一にして不可分の国民国家（Nation）と人権主体たる均質な諸個人（Hommes）を創出するためには，「国家」と「諸個人」の間に存在するあらゆる「中間団体 corps intermédiaires」を徹底して破壊することが必要であると考えられた．

ここで破壊された「中間団体」とは，各種の諸特権や自治権を有して，国家の主権を制約した「領域社団（高等法院管区，領主所領，教区等）」や「身分的・職能的社団（身分，同業者団体，カンパニー等）」だけではなかった．諸個人が新たに自発的に形成した政治結社，職人組合，信心会といったアソシアシオンも，個人の自由を妨げ，国民国家を分裂させる「中間団体」の一つとして，その存在が禁止・制限されることになる．1789 年の人権宣言に「結社の自由」が存在しなかったのは，偶然ではない．あらゆる中間団体を否認することによって，人権主体たる個人が初めて成立すると考えられたからである．

1830 年代にアメリカに渡ったトクヴィルは，彼地での活発なアソシアシオンの存在に驚嘆し，このアソシアシオンという仕組に，集権国家の下でどの国民も小心でよく働く動物の群れにすぎなくなってしまった「デモクラシーの危機」を脱する処方箋を見出す（トクヴィル 1987［1840］: 下巻）．しかしながら，フランスにおいては，19 世紀を通じて，アソシアシオンは，結社罪として処罰される対象であり続けた．

第三共和政においても，「結社の自由」は，他の公的諸自由の承認から遅れて，20 世紀に入り，ようやく成立することになる．

しかも，このアソシアシオン法は，アソシアシオンを諸個人による契約として定義し，法的個人主義を貫くという特徴を有したものとなった．その当時の社会学においては，団体というものを，それを構成する諸個人の総和以上の存在とみなし，固有の意思を有した実在物として捉える傾向も存在したが，このような社会学的な見方を，法の世界にそのまま持ち込むことは避けられた．アソシアシオンは，それを構成する諸個人に還元されるものであり，契約のメタファーでこそ表現されねばならなかった．

＊

革命期の中間団体否認の経験は，1901年のアソシアシオン法の表現にその痕跡が確認されるだけではなく，今日，フランスにおいて政治的公共圏のあり方を思考する際にも，現在を規定している歴史的経路として引き合いに出される．

社会学者のバルテルミは，その著書『アソシアシオン：参加の新時代？』において，アソシアシオンが政治と市民との媒介となり，市民性を育む公共圏を形成し得る可能性を様々な事例を通じて示しながらも，その結論において次のような苦悩を記している．

> 「フランスの特異性は，なによりも，その政治史，とりわけアソシアシオンの歴史に起因している．共和主義の論理が，ある局面では，結社する権利の障害となった．結社する個人の自由は，障害を乗り越えたが，私的圏域から生まれた諸集団が開花するのは，妨げられた．1901年法から一世紀経ったが，諸集団と公権力との関係の問題は，全く解決されていない．アソシアシオンを特殊利益の世界に送り戻し，国家や市場の補助としようとする傾向は，テクノクラート，政治家，理論家においてなおも強い．彼らは，結社的現象には，真の民主主義的正統性がなく，アソシアシオンの活動家，ボランティア，その責任者のみが自らを権威づけるためにその正統性を持ち出すのだと考えている．」(Barthélemy 2000 : 271ff.)

特殊利益の総和を超越した一般利益の体現者たる「国家」が「公共の事柄 res publica」を独占的に担うというモデル[6]によって「近代」を設計し，このモデルを自覚的に追求したフランスにおいては，アソシアシオンによる「市民

6　「設計された近代」のモデルとなったのが，ルソーの『社会契約論』である．ルソーは，「共和国」について次のような定義を与えている．「よって，私は，法律によって統治されている国を，その行政の形式がいかなるものであれ，すべて共和国と呼ぶ．なぜなら，その場合のみ，公的利益が統治し，公共の事柄が重視されるから．……この言葉（共和国）によって，わたしは，貴族政または民主政のみを意味しているのではない．共和国とは，一般に，法律が表明するところの一般意志によって導かれる全ての政府を意味している」（ルソー 1954［1762］: 59ff.）．ルソーにとって，「一般意志」とは，各人の「特殊意思」の総和である「全体意志」を超越した普遍であった．

社会」の自律性の獲得という多元主義的な主張は，今日でも，この「共和主義 républicanisme」という普遍主義的モデルと衝突せざるを得ないのである．

II 「中間団体」という問い

NPO法や非営利一般法人制度の整備が近年に至るまで遅れ[7]，市民的公共圏が十分に成熟していない我が国から見るならば，一世紀以上の歴史を持つアソシアシオン法と広範な範囲で多様な活動を行っているアソシアシオンを有している現在のフランスは，先進モデルとして貴重な事例を提供する倉庫ともなろう[8]．

しかし，各国の非営利法人制度は，歴史・社会的要因に規定されて，それぞれの特徴を帯びるに至ったのであり，表層的な制度比較，事例紹介ではなく，その形成過程を歴史社会学的に分析していく作業は，現在の位置を歴史的パースペクティブから省察する上でも有益であると思われる．

＊

フランスでは，ラディカルにまで中間団体否認を徹底したという経験があるからこそ，「中間団体」をめぐる問いが常に自覚的に取り組まれてきたと言える．

あらゆる「中間団体」を否認することで，「国家」と「諸個人」の二極構造を創り出したフランス革命においては，「国家」と区別される「社会」の存在

7　これまでの我が国の民法上の法人制度は，営利法人と公益法人という非対称的な二つの団体類型から構成されており，NPO法（1998年）や中間法人法（2001年）が制定されても，それらは，公益法人に関する民法34条の特別法として位置づけられ，非営利一般の法人制度を欠いたものとなっていた．この欠落が埋められるには，2006年の公益法人制度改革による非営利の一般社団法人，一般財団法人制度の創設を待たねばならなかった．

これに対して，フランスのアソシアシオン法は，公益性とは無関係に，構成員のみの共益を目的とするものであっても，利得の分配を行わないという条件で，あらゆる非営利組合に「小さな法人格」を与える仕組になっている．

日本の民法の起草時に非営利法人という団体類型が設けられなかった経緯の分析としては，雨宮（1998），NPO法以降の民間非営利法制改革の分析としては，佐藤（2006）を参照．

8　コリン・コバヤシ編（2003）は，社会変革的なフランスのアソシアシオンの活動事例を豊富に紹介しながら，アソシアシオン法と日本のNPO法の比較を行っている．

は，観念上，消滅することになる（Donzelot 1994 : 57）.

新たに設立された「国家」は，「諸個人」の結合体としての政治的な市民社会そのものなのであり[9]，それに外在し，それを枠づける「社会」は観念されず，「国家」以外の結合体の存在は禁じられた.

しかし，一般利益を体現する「国家」のみが公共を担い，「諸個人」が特殊利益を私的に追求するというこの「共和主義モデル」は，「社会の空隙（vide social）」を生みだす[10]．このモデルが原因となって，社会紐帯の衰弱，革命以後の無秩序，モラル上の危機といった問題が発生しているという認識は，19世紀のリベロー（自由主義者），保守主義者，社会主義者の全てにおいて共有されたものとなる（ibid.）.

コント，トクヴィル，ル・プレ，デュルケムといった社会学の創始者達も，かれらが取り組んだ「社会問題」の出現は，革命によって引き起こされたものであると認識する点で共通していた（Nisbet 1984 : 50ff.）.

すなわち，革命による中間団体否認が，フランスにおける社会学的考察の出発点となったのであり，社会学というディシプリンを生成させた問題意識は，「国家」と「諸個人」しか措定しなかった革命期の社会像に取って代わって，「国家」とは区別される「社会」の領域を発見することにあった．この「社会」とは，単なるアトム的諸個人の集積ではなく，「中間団体」の存在によって秩序づけられたものであり，先の社会学者達は，モラルの基盤がこの「社会」の側に存在する可能性を示していくということを課題とした.

このような問題意識を有した社会学の伝統においては，「中間団体」の存在は，積極的に承認される.「中間団体」は，「社会」の領域に自律性を与え，そこに厚みをもたらすものであり，「国家」と「諸個人」の媒介となることによって，アノミー状態にある「社会」の病理を克服するものと位置づけられる.

その当時における社会学とは，近代化の中で変貌を遂げる「社会」を比較・歴史的に観察し，「諸個人」が構成する様々な「中間団体」を類型化しながら，近代社会において再建されるべき「中間団体」のモデルを提示し，新たな「社

9　（リーデル 1990 : 69ff.）を参照.

10　ドンズロは，その著書『社会的なるものの発見』で，この「国家」と「諸個人」の二極構造モデルは，ルソーの『社会契約論』に起因するものであり，19世紀後半以降，「社会」を措定しないこのモデルが，「ルソーの過ち」として様々な潮流から批判の対象となっていく過程を明らかにしている（Donzelot 1994 : 58ff.）.

会」をデザインしていくことを仕事とした学問的営みであった.

再建されるべき「中間団体」が，どのような構成原理に基づくものなのか，それは「個人」の自由とどのような関係に立つか，全体秩序や「国家」との関係においてどのように位置づけられるか，これらの問いは,「中間団体」の存在が法の世界において徹底的に排除されたが故に，自覚的に取り組まなければならない課題となる.

このような課題を引き受けた社会学にとって，アソシアシオンの問題は，極めて重大なものであり，アソシアシオンへの自由をどのように構想するかという問いこそが，社会学の主要問題をなす[11].

*

そして，19 世紀から 20 世紀への転換期におけるフランス法学は，このような社会学の問題意識や社会把握の方法に影響を受けながら，法思想を革新していった. デュギ，オーリウ，サレイユといった法学者においては，従来の思考枠組であった「国家」と「諸個人」の二極構造モデルは退けられ,「社会」の中の「中間団体」の存在を積極的に評価するという見方が打ち出され，新たな団体的法現象[12] に「法」の形成の契機を探っていくことが研究の中心的モティーフとされた[13].

アソシアシオン法は，まさにこのような転換期において成立した法律なのであり，この形成過程を辿ることは,「中間団体」に関する多様な視座が得られるだけではなく，新しい社会学的な思考方法に対して法学がどのように対応したのか，法はどのような形で，革命期の中間団体否認という個人主義的伝統と,

11　社会学 Sociologie という言葉を初めて用いたコント，社会調査法を確立したル・プレ，既述のトクヴィルが,「結社の自由」の制限の社会的含意に深く取り組んだことについては,（Nisbet 1984 : 56ff.）を参照.

12　例えば，デュギは，国家から自律的な団体である同業組合，アソシアシオン，地域集団，家族，職業組合の内部で形成される「規律法 droit diciplinaire」，労働協約などの「法を形成する合意 lois-conventions」，コミューン議会への分権化によって出現する「地域法 lois locales」といった新たな団体的法現象を,「国家法中心主義 légicentrisme」に対抗する「特殊法 lois particulieres」の発展として理解し，法多元主義の立場を鮮明にしていった（Duguit 1913 : 104ff.）.

13　デュギ，オーリウ，サレイユの法思想における革新，他の社会諸科学の影響については,（Gurvitch 1932 : 591ff.）を参照.

団体的法現象の増大・上昇という新たな傾向との間に和解をはかったのか，という問いにも繋がっていく．

*

以上のように，本書は，徹底した中間団体否認によって近代社会を創り出そうとしたフランスの歴史的固有性に注目しながら，革命期の中間団体否認から1901年法によるアソシアシオンの承認までの中間団体論の変遷を分析しようとするものである．

このような主題については，既に多くの研究が存在する[14]．よって，次に，これまでの研究史を概略しながら，それとの対比で本書が行おうとする法社会学的アプローチの独自性を示すことにしたい．

Ⅲ　法社会学的アプローチとは何か：先行研究との対比で

(1)　法の社会像

第一に，フランスの中間団体論に関しては，憲法学の樋口陽一の議論を挙げなくてはならない．樋口は，日本社会の集団主義的性格や，社会的権力と個人の人権との緊張関係の不在を問題とし，国家による中間団体破壊によって人権主体たる個人を力ずくで析出したフランス革命の過程を近代が通過しなければならない経過点として高く評価した（樋口 1989a）．

樋口は，この革命の過程を〈ルソー・ジャコバン型〉モデルと命名し，人権宣言200周年に際して，日本社会がこのモデルの意義をそのもたらす痛みとともに追体験することが重要であると問題提起し（樋口 1994：68），法学界の大きな論争となった[15]．

この〈ルソー・ジャコバン型〉モデルの孕む危うさについてはドイツ法社会史の立場から村上淳一の批判[16]があるが，本書は，フランス史に即して，中間団体破壊の過程，その後の展開を詳細に追いかけることによって，革命期に破

14　アソシアシオン法に歴史的概観を与える近年の研究としても，（コリン・コバヤシ編 2003：13ff.），村田（2005）があるが，本書では，Ⅲで述べる方法的視点に基づき，より実証的な研究を展開していく．

15　憲法学者からのさまざまな批判に対する樋口のリプライとして，（樋口 1994：71ff.）．

壊された団体とはいかなる性質のものであったのか，二極構造を形成した「国家」と「個人」とはいかなる特性を有するものか，その後の「市民社会」のあり方にどのような影響を与えたのか，という問いを探求し，このモデルを批判的に検証することを試みていきたい．

その際，「社会像」という概念を分析のための道具として用いることとする．「社会像」とは，「国家」－「中間団体」－「個人」のそれぞれとそれらの相互連関がどのように観念されているか，ということを指す[17]．

フランス革命は，確かに樋口が言うように，中間団体破壊によって「人一般」や「国民国家」という法観念を成立させたという意義があったが，分析に際しては，このような論理構造のシェーマを確認するにとどまらず，立法者の言説をつぶさに観察しながら，より具体的に，いかなる「個人」像，いかなる「国家」像がそこに描かれていたのかを明らかにしていくことが目指される．

普遍・抽象的な法観念の内奥に潜む，特殊な「個人」像，「国家」像が析出されねばならない．

また樋口の歴史認識においては，1901年にアソシアシオン法が成立したのは，一九世紀を通じた反結社主義によって個人の析出がようやく完了したからであると位置づけられている[18]．

しかし，革命期の反結社法の「社会像」が，多様な政体を経験した一九世紀の中間団体政策において継承されていたのか，ということは，精確な検証を要する作業であると思える[19]．

16　村上淳一は，西欧近代市民社会を前近代との連続性を有した重層的構造において捉える立場から，個人の倫理的自律性を支えた中間団体の役割を強調し，市民社会を「自律的な個人のアトミスティックな集積」として捉える歴史認識を批判している（村上 1985）．近代市民社会を「自律的な個人のアトミスティックな集積」と捉え，国家権力による社会的・政治的諸団体の否認・排除を自主的人間人格の成立の条件としたのは，川島武宜の市民社会観でもあった（川島 1950：113ff.）．

17　この用法は，山元一に示唆を受けたものである（山元 1993）．山元は，〈国家〉－〈社会〉－〈個人〉の連関構造を問題とするための概念として，社会像という語を用いて，現代「法治国家」論との関連でフランス憲法思想史を再検討している．ここで言う〈社会〉とは，諸個人によるアモルフな空間ではなく，国家と個人の中間に存在する実質的なイメージを持つものである．

また，「法の社会像 Law's Images of Society」という概念を用いて，法や法思想の内奥に潜んでいる社会や社会関係についてのイメージ，イデオロギーを分析する方法を法社会学の研究プログラムとするコットレルの議論も参照（Cotterrel 1995：221ff.）．

形式的な近代法理解，単線的な近代化論に陥らず，フランス近代の特異性を，その「社会像」の特殊性と変遷過程に注目しながら分析していくことが本書の第一の視点である．

(2) 法と社会の相互作用

第二に，アソシアシオンに関しては，社会史による研究蓄積が存在する[20]．社会史は，人と人とが共通の集合心性のもとで結びあう「ソシアビリテ（社会的結合関係）sociabilité」という概念[21]を用いることによって，民衆達の日常生活の多様な側面を描いてきた．

喜安朗は，禁止にも関わらず事実上存在した19世紀前半の職人組合や相互扶助組合といったアソシアシオンに注目し，人と人との絆を保ちながら，より個人の志向性が強く表現できるような共同性がそこで成立していたことを生き生きと描き出している（喜安 1994a）．

また槇原茂は，19世紀後半における農村でのアソシアシオンの広がりが，平等主義，民主化指向を産み出し，農民の共和主義理念の受容をもたらしたことを明らかにしている（槇原 2002）．

喜安は，このようなアソシアシオンによって民衆が織りなす多様な「ソシアビリテ」という社会的現実から，国家とアトム化した諸個人しか存在しないとした革命期の言説は，単なるヘゲモニーを確立しようとする言説であったに過

---

18 「『個人』がいわば力ずくでとり出されてきたあとではじめて，自由な諸個人のあいだでとりむすばれる結社について，その自由を保障することが，日程にのぼってくる．フランスで，一九世紀後半のいくつかの立法の段階を経たうえで，結社の自由一般を保障する法制度が実定化されるのは，一九〇一年の法律によってであった」（樋口 1989a : 164）．またアソシアシオン法百周年を機に寄せた論考でも，「一九〇一年七月一日法まで一世紀のあいだ「眠りの美女」となる期間が，結社の自由にとって必要だったのであった」と述べている（樋口 2001 : 94）．

19 また，法の効果の次元においても，反結社法が，実際に「個人」を「中間団体」の抑圧・強制から解放する機能を果たしていたのか，検討が必要となろう．

20 多様なアソシアシオンの関係性のあり方からフランス近現代史の展開を描き出す最近の総合的研究として，福井編（2006）がある．

21 アギュロンが18，19世紀の南仏における信心会，フリーメイソン，協会やサークルなどのアソシアシオンを研究した際にはじめて用いた概念であるが（Agulhon 1984），今日では，アソシアシオンによる関係に限定されず，日常生活の多様な側面をも捉えようとする概念として用いられている．ソシアビリテ論については，二宮編（1995）を参照．

ぎないと主張した（喜安 同上：18ff.）.

これらの研究は，これまで近代の理念（建前）と実在が混同されることによって平板にイメージされてきたフランス近代の多様な姿を明らかにし，我々の前に豊穣な世界を切り開いただけではなく，〈個と共同性〉の接合を如何に図るか，民主化の進展とソシアビリテの関係は如何にあるのか，という優れて現代的な問題を考察するにも示唆を与えるものであった[22].

ただし，その裏面として，社会史は，民衆の生活世界の構造を描くのに没頭するあまり，法や政策との関連への注意がやや希薄になったとも思える[23].

アトム的個人により構成された社会という公式的な近代（法）イメージに対して，それと異なる社会的事実を対置し，法と社会の矛盾，近代社会の多様性を示すのみではなく，さらに一歩進んで，そのような社会的事実（中間諸団体）が何ゆえに許容されたのか，法・政策が実際に変化を被らなかったのか，社会的事実と法・政策が相互作用しながら，中間団体の位置づけがどのように変容していったのかが具体的に辿られねばならないと考える.

本書では，事実上存在したアソシアシオンの実態のみではなく，それを規制した規範の具体的な有り様にも注目しながら，社会との相互作用の中で法が生成し，受容されていく過程を探っていくことを第二の視点とする.

---

22 フランスのアソシアシオン法の仕組に，「独立した個人でありつつ社会に開かれている」人間のあり方を支援する手懸りを見出す大村敦志の一連の研究も，この社会史の〈個と共同性〉の接合という問題設定と響きあうものであろう（大村 2002；2003b).

23 例えば，わが国のフランス近代社会史の到達点を示すとされる著作において，ル・シャプリエ法（1791 年）とナポレオン刑法典（1810 年）の条文が不注意に混同されているといったことに法への関心の希薄さが伺える（谷川 1983：102).

これに対して，前述の福井編では，「とくに法的に規定されなくても結社や結社的結合は，歴史的に多様な脈絡において存在しうるものであった．ただそれらが，公的秩序に目を光らせる権力からの介入と規制と，あるいは社会や経済が維持されていく仕組みと，時代によって多様な関係のもとにおかれたという点が，アソシアシオンという観点から歴史を読み解く場合の重要な目のつけどころになる」とされ（福井編 2006：8)，法や政策との関連で実態としてのアソシアシオンを見ていくことの重要性が意識されている．しかし，各章では，個別のアソシアシオンから見た歴史の展開が扱われるのみであり，それぞれのアソシアシオンに関連する規制の分析はあるが，法や政策それ自体に通史的分析を与えるものとはなっていない．また 1901 年法により，アソシアシオンが「遺贈などを受けることも可能になった」とされているが（同上 5)，1901 年法の特徴は，本書で論じるように公益性が承認されないアソシアシオンの受贈能力を制限した点にあったのであり，正確な記述ではない.

(3) 法の相対的自律性

第三に，中間団体否認からアソシアシオン法成立までの制度史を扱ったものとしては，ヌゥリッソンの研究が早くから存在し（Nourrisson 1920），また最近では，ロザンバロンの研究によって，革命後の多様な思想潮流による中間団体論に明瞭な概観が与えられるようになった（Rosanvallon 2004）．

ヌゥリッソンの著作においても多様なアソシアシオン論が扱われていたものの，彼の実践的課題が1901年法以後も特別な規制に服した修道会の自由を擁護するということにあったため，前国家的に存在する自然権として「結社の自由」を論証するということに主眼がおかれ，思想潮流によってアソシアシオン論に相違があることについては十分な検討がなされていなかった．

これに対して，ロザンバロンの研究は，政治史，政治・社会思想史についての該博な知識と深い洞察に基づき，経済規制や中央－地方関係の様態までをも射程に含んで，19世紀から今日に至るまでの様々な中間団体論の変遷を照らし出すものであり，思想史的にやや平板であったヌゥリッソンの中間団体研究に厚みをもたらすものになっている．

ロザンバロンの歴史観は，大革命の中間団体否認によって「一般性の政治文化[24]」というものが成立し，この政治文化は，19世紀以降の様々な中間団体復活論から抵抗を受けるが，大きく変更されることはなく，修正を被っただけで，なお今日においても思考の型としてフランスの民主主義のあり方を規定するモデルとなっているというものである．

本書も，冒頭で述べたように，革命の中間団体否認の経験が，歴史的経路としてその後のアソシアシオン法や政治的公共圏のあり方に影響を与えたとみなす点で，ロザンバロンの認識を共有するものである．

しかし，法社会学的アプローチを取る本書においては，ある思想や政治文化というものが，直接，法の具体的なあり方を規定するという還元主義は取らず，法が産み出される場は，相対的に自律した場を形成しているという見方を取

24 「一般性の政治文化」とは，(1)中間団体を拒否し，大きな全体としての国民国家を称賛する「社会形態」，(2)諸集団による政治表現を退け，人民の総体としての意思が無媒介に表明されることの徳を信仰する「政治的性質」，(3)社会的なるものを制度化し，操作することを可能にする法律を一般意志として崇拝する「規制方法」の3つの要素から定義されている（Rosanvallon 2004 : 13）．

る[25].

法社会学者のコマイユは，法律を作る立法者の選択は，政治的，経済的，社会的要因にのみ還元して説明されるべきではなく，法が産み出されるプロセスにおいて法専門職によって展開される議論，固有に「法的なるもの」が，いかにして争点を作り上げ，法の内容を正当化していくかということを分析するのが，「法の政治社会学」の視点であるとしている（Commaille 1994 : 18）.

アソシアシオン法が産み出されるプロセスにおいても，承認されるべきアソシアシオンをどのように法的に定義するか，それにどのような法的地位を与えるかという争点をめぐっては，法人理論という固有に法的な議論が形成された．またそれに先立つ中間団体の廃止，規制の諸立法の制定過程においても法人理論は，重要な役割を演じている．

立法者を外的に規定した政治的，経済的，社会的要因にのみ注目するのではなく，立法者が自らの提案を正当化するために用いる法的レトリックを内在的に分析していくことが重要になる．

また議会での立法過程にのみ焦点をあわせるのではなく，「法の歴史社会学」の方法によって職業組合法の形成を研究したスゥビラン[26]，労働協約法の形成を研究したディドリー[27]が行ったように，規制慣行や判例や学説といった法的

---

25 ブルデューによれば，法には，内的視点に立った見方と外的視点に立った見方の2つがあるとされる．前者は，法の固有の論理を絶対視する法専門家の見方であり，そこでは，ケルゼンのように法は純粋に完結した世界とされ，絶対的に自律したものとされる．後者は，アルチュセールのように，法を支配者のための道具，装置とみなして，既存の力関係に法を還元していく見方である．ブルデューは，内的視点と外的視点のいずれかを選択するのではなく，両者の視点を踏まえた上で，法専門家によって支えられている法の圏域の相対的自律性，それが可能となっている社会的条件を明らかにすることが重要であるとする（Bourdieu 1986）.

26 スゥビランは，職業組合法（1884年）が制定される以前，禁止されていた労働者結社に関する判例，黙認を受けていた「労働者組合評議会 Chambre syndicale」の規約を大量に分析し，立法者の政治的意図のみならず，それらの蓄積の中に，1884年法の「職業組合 Syndicat」という法カテゴリーを形成させた基盤を探っている（Soubiran 1999）.

27 労働協約法（1919年）の形成を分析するディドリーは，「労働協約」という新たな法カテゴリーへのデュルケム社会学の集団概念の影響を指摘する一方で，社会学的な集団概念がそのまま法の論理には，浸透せず，判例や法学者協会は，民法典の伝統的なカテゴリーと大きく逸脱することは，避けて，「他者のための約定」という委任の法理から「労働協約」を位置づけるように努力した点に，一つの新たな法カテゴリーの産出をめぐる社会学的認識と法的世界の綱引き，衝突を観察している（Didry 2002）.

素材をも対象にしながら，アソシアシオンの法的定義が構築されるプロセスを明らかにしていかなくてはならない．

法は，完全に閉じた世界を形成するものではなく，社会の変動に促されて，新たな法が産み出される．しかし，この新たな法は，既存の「法的なるもの」の体系を参照しながら，自らの位置を正当化しなければならない．このように法を相対的に自律したものと捉えた上で，その形成を分析するというのが，本書の第三の視点である．

Ⅳ　分析対象

以上のように，法社会学的アプローチを取る本書では，第一に，法の背後にある社会像を析出し，第二に，法と社会との相互作用の中に中間団体政策の変容過程を観察し，第三に，法が産み出される場においては法固有の論理に注目するという視点を取っていく．

以下では，このような視点の下で，分析対象とした史料についてごく簡単に説明しておく．

a)　立法史料

本書で分析の対象とした法令については，末尾に索引としてまとめた．アソシアシオンに直接関わる法令のみならず，フランス革命から1901年法制定にいたるまでのあらゆる中間団体[28]に関する法令を分析の対象とし，その立法過程の議事録を詳細に辿ることによって，立法者の社会像の変遷，依拠した法理論を析出することに努めた．

b)　警察行政（ポリス）史料

アソシアシオン法生成前の反結社法の適用の様相，実態としてのアソシアシオンの傾向を探ることを重視して，警察行政文書の分析に取り組んだ．

国立文書館所蔵のアソシアシオンに関連する史料からは，第一帝政期の全国的なアソシアシオン調査，第二共和政期の〈アソシアシオン〉への奨励策とその結果を調べた．

次に，19世紀後半におけるアソシアシオンの傾向と規範の変容過程を探るためにロワール県サン・テチエンヌ市[29]を事例地域とし，この県文書館で，当

28　商事会社，職業組合，共済組合に関する立法過程については，優れた先行研究を参照することよって，それらの立法に表現される中間団体観の変遷を理解することに努めた．

該市におけるアソシアシオンに関連する史料を網羅的に分析した[30].

中央から県への通達・訓示，地方から中央への報告・書簡などにも注目して，統治者の中間団体観の変容を探ることも課題とした.

刑事司法統計年報も結社罪の適用の推移を知るために，分析の対象とした.

c) 判例・法学説

判例については，エャムの詳細な判例研究[31]やフランス法総覧[32]を参照しながら，判例集にあたった.

法学説における法人理論は，まさに「国家」—「中間団体」—「個人」のそれぞれとそれらの相互連関をどのように観念するか，という「社会像」を投影したものであるので，アソシアシオン法への影響如何という点に限定せず，幅広く検討対象とし，分析することを試みた.

その他，参照した文献については，最後の文献一覧にまとめている.

V 本書の構成

本書は，次のような順序で論述を進めていく.

まず，**第1部「反結社という近代」**では，フランス近代の出発点となる中間団体否認の歴史過程を社会学的に分析していく．アソシアシオンの叢生による革命の成立，一連の反結社法の制定，革命の終結にいたるまでの過程を，「公共」という概念の意味の変容に注目しながら跡づけることで，革命期の反結社法の社会像の特質を浮かび上がらせていく.

次に，**第2部「中間団体政策の変遷」**では，革命期の反結社法や中間団体観が，19世紀においてどのような変容を被っていくのかを明らかにしていく．第1

29 サン・テチエンヌ（Saint-Étienne）市の都市構造については，第3部第3章にて説明を行う.

30 ロ＝テ＝ガロンヌ（Lot et Garonne）県アジャン（Agen）市でも同様の作業を行ったが，本書では，その内容は割愛した．ただし，19世紀半ばの相互扶助組合への規制に関する記述，中央からの通達・訓示に関しては，当県の文書館の史料を典拠とするところがある.

31 Hayem (1911)．またメルレの博士論文は，1901年法以降のアソシアシオンに関する判例を網羅的に分析する労作であり，付属資料として判例の詳細な年表も掲げている (Merlet 2000).

32 *Répertoire général alphabétique du droit français* の各版を参照した.

章では，ナポレオン期における中間団体政策の変容を革命期との対比で明らかにする．第2章では，19世紀前半におけるユルトラ派，リベロー，初期社会主義者の中間団体論を検討し，それぞれが「解体された社会」をいかにして再建しようとしたのかを明らかにする．第3章では，友愛をスローガンにする第二共和政で実験された〈アソシアシオン〉構想の中身とその帰結を考察する．第4章では，一九世紀後半の各個別法による中間団体の制度化とその効果を分析する．法を社会との相互作用において捉えながら，中間団体を実際に規制した規範の動きの中に，中間団体観の変遷を辿っていくのが第二部の課題となる．

続く**第3部「アソシアシオン法の形成」**では，アソシアシオン法の形成過程を，社会理論の変化，新たな法人学説の形成，規制慣行と判例の変容，議会での審議過程という四つの側面からそれぞれ描いていく．第1章では，デュルケム社会学と社会カトリシスムの双方が，政治的統合を担う共和政国家と矛盾しない形で，中間団体論を再構成していく過程を分析する．第2章では，アソシアシオン法案への批判という形で，その輪郭を現わしてきた新たな法人学説の理論的射程を明らかにする．第3章では，サン・テチエンヌ市を事例に，法成立前のアソシアシオンの実態と規制様式の変化を明らかにした後，判例におけるアソシアシオンの定義を検討する．第4章では，アソシアシオン法の起草者であるワルデック・ルソー（Waldeck-Rousseau）の言説に焦点をあてながら，議会での立法過程，成立した法の特徴を分析し，立法者の「市民社会」観を浮かび上がらせていく．また，このアソシアシオン法がどのように受容され，今日，評価されているかについても概略を与える（第3部補章）．

最後に，以上の検討から得られたことを総括しながら，今後の展望を示すことにしたい．

では，早速，本論に入っていこう．

第１部
反結社という近代

第1章 「公共」概念の転換
——革命期における反結社法の社会像

本章では，フランス革命期における一連の反結社法とその立法過程での言説を分析することを通じて，立法者によって観念された「社会像」を再構成し，かつそれら諸立法によって革命期の社会空間がどのように編成されたかを探求することを課題とする．

フランス革命と言えば，いわゆる中間団体否認論によって職を媒介とする結社を禁じたル・シャプリエ法が有名である．立法者であるル・シャプリエ（Le Chapelier）は，その演説の中で，「もはや国家の中にコルポラシオンは存在しない．存在するのは，各人の特殊利益と一般利益のみである」と述べ，革命が創り出すべき近代社会のかたちを明瞭に提示してみせた．

先述の樋口陽一は，この法律を「身分制同業組合からの個人の解放——そして放り出し——のために「近代」が通過しなければならない経過点を，歴史上最も端的に示すものなのであった」と表現している（樋口 2004：9）．

このル・シャプリエ法については既に我が国でも数多くの研究蓄積がある[33]．

しかし，これまでの多くの研究では，中間団体否認という特殊なイデオロギーが強調されながらも，ル・シャプリエ法を，コルポラシオンの破壊を通じて「営業の自由」を確立したとする経済史からのアプローチや，あるいは労働者の団結を否認し，その後の労働運動の大きな桎梏となったとする団結権史のアプローチが中心であり，いずれもル・シャプリエ法にのみその焦点が絞られていた[34]．しかし，ル・シャプリエは，その名の冠せられたル・シャプリエ法の

---

33 恒藤（1955），中村紘一（1970），杉原（1971），稲本（1972），岡田（1973），中村睦男（1973），井上（1991），富永（2005）を参照．

34 杉原泰雄の研究は，「国民主権」との関係でル・シャプリエ法を考察したものであり，この類型に属さないかもしれないが，基本的に後に取り上げるジョレスによるル・シャプリエ法の階級的性格の分析に依拠しており，本書とは視点が異なる（杉原 252ff.）．

これに対して，井上すずと富永茂樹の研究は，ル・シャプリエによる政治的結社の制限に関するデクレも検討の対象とし，政治文化論的，思想史的なパースペクティブから革命期の反結社主義の特異性を明らかにしており，本書の視点とも重なり合うものである．

提案者であるだけではない．本章では，ル・シャプリエ法のみに対象を限定せず，ル・シャプリエによる請願権の制限，民衆協会の活動制限に関する立法やスペクタクルに関する立法，またそれらと同一の言説によって推進された修道会廃止の過程を網羅的に取りあげることによって，社会学的な視点から，革命期の反結社法の「社会像」を浮き上がらせることを試みる．

その際，特に「公共 public」という概念の意味内容と担い手がどこに措定されていたか，ということに注目し，革命前夜のアソシアシオンの叢生から革命期の一連の反結社法の制定にいたるまでの「社会像」の変遷過程を，「公論 opinion publique」から「公共精神 esprit public」への転換として特徴づけてみた[35]．予め示すならば以下のように定義できる．

「公論」とは，公権力を監視し批判するコミュニケーション的権力であり，不一致と多様性をその属性とし，「国家」からは自律的で，「個人」が平等となる結社的空間[36]において産出されるものである．

「公共精神」とは，「国家」によって公民が身につけねばならないとされた統一的な徳であり，「個人」の賞賛に基づくのだが，市民生活の画一的原理として「公論」に対抗した．アソシアシオンはこの「公共精神」を分断するものとされた．

本章は，個別のアソシアシオンや日常的な場にミクロ接近するような社会史的アプローチを取るものではなく，主として立法と立法過程での言説を素材とするものであるが，革命前後に新しいアソシアシオンが叢生し，政治化していく過程をも動態的に把握しながら，とかく経済的構造に還元されがちな一連の反結社法を社会学的な側面から再解釈することを試みていく．

35　この類型は，オズーフが「公論」研究の際に用いた類型を参考にした（オズーフ 1995［1988］: 943ff.）．またモニエは，革命期の「ソシアビリテ」の変化を，90，91 年頃に友愛主義的アソシアシオンによって形成された多様なコミュニケーション的権力を核とする「民主主義的公共圏」から，それ以降ジャコバンによって意見を統一された「共和主義的空間（共和主義的ソシアビリテ）」への移行として描く（Monnier 1994）．革命期のこのような「公共」概念の転換を多角的に分析する共同研究の成果として，安藤編（2003）．

36　ここで言う「空間」とは，アソシアシオンでの人と人との接触から生じるコミュニケーションの広がりそのものを指している．

第１節 革命前の理解

本節では，まず絶対王政期の統治構造を「社団国家」という理解によって素描し，続いてこの「社団国家」とは異質な社会的結合関係に基づく結社的空間が，18 世紀後半から，ブルジョワ層においては「市民的公共圏」，民衆層においては「新しい政治文化」として誕生し，これらの空間において「公論」が産出され，これが「革命」の条件となったことを論じる．

(1) 「社団国家」素描

以下の引用は，1776 年のテュルゴ勅令に反対するパリ高等法院次席検事アントワーヌ＝ルイ・セギエの演説であるが，「社団国家」の理念型を極めて的確に描く．

> 「陛下，陛下のすべての臣民は，王国にさまざまな身分がありますのと同じように，多くの社団に分かれております．聖職者身分，貴族身分，最高諸院，下位諸法院，これら諸法廷に所属します官職保有者，大学，アカデミー，金融会社，貿易会社，これらすべてが，あらゆる分野におきまして，活力に充ちた社団を構成しているのであります．それは恰も長い鎖の一つ一つの輪にも当たるべきものでありまして，その鎖の最初の輪はまさしく陛下の御手の中にあるのであります．このような貴い鎖を打ち砕こうなどという考えは，耳にしただけでも身の毛がよだつでありましょう．商人や手工業者のギルドも，王国の全般的なポリスに貢献するこの分かちがたい全体の一部をなすものと言わねばなりません．」(Flammeront 1978 [1898]：t. 3, 345ff.)

絶対王政期の社会は，このように多様な「社団」をその構成単位とする社団的編成を取り，国王は直接に臣民を支配することなく，臣民を何らかの「社団」に属させ，これら「社団」を媒介として初めて統治を実現できたのである．「社団」とは，行政・司法・租税上の「特権」が，国王の公開状によって許可され，その限りで「自由」を保障されている法人格のことである[37]．この「社団」は，構成員の「共通善」と同時に「公益」をも追求するゆえ，その法

図表1-1-1　社団国家の体系（二宮　175，187）から作成

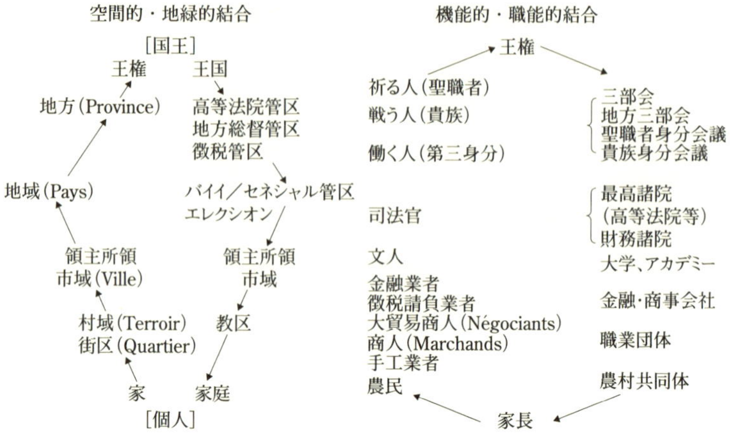

人格は，公法に属するものとして観念された（Lefebvre-Teillard 1996 : 91）.

これに対して，国王の許可なき集合・結社である「アサンブレ assemblée」は極めて危険な王権に対する反抗であり，違法とされた（Nourrisson t. 1, 51ff.）.

ただし「社団」の単位となったのは，そもそもは「空間的・地縁的結合」と「機能的・職能的結合」の二体系から成る，支配の契機を論理的には含まない自然生的な社会的結合関係であったとされる[38].

「空間的・地縁的結合」とは，「家」を起点として，「村域」，「街区」を日常的な枠組みとし，「領主所領」，「市域」を経て，さらに「地域」のレベルを通過し，「地方」のレベルに達し，その結着点を「王国」とする結合関係である．国王がこのような自然生的な結合関係を社団的に編成した表現が，「教区」「領主権」「徴税区」「高等法院」などの下位が上位へと階層的に包摂される諸特権の体系である．

「機能的・職能的結合」では，伝統的な「聖職者」「貴族」「第三身分」のいわゆる「身分」と言われる大まかな区分だけではなく，それぞれの集団内部で細かに分化しており，職種ごとにそれぞれ集団が形成された．例えば，「聖職者」内においては，「在俗聖職者」「修道聖職者」「高位聖職者」「下位聖職者」とそれぞれに分化し，「貴族」内でも，「宮廷貴族」「地方貴族」「武家貴族」

37　（Mousnier 1996 : t. 1, 335ff. ; 柴田 1983 : 86）を参照.

38　二宮（1995）を参照.

「法服貴族[39]」の間の亀裂は激しく，「第三身分」内では，上層の「金融業者」「租税請負人」「大貿易商人」から下層の「手工業者」「農民」へと至るまで職種ごとに無数の職能集団が存在した．これら諸グループ間の関係は，本来は併立的なものであるが，現実には，一連の序列が形成され，「上席権」を激しく争った．国王はこれらに諸特権を巧みに与えることによって一定の支配秩序に位置付けることをはかった．

このように，「社団国家」とは，本来は自然生的な社会的結合関係を「階層化」された「社団」へと再編することによって存立したのであり，この階層の「序列」は，国王との距離によって秩序付けられていた．この「社団」の織りなす鎖状の階層的秩序を通じて，権威は上から下へと循環し，服従は下から上へと循環したのである[40]．

(2) 革命の条件（結社的空間の叢生）:「公論」の形成

a)「市民的公共圏」の成立

しかし18世紀の特に後半に入ると，「社団国家」の構成原理とは全く異質の原理からなる新しい社会的結合関係，「新しい空間」が成立していく．

ハーバーマスの「公共性（公共圏）の構造転換[41]」は，アレントがギリシャのポリス生活での公私の区分を空間的な分割として把握した発想を継承しながら[42]，この「新しい空間」を「市民的公共圏（bürgerliche Öffentlichkeit）」として理念的に抽出し，その形成過程から解体期までの変容を辿りながら，現代における「公共圏」の救出を意図した著であるが，この視座は，フランス歴史学にも継承され，フランス革命の「政治文化論」とでもいうべき領域を出現させた[43]．

ハーバーマスの言う「市民的公共圏」とは，公衆として集合した私人たちが

39 法服貴族の「社団」については，宮崎（1994）が詳しい．

40 （フュレ 1989［1985］: 71）．

41 ハーバーマス（1994［1990］）．花田達郎は，ハーバーマスのÖffentlichkeit概念の有する空間的な広がりの含意を明瞭にすべきであるとして，これまでの「公共性」の訳語に替え，「公共圏」という語をあてることを提唱した（花田 1996）．以下の本書の引用も，細谷訳は参照したが，花田の提唱に倣いながら訳出は自らが行った．

42 アレント（1994［1958］）．特に第二章「公的領域と私的領域」．またハーバーマスとアレントの関係については，齋藤（1987）を参照．

43 この動向を概括するものとして，安藤（1995）．

理性を公的に使用する空間であり，政治的には，国家の支配からまぬがれ，国家の活動や基礎に対する批判的な論議や意見のやりとりの空間として画され，社会学的には，公権力の領域に属する宮廷からも，また批判的論議に接近できない民衆からも区別され，その意味で「ブルジョワ的 bürgerliche」と形容される．

この空間は，当初は，「ブルジョワ的家族」の親密圏を媒介としながら，宮廷から独立した「文芸的公共圏」としてあらわれ，後に「政治的公共圏」へと転化した．

この「文芸的公共圏」を形成したのは，貴族達が主催したサロン，友好的な議論を目的とするサークル，カフェ，定期刊行物や読書クラブ，フリーメイソンなどの新しい制度，アソシアシオンである．

これら新しい制度は，「……フランスにおいてサロンは独特な飛び地をなしていた．……貴族出にせよブルジョワ出にせよ，社交界の貴婦人たちのサロンでは，公爵や伯爵の息子たちが，時計工や小売人の息子たちと交際している．サロンの中では，精神はもはやパトロンへの奉仕ではなくなり，意見は経済的従属関係の拘束から解放される」とハーバーマスが叙述するように（ハーバーマス 1994［1990］: 53［94］），それは，社団の階層序列的秩序から隔離された空間であり，個人を出発点とし，意見交換に参加する者は全て平等であるという原理に立脚した．

そこでは，芸術，文芸に関する批判的な論議が交わされて，審美に関する新たな審級が形成されたため，宮廷と正規のアカデミーは審美的規範の独占権を次第に失った．読書する公衆は，サークルや読書クラブで「議論する公衆」となり，自らを啓蒙し，批判的な理性の使用を習得する[44]．

ひとたび批判的な理性の使用の習慣が獲得されると，その対象は文芸的領域を超え，どのような領域もその検討から免れることができなくなる．カント『純粋理性批判』の第一版（1781年）の序論が「現代は，まことに批判の時代であり，一切のものが批判を受けねばならぬ．ところが一般に宗教はその神聖によって，また立法はその尊厳によって批判を免れようとする．だがそれでは宗教にせよ立法にせよ，自分自身に対して疑惑を招くのは当然であり，また理性がその自由率直な吟味に堪え得たところのものにのみ認める神聖な尊厳を要求

44　ロッシュもサロン研究からほぼ同様のことを裏付けている（Roche 1989）．

することができなくなるのである[45]」と記しているように，その時代には，あらゆるものが批判的検討の対象となった．この批判的な理性の実践は，次第に公的な場に移され，ついには政治的性格を強く帯びる．

また，フュレは文芸的公共圏の政治化を，審判の対象が文芸から政治へと移行・拡大したという点から説明するのではなく，文芸的公共圏を支えた新しい制度，アソシアシオンでのソシアビリテが「社団国家」とは全く異質な原理である民主的，水平的な形態を取った点に着目し，この実践そのものが伝統的な秩序の基礎を否定することになったと指摘している（フュレ 1989 [1995]：72）．

「公論 öffentliche Meinung；opinion publique」とは，この「市民的公共圏」における批判的討論を通じて初めて獲得されたカテゴリーであり，それは，公権力，宮廷を意味する「公儀 öffentliche；public」に属するものではなく，また民衆の移ろい易い乱暴な要求である「意見 Meinung；opinion」とも区別されるものである．

「公論」は，あらゆる個々の意見が，たとえ国王や役人の意見であっても，裁きをうけるべき最高の権威であり，他のどんな法廷よりも絶対的な法廷として観念され，国家権力に対して自律的で批判的な権力を形成した．その批判の

図表 1-1-2　公論の空間

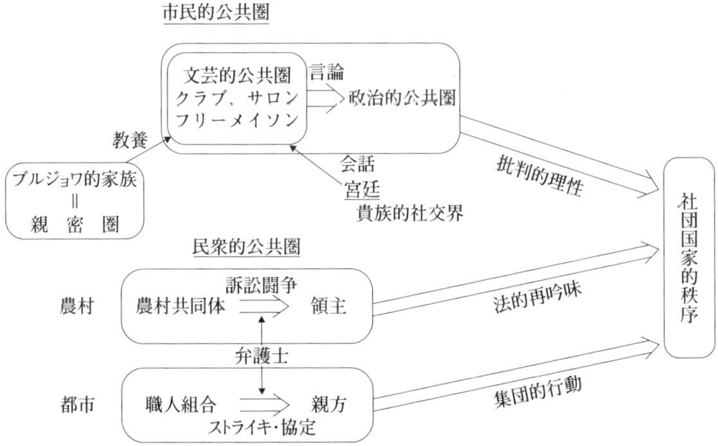

45　（カント 1961 [1781]：16）．

審級としての意義は同時代に承認され，しばし「公論」は演説で引き合いに出されている．国王は，この論議を禁ずる力はなく，みずからその論議に介入し，説明し，説得し，賛同と支持を獲得せねばならなかった（シャルチエ 1994 [1990]：45）．

この新しい公共圏が，フランス革命を可能とした政治文化的な条件であり，後に見る革命期の民衆協会，クラブ，セクションでの集会においてその空間の政治的な性格はより濃くなっていく．

b）民衆での「新しい政治文化」

前項で見た「市民的公共圏」からは，批判的議論に参加することのできない，すなわち新しい文化制度に参加するに十分な富と教養を持たない民衆は排除されていた．あくまで公衆は民衆の対概念である．

しかし民衆も，18 世紀には，身の回りの問題を次第に政治化することによって，政治的論議に関与する手段を習得し，「公論」に影響を与えることを可能とする．シャルチエは，これを「新しい政治文化」と呼び，それはブルジョワ達の文芸的空間にのみ限定されるのではなく，農村共同体での領主への闘争，都市職人による親方への訴訟やストにもその萌芽を見出せると言う（同上 207 ff.）．

i）農村での領主権への異議申立て　シャルチエは，17 世紀と 18 世紀の農村での反乱を分析し，そこに質的な相違があることを指摘する．17 世紀の農村反乱は，武装反乱という形態をとり（時として，祭りの慣行の表現形態＝「シャリヴァリ」をとる[46]），その標的は国王の租税，収税吏に対して向けられ，その反乱は，新たな租税が先祖伝来の慣習に反するという，当該地域で暗黙のルールとなっている伝統的な権利に訴えることによって正当化された．よってこの反乱は，それが国王への反乱であるにせよ，基本的には，先に見た「社団国家」の一体系である特権侵害への反発として把握され，「社団国家」の編成原理と根は異なるものではない．

しかし，18 世紀の農村反乱は，その標的を，領主権を有する領主，十分の一税を徴収する司祭などに向け，彼らの特権そのものへ異議申し立てをなし，その闘争手段は，国王裁判所，高等法院への訴訟という社団的階層秩序を飛び越えた法的手段がとられた．

46　シャリヴァリについては，近藤（1990）を参照．

農村共同体は，不正と考えられる領主権（領主館の夜警義務税，共有地の三分割権，パン焼きかまど税など）の廃止を獲得するために各地で訴訟を提起し始める．この訴訟は，弁護士の法的な言語によって媒介され，弁護人は，封建貢租を特権ではなく，領主の農民保護の契約上の対価として構成し，領主が農民保護という債務を履行しないのなら，その特権は無効であると言い，またある時は，州全体で同一ではない権利は時効にかかると主張し，慣習と伝統による権威に対抗する農村共同体の抗議行動に表現を与えた．

訴訟はしばし却下されるが，共有林からとれるたきぎの販売や共同放牧権を賃貸することによって資金を十分に得ることができた農村共同体はねばり強く訴訟闘争を続ける．

この新たな抗議行動において，着目されねばならないのは，封建的特権の廃止を目指す階級闘争という側面よりも，その行動が孕む新たな様式である．この行動は，みずから領主のさまざまな特権を検討し，批判し，法という普遍的な言語によって再定式化しようという意思の表明であり，農村共同体はこの活動を通じて「政治」を実習したのである．

ii） 都市における労働争議　この「政治の実習」は，都市においては，職人と親方との間の多様な争議から生まれた．18世紀の後半には職工による争議が増大しているが，その背景には，親方と職人との間の職能的共同性に大きな隔たりが生じたことが理由にあった．既に18世紀には，親方の息子ではない職人が将来親方となることが事実上不可能となり，親方層と職人層との間に激しい対立を生んでいた（Gibaud 1989 : 22）．同業組合は文字通り親方たちの閉鎖的なギルドとして再編され，職人たちは親方たちに対抗するために職人組合や同業者信心会を形成したが，これらは非合法の結社として公権力から弾圧された．

この弾圧にも拘わらず，職人は，親方に対して，よりよい生活条件，労働条件，親方からの独立，辞職証明書などの束縛の廃止を要求して，時として，ストライキに訴えた．職人たちは，この行動を通じ，「集団行動を組織化する習慣を身につけ，しばしば共同基金を設けるようになり，共通の利益の防衛に関してたえず論議するようになった」とされる（シャルチエ 同上232）．

ただし，共通の利益を防衛するために，職人たちは，常にストライキという手段に訴えたわけではなく，親方の譲歩を引き出し，自分たちの権利を認めさせるために，農村共同体の場合と同じく，協定や法的手続を多く利用したとされる．司法上の手続や語彙，あるいは職人たちに雇われた弁護士が展開した議論によって，職人たちは，あらゆる個別の訴訟を普遍的なものとし，「政治化するカテゴリー（民法や自然法）」によって親方との闘争を考える習慣を身につけた（同上）．

このように農村共同体の領主権への異議申し立てである訴訟活動，また職人たちの結社やストライキの組織化や親方への訴訟活動は，その結果として，民衆に「政治の実習」という経験を与え，普遍的な言葉による批判能力を獲得させ，やがては民衆に「国事への関心」を呼び起こさせる．

以上見てきたように「市民的公共圏」においては，サロン，サークル，読書クラブ，フリーメイソンなどの社団的秩序とは無縁の自発的なアソシアシオンが，また「民衆」の世界では，社団的秩序に抵抗する農村共同体や，職人組合，同業者信心会というアソシアシオンが，「公論」を形成していく上で重要な役割を果たし，このことが革命の条件となる．

第2節　ル・シャプリエによる反結社法

しかし，革命の条件であったこれらの結社的空間はその命脈を長く保つことはできない．本節では，まず革命による「社団」廃止の展開を追った後に，これら新しいアソシアシオンも同じく否認・制限し，「公共の事柄」を全て国家に集中させた革命期の立法者の特殊な「社会像」をル・シャプリエによる諸立法を素材に検討していこう．

(1)　革命による変革：経済的自由主義と政治的個人主義

ル・シャプリエ法は91年6月に制定されたデクレ（法律[47]）である．まずは，それに先立つテュルゴ勅令，封建的諸特権の廃止，ダラルド法までを概観することにより，経済的自由主義の流れと「社団国家」廃止の展開を確認し，次に89年の「人権宣言」によって確立された政治的個人主義を検討する．

a)　経済的自由主義と社団の廃止

この経済的自由主義の展開については詳細な先行研究[48]があるので，ここで

47　この時期のデクレ décret は，今日で言う政令とは異なり，議会が制定した立法である．議会の議決を経た後に国王の裁可を得ることで，デクレは，法律 loi となる（野田 1972：559）．

は主要な点のみ確認する.

i) テュルゴ勅令 1776年2月に布告されたテュルゴ勅令[49]は, 絶対王政末期の経済的危機を, 国家が競争の障害を取り除くことによって, 打開しようとした自由主義的な経済思想に基づく上からの改革であり, (1)「営業の自由」の宣言, (2)同業組合の廃止, (3)仲間職人, 労働者による結社・集会および同業者信心会の禁止を内容としていた. しかし, この改革は, 親方層だけではなく, 貴族層からも激しい抵抗に合う. その理由は, 前節で引いたセギエの演説に見られたように, 同業組合も社団的秩序の一つの鎖をなすものであり, その廃止は, 自分たちの官職特権などの将来の廃止を示唆するものと観念されたからである. パリではテュルゴ勅令に反対する出版物まで現れ, 高等法院は勅令の登録を拒否する (Gibaud 32). さらにテュルゴは, 単一地租や徴税区への選挙制の導入など社団的秩序を破壊する改革を次々と提案したため諸方面から非難され, 5月に財務総監を解任され, 後任のネッカーはテュルゴ勅令を廃止する (ibid.).

このテュルゴの挫折は, 一面では「旧い経済機構の擁護者にとっての法的な勝利」を示すものであるが (Rosanvallon 1990 : 95), この勅令は, 後の革命において団体廃止の理念的基礎を与えるものとして機能していく. また実際の所は, コルポラシオン的構造は徐々に消滅する傾向にあったともされ (Martin-Saint-Leon 1922 : 517ff.), 社団的構造の廃止は既にこの時期に準備されていたとも言えよう. とにかく, コルポラシオン廃止, 社団的構造の廃止の問題は革命まで持ち込まれる.

ii) 封建的諸特権の廃止 「社団国家」の機能不全を上からの中央集権的改革によって, また財政の危機を新税の導入によって解消しようとした絶対王政は, 特権を有する貴族・上層ブルジョワの反発を招き, さらなる機能不全へと陥ってしまう. 高等法院を中心とした貴族の抵抗に屈した王権は, 1788年に全国三部会を翌年召集することを約束する. これは, 一方で伝統的な社団回路の復活を意味するが, それが長期間開催されてなかったために, どのような形式で開催するかをめぐり貴族と第三身分との間に決定的な対立を生み, 諸社団を統合していた鎖がもはや完全に破綻したことを露にしてしまう.

---

48 前掲の中村紘一, 稲本を参照.

49 Édit portant suppression des jurandes et communautés de commerce, art, et métiers, *Recueil général des anciennes lois françaises*, t. 23, 370ff.

1788年秋にはネッカーが政治クラブの禁止を撤回したので，政治クラブが大量に誕生し，無数のパンフレットや政治新聞が発行された．彼の有名なシェイエスの「第三身分とはなにか」もこのような情勢下に出されたパンフレットの一つである（シェイエス 1950［1789］）．

またその頃，1770年代からの中期的な経済的危機と領主制の強化に加えて，その年の全国的な凶作によって決定的な打撃を蒙っていた「農民たち」には，食糧不足，価格高騰の原因は「貴族の陰謀」であるという観念が広まっていた．

第三身分は，5月に召集された全国三部会に代えて，自らを「国民議会」と称することを決定し，民衆の圧倒的支持を得て，聖職者身分代表の大部分と貴族の一部の合流をも獲得し，国王も貴族にこの合流を勧告した．しかし，その一方で国王は，軍隊をパリに移動させ，国民議会を武力で解散させる手はずを整えていた．この国王の動きが民衆の「貴族の陰謀」という観念に火を付けさせ，民衆はバスティーユを占領し，さらに全国的な騒擾へと広がり，「大恐怖」と呼ばれるパニック現象が生じた．

1789年8月4日夜の会議での封建制廃止の決議は，この「大恐怖」に直面した国民議会が，事態を収拾するために熱狂的な雰囲気の中で行った決議であり，若干の修正を経て8月11日にデクレとして成文化される[50]．この決議によって，領主裁判権の無償廃止の他，地代徴収権の買い戻しによる廃止，教会の十分の一税，貴族の免税特権，官職売買，地方・都市・住民共同体の特権の廃止がなされ，「社団的構造」が原理的に否定された．

ただし，この決議によって同業組合の明確な廃止はなされなかった．このデクレの10条では「州，大公領，地方，カントン，都市および住民共同体のすべての諸特権は永久に廃止される」とのみ規定されただけであり，同業組合（コルポラシオン）という表現は意識的に避けられていたとされる（Mathiez 1931 : 252ff.）．

iii）ダラルド法　コルポラシオンの完全な廃止は，91年3月のダラルド法を待たねばならなかった．報告の中でダラルド（d'Allarde）が何度かその名を引き合いに出しているように（A. P. 1 t. 23, 198ff.），このデクレ[51]はテュルゴ勅令の内容をほぼ繰り返すものであり，(1)同業組合の廃止，(2)「営業の自由」

50　4 août 1789, Décret portant abolition du régime féodal, des justices seigneuriales, des dîmes, de la vênalité des offices, des priviléges, des annates, de la pluralité des bénéfices, etc., *Duvergier*, t. 1, 33ff.

の宣言を内容とするものであった．ただし職人・労働者のアソシアシオンに関する規定を見出すことはできず，このことが，後に見るようにル・シャプリエ法を必要とした一つの理由ともなる．

ダラルド法制定時においては「宣誓組合や親方は死に見舞われており，ダラルド法は事実的状況を単に承認したのみである」と指摘されるように（Soubiran 1993a : 161），職人層と親方層との対立によって同業組合的結合関係は既に衰退しており，これまでの革命の進行から既に議会ではコルポラシオン廃止は自明のこととされ，特別な異論が出されることはなかった．

b）政治的個人主義の確立：人権宣言について

社団的構造を否定した封建制廃止の決議に続いて，8月26日には，新しい社会の原則の提示として「人権宣言」が採択された．この「人権宣言」においてはどのような「社会像」が描かれていたのだろうか．

樋口が再三指摘するように，「人権宣言」において「結社の自由」は謳われていなかった（樋口 1989a : 163 ; 1994 : 95）．第11条で思想・言論・出版の自由は保障されているが，「結社の自由」はなかった．第2条では「全ての政治的アソシアシオン（association politique）の目的は人の消滅することのない自然権

図表1-1-3 人権宣言の社会像

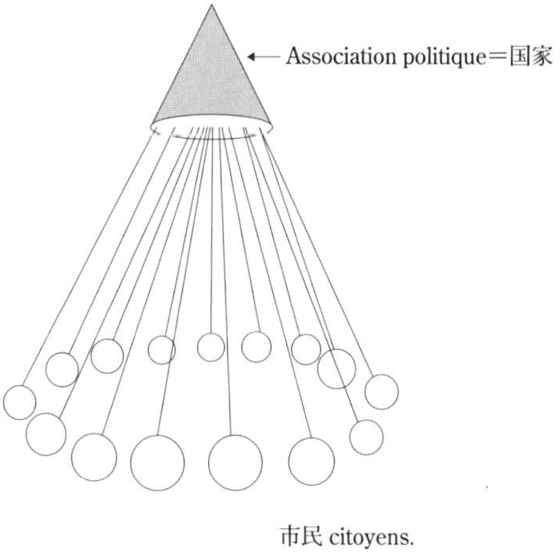

51 2＝17 mars 1791, Décret portant suppression de tous les droits d'aides, de toutes les maîtrises et jurandes, et établissement de patentes, *Duvergier*, t. 2, 230ff.

を保全することである」と規定されているが，ここで言う「政治的アソシアシオン」とは社会契約によって設立されたアソシアシオン，すなわち「国家」を指している[52].

「結社の自由」が盛り込まれなかったのは，起草の期間が短いために抜け落ちたからではない.「人権宣言」には,「救済への権利」が同じく盛り込まれなかったが，この権利については「人権宣言」の様々な起草案に見出すことができる．よって「救済への権利」が盛り込まれなかったのは審議の流れに左右されたためであったが,「結社の自由」については起草案においてほとんど見出すことができないとされる（Gibaud 46ff.).

確かに 90 年 11 月のデクレで「市民は平穏に武器を持たずに集会し，全市民を律する法律を遵守する条件で，自由な協会を市民の間で作る権利を有する[53]」と宣言されたが，91 年の憲法では「武器を持たずに平穏に集会する自由[54]」となり，協会への言及は消滅し，後退が窺える．革命の推進力であった政治的アソシアシオンは届出によって結成することはできたのだが,「結社の自由」一般は革命期の立法者にとって自然権とは考えられていなかった.

その理由は，アソシアシオンが，否定された社団的構造の隠れ蓑となるおそ

52　ルソーも国家制定行為を「アソシアシオン」という言葉で表現している.「各構成員の身体と財産を，共同の力のすべてを挙げて守り保護するようなアソシアシオンの一形式を見出すこと，そそてそれによって，各人がすべての人々と結びつきながら，しかも自分自身にしか服従せず，以前と同じように自由であること．この根源的な問題に解決を与えるのが社会契約である」(ルソー 1954［1762］: 29).

53　13＝19 novembre 1790, Décret qui déclare que tous les citoyens ont droit de s'assembler et de former des sociétés libres, *Duvergier*, t. 2, 19. 長谷川正安は，このデクレを持ち出し（90. 8. 21 法と長谷川は書くが，内容からしてこのデクレと同定できる),樋口がフランス革命を反結社的個人主義として図式化したことに対して「しかし，個人の自由な意思で集まった団体が否定されたわけではない．……ジャコバン・クラブやジロンド派は，政党と言えないまでも革命を推進した政治団体であり，この結社が革命の障害になるとは考えられていない．八九年の人権宣言に結社の自由はなくても，政治的意見の自由な表明は政治的クラブの集会で行われ，ビラやポスターが出されている」「大革命が敵視した中間団体とは，封建的・特権的な団体，すなわち，同業組合・教会・大学などであり，一定の特権都市もそれに属するであろう」とし，革命一般が反結社であったのではないとする（長谷川 1991 : 68).しかし，後に見るように自発的な政治的結社やビラ・ポスターという表現手段も同じくル・シャプリエによって敵視されたのであって，革命一般を反結社として括ることに問題はないと思える.

54　3＝14 septembre 1791, Constitution Française, *Duvergier*, t. 3, 239ff.

れがあるからだけではなかった．理由は積極的なものである．アソシアシオンの存在が主権理論と両立しないものとされたからである．当時の立法者に深く影響を与えたルソーが，「一般意志が十分に表明されるためには，国家のうちに部分的社会が存在せず，各々の市民が自分自身だけの意見を言うことが重要である」と述べているように（ルソー 1954［1762］: 48），「国家」内部での「部分社会」は否定され，そこにアソシアシオンの存在する余地はなかった．

第3条は，「国民主権」を定めた箇所であるが，「あらゆる主権の原理は本質的に国民に由来する．いかなる団体も，いかなる個人も，国民から明示的に発するものでない権威を行使し得ない」とされるように，「中間団体」による権威を否定し，それが「国民主権」と相容れない原理であるという制定者の意思を明確に示している．このようにして「政治的個人主義」を確立したのである．

(2) ル・シャプリエ法の制定

さて，ダラルド法によってコルポラシオン廃止による「経済的自由主義」が確認され，人権宣言によって「政治的個人主義」が確認されたにもかかわらず，なぜル・シャプリエ法がさらに必要とされねばならなかったのか．この立法の背景，この立法を推進した論理は何であったのか．ここでは，まずル・シャプリエ法が準備される理由となった革命後の労働者のアソシアシオンの叢生とその性質を検討し，続いてル・シャプリエ法とその報告の言説を分析し，最後にマラー（Marat）による批判を見ていこう．

a) 労働者の結社の叢生

先に述べたが，91年3月のダラルド法では，同業組合の廃止は規定されていたが，労働者の結社についての明示的な規定はなかった．そのため労働者達は，今や自分たちは親方の同業組合の桎梏から解き放たれ，その旧いコルポラシオンの形態ではない自分たちの新しいアソシアシオンは自由であると見なし（Nourrisson 115），この頃を中心にかなりの数のアソシアシオンが叢生する．

1899年に労働局によって出された労働者のアソシアシオンに関する報告書[55]は，各地の労働者アソシアシオンをその生誕から記述するものであるが，これを見る限りでは90年，91年に集中してアソシアシオンが設立されていることがわかる．

---

55 Ministère du commerce et de l’industrie, des postes et des télégraphes (1899).

ただし，当局の禁止を恐れた労働者達は，公然と職人組合を結成したのではなく，90年11月の協会（société）設立の自由のデクレに基づき，労働者は自らのアソシアシオンを協会・クラブの形態を纏わせて設立した．例えば，90年11月には印刷工が「博愛と印刷のクラブ」を設立し（Gibaud 53），91年初頭に大工職人が「パリ大工職人の友愛同盟」という相互扶助と交流を目的とする博愛組織の設立を届け出ている（ibid. 54）．

しかし，博愛クラブの形態を取ったのは，単に当局の禁止を免れる隠れ蓑とするためだけであったとも言い切れない．確かに，これら組織は，ストライキを伴う激しい集団的賃金交渉を行った組織であり，実際，この大工職人の91年4月の集会がきっかけで，親方たちが国民議会に労働者の結社に介入するよう請願を行い，ル・シャプリエ法を準備させる要因となった（Nourrisson 116 ff.）．

しかし，ジボーによれば，この大工の友愛同盟は，ジャーナリストや一般市民をその構成員として含み，コルドリエクラブと同じ集会所で集まり，91年5月にはコルドリエクラブの中央委員会に加入さえし，革命の激動に参加していたとされる（Gibaud ibid.）．また印刷工のクラブは，ル・シャプリエ法以後も「人類の友の愛国協会」という名称によって存続し，職能の問題だけを論ずるのではなく，印刷工以外の人々をも広く含む組織となった（ibid. 104）．眼前での「革命」体験は，職人・労働者たちに自らの「職の利害」への関心を超えて，「公共の事柄」への関心を引き起こすに十分であった．

またビュルスタンは，ル・シャプリエ法制定前の労働者のアソシアシオンの発展を「職業を基礎にした新たな社会的結合関係の発展」と形容し，絶対王政期の職業団体と比べてはるかに民主的構造を有しており，その集合は単に職人利害を守るための「職の結合」であるのみでなく，同時に職を媒介とした「市民の結合」であるとしている（Burstin 1993 : 68）．

b）ル・シャプリエ報告

ともかく親方による請願に応える形で，ル・シャプリエは，憲法委員会の名において91年6月14日に国民議会にデクレを提出する．このデクレは，(1)同業組合の廃止の再確認，(2)労働者および事業者の結社の禁止，(3)職業の名による請願の禁止，(4)集団的賃金交渉の禁止をその内容としていた．

報告の前半部分は，「公共の秩序」が労働者によって危機に晒されていることにほとんど割かれた．ル・シャプリエは「憲法委員会の名において，コルポラシオンを廃止した憲法原則に反し，公共の秩序に重大な危機を生み出している違反を告訴する」と始め（A. P. 1 t. 27, 210），オルレアンの市長の手紙を引き合いに出して，「労働者の集まりは全国的に広がり，すでに労働者は相互に連絡を取り合っている」と言う（ibid.）.

このようにル・シャプリエ法の提案はさし迫った具体的な秩序への危機を背景しているので，セーはル・シャプリエ法を特別な事情による偶然的な「状況的立法」として解釈している[56].

しかし，ル・シャプリエが全国的な危機が迫っているとして秩序への関心を喚起しようとして挙げる「オルレアンの事件」は，実際は5週間前に何の混乱もなく抑制された事件であり，その頃パリで頻発した争議行為は，確かに労働者に対する警戒心を国民議会の議員に植えつけていたが，その事実は極度に増幅されている（Gibaud 83ff.）.

ル・シャプリエの提案理由は，「公共の秩序」の維持ではなく，むしろ別のところにあるように思われる．それはイデオロギー的なものである．なぜなら，ル・シャプリエはこう続けるからである．

> 「もはや国家の中にコルポラシオンは存在しない．存在するのは，各人の特殊利益と一般利益のみである．市民に対し中間の利益を吹き込み，コルポラシオンの精神によって，公共の事柄から市民を引き離すことは何人にも許されない．」（A. P. 1 ibid.）

この部分は「中間団体否認論」としてよく引かれる有名な所であり，また先に見たルソー的な社会像は容易にここに重なり合うだろう．この原理的なル・シャプリエの論理では，労働者による職の利害を守る争議行為のための団結が否定されるだけではなく，連帯に基づく相互扶助も禁じられることになる．

> 「ここで問題としている集まりは，市町村の許可を得るために，特別な動機を示した．すなわち，それらの集まりは，失業あるいは病気の同職の労働者に救済を与えることを目的としていると称している．この救済の基金は有用に見えるが，その主張を取り違えている．生存のため職を必要と

56 （Sée 1951：t. 2, 59）を参照．ただし，セーは，すでにアンシャン・レジーム末期から労働者のアソシアシオン抑圧の傾向を看取することができたことも指摘している．

する人に職を与え，不具者に救済を与えるのは，国家であり，その名において，役人が行うのである．」(ibid.)

このように「国家による救済」を説くル・シャプリエは「公的救済の原則を法律の文言において初めて引き合いに出した人物である」とされ (Gibaud 147)，また「一般利益」と「特殊利益」しか認めないというル・シャプリエの二極構造に「福祉国家」の思想的起源があると言われるが，これについては次節の修道会廃止との関連で詳しく検討する．

さらに続けて，ル・シャプリエは労働者のアソシアシオンによる統制は，日給を上昇させるよりも，むしろ問題を煽っているだけであるとし，ル・シャプリエはあるべき賃金交渉を説く．

「よって原則を再び示さねばならない．各労働者の日給を定めるのは個人と個人の自由な合意である．そして労働者は自らがなした雇用者との合意を維持せねばならないのである．」(A. P. 1 ibid.)

c)　マラーによる批判

このル・シャプリエの提案に対して，議会において反論はほとんど提出されなかった[57]．次に検討するル・シャプリエによって5月に提案された請願権の制限のデクレには執拗に反論したロベスピエール (Robespierre) などの左翼でさえもル・シャプリエ法には何の口も挟まなかった[58]．

マラーのみが唯一ル・シャプリエ法に反対した．彼が編集長を務める新聞『人民の友』は，ル・シャプリエ法公布の翌日の6月18日，「代議士による人民主権の不当な簒奪」という見出しを付け，「モンペリエ憲法と平等の友愛会」

57　唯一人，ビオザ (Biauzat) が，労働者が協会の形式で集まることを禁止するのは90年11月の協会設立の自由のデクレに反する恐れがあるとして，熟慮のために審議を明朝に延期するよう求めただけである (A. P. 1 t. 27, 211)．このビオザにおいても労働者の集団的な賃金交渉を禁止することは早急に必要なことであるとされている．

58　ジョレスは，ロベスピエールの沈黙の理由を経済秩序における洞察の欠如とし，未だ支配的な小生産業に目を奪われ工業の発展によって生じつつある社会的対立に気付かなかったためとする (Jaurès 1927 : t. 2, 267)．またゴドショは，議員達に労働者のアソシアシオンが貴族と結びつき反革命勢力になるのではないかという危惧があったことをその理由として挙げる (Godechot 1985 : 217)．

の請願文とマラーの見解を掲載している[59].

この友愛会の請願文の日付は5月17日であり，先のル・シャプリエ法ではなく，直接は，ル・シャプリエによる5月の請願権の制限に関するデクレを「政体の巨大化」「公論の窒息」「代議士による支配」を招くとして批判するものである.

この請願文を論評するマラーは，それを賢慮と力と誇りに満ち，熟慮された請願内容であるとしながら，さらに問題を一般化して考察することが必要であるとし，公布されたばかりのル・シャプリエ法との連関でこの請願権の制限に関するデクレを分析する必要があるとする．マラーは，ル・シャプリエ法も市民を孤立させ，代議士が人民に沈黙を強いるという点で同一の論理にあると洞察し，ル・シャプリエ法を以下のように批判している.

> 「遂に，代議士達は，彼らが非常に恐れる人民の無数の結集を防ぐために，その結集が廃止されたコルポラシオンを復活させるという口実で，人夫，労働者の階級から自らの利益について討議するために結集する権利を奪った．代議士達は，ただ市民を孤立させ，彼らが公共の事柄に共同でかかわることを妨げることを望んだだけである．そのようにして，不作法な詭弁と語の濫用を用いて，下劣な国民の代表達は彼らの権利を取りあげたのである[60].」

ジョレスは，このマラーの見解に対して，「そのように（マラー引用後に――引用者），マラーにとっては，仕上親方と職人との間の社会的闘争があることを知りながら，ル・シャプリエ法は王党派と穏健派によって導かれた国民に反する手段であったに過ぎなかったのである．マラーにとって，ル・シャプリエ法は革命的ブルジョワによって捏造されたプロレタリアートに対する階級的武器ではないのである．アンシャン・レジームの味方によって作られた国民の新たな自由に対抗する武器であったのだ．マラーは，制憲議会が低い賃金を維持するために労働者の集会と協定を妨げたということを批判しない．マラーは，制憲議会が，公的自由を擁護するために集会している市民を解散させるということに非難を向けるのである．マルクスがブルジョワ国家によるクーデタと呼ぶ

59 (Marat 1967 : t. 10, 347ff.).
60 *Ibid*., 354.

同法の社会的性格をマラー自身当然のように否認し，抹消し，そこに反革命の手段しか見出さないのである．彼は，労働者たちが集会においてその階級的利益について専心できるということ一分たりとも見ない．その理由は，マラーによれば，労働者たちは議会が禁じた公共の事柄について共同で専心しているからである[61]」と論評し，マラーをル・シャプリエ法の階級的性格[62]を抹消するものであると批判する．しかし，新しく叢生したアソシアシオンでの活発な討議空間において多様な現れを取っていた「公共」が，ル・シャプリエの諸立法を通じて，制限されられ，国家が独占的に「公共」を簒奪し，これを画一化していく過程を考察していく我々にとって，ル・シャプリエ法と請願権の制限を根が同一のものとして位置付け，ル・シャプリエ法を市民が「公共の事柄」に共同でかかわることを妨げるものであるとするマラーの見解から受ける示唆は大きい．

以下では，このマラーがル・シャプリエ法と関連づける請願権の制限，ならびに民衆協会の活動制限のデクレを検討することによって我々の見解を確認することとしよう．

⑶　請願権の制限，民衆協会の活動制限

ここでは，ル・シャプリエの提案による請願権の制限（91年5月）と民衆協会の活動制限（91年9月）のデクレを検討する．これらデクレが標的としたのは，革命が開花させた新しいソシアビリテ，すなわち自発的な政治結社なのであるが，ここでもル・シャプリエ法と同一の言説を看取ることができる．まず

61　(Jaurès ibid., 272).

62　ル・シャプリエ法の階級的性格を批判したのはマルクスが最初である．「革命のあらしが荒れ始めると，ただちにフランスのブルジョワジーは，労働者がやっと獲得したばかりの団結権を再び彼らから取りあげた．1791年6月14日の布告によって，ブルジョワジーは，いっさいの労働者団結を『自由と人権宣言との侵害』だと宣言し，500リーブルの罰金と一年間の公権剥奪とで処罰されるべきものだとした．この法律は，資本と労働とのあいだの競争戦を警察権によって資本に好都合な限界内に押しこむのであるが，それはいくつもの革命や王朝交替を乗り越えて存続した．恐怖政治でさえもこれには手を触れなかった．それは最近やっと刑法典から抹消されたばかりである．このブルジョワ的クーデタの口実以上に特徴的なものはない」(マルクス 1968 [1867]：1巻，968).

　ただし，ル・シャプリエ法制定時においては，親方層と職人層は，同じ作業場で仕事をするような同質性をまだ有しており，マルクス的な意味での労働者と資本家という階級対立図式で捉えることには疑問がある．

は，これらデクレの背景にあった民衆協会とセクションを通じた請願活動について検討し，次に請願権の制限，民衆協会の活動制限の審議過程からル・シャプリエの言説を分析する．

a) 民衆協会とセクションでの請願活動

民衆協会とは，1790年以降に設立され，規約の条件を満たすものであれば誰でも自由に加入することができ，新時代の諸原理に対する認識を深めるための啓蒙活動を行うとともに，政治一般に関する論議を行うことができる自由な市民の意見交換の場としてのクラブの総称である（井上 1969 : 175）．

よって，その性格は協会ごとによって多少異なる．アギュロンの類別によれば（Agulhon 1984 : 290ff.），初期に設立されたものは，革命前のサークルやロッジに起源を持つものであり，原則加入自由であるものの，その構成員はブルジョワ層によってほぼ占められ，比較的穏健な政治行動をとる傾向があり，後期に設立されたものは，ブルジョワ層が指導層であるという点で初期の協会との連続性を有するものの，広範な社会層に開かれており，政治的には急進的な傾向があるとされる．ただし後者の場合でも，アギュロンは，これら協会を，拡大したブルジョワ的社会的結合関係の傾向を有していると結論づける（ibid. 306）．

いずれにせよ，革命前のサロンやサークルがその基底において緊密な友人関係を基礎にした限定された集団であったのに対して，革命後の民衆協会は一般に広く開かれた性格を持つ点がその特徴であり，その規約には設立動機として自由人の自由なコミュニケーションへの衝動ということが多く掲げられた（井上 同上）．

最大の民衆協会であるコルドリエ・クラブは，人権の見地からあらゆる権力の濫用を監視することがその設立趣意であり，法律家，ジャーナリスト，芸術家，商人などが指導的役割を果たしたが，低額な会費によって民衆にも広く門戸を開き，反革命陰謀の摘発，行政機関に対する監視と批判，議会に対する請願闘争の先頭に立って活躍した（同上 181）．先のマラーも行政を監視する討議団体を地域に結成する必要性を説き，この時期の民衆協会結成に大きな影響を与えた（同上 180）．

またセクションでの集会も請願活動が活発に行われる舞台であった．セクションとは，地方自治体の最末端の組織であり，市会の行政上の下部組織として一般行政を行うのだが，この行政区としての機能に加えて，セクションには選挙区としての機能があった．この選挙は，市会に関するものだけではなく，立法府議員，司法官などすべての選挙の選出母体であった．選挙の際には，それぞれ各セクションは能動的市民[63]から成る第一次会という集会を組織し，ここから選挙人を選出し，それらが選挙人会を構成した（同上 189）．

このセクション集会は，選挙後も政治を討議する空間であることを止めずに，選出された代表者に対して常に直接民主主義的な圧力を生み出しうる場となるという危惧があったため，その参加者は能動的市民にのみ限定され，選挙終了後は直ちに解散せねばならないとされ，その他の目的の開催にも制約があるなど厳しい枠がはめられていたのであるが[64]，事実上は，受動的市民も会場に現れ，一般的な政治問題を討議する集会となり，この集会を拠点に，議会や市政への請願活動が活発に行われた．

クレールは，この時期の請願を，(1)具体的な生活上の問題について改善を求める穏やかな様式をとる請願，(2)議会に対して称賛や賛辞を送る請願，(3)公論の力に訴えながら議会に対してある法律，措置を宣言するようにと圧力をかける請願の三つに類型しているが（Clère 1993 : 311ff.），特に問題となったのは(3)のタイプの請願である．

激しい請願活動に耐えきれなくなったパリ市長のバイイ（Bailly）とパリ県知事のラ・ロシュフーコー（La Rochefoucauld）は連名で，言論・表現による犯罪を含んだ刑法典の公布と特に請願権の制限を求めた請願を行う（A. P. 1 t. 25, 352）．

b）請願権の制限

5月9日の議会で，この請願に応えた立法を提出し，報告を行ったのは他ならぬル・シャプリエである．ル・シャプリエの提案は，(1)集団の名による請願の禁止，(2)請願権を能動的市民に限定，(3)私人によるビラの掲示の禁止，(4)セクション集会の制限を内容とするものであった．

ル・シャプリエは，請願権を定義づけることから出発する．請願権は，絶対王政期に臣民が国王に対して行った「懇願」や，個別的な利益への侵害を防御する「苦情」とは異なったものとされた．

63　納税額により選挙権有りとされた市民のこと．この納税額による制限により，三分の一の市民が選挙人団から排除された．ゲニフェー（1995 [1988]）を参照．

64　集会は8セクションの要請があった場合に初めて，市会執行部が召集し，この場には，市会執行部メンバーあるいは名士が出席しうるとされた（井上 189）．

「請願は，悪徳だと思われる制度の改革を要求したり，有益だと思えることを提起したりするために行うのである.」「請願権は，全ての能動的な市民が，公共の秩序や行政に関する立法事項について，自らの意見を，立法府，王，行政官に，述べる権利である.」(ibid. 678)

先のクレールの類型による(1)のタイプの請願は，ル・シャプリエの範疇では請願ではなく，「苦情」とされる．請願権は，市民に法律について発議することを許すような種の権利であるが故に，その権能は能動的市民にのみ限定されねばならないという論理なのである.

集団の名による請願が禁止される理由は，その権利が個人の自由の専属物であり，委譲することが不可能であるからとし，次のように続けた.

「自由な政府においては市民の権利と国家の権利という二種類の権利のみが存在するのである」「集団の名で請願を行うや否や，協会は常にまとわりつく精神，情熱，専制によって冒されたコルポラシオンになる.」「革命によって創設された協会は，自由と供に生まれ，きわめて有益であった．それらは公共精神を維持し，増進させ，啓蒙の発展を容易にした．しかし，それら協会が，討議，決議，意見書，請願によってコルポラシオンのように振る舞う傾向を有するようになるなら，その協会が有した利点を全て失ってしまうだろう.」(ibid. 679)

このように報告では絶えずコルポラシオンへの言及がつきまとった.

またビラ掲示の禁止について，ル・シャプリエは，「行政の立法や行為が，協会や私的な演説と混同されないことが肝要である．よってビラを掲示する権利は公権力のみに制限されるべきである」と最初に説明するが (ibid. 681)，この制限はそのような混同を防ぐことにその本旨があるのではない.

ル・シャプリエは民衆協会やセクションでのソシアビリテやコミュニケーションの形態そのものを標的としていた.

「ビラを掲示することが誰の役に立つのか．多少とも教育された人にであろうか．いや，違う．教養は掲示できないのである．教養が身につけられるのは街角においてではない．討議することなく語らう穏やかな協会においてであり，熱狂することなくまた党派の精神なく啓蒙される場においてである．それはすなわち書物において身に付くのであり，また聖なる哲学に命ぜられた法律 loi において教養が身に付くのである．」(ibid.)

この言説にル・シャプリエの特殊な社会像が明瞭に現れているだろう．ル・シャプリエにとっての「個人」とは，情念に訴える演説ではなく，独り読書することによって理性を獲得せねばならない存在である．この理性とは，批判的な能力ではなく，唯一的な法則 loi である．

このル・シャプリエの提案には，特にロベスピエールを中心として激しい反論が起こる．まずはその批判は，能動的市民にのみ請願権が制限されることについて向けられる．

ロベスピエールは，次のように演説する．

「請願権は，社会の全ての人間の侵すべかざる権利である．それは自らの意見を述べ，必要とするものを必要に応えうる者に要求するという全ての市民に属する権能に他ならない．」「皆様，請願権は非能動的市民に特に保障される必要がないのでしょうか．より弱く不幸で，より不足をする人々は，より多くの願いが必要である．」「苦情が，苦痛や非難や苦しんだ損害に伴う要求や請願でないとすればそれは実際何なのであろうか．」(ibid. 684ff.)

また集団の名による請願も認められるべきと続ける．

「個人の集合は，部分として，請願権を持つ．この権利は公権力の詐称では決してない．知的で感覚のある全ての存在の侵すべかざる権利である．」「すべての孤立した個人が請願権を持つのであれば，人間の集合に，いかなる理由，名目であれ，その意見を述べ，伝えるのを禁止することは不可能であると私には思える．」(ibid.)

審議は翌日も続けられ，グレゴワール (Gregoire) は，ビラの制限は，表現の自由の制限であり革命前に後退するものだとして批判し (ibid. 688)，またビュゾ (Buzot) は，孤立した個人は無力であるから集団に請願権を認めないのは，請願権の破壊であると断じた (ibid. 690).

ロベスピエールの執拗な追及によって，ル・シャプリエは，受動的市民にも請願権を認めるという譲歩をし，ビラの掲示に関しても修正を受け入れたが，提案の骨子である集団の名による請願の禁止とセクション集会の制限は，原案通りのまま可決させることに成功し，デクレは5月18日に公布された[65].

このデクレにより，民衆協会・セクションでの活動は大幅に制限され，ル・シャプリエにとっては，これらの活動は徐々に沈静化に向かう予定であった.

c) 民衆協会の活動制限

しかし，民衆協会の活動は収まることはなかった．むしろ逆に，デクレ公布が請願権の個人への制限に関する論争を呼び起こし，各民衆協会はデクレに反対する決議を挙げ，議会への抗議行動を活発化させた (Monnier 42ff.)．またコルドリエクラブがロベスピエールのマール・ダルジャン制度廃止要求演説を印刷・配布したことを契機に，制限選挙制への批判が各民衆協会で巻き起こる (井上 1994 : 183)．さらに6月の国王のヴァレンヌ逃亡事件はこれら民衆協会の活動に油を注いだ．コルドリエクラブは議会に共和政を宣言するようにと請願し (Clère 312)，7月にはシャン・ド・マルスの請願と呼ばれる大デモ行進[66]が行われ，この参加者に対して国民衛兵が発砲するという虐殺事件が起こる.

このような状況下で，ル・シャプリエは，9月29日に民衆協会に対してその存在自体を否定するようなさらなる厳しい活動制限を提案した．ル・シャプリエの提案は，(1)協会・クラブ・アソシアシオンによる公務員・市民への命令の禁止，(2)これらアソシアシオンのあらゆる政治的行為の禁止，(3)アソシアシオン間の連絡，加盟の禁止を内容としていた.

まずル・シャプリエは，「これら協会は，迅速にその確立が必要であった自由への熱狂を形作り，嵐の時に諸精神を結集させ，公論の中心を作り，対立する少数者に対し，濫用の消滅と偏見の打破，自由な憲法の確立を望む巨大多数を知らせしめたという効果を生んだということをまず言うことができる」とし

---

65 18 (10 et)＝22 mai 1791, Décret relatif au droit de pétition, et qui fixe les cas où les citoyens pourront requérir la convocation de la commune, *Duvergier*, t. 2, 365 ff.

66 この大デモ行進の様子については，（ミシュレ 1968［1833-］: 204ff.)．このデモの暴徒的性格が指摘されることもあるが，ミシュレによれば，実際は，デモ行進は平和的なものであり，武装する者は少なく，そこには女，子供も集まっていたとされる.

てアソシアシオンの役割を評価するのだが（A. P. 1 t. 31, 617），ル・シャプリエにとって，アソシアシオンの役割とは，革命への忠誠・奉仕であり，それらアソシアシオンが各自に討議し始め，革命の遂行から少しでも離れるなら，公共精神を分断する危険なコルポラシオンとして否定されねばならなかった．

「国民が政府の形態を変える際には，各々の市民が執政官であり，全てのものが公共の事柄について討議し，討議する義務があり，革命を後押しし，保障し，加速させるものは全て利用されねばならない」とル・シャプリエが述べるように（ibid.），革命の過程において，協会などを通じてあらゆる所で形成された多様で批判的な「公論」は，政体を変革するエネルギーとなり，それ故必要とされたのだが，「しかし，革命が終結し，王国の憲法が確定され，それが全ての公権力にゆだねられ，権力機関を招いた時には，この憲法の安泰のため，全てのものは最も完全な秩序に帰らねばならないのであり，設立された権力の行為を何物も妨げてはならないのであり，討議と権力は憲法が定める場所にのみ存するのである」と続けたように（ibid.），もはやアソシアシオンの役割は消滅し，弊害でしかないとされた．

確かにフランス最初の憲法である91年憲法は，既に制定作業が終了し，この憲法によって新しい秩序の原理が定まり，「革命が終結した」という意識はル・シャプリエのみならず当時の議員に共通のものであった．

ル・シャプリエにとって，アソシアシオンは，この革命を後押しするために利用された単なる手段であり，革命がその果実として保障せねばならない権利ではなかった．市民の集合は，いかなる公的性格も有してはならず，集団的行動は許されず，政治的性格を帯びてはならなかった．

> 「国家の内部において，協会，市民の穏やかな集会，クラブは，目立つ存在となってはならないのである．それらアソシアシオンが憲法の定める私的な状態を超え出るなら，それらは憲法に敵対し，それを擁護するのではなく破壊するであろう」「協会は憲法を学び，憲法の公理を支持するためにつくられたものであり，それは単なる友人の集まり，クラブにすぎないのである」（ibid. 618）．

「公共の事柄」についての討議は，「権力は人民意思によって構成されるが，それは代表によって表明されるのであり，これ以外に権限はないのである」

「代議士の活動以外に公的機能を帯びる活動はないのである」とル・シャプリエが言うように（ibid. 617），議会のみがそれを行いうるのであり，「我々＝代議士」がその役割を引き受けるとした．さらに続けて「この原理を完全な純粋さで保持するために，王国の隅から隅まで，憲法はあらゆるコルポラシオンを消滅させ，社会体（国家）と諸個人しか認めなかったのである」と述べる（ibid.）．

ル・シャプリエにとって自発的なアソシアシオンもコルポラシオンと同義であり，あらゆる場所で討議を通じて形成された多様な「政治的公共圏」は，独占的に国家に集中されることとなる．

このル・シャプリエの提案に反対の演説を行ったのは，またもやロベスピエールである．

> 「この場を占めている大多数の人々は協会の出身である．」「とりわけ，それら協会においてフランス国民の希望と自信が繋がれたのである．マキャベリ的体制の進行に対して自由を守るのはそれら協会においてである．」（ibid. 619）

確かに，ロベスピエールが言うように，ル・シャプリエとて「憲法友の会」という協会での雄弁によって名を馳せ，有力議員となった人物である（Lemay 1991 : 562ff.）．

しかし，ル・シャプリエを批判するロベスピエールもそのアソシアシオン観は彼と変わるものではなかった．

> 「生まれてかけている憲法がまだ内外の敵を持っているとき，……私は革命が終わったと思わない．……愛国的ソシエテを破壊してみよ．そうしたならば諸君は堕落をもっとも強力に阻止するものを取り除いてしまうことになろう．」（A. P. 1 ibid., 620ff.）

このようにロベスピエールにとっても，アソシアシオンは革命推進の手段，反革命陰謀を暴く手段にすぎなかったのであって，両者の違いは革命が終わったとするか否か，すなわち権力を手中にしたかどうかという相違に基づくものであった．

ロベスピエールが続けて，「革命が終わったと仮定しても，もはや知識や憲法の諸原則や公共精神を伝播する必要はないのであろうか．それらがなければ憲法は存続することはできないはずだ」と述べるように（A. P. 1 ibid., 620），彼にとってもアソシアシオンは，上から何ものかを伝播する道具であり，多様で批判的な公論を産出する場ではなかった．このことは後のジャコバン独裁期において明瞭となる．

ロベスピエールの演説に議場から拍手が起きるが，ダンドレ（d'André）のル・シャプリエを支持する大演説の後に，ペチオン（Pétion），ビュゾ等の抵抗も虚しく，ル・シャプリエ提案は可決された[67]．

(4)　ル・シャプリエ法の再解釈：「公共」概念の変容

これまでル・シャプリエ法，請願権の制限，民衆協会の活動制限のデクレと順を追って見てきた．これら三つのデクレには，賃金交渉の激化，請願活動の激化，民衆協会の政治化というようにその提案背景にはそれぞれ状況的な理由があった．それ故，ル・シャプリエ法は具体的危機に対応した状況的立法として位置づけられ，また，後二者のデクレについては，革命の激動的事件史の中に埋もれ，これまであまり振り返られることがなかった．

しかし，これまで見てきたように，これらデクレを提案するル・シャプリエの言説には，彼特有の特殊な社会像が一貫して存在したと思える．そこでは，「国家」と「諸個人」が存在するのみであり，その間にいかなる「中間団体」も存在してはならなかった．しかも，これら三つのデクレが標的とした「中間団体」は，絶対王政期の旧い「社団」なのではなく，むしろ革命の条件となり，さらに革命によって開花させられたアソシアシオンであった点に留意せねばならない．それにもかかわらず，ル・シャプリエはこれらのアソシアシオンをコルポラシオンと呼び，コルポラシオン廃止と同一の論理で，アソシアシオンを否認したのである．

賃金交渉を個人間の合意に委ね，政治的意見の表明である請願を個人にのみ限定するル・シャプリエの思想には，確かに「個人」への強烈な崇拝があったが，その裏面には，救済を与えるのは「国家」であり，政治を討議するのは議会のアリーナのみであるとされたように，「公共の事柄」を独占する強い「国

67　29 et 30 septembre＝9 octobre 1791, Décret sur les sociétés populaires, *Duvergier*, t. 3, 457ff.

家」が聳え立っていたことを忘れてはならない.

このような観点に立つなら，ル・シャプリエの一連のデクレを「公共圏」「ソシアビリテ」の編成の法として捉えることができる．革命が開花させたアソシアシオンでの討議やその民主的ソシアビリテは,「公共の事柄」に関する関心をその構成員に呼び起こし，公権力に対し批判的な圏を至る所で形成し，政治化した．ル・シャプリエの一連のデクレは，これらのソシアビリテを分解し,「公共の事柄」を国家が独占することによって批判的な空間を封じ込めることがその目的であった．ル・シャプリエ法が直接対象とした職を媒介としたアソシアシオンであっても，それは市民の結合でもあり，そのアソシアシオンは職人利害擁護のために親方と対立しただけでなく，国事へと関心を向け，民衆協会などの政治結社と同様に，議会・行政を監視し，公権力に対して批判的な圏を形成する側面を有していた.

確かに，ル・シャプリエをブルジョワイデオローグの代弁者として捉え，ル・シャプリエ法を労働者抑圧の階級的立法と解し，続く請願権，民衆協会の制限も革命の民衆化，左傾化を食い止めるための立法と位置付けることも可能であろう.

しかし，この図式は，そのわかりやすさと引き替えに，ル・シャプリエの特殊な社会像や，アソシアシオンが形成した政治文化やコミュニケーションの社会学的・空間的な把握を困難とする.

ル・シャプリエが否定した結社的空間において「公論」は産出された.「公論」は，公権力に対して自律的で批判的なコミュニケーション権力である．この権力は，ル・シャプリエも言うように，悪弊を見つけだし，旧体制を批判し，革命を後押しする力であり，それ故，革命家によってしばし引き合いに出された．しかし,「公論」とは，その性質上，意見の不一致をめぐってのさらなる討議から生ずる産物であり，多様性と批判性をその属性としている．すなわち,「公論」とは，社会から生じ，上から作り出すことは不可能なものである.

図表 1-1-4　公論と公共精神

	源泉	機能	性質	国家	アソシアシオン	個人
公論	社会から発生	革命の原動力	不一致と多様性	批判の対象	活発，自由	理性
公共精神	国家が作り出す	革命の維持	全員一致と統一性	崇拝の対象	国家の末端機構化	徳，愛国心

それゆえ，革命が勝利し，憲法が完成するや否や，「公論」は，革命家には，共和国分裂の脅威として捉えられた．それ以来，多様で批判的な「公論」に代えて，統一的な「公共精神」という言葉が好まれることとなる．「公共精神」には，確かに，ハーバーマスがイギリスの public spirit の例で示したように（ハーバーマス 133），「公共の事柄」「正義」へと市民の関心を促し，「公論」を支える側面があるのだが，フランス革命において，「公共精神」は，諸個人の共和国への完全な統合を約束するものとして，政治的権威によって上から下へと押しつけられた「徳」であり，「公共」という言葉には，義務的な意味が色濃くなる[68]．

(5) 「公共精神」のスペクタクル

では，この「公共精神」とは具体的にいかなるものであったのか．この点を明らかにするに格好の素材が，同じくル・シャプリエ提案による 91 年 1 月のスペクタクルに関するデクレである．

18 世紀後半のフランスは，文学史上稀に見るほど演劇の栄えた半世紀とされる．フランス座やイタリア座などの大劇場は，喜劇と悲劇しか受けつけないが，大通りの小劇場では，多様なドラマが演じられ，宮廷ではなくサロンがこれら演劇の批評・審判の場となった．しかし法的には，劇場の建設，上演は国王の認可に属し，劇場は一つの特権であった．革命によって封建的諸特権の廃止が宣言された後も，この特権は，救貧税を払うことによって存続する[69]．

ル・シャプリエの提案は，(1)この特権の廃止と劇場建設・上演の自由，(2)戯曲作家の著作権の保護をその内容としていた．デクレの第 1 条では「市町村への届出によって，全ての市民は劇場を建設することができ，あらゆる種類の作品を上演することができる」と謳われ，一般にこのデクレは「劇場自由の宣言」としてポジティブに評価されている．

しかし，このル・シャプリエの提案は，スペクタクルへの公権力の関与を含むものであり，この部分が激しい議論を呼ぶ．すなわち提案デクレの第 6 条では「劇場の興業者，あるいは構成員は，その状態に応じて，市町村の監督下に於かれる」とされ，第 7 条では「劇場の中に，常に何人かの私服監視官がおかれる」とされた．

68　オズーフの議論を参照．
69　16＝24 aout 1790, Décret sur l'organisation judiciaire, *Duvergier*, t. 1, 322.

何故にこのような公権力の規制を必要としたのか．一つの理由に，公共の秩序の維持を挙げることができよう．革命期の劇場では，かつてサロンで上演されたような穏やかな芝居ではなく，血なまぐさい革命劇が上演され，革命歌がうたわれ，観客もそれに応じて歌い，劇場は革命的集会場と化していた．

しかし，ル・シャプリエの提案理由はこの公共の秩序の維持という理由だけではなかった．彼は，第6条の行政による監督を以下のように説明する．

> 「風紀の保持は市町村の監督によって保障される．スペクタクルは風紀を正し，公民精神の訓練となり，愛国精神，徳，愛情の学校とならねばならない」(ibid. t.22, 211)．

ル・シャプリエにとって演劇とは，『公共精神』の学校であった．それ故，演劇の内容は，「笑劇は精神を向上しないので望ましくない」とされ (ibid.)，「スペクタクルは何かを学ばせるものであり，今後，全ての作品は祖国を勝利させる内容でなくてはならない」とされた (ibid.)．

同じくルソーは，ダランベールが『百科全書』でジュネーブに喜劇劇場の建設を提案したことに対して批判する手紙で以下のように書いている．

> 「喜劇においてはすべてが悪く有害であり，すべてが観客に重大な影響を及ぼす．」「己にふさわしい賞をうけるために勝ち誇って帰ってくる戦勝者を迎えて行列に連なるのを見る以上に輝かしいスペクタクルがいったいこの世に存在するのだろうか？」(ルソー 1979 [1758]：47, 151)．

ルソーは，少年期に軍隊の演習を見たときの歓喜に重ね合わせながら，スパルタの祖国愛あふれる踊りの歌を最後に引用し，「これこそが共和国に必要な演劇なのです」として手紙を締めている (同上 164)．

ルソー，ル・シャプリエのこの共通する演劇観おいて，市民が演劇を通じて習得せねばならない精神とは，文芸への批評を通じて身につけられる批判的な能力・理性ではなく，統一的に上から啓蒙され，祖国との一体を表現する「公共精神」であった．この精神は，市民生活を画一的に統治するための主導的原理となる．ル・シャプリエにとって，劇場は公教育の一部であり，彼はそれを「国民の劇場 (Théâtre de Nation)」と名付けている (A. P. 1 ibid., 213)．

審議では，公権力の関与の部分に対して激しい質問が集中する．モーリ（Maury）は，「劇場はいかなるポリスの規則にも服してはならない」「ここしばらくは，劇場での作品はポリスに服していない．かつて，われわれが野蛮であったルイ十四世の時代には警察に服していたが」「この検閲は新たな憲法に抵触しないとは思えない」とし，公権力の関与を定めた箇所を削除することを要求した（ibid. 215）．

またロベスピエールは，「何事も演劇の自由を侵害することはあってはならない．しかし，6条はこの自由を破壊するものである．多くの市民が劇場を建設できるだけでは十分ではない．恣意的な監督から自由であらねばならないのだ．『公論』のみが善に適っているかどうかの判断者である．自らが好むものを採用し，好まないものを拒否する権限を役人に与えたくはない」として延期を要求した（ibid. 216）．このように「公論」と「公共精神」は，互いに対抗する諸原理であった．

しかし，いずれの動議も否決され，質問は打ち切られ，ル・シャプリエ提案は，無修正で採択される[70]．

ル・シャプリエの描いた「公共精神」の学校としての劇場という構想は，ル・シャプリエ失脚後も受け継がれ，さらに具体化された．1793年にはコミューンの負担によって無料の芝居小屋が作られ，そこでは10日間ごとに愛国的な芝居が上演される．また，94年1月，パリの監視委員会は，ル・シャプリエと同じように「劇場は美徳と風俗の学校たるべし」と述べる[71]．

演劇は，「一般意志」，「共和国」の表現たらねばならなかった．すなわち，91年憲法が「王国は一にして不可分なり」，93年憲法が「共和国は一にして不可分なり」と定めたように，「不可分の人民」を表現せねばならなかったのである．徐々に演劇は，コーラス，行進，祈りをとり入れ綜合芸術化する．演劇の主題よりも，人民がそこに集結すること，それ自体が芸術とされた．むしろ，その「不可分の人民」の表現に相応しい形態は，演劇よりも「国民祭典」であった．そこでは，観客自身が俳優である．革命期を通じて，革命家は常に国民祭典を計画した．革命の激化によって崩れそうな「単一で不可分の共和国」という信念を維持せねばならなかったからである．この国民祭典で最大のものが，ル・シャプリエを批判するロベスピエールが提案した「最高存在の祭典」であ

70　13＝19 janvier 1791, Décret relatif aux spectacles, *Duvergier*, t. 2, 51.
71　（多田・山田 1959：403）．

った．ロベスピエールは，この祭典の提案演説で次のように言う．

> 「祖国への愛をかきたて，風俗を純化し，魂を高め，人間の心の情熱を公共の利益へと導く，こうした傾向のものはすべて，諸君によって取り上げられ，あるいは確立されねばならない．」(ibid. t. 84, 332)

これこそが「公共精神」である．ロベスピエールがル・シャプリエを批判した際に用いた「公論」という概念はもはやここでは消滅し，彼においてもそれは「公共精神」という概念に取って代わる．祭典当日は，青年は武装し，女は花束を持ち集まった．皆が，楽隊に導かれ行進し，最高存在への賛歌を合唱する．ロベスピエールは無信仰を象徴する像に松明で火を点ける．全員は友愛の抱擁をかわし，共和国万歳の叫びで祭典は終えられた．祭典に集まった人数は50万人である（当時のパリの人口は65万である[72]）．

(6) ル・シャプリエ以後のアソシアシオン

この節の最後として，ル・シャプリエ以後のアソシアシオンを巡る展開について若干触れておこう．

民衆協会の活動制限のデクレを最後としてル・シャプリエは議会を去るが，その後，革命は，対外的には軍事危機，対内的には食糧危機を要因として次第に急進化し，「民衆運動」はさらに高揚した．よってル・シャプリエのデクレにもかかわらず，事実上，民衆協会は増加し，活動を激化させ，このデクレを有名無実のものとした．

いわゆる「ジャコバン主義」とは，ロベスピエールなどの左派が，議会内においては少数であるにもかかわらず，この「民衆運動」と結びつくことによって権力を奪取し，独裁へと至った政治過程であるが，そこでのクラブ・アソシアシオンの果たした役割は大きく，別名「クラブの歴史」とも言われる（フュレ 1995［1988］: 994ff.）．

しかし，この過程において「民衆協会」はその機能を全く変えてしまう．それは，革命の道具，権力の手段であり，各地の協会は，中央のジャコバンクラブの組織網として再編され，もはや自由闊達に討議することを止め，中央の意

72 （同上 420）．

向に対して全員一致の承認を与える機械となった[73].

革命暦Ⅱ年フリメール14日のデクレ[74]は，公安委員会と保安委員会に権力を集中したものであったが，このデクレは，協会同士の横の連絡を禁止し，協会を「公論の武器庫であるべき」とするが，「公論が攻撃すべき目標」を定めるのは国民公会と規定している（ゲニフェー・アレヴィ 1995［1988］: 666ff.）．もはや，そこでは「公論」の多様性は消滅し，民衆協会は，公安委員会によって「公共精神をふたたび奮い起こす」任があるとされ，反革命の監視，密告を行い，軍籍登録を奨励し，祖国への忠誠を表明する機関となった（同上）．「公共精神」の時代がここに到来する．

ロベスピエール没後の共和暦Ⅲ年ブリュメール19日には，ジャコバンクラブが廃止され，共和暦Ⅲ年の憲法が成立した翌日には，クラブ・民衆協会を廃止するデクレ[75]が出された．政治的アソシアシオンの存在は完全に否定され，革命を終えることとなる．

第3節　修道会破壊の展開

前節では，ル・シャプリエ法に至るまでの過程を中心として職を媒介とするアソシアシオンを，また請願権・民衆協会の制限のデクレを通じて政治的なアソシアシオンについて検討した．そこでは「国家」が「公共の事柄」を独占し，「個人」は統一的な「公共精神」を習得せねばならず，「国家」と「個人」は，中間的存在に媒介されることなく，直接向かい合わねばならないという特殊な「社会像」を看取ることができた．この「社会像」の適用は，信仰を媒介とする宗教的アソシアシオンとて例外ではない．むしろ，当時のカトリックの弱まったとは言え，まだ衰えぬ影響力を考えれば，修道会は最も強固な「中間団体」であり，「国家」にとっては最も警戒を向けねばならない存在であった．

本節では，この修道会廃止の過程を，議会での審議を素材としながら，それ

73　ルーアン（Rouen）市を対象に政治クラブが「公共空間」の担い手から「公的」機関へと変容し，硬直化していく過程を詳細に跡づける研究として，竹中（2005）を参照.

74　14＝16 frimaire an 2 (4＝6 décembre 1793), Décret sur le mode de gouvernement provisoire et révolutionnaire, *Duvergier*, t. 6, 317ff.

75　6 fructidor an 3 (23 août 1795), Décret qui dissout les assemblées connues sous le nom de Club, ou de Société populaire, *Duvergier*, t. 8, 244ff.

が前節で見たル・シャプリエと同一の言説によって推進されていったことを追う．以下では，まず89年の教会財産国有化の審議において法人の性格を巡る論争が闘わされたことを検討し，次に90年の修道誓願禁止法，92年の在俗修道会および信心会廃止法の審議過程での言説を分析し，最後に修道会廃止後に修道会によって担われていた活動を国家が新たに引き受けようした展開をロザンバロンによる福祉国家論を参照しながら検討する．

(1) 法人の性質をめぐる論争：教会財産の国有化

教会財産の国有化のデクレは，「封建的諸特権の廃止」での十分の一税廃止と同様に僧侶からの提案であった．これは僧侶たちが自らの特権を自発的に放棄することによって諸特権の廃止を掲げる革命との間に調和点を積極的に探ろうとしたことを示す．タレイラン（Talleyrand）は89年10月10日の議会で，「国家は，随分前から，最大の窮乏に苛まれている」「その財源は全て教会の財産の中にある」とし（A. P. 1 t. 9, 398），(1)教会財産が国有化されること，(2)聖職者の生活基盤を国家によって支えることを柱とする提案をした．すなわち教会財産を国庫に帰属させることによって逼迫する財政に寄与し，その引き替えに聖職者は国家の精神生活を執行する官吏としての地位が保証されるという内容であった．

しかし，このタレイランの提案は，財産没収の法的な根拠を欠いているという問題があった．タレイランによる教会財産国有化の正当化は，その財産によって国庫に寄与できるということ，つまり没収が公益に適うという理由によって専ら展開されたのだが，人権宣言によって所有権の不可侵を二ヶ月前に保障したばかりの議会においては，ミラボー（Mirabeau）が，「公益という理由は，それがどれだけ重大なものであっても，国家へ教会財産が帰属するということを宣言するには，その措置によって国家の構成員の所有権を侵害せねばならないので，理由としては不十分である」と批判したように（ibid. 607ff.），それだけでは十分な理由となりえなかった．よって，議会での論争は，人権宣言は教会（＝法人）に適用されるか否か，法人の性質とは何か，という法的な議論へと収斂していくこととなる（Patault 1988 : 152）．

この問題に対してトゥーレ（Thouret）は，法人を単なる法律の擬制に過ぎないものとして構成することによって解決を与えた．

「団体は法律によってはじめて存在できるのである．この理由によって，法律は，団体に関すること全てに，その存在自身についてまでも無制限の権限を有するのである．団体は，それ固有の性質を持たないので，その性質によっていかなる実在的な権利をも有さないのである．団体は擬制に過ぎない．法律の抽象的概念に過ぎないのである．法律はそれを思うように為すことができ，好みに修正することができる．」(A. P. 1 ibid., 485)

この法人擬制説の論理的帰結は，「よって，法律は，団体を創造した後に，それを廃止することができるのである．……よって，法律は団体に不動産を所有する権能を与えないことができるのである」というものであった (ibid.)．

この擬制説に対してクレルモン・トンネール (Clermont-Tonnere) は，「団体は，複数の個人が集合し，一つになり，共同な存在が与えられた事態に他ならない．」「各人が個別に行使できる権利は，疑いなく共同に行使され得るのである」とし (ibid. 496)，法人が形成されたかどうかの基準は，何らかの目的のために財産を共同に用いようという諸個人の意思の合意にあるとする個人主義的な実在説を展開し，教会をも私的な諸個人の合意の産物として構成し，法人の権利と個人の権利との間に差異はないとして反論する．

審議の流れは，国家の財政基盤を早急に確立せねばならないという政治的判断もあり，トゥーレによる擬制説が優勢で推移していくが，結局は，自らの財産が将来没収されるのではないかと聖職者以外の財産所有者を恐れされる「没収」，「国有化」という表現は避けられ，教会財産は「国民の自由な処分に委ねられる」という玉虫色の修正案[76]に落ち着いた．

しかし，ヌゥリッソンが指摘しているように，トゥーレによって展開された擬制説は，その後の立法者たちに強い影響力を持ち，団体の改廃に関する全能な権限を国家に与え，革命の過程においてその後行われたありとあらゆる団体・結社の破壊を法理論的に根拠付けるものとなった (Nourrisson 101ff.)．また，トゥーレに反対したクレルモン・トンネールとて，「団体」を諸個人による契約として個人主義的に構成したのであり，この点は1804年の民法典における営利組合，1901年アソシアシオン法における非営利組合のいずれもが諸個人による契約として構成されたことと共通している．革命後も続くフランス

76　2=4 novembre 1789, Décret qui met les biens ecclésiastiques à la disposition de la nation, *Duvergier*, t. 1, 54ff.

での法人消極主義の原点は，この教会財産没収の審議での論争に求めることができる．

(2) 修道会の廃止

修道会とは，教会内部において結成された結社であり，修道誓願を立てた修道士・修道女が共同生活を営み，その福音的完徳への到達を目的とする会である．本来，厳格な戒律を旨とするが，その道徳的頽廃と財政問題は絶対王政期から何かと取り沙汰され，1768年の勅令によって修道会の整理・統合による改革の試みもなされ，民衆の間にも修道会に対する不信感はかなり広まっていた（Garaud 1953 : 122ff.）．既に89年10月28日に新規の修道誓願が暫定的に停止されていたが[77]，先の教会財産国有化の代償として国庫により教会関係費の負担が保障されたため，教会内の修道会の出費が国家予算の膨張をもたらすことになり，その改廃問題が必然的に議事にのぼることになった．

a) 修道誓願禁止法

90年2月13日の修道誓願禁止法[78]は，当初はこの提案者のトレヤール（Treilhard）が，「俸給は，その務めに比例せねばならないのである．」と述べ（A. P. 1 t. 10, 624），マルーエ（Malouet）が，「財政を考えよう．……他のあらゆる問題の議論は先延ばししよう」と述べたように（ibid. t. 11, 544），その動機は主として財政的観点に基づくものであり，誓願の法的拘束力を解き，修道会を整理統合することにより歳出の節約を図り，修道士の少ない修道院は閉鎖・売却し，国家財政の再建に寄与することを目的としていた．

しかし，審議の中で無神論者のデュポン（Dupont）が，「修道会を廃止することによって，財政のためと同時に人間性のためにも卓越し緊急の措置をとることになるのだ」と述べ（ibid.），また自由主義者のルグラン（Legrand）が，「あらゆる宗教団体は消滅するというデクレを提出せよ」と提案したため（ibid.），修道会問題は財政的次元を超え，修道会の存否自体へと論争が展開されることになった．

まずは，修道会の社会的有用性が，修道会廃止論者によって問題とされた．

---

77 28 octobre＝1er novembre 1789, Décret qui suspend l'emission des vœux monastiques, *Duvergier*, t. 1, 54.

78 13－19 février 1790, Décret qui prohibe en France les vœux monastiques de l'un et de l'autre sexe, *Duvergier*, t. 1, 100.

ラ・ロシュフーコーは，かつては修道会が宗教・文芸・農業にとって有用であったが，「今日，文芸が修道会で発展するのは不可能である．……その団体の精神は若者の教育にとって危険であると信ずる」と述べ，修道会の有用性はもはや存在しないとして，トレヤール原案で廃止の例外とされた教育・研究・救貧に携わる修道会についても廃止することを提案し（ibid. 575），ペチヨン（Pétion）は，「あらゆる団体は社会によって作られたのであるから，それらの団体が無用で，有害であるならば，社会はその団体を破壊できるは不変の原理である」と，先に検討したトゥーレの擬制説と同一の論理によって修道会を廃止する権限が国民議会にあることを確認し，「かつて修道士たちは，祈り，かつ働いた．しかし今日彼らはもう働かない．それは農事から奪い去られた腕であり，社会から略奪された富である．彼らは個人としては害であり，団体としては危険である」とし，修道会全廃を主張した（ibid. 575ff.）．これらの修道会無用論に対して，僧侶のグレゴワールは修道会の貢献の事実を挙げ，修道会がなお社会にとって有用・不可欠の制度であるとし，同じく有用・無用論の土俵に立ってその防戦をはかるが（ibid.），修道会廃止論者の勢いは留まることを知らなかった．

議論の土俵は，有用・無用論を超え，修道会の存在は新しい社会の原理＝人権宣言と矛盾すると主張されるに至る．ダジエ（d'Agier）は，「修道会制度は絶えず人権と対立する」と言い（ibid. 576），それに続くバルナーブ（Barnave）は，「修道士の存在は，人権，社会の必要と相容れず，宗教にとって有害であり，彼らに割り当てたその他目的にとって無駄であることは間違いない．……私の命題は正しいのだ．その証明には人権宣言と第一条を想起すれば十分である．…修道会は公共の秩序に反している．独立した首長に服し，彼らは社会の外にあり，社会に反しているのだ」とし，続けて人権宣言第十条を読み上げ，「修道会は社会秩序，公共の福祉と相容れないのである．それらを無条件に壊滅させねばならないのだ」とした（ibid. 580）．その翌日の審議でガラ（Garat）は，「修道会施設は，人権への最も破廉恥な侵害であった」「神がどうして人間に与えた財産と自由を再び人間から奪い返すことができるのだろうか．このことについて私は全く理解できないということを誓う」とバルナーブよりもさらに辛辣に修道会を批判する（ibid. 588ff.）．このバルナーブ，ガラの演説は，司教たちが激憤し演説を中断させたほどの激しい反発を僧侶議員たちに生み，89年の段階において僧侶側の妥協によって保たれていたカトリック教と革命との調和が仮構に過ぎなかったことを露わにしてしまう.

僧侶たちは動議を連発し，必死に抵抗するが，結局は敗れる．デクレの第1条では「国民議会は，憲法的条項として，法律はもはや両性の何者であっても盛式修道誓願[79]を認めないことを宣言し，その結果，フランスにおいて盛式修道会は廃止され，今後設立されることがないと宣言する」とされ，盛式修道会の廃止が確認された．ただし第2条で公教育，慈善事業にかかわる修道院は例外とされ，第3条でも修道女による修道会について廃止が免除されたので，デクレ全体の内容としては修道会の全廃というものではなかった.

このデクレで宣言された誓願禁止は，1791年憲法においても引き継がれ，中間団体廃止を宣言する憲法前文において，宣誓ギルド，同業組合の廃止を宣言する一行に続いて，「法律は，もはや宗教誓願や，自然権や憲法に反する如何なる誓いも承認しない[80]」と規定された．修道誓願も，職業組合等と同様に一種の中間団体を設立するアソシアシオン契約として捉えられ，禁止の対象となったことがここから窺える．この修道会を中間団体として捉えるという図式は，次の在俗修道会および信心会廃止法の審議においてより明瞭なものとなっていく.

b） 在俗修道会および信心会の廃止

90年の修道誓願禁止法では，公教育・慈善活動を担う修道会はその頽廃が批判されながらも，禁止の例外とされ，廃止されなかった．その理由には，実際，修道会抜きの教育や慈善活動を考えることは不可能であったということがある．絶対王政期では，教育とは国家の掌握事項ではなく，教育を支配したのは教会であり，初等学校や高等教育機関は専ら修道会や在俗聖職者によって開設され，また，慈善活動も修道会や在俗聖職者による救貧院によってその大半が担われていた.

しかし，91年憲法で「全ての市民に共通で，全ての人にとって不可欠な教

79　教会法は，修道誓願を，その効力によって「盛式誓願（vœu solennel）」と「単式誓願（vœu simple）」の2種別に区別している．「盛式誓願」とは，盛式修道会において立てられる公式誓願であり，この誓いに対して国王は，特権として民事的効力を認め，誓願に抵触する行為は，違法かつ無効とされた．例えば，「貞潔」の誓願を成した盛式誓願者が婚姻した場合には，その婚姻は法的にも無効となった．これに対して，「単式誓願」には，このような民事的効力は認められていない（ハードン 1982：378）.

80　3－14 septembre 1791, Constitution française, Déclaration des droits de l'homme et du citoyen, *Duvergier*, t. 3, 241.

育の部分については無償の公教育が創設され組織される[81]」「棄てられた子供を育て，病弱の貧者を助け，仕事を持たない壮健な貧者に仕事を与えるために，公的救済の一般施設が創設され組織される[82]」と宣言された後においては，これら事業は，公共の事柄として国家が担わねばならないという観念が支配的となっていた．また先の修道誓願禁止法の審議では，修道会廃止の理由は，財政的理由，社会的有用性，あるいは人権宣言との抵触という理由と，まだ論者によってばらつきがあったが，前節で見たル・シャプリエによる中間団体否認の理論が高らかに謳われた議会において，修道会廃止の理由は揺らぐことはなかった．

在俗修道会の廃止を提案する最初の報告は教会委員会のマシュー（Massieu）による「在俗修道会に関する報告書[83]」である．マシューは，在俗修道会の果たす役割を，「若者の教育や，宗教授業や，聖職者の教育や，貧しい病人の世話であり，社会に極めて役立つものである」「道徳，宗教，科学，芸術，文学は大変な恩義をそれらのすぐれた団体の大部分に負ってきたのは確かである」と述べているように（ibid. t. 32, 58），修道誓願禁止の際に廃止論者がその頽廃・無用性を厳しく批判したのとは異なり，それなりに評価していた．マシューの問題提起は，むしろ在俗修道会が果たしているような重大な任務は国が担うべきではなかろうかという点にあった．マシューは言う．

> 「そのような公共善にとって感動的で大変重要な機能を満たすことをコルポラシオンか何かに任せておいて十分なのだろうか」「そのような制度（在俗修道会）を持たない政府で，そのような機能が非常によく果たされているのを見ないだろうか」（ibid.）．

修道会が「コルポラシオン」と規定されるのは，90年の修道誓願禁止法の審議ではまだ見られなかったことである．以上のような理由からマシューは，在俗修道会の廃止と公的施設の建設を内容とするデクレを提案するが，議会は提案の重要性に鑑み，公教育委員会にこの提案を付託し，再検討することを命じた．

81　*Ibid.*

82　*Ibid.*

83　この報告書は，付録として収録されている（A. P. 1 t. 32, 58ff.）．

この付託を受けた公教育委員会を代表して，ゴーダン（Gaudin）が92年2月10日に報告を行うが[84]，ここで中間団体否認のモティーフは明瞭となっていく．ゴーダンは次のように言う．

「立法者の意思は，全公民をより直接的に公共の事柄に結合させることであった．よってあらゆる団体は必然的に個人と祖国との間の中間的な遮断となる．」「固有の利益と独自の準則を持ち，伝達せねばならないあらゆる考えを必然的に自らの偏見に染めてしまう偏った機構の内にいかなる公共精神が形成されうるのか．」(ibid. t. 38, 360, 362)

ただし，ゴーダン提案のデクレは，在俗修道会の全廃を宣言したものの，そもそも公教育委員会に付託された議案であるので，救貧活動，医療活動を行う在俗修道会，施療院については暫定的に廃止の例外として判断を留保し，専ら教育，研究活動を行っている在俗修道会を廃止の対象としたものであった．4月6日から始まった審議では，ゴーダン提案の不徹底を指摘し，デクレのさらなる厳格化を求める者が相次いで演説する．その中でもトルネ（Torné）は，「国家の内部に市民のコルポラシオンが存在することは，人体における閉塞の如きである」(ibid., t. 41, 237)，「帝国の全てのコルポラシオンを壊滅させよ．各々の団体の精神は消滅しつつあるが，公共精神に次第に火をつけることになる」と修道会全廃を強く主張し（ibid. 247），(1)デクレの前文に宗教結社の壊滅宣言を盛り込むこと，(2)慈善，救貧活動を行う在俗修道会も例外なく廃止すること，(3)修道服を禁止すること，をその内容とする修正動議を提出し，圧倒的な拍手によって可決された．また苦行信心会など，自由意思で加入でき，教会から独立し，葬儀などの相互扶助活動を通じた絆によって結ばれたアソシアシオン的性格を持つ「信心会[85]」も，メルレ（Merlet）によって廃止の対象とすることを求める修正が提案された（ibid. 488）．

公布されたデクレ[86]は，その前文で，「国民議会は，真に自由な国家はその

84 ただし，ゴーダンは喉が悪かったため，この報告は秘書によって代わりに読み上げられた（A. P. 1 t. 38, 360）．

85 （Agulhon 86ff.）．

86 18 août 1792, Décret relatif à la suppression des congrégations séculières et des confréries, *Duvergier*, t. 4, 324ff.

内部において如何なるコルポラシオンも認めてはならず，公教育に従事し祖国に貢献するコルポラシオンであっても同様であり，立法府は完全に宗教団体を絶滅させると同時に，彼らに固有のあらゆる修道服を金輪際消滅させねばならず，そのために必要なことは，コルポラシオンの記憶を思い起こし，再びその像を描いてみて，もしそれらが蘇ったならということを想像してみることである」と宣言し，第1編で，在俗修道会，信心会の例外なき廃止と修道服の禁止を定め（ただし救貧院と慈善施設は暫定的に行政の監視下で存続），第2編で，廃止される団体の財産の国家による没収および売却を規定し，第3編から第5編で，廃止される団体に従事していた修道士の年金，身分保障などが定めた．

以上見てきたように，この審議において，修道会は，たとえ社会に有益であろうとも，それが中間団体であるという理由で否認されねばならず，今や修道会に代わって国家がそのような有益な任務を果たさねばならないとされた．この論理は，ル・シャプリエが，「もはや国家の中にコルポラシオンは存在しない．存在するのは，各人の個別利益と一般利益のみである．市民に対し中間の利益を吹き込み，コルポラシオンの精神によって，公共の事柄から市民を引き離すことは何人にも許されない」「生存のため職を必要とする人に職を与え，不具者に救済を与えるのは，国家である」と述べ，職を媒介としたあらゆる結社を禁止した論理と同一のものである．修道会の全廃は，ル・シャプリエによって展開された中間団体否認のイデオロギーが，宗教的結社についても，もたらすであろう必然的な帰結であった．

(3)　福祉国家の起源としてのル・シャプリエ法

革命期の修道会破壊は，あまりにも徹底的に行われたため，教育に関しては，それを担う機関が一時的に消滅し，教育を受け，学習する権利までもが同時に廃止されたとも言われるほどであるが（Grimaud 1944 : t. 1, 27），92年9月から開会された国民公会は公教育計画について審議を続け，93年憲法は「社会は教育を全ての市民の手の届くところに置かねばならない[87]」と規定し，12月には公立学校による初等義務教育が開始され，修道会に代わって国家による公教育が推進された．

また，救貧や医療などの慈善活動も，国家がその任務を担うことが目指され

87　24 juin 1793, Acte constitutionnel et déclaration des droits de l'homme, *Duvergier*, t. 5, 353. ただし，93年憲法は施行されなかった．

る．修道会廃止のデクレに続いて，革命暦Ⅱ年ブリュメール13日の法律[88]によって財団の資産の没収が，また同年のメッシドール23日の法律[89]では救貧院と慈善事業施設の財産が国有であると宣言され，私的な扶助は完全に禁止された．

公的救済組織の具体化は，この禁止措置に比べてややその立法が遅れたが，93年3月19日の法[90]によって，各県ごとの救済予算配分の原則と国民予見金庫の創設が定められ，中央集権的な公的救済の一般組織が整備され，同年6月28日の法[91]で，各県に捨子ならびに老齢者への救済組織が設立された．93年憲法は，「公的救済は神聖な負債である．社会は市民に，労働を与えるか，または労働できない者に生活手段を保障することにより，生活を引き受ける義務を有する[92]」と謳い，91年憲法よりも明確に国家の救済義務を定めている．

以上の93年憲法を中心とするような社会権的な諸規定は，その推進の原動力を探るならば，その当時の革命の左傾化，民衆との結託ということに求められ，これらの社会的諸権利の起源は労働者・民衆を弾圧したル・シャプリエとは程遠いものとされるかもしれない．しかし，私的な集団が教育や救済などの社会的機能を担うことを容認せず，国家がそれを「公共の事柄」として独占的に引き受けるのだという，その社会像は，ル・シャプリエの言説に明らかにその淵源を有するのである．

ロザンバロンによれば，「福祉国家（l'État-Providence）」という表現が，フランス語に現れたのは第二帝政期であり，それは自由主義者等によって増大する国家の権限と極端な個人主義を批判する用語としてネガティブなものとして用いられたが，特にこの用法を発展させたのは，第2部第4章で検討する1864

88 13=14 brumaire an 2 (3=4 novembre 1793), Décret qui déclare propriété nationale tout l'actif affecté aux fabriques et à l'acquit des fondations, *Duvergier*, t. 6, 273ff.

89 23 messidor an 2 (11 juillet 1794), Decret sur la réunion de l'actif et passif des hopitaux, maisons de secours, de pauvres, etc, *Duvergier*, t. 9, 217ff.

90 19=24 mars 1793, Decret concernant la nouvelle organisation des secours publics, *Duvergier*, t. 5, 204ff.

91 28 juin =8 juillet 1793, Decret relatif à l'organisation des secours à accorder annuellement aux enfants, aux vieillards et aux indigents, *Duvergier*, t. 5, 362ff.

92 24 juin 1793, Acte constitutionnel et declaration des droits de l'homme, *Duvergier*, t. 5, 353.

年のコアリシオン法認に関する報告の中でエミール・オリヴィエ（Émile Ollivier）がル・シャプリエ法を批判した時であったとされる（Rosanvallon 1992a : 141）．この報告において，オリヴィエは，革命後のコアリシオン禁止はル・シャプリエ法に端を発するものであるとし，その論理構造に批判の的を絞り，本書でも引用したル・シャプリエの演説を引いた後に，以下のように批判する．

「ル・シャプリエによって示されたこの論理に，フランス革命の根本的過ちの起源を見出すのである．ここから，アソシアシオンに対する悪しき法律，例えば金融会社，割引銀行，保険会社，取引組合，生産会社に対する厳格なデクレが生まれたのである．ここから中央集権の行き過ぎ，社会的諸権利のはなはだしい拡張，社会改革者たちの誇張などが生じたのだ．そこからバブーフ，**福祉国家**（l'État-Providence）の観念，あらゆる形態における革命的独裁が生じた．個人のイニシアティブに対する偏見の源はそこに見出される．その果実として，そこに見出される政府の神聖な全能の教義は，我々のあらゆる所まで侵入し，その進攻はしばし把握できないほどに止まることを知らず，思想における混乱，行動における争い，権力と自由の健全な思想の頽廃を作り出したのである（ただし強調は引用者[93]）．」

このオリヴィエの視点を継承しながら，ロザンバロンも福祉国家の理念的起源をル・シャプリエの社会像に求め，今日の「福祉国家の危機」を「国家」と「諸個人」の二極構造によってもたらされる機械的連帯の社会学的な限界，「連帯の危機」として捉えて議論を展開する．

通常，「福祉国家」と言えば，社会は市場の論理が貫徹し，国家は夜警的な任務のみを担うという古典的な国家観に対する対立概念として，すなわち「福祉国家」は「近代国家」の対極として位置づけられるのが普通であるが，ロザンバロンの特徴は，それらが実は同じ源流にあるのだと主張する点にある．

まず，ロザンバロンは，「近代国家は基本的には保護者国家（l'État-protecteur）として定義される」と言う（ibid. 27）．なぜなら，ホッブスにおいて「共和国の目的は，特定の者の保護」「共通権力は不法から個人を守るリヴァイアサン」とされ，ロックにおいても「政府の目的は『所有の保護』」とされた

93　（Moniteur, le 22 avril 1864, 688）．

ように，国家を思考することと諸個人へ保護の権利を認めることは同一の運動であり，個人の誕生と近代国家の誕生とは表裏の関係であって，この「保護者国家」において個人と国家の分極構造と保護者・解放者たる国家という理念が既に形造されていたからだと言う（ibid. 21ff.）.

このような近代国家理解に立ちながら，ロザンバロンは，「『福祉国家』は『保護者国家（＝近代国家）』の延長，深化である」と規定する（ibid. 27）. 確かに，「福祉国家」とは，生命や所有の保護という消極的任務だけではなく，再配分や各種サービスなど積極的な活動を行う点で「保護者国家」と質的に区別されるのだが，重要なのは，この断絶面ではなく，むしろ両者の連続面であるとされる．ロザンバロンは「『福祉国家』とは個人の保護というこの運動を社会の中心点として継続させ，拡大させただけである.」とし（ibid. 44），これらの積極的な活動もその源流は，「保護者国家」に発するものとされる.

「保護者国家」では，扶助や救済は，実際のところ，伝統的な職や宗教，地域などの連帯と社会的結合関係によって担われ，「国家」と「個人」はまだ不完全であり，その完全な二極分化には，「福祉国家」の誕生を待たねばならない.「保護者国家」は，完全な個人が主張され，社会が社団のモデルで思考されるのが終焉した時に，「福祉国家」へと転換するのである.

ル・シャプリエ法とはこの構図を一挙に創出しようとしたラディカルな表現であった．確かに，ル・シャプリエによって目指された，全ての中間団体を廃止し，国家がその空白を担うという理念の実現は不可能であり，革命後にその理念は放棄され[94]，19世紀とは再び私的な集団によって扶助が担われた時代であり，「福祉国家」の理念が実現するには20世紀を待たねばならなかった．しかし，この理念が，1791年という近代国家形成期に現れたことは，偶発的な逸脱なのではなく，「近代国家（保護者国家）」と「福祉国家」が本質的に同じ源に発するということを裏付けているのである.

---

94 共和暦5年秋には，救貧院，施療院に没収した財産を返還した（16 vendémiaire an 5 (7 octobre 1796), Loi qui conserve les hospices civils dans la jouissance de leurs biens, et régle la manière dont ils seront administrés, *Duvergier*, t. 9, 195）. この措置は，間に合わない貧困対策のための緊急策であったが，この措置は19世紀を通じて維持された.

第4節　小括

最後に，これまでの議論の道筋をもう一度振り返り，本章の主張を明確にしておこう．

本章の課題は，フランス革命期における反結社法の社会像を抽出し，それらの諸立法によってどのような社会空間が編成されたかを探ることであった．

まず，絶対王政末期において「社団」とは異質な「アソシアシオン」という新しい組織が叢生し，これらが「公論」を産出し，革命の条件となったという過程を見た．またこのような結社的関係は，革命による高揚からか，革命勃発後は，民衆協会などに見られたように，さらに拡がりを見せ，政治化し，革命を後押しした．

しかしながら，革命期の立法者の社会像には，ル・シャプリエに典型を見出したように，これら「アソシアシオン」は措定されていなかった．確かに，革命は，「社団」を徹底的に破壊し，「個人」を解放するのだが，この「社団」廃止と同一の論理で「アソシアシオン」を禁止・制限し，解放された諸個人が自由に出会う空間を措定せず，「国家」と「諸個人」の二極構造を創り出すこととなる．

しかも，この新しい「個人」，「国家」の像は決して中立的なものではなかった．「個人」は，情念に訴える演説ではなく理性に基づく読書によって啓蒙を身につけねばならず，「国家」は，「社団」，「アソシアシオン」の廃止によって生じたソシアビリテの空白を自らによって埋めようとした．このような社会像の頂点が，「公共精神」の時代であり，そこでは「共和国」と「市民」との一体化が目指された．また「公共」を全て担おうとする「国家」に福祉国家の理念的起源を見て取ることができた．

本章の歩みは以上のように要約できる．

第２部
中間団体政策の変遷

第1部第1章では，ル・シャプリエの諸立法を中心に革命期の反結社法の社会像を抽出した．ル・シャプリエ法は，革命期の状況的な立法ではなく，1884年の職業組合法成立まで維持される立法となる．

しかし，革命後のフランス近代が，革命期に描かれた社会像の如く，国家とアトム化した諸個人しか存在しない社会であったわけではなく，社会史の研究[95]が明らかにしているように，中間団体を媒介とした多様なネットワークが実際のところは，存在した．

法の次元においても，許可なきアソシアシオンの禁止を定めたナポレオン刑法典の結社罪が革命期の反結社法を継承したかのような外観を取るが，実際のところ，その理念は，変容を被っており，政府にとって有用な中間団体は，行政の厳しい監督下で復活していくという政策が取られる．

19世紀フランスの政治社会体制は，第一帝政（1804-14），復古王政（1814-30），自由王政（1830-48），第二共和政（1848-52），第二帝政（1852-70），第三共和政（1870-）というように，激しい揺れ動きを経験しており，各時代の中間団体政策には，それぞれの政体の秩序観が強く刻印される．

第2部では，19世紀における中間団体政策や中間団体観の変遷を，社会との相互作用において把握しながら，具体的に分析していくことが課題となる．

第1章では，ナポレオン期における中間団体政策の変容を扱う．第2章では，立憲王政下におけるアソシアシオン論を具体的な立法との関連で分析する．第3章では，第二共和政において実験された〈アソシアシオン〉

95　喜安は，民衆の日常的なソシアビリテの多様な実践に注目しながら，習俗のゆったりとした変容過程を詳細に描き，アトム的に解体された新たな個人が中間団体を形成したのではなく，旧来の伝統的紐帯が縦糸，経糸とされながら，新たな絆が生成していったということを社会史的に明らかにしている（喜安 1994a：10；1994b）．

また，（福井編 2006：89ff.）では，大きく変動しつつある19世紀社会において，新しい状況に対応しながら創られていったアソシアシオンの多様な実践が描かれている．

の中身と帰結を検討する．第 4 章では，アソシアシオン法成立前の 19 世紀後半における個別法による各種中間団体の承認のプロセスを検討する．

第1章　中間団体と公共の秩序
——ナポレオン期の政策変容

本章では，ナポレオン（第一帝政）期の結社・中間団体に関する法・政策を取り上げ，前章で析出した革命期における反結社法の社会像との比較を通じて，ナポレオン期の中間団体政策の特質を把握することを試みる．

「個人」の「自由」の擁護，「公共」の「国家」による独占という理念により，あらゆる中間団体を破壊した革命期の反結社法は，ナポレオン期に入ってどのように変容したのか，それを明らかにすることが本章の課題である．

革命期とナポレオン期については，法体系全体として中間法と近代法という大きな段階区分を行うのが通説的であるにもかかわらず（山口 1978：49），中間団体政策の変容に関してはこれまで意識的であった研究は存在しない．

個人の自由確立を重視する近代主義的な立場からは，ル・シャプリエに代表される個人主義的言説は，民法典（1804年）の意思自治の原則・契約自由の原則へと連なる一つの流れを形成するとされ（山口 1983），マルクス主義的な立場からは，階級的抑圧立法であったル・シャプリエ法のブルジョワ的性格が，20名以上の許可なきアソシアシオンと労働者のコアリシオン[96]を禁じたナポレオン刑法典によって，確認・強化された[97]と把握されており，いずれの立場でも革命期とナポレオン期は順接的な関係において捉えられている．

これに対して，本書は，ナポレオン期に入るとその中間団体政策は，法の形態・構造，それを被う諸規則，適用過程，並びにそれらを推進した言説のあらゆる点で，対抗する諸原理を孕みながらも，大きな変容を被っており，むしろこの法制度こそが，その後も続く近代社会を規律するものであったと考える．

---

96 「コアリシオン coalition」とは，永続的団体としての性格が稀薄であるが，争議状態をも含む，一時的な集団活動である．団結という訳語が当てられる事もあるが，その場合，継続的な団体である「職業組合 syndicat」との峻別が不可能になるので（大和田 1995：14ff.），本書でもカタカナ読みで表記した．

97 例えば，（井手 1978：11）．またマルクス自身もル・シャプリエ法をブルジョワ的クーデタと表現し，その法がナポレオン刑法典へと継承されたと把握している（マルクス 1968［1867］：968）．

確かにナポレオン刑法典では，アソシアシオンと労働者のコアリシオンへの厳格な罰則が定められ，法サンクション上では革命期と継承関係にあるようだが，他方で一部の職業団体の復活や商業会議所・諮問院の設置など革命期の理念を捨て去るような政策が取られる．本章では，この相反するかの現象を，「公共の秩序（ordre public[98]）への配慮」という観点から統一的に把握することを試みていく．

またその際，特に法の規範構造やその適用過程に着目し，権限が集中した「ポリス[99]」の規範の特質に迫る．自由主義，個人主義の諸理念により特徴づけられる「近代法」ではなく，むしろこの「ポリス」の規範が近代社会を規律し続けたのであり，この点を解明することは，近代社会だけではなく，近代の法そのものの理解を豊かにすることにも繋がると考える．

以上のような問題関心のもとで，以下では，繋ぎとなった総裁政府期の政策も垣間みながら，第1節で職業団体について，第2節で修道会，第3節で民法典，第4節でナポレオン刑法典でのアソシアシオン・コアリシオンに関する規定について，という形で一端は分節化して，ナポレオン期の結社・中間団体政策を順次検討し，最後にそれらを総体として分析・把握し，特に革命期との比較を通じて，その法体制の特質をつかみ出す．

やや先取りして示すなら，革命期においては，「個人」への称賛と，「社会的なるもの」も全て「国家」が「公的な」任務として引き受けるのだ，という言説によってあらゆる結社・中間団体が法律によって一様に禁止・制限されたのに対して，ナポレオン期においては，専ら「公共の秩序への配慮」が先行し，これにとって有用な中間団体は行政の厳しい監督・介入の条件の下で復活するが，それを脅かす市民の結社は，「ポリス」の厳しい監視下におかれ，法ではなく行政・ポリスに広い裁量を与えることによって中間団体・結社政策が個

98 「公共の秩序」という概念は，国家社会に対する広範な考え方を意味し，非常に幅広い概念であるゆえ，体制によってその実体的内容は大きく異なるが，本章では，以下で展開するナポレオン期の理解に基づき，「個人に対する社会の優越という発想に基づき，社会秩序の維持，政体の防衛，国益の増大という観点から，個人の自由と対立していく秩序」という意味において用いた．

99 この「公共の秩序」の維持を目的とするのが，「ポリス」である．警察と訳さなかったのは，その業務対象として，狭義の秩序維持に留まらず，道路管理，清掃，衛生，食糧や建築等といった行政業務や日常的な平穏・安寧の維持をも担っていたからである．特にパリにおいては，これらすべての権限がパリ警視庁の警視総監に集中していた（長井 1991）．

別・具体的に押し進められたと括ることができる，という見通しを有している．

第１節　職業団体の部分的な復活：諸言説の対抗

(1) 経済的自由主義の展開

まずは革命期を振り返ろう．91年3月のダラルド法によって「営業の自由」と「コルポラシオンの廃止」が宣言され，続く6月のル・シャプリエ法では，労働者だけではなく，事業主，店舗主のコアリシオンも禁止され，経済秩序は，自由な競争に委ね，国家の役割は専らその障害物を除去することにあるとする経済的自由主義の構想が示された[100]．ル・シャプリエは，商業会議所を例外としたが，如何なる中間団体も認められないとする，その論理構成は商業会議所への攻撃を内包したものであり，グダール（Goudard）によって4ヶ月後にとどめを刺された[101]のは自然の成り行きであった．

しかし，この経済的自由主義の政策は，対外戦争の勃発も要因となりながら，深刻な混乱を全土にもたらす．特に食糧問題の悪化は著しく，「モラル・エコノミー」の観念[102]を伴う民衆によって，価格統制要求を掲げた，穀物の略奪を伴う騒擾が各地で発生する[103]．国民公会では，経済的自由主義の放棄となる価格統制にかなりの抵抗があったが，93年5月には，「穀物・パンの最高価格法[104]」が，続く9月には，ル・シャプリエが諸個人の合意に委ねられるとした労働賃金をもその対象に含む「総最高価格法[105]」が議決され[106]，公式に

100　「営業の自由」は，国家からの自由ではなく，その保障のために国家が果たした能動的な役割を指摘したのは，岡田与好であった（岡田 1987）．

101　27 septembre＝16 octobre 1791, Décret portant suppression de toutes les chambres de commerce existant dans le royaume, *Duvergier*, t. 3, 374.

102　モラル・エコノミーの概念は，トムソンが18世紀イギリスの食糧騒擾を分析した際に，民衆には，自分達が「正当なもの」と考える価格（共同体的規範）が侵された場合に，直接行動によって正義を代執行・回復すべきだという観念が存在したことに注目して，作り出した概念である（Thompson 1993）．

103　遅塚忠躬は，パリ南部のエムタム一揆の史料解読から出発し，ドリヴィエとロベスピエールの社会思想を再構成し，対質させている（遅塚 1986）．

104　4 mai 1793, Décret relatif aux subsistances, *Duvergier*, t. 5, 266ff.

105　29 septembre 1793, Décret qui fixe le maximum du prix des denrées et marchandises de première necessité, *Duvergier*, t. 6, 193ff.

中央レベルで規制政策へと転換する.

地方レベルでは，既に1791年7月に，市町村ポリスが，「新しい立法の諸原則と精神に合致する全ての旧制下の諸規則を利用できる」とした法律[107]を巧みに援用することによって，コルポラシオン廃止の空隙を埋めるべく，市町村長命令による域外取引の制限，商品の監督，徒弟制の承認などの商工業への規制が行われ，中央レベルで最高価格法が廃止され，自由主義へと再転した後も，この手法による規制は存続した（Bossenga 1988：413).

このような経済の混乱と規制の復活の流れと平行するようにして，旧き制度，とりわけコルポラシオンへの言及がナポレオン期に入ると噴出していくが，この流れの中には三つの相異なる諸言説が対抗していたと本書は考える.

(2)　コルポラティストの主張

一つは，旧制下のコルポラシオンを復活させることを求める復古的な流れであった．その中でも著名なのが，1805年にパリのワイン商人達300名が政府に対して行った請願である.

この請願は，「商業の復元を成し遂げ，濫用の中止を獲得し，革命以来続いている無秩序を終結すること」を目的として（Nourrisson 1915：156），コルポラシオンの復活を提案したものであり，その内容としては，週2回6人の理事による理事会の開催，親方になるまでの期間を4年間と定めること，店を持つには1000フランの登録料を払う義務があること，複数の店を持ったり他の職業を兼任することを禁ずること，ワインを水で薄めたり混ぜ物をした場合にはその者が酒蔵を持つことを禁止すること，不正行為を調査するため3ヶ月ごとの検査を義務とすることなどが掲げられ，その団体の構造は革命前のコルポラシオンと変わるものではなかった.

しかし，このような復古的な主張は，「もはや理解されない言葉を公衆の前で喋るようなものであった．……それは，既に背広が着用されている19世紀社会に，髪粉を振ったかつらをかぶり，プルポワンを着衣し，高靴を履いて現われるが如くであった……」とマルタン・サン・レオンが注釈しているように，支配的な言説へとは決してなり得ない（Martin-Saint-Leon 1897：519).

106　価格統制法の立法過程を分析したものとして，田村（1997）がある.

107　19＝22 juillet 1791, Décret relatif à l'organisation d'une police municipale et correctionnelle, *Duvergier*, t. 3, 114ff.

請願への回答として，ヴィタル・ルー（Vital Roux）による報告書[108]が即座に出される．そこでは，コルポラシオンの弊害が列挙され，「価格を定める務めは競争に委せよ．そうすれば，常に均衡ある釣合に価格がおかれ，品質は良いものとなる．品種は豊富になり，労働者はよく働き，消費者は最大のサービスを受けるようになるのだ」(Locré XVII. 414ff.）として，請願を却下する結論が下された．ここに，中央レベルの統治システム内では，市場イデオロギー，自由主義を崇拝する言説が一定の位置を占めていたことを伺うこともできる[109]．

コルポラシオンの復活を求める請願が，これ以降も，あるいは他業種からも行われるが[110]，下からの旧親方職人層による請願が認められることはなかった．

(3) 商業会議所の復活・製造業諮問院の創設：経済的合目的性の言説

しかし，言説の布置状況は，旧きコルポラシオン vs 市場信仰というような単純なものではなく[111]，時代状況に対応して偏差を伴ったものとなっていた．ここでは，商業会議所の復活・製造業諮問院の創設への動きを追う．

旧制下の商業会議所は，一つの社団であり，独自の徴税権が認められ，商業基盤整備のための事業を行い，不正を行う商人を摘発し，裁判所を附置し，商業繁栄のための意見書を提出し，さらに商人たちが集う取引所でもあった

108　この報告書は，1805年にパリの商業会議所により印刷されたものであるが，(Locré XVII : 371ff.）に再録された．

109　ただしルーは，「コルポラシオンのシステムは，第一の相においては何らかの魅力を有している．そのシステムは，良き精神に好ましい秩序と規則を有しているようだ．なぜなら良き精神は秩序を好むのだから」とし（ibid. 398)，コルポラシオンが有する秩序維持の側面での利点を認めないわけではなかった．しかし，ルーは，このような秩序維持機能は，今後，コルポラシオンによって果たされるのではなく，労働者と使用者の諸権利と諸義務を定めた法典によって実現されるべきであると考えており，報告書では工業法典 Code industriel の制定を提案している（ibid. 458).

110　復古王政期の議会において，1816年に宣誓ギルドの復活の請願，1817年，1821年にコルポラシオン復活の請願，1826年肉屋の同業組合復活の請願，1829年建設業の団体復活の請願が出されるが，いずれも却下された（Nourrisson t. 1, 246ff.).

111　先のルー自身も必ずしも市場万能論者であったわけではなく，ヴァンデルモンド（Vandermonde）の経済学講義を受けた影響から，産業の育成のためには政府の指導が必要と考えていた（津田 1990a).

(Delécluse 1985 : 55ff.).

先に見たように革命により廃止されるが，翌月には商事裁判所が創設され，また内務省には商業行政中央局が設置され，その機構を通じて商業の監督を行うことが目指され（Rosanvallon 1989b : 192），95年以降は，地方からの情報を集め，中央の指示を伝達するために各県に商業局が置かれた．

このようにして行政機関によって会議所廃止の空白を埋めることがはかられたが，十分な役割を果たす事はできない．例えば，ルーアンでは，1795年に商人たちにより設立された商工業の自由協会が，かつて商業会議所が占有していた会館で会議を催すことが許可され，悪質な水先案内人の告発と事実確認証明書の発行を行い（Delécluse 108），ラ・ロッシェルの商業会議所は，港湾整備の事業を行政が代替できないために，その存続が許可された（Bouchardeau 1981 : 13）．事実上は，各地で，自発的な結社という形式かあるいはそのままの形式で商業会議所の機能は維持され，商業会議所の復活・制度化を求める声は止まなかった．

1801年に内務大臣シャプタル（Chaptal）によって各県に商業会議が設立されたが[112]，この組織は単なる商業に関する情報提供のためのものであり，その構成員は知事による任命とされ，商業会議所とは似て非なるものであった．それ故，ルーアンの知事ブーニョ（Bougnot）は，即座にシャプタルへ書簡[113]を送り，商業会議創設の布告を不十分なものとし，中央集権化の過剰に警告を発しながら，かつての商業会議所が果たした政策立案力，事業力，機敏さを称賛し，それらの役割が行政によって果たされていない例を数々挙げ，独自の財政と行動権限を持った商業会議所の復活を求めた．

このような商人達による再建活動や地方行政官からの要望に押されてか，翌年シャプタルは，商業会議所の復活を提案し，その提案は可決された[114]．しかしながら，先の商業会議とは異なり，構成員が各地域の有力商人による投票で選出され，独自の財源が認められたものの，その報告でシャプタルが会議所

112　（Bouchardeau 1981 : 14）は，この権能が狭く限定された商業会議の創設を，シャプタルが様子を見ながら段階的に商業会議所の復活を計画していたためと分析する．

113　商業会議所復活をめぐるブーニョとシャプタルの間の書簡は，（Delécluse 1985 : 124 ff.）に収録されている．

114　3 nivose an 11 (24 décembre 1802), Arrêté portant établissement de chambres de commerce dans plusieurs villes, *Duvergier*, t. 13, 351.

復活の利点を「政府が見識のある人々の意見を知ることが出来るし，商人達は話を聞いてもらえ，国家に情報が集まるだろう[115]」と述べたように，その役割は，公共事業の監視以外は，商業の繁栄のための方法とその発展を妨げる要因を政府に伝えることとされ（第4条），諮問機能に極力限定されたものであった．

シャプタルは[116]，革命の成果であるコルポラシオン，特権の廃止を高く評価しており，その経済思想は経済的自由主義をベースとしたものであった．ただし，ナポレオンが「経済は武器であり，イギリスと戦うための手段である」と当時述べたように（Bouchardeau 23），シャプタルもフランス商業の発展をどのような諸価値よりも優先されるものと考えており，それに寄与する仕組みであれば，柔軟に行政機構の中に取り込み，控えめな介入を必要悪として認め，対外的には保護貿易を取った．特に商業の実態の正確な把握を，効率的な政策を練り上げるために不可欠なものとしており，復活させた商業会議所を全国的な統計調査[117]を行うための重要な機構として位置付けていた．

また統治の任にあたる内務大臣としては，地方や諸団体が群雄割拠状態に戻ることを危惧しており，地方での市町村ポリスによる旧制下の諸規則の適用を敵視し，中央集権を維持・推進するためには，自由主義を推進することが，その点からしても，利益があると考え（Bossenga 1988：423），産業政策のために復活させた団体には，その自律性を削ぐことに細心の注意を払った．復活した商業会議所は，内務大臣に直結した組織として位置付けられ，各会議所間での横の連絡は固く禁じられた[118]．

3ヶ月後に商業会議所の仕組みをモデルとして，工業者からも情報を入手するために製造業諮問院が創設されたが[119]，この組織は，知事によって選ばれた選挙団によって構成員が決められ，財源はコミューンが負担し，事業監視を行う権能もなく，その自律性は商業会議所と比べてより希薄なものとなってい

115　（Bouchardeau 14）を参照．

116　シャプタルの思想・全体像については，吉田（1962），津田（1990b）を参照．

117　この成果に基づき，フランスの産業の状態を数量的に詳細に明らかにした上で，これまでの政策の果たした役割を分析し，今後のあるべき政策を提言したのが，Chaptal（1819）であった．

118　例えば，1804年にパリの商業会議所がパンフレットを印刷し，連絡を図ろうとしたことに対して内務大臣シャンパニィ（Champagny）は，警告を発している（Hirsch 1993：161）．

る．

ロザンバロンは，このような商業会議所，製造業諮問院のシステムを「国家が社会のより深くに根を張ることを可能とさせながら，職業集団と行政構造が公的な活動領域においては融合に向かう国家コーポラティズムのようなもの」とし（Rosanvallon 193），それら組織が職業の自己規制システムではなく，経済的合目的性のために行政が作り出した新たなタイプの歯車であると論じている[120]．

(4)　ポリスの言説

以上見たように，革命の成果であるコルポラシオン廃止は，地方からの要望にもかかわらず，シャプタルにおいても維持されたが，ほぼ同時期に，パン屋と肉屋に関しては，例外的に職業団体が復活する．これら職業団体の復活を推進したのが，パリ警視総監のデュボワ（Dubois）であり，その言説は，復古的なコルポラティストとも経済的合目的性を追求したシャプタルとも異なるものであった．

テュラールが「……湯気の上がった上等のスープが食卓に運ばれるならパリの人々が抗議のために街頭に繰り出すことはもはやなかったのを判らなかったのか？　パリ住民に適切な価格で日常食料品の供給を保障することは，単なる商業上の問題ではなく，行政の問題，特にポリスの問題でもあった」と書いているように（Tulard 1976 : 297），革命期にパンの価格高騰が民衆騒擾を呼んだ食糧供給の問題は，都市の秩序維持に密接に関わり，初代の警視総監デュボワが最も早急に着手せねばならない問題であった．

119　22 germinal＝2 floréal an 11（12＝22 avril 1803），Loi relative aux manufactures, fabliques et ateliers, *Duvergier*, t. 14, 65ff. 護民院でこの法律の趣旨説明を行うペラン（Perrin）は，革命によって商業会議所が破壊されたことが商工業衰退の要因であるとしながらも，革命によって生み出された「自由」に敬意を示し，自由市場のメカニズムが悪質な品物・業者を淘汰する側面があることも認めており，経済的自由主義をベースとするシャプタルの思想との共通性を見出す事が出来る．諮問院設立が「自由」を侵蝕しないかについてはペラン自身もやや不安があることを率直に告白しながらも，あくまでも諮問院は，工業の実態を一番良く知る当事者の意見を聞く事により効果的な法律を立法者が作成することを目的としており，職業による規制システムではなく，経済的自由主義の原則とは抵触しないとしている（A. P. 2 t. 4, 599ff.）．

120　他方で，ヒルシュは，行政の一機構としての側面よりも，商業会議所が業界の圧力団体として政策形成に影響を与えた点を強調している（Hirsch 160ff.）．

デュボワには，革命による「営業の自由」は，食糧不足に乗じて不当に利益を上げる邪まな新規参入者を増大させただけと映っており，パン屋の数を制限し，ポリスの監督下にある閉鎖的なコルポラシオンを設立することが必要と考え，ナポレオンにそのような提案を行うが，経済的自由主義の原則の維持を説くシャプタルの強い反対に遭って，当初はナポレオンを説得する事は出来ない．しかし，「共和暦X年の食糧危機」によって，この問題への緊急な措置を取る必要が生じたため，ナポレオンはデュボワの考えに傾く．

布告[121]では，ドラマールが『ポリス概論』（Delamare 1729）で描いた旧制下の警察総代理官が保持していた権限よりも強い権限が警視総監に与えられる．警視総監の許可なき営業は禁止され，許可を得る条件に，325リーブル分の良質のパンを都市の店に保証付で供給する義務があったので（さらに経営規模に応じて量が上乗せされる），規模が小さいパン屋は許可を得られず，その総数は2000から800にパリでは減少した．その他にも，閉店には6ヶ月前の届出，かまどの数を減らすにも許可が必要とされたように細部に渡るまで監督が行われ，続いて不作となった翌年には，パン屋の損失負担で価格を据え置くようにと指導された（Tulard 304）．

警視総監によって伝統のあるパン屋の中から25人が集められ，これらの投票によって4人の総代から成る職業団体が設立されたが，この組織は，警視総監とパン屋との連絡を保障するものと位置付けられ，指導が遵守されているかを監視する役割しかなかった．パシー（Passy）は，「パン屋の組織は，パン屋達の利益のためのコルポラシオンの再建ではなく，反対に公衆の利益にパン屋達を奉仕させるものであった」と論じている（ibid. 305）．

肉屋[122]についても同様な職業団体が設立され[123]，許可なき営業は不可能となり，その他にも，金庫への保証金が必要とされ，3日以上店を閉め，供給を怠ると6ヶ月の営業停止処分が下され，その数はパリで半減した（ibid. 307）．

デュボワは，これに飽きたらず，当時，県と警視庁との間の管轄を巡っ

121　19 vendémiaire an 10 (11 octobre 1801), Arrêté sur le commerce de la boulangerie à Paris, *Duvergier*, t. 13, 16ff.

122　ここで言う肉屋は，肉屋（主として牛）（boucherie）と豚肉・ソーセージ店（charcuterie）の両方を含むものである．

123　8 vendémiaire an 11 (30 septembre 1802), Arrete portant réglement pour l'exercice de la profession de boucher à Paris, *Duvergier*, t. 13, 296ff.

て[124]激しく争っていたセーヌ県知事フロショ（Frochot）と同盟を組み，宣誓ギルド jurandes の復活さえも画策する．この計画は，商業会議所や工業者達によって商工業の発展を妨げるものとして反対に遭い，頓挫するが，デュボワ，フロショにとっては，経済の発展よりも，工業発展に伴って首都に労働者が過度に集中することが，食糧不足や大量失業が起った際に都市暴動の要因となり，政府を脅かすのではないか，という公共の秩序への配慮が，都市の統治者として何よりも優先されていたのである（Tulard 1989 : 540ff.）．

*

簡単にまとめよう．親方層や地方からの旧きコルポラシオンや自律的な職業団体を求める下からの言説は，統治システム内では，支配的なものとはなりえない．基本的な経済秩序として自由競争が念頭にあり，産業発展を最優先したシャプタルと，都市の秩序維持を第一に考え，コルポラシオンをそのための不可欠な制度としたデュボワの言説の間には，大きな隔たりがあり，政治闘争が存在した．しかし，団体の自律性の欲求を阻み，組替え，それら組織を統治システム内に巧みに位置付けることによって，統治の目的を効果的に達成しようとした点では共通項があるとも言える．本節で検討した一部の中間団体の復活は，産業の発展と都市のポリスという統治目的の相違によって，対抗関係を孕むものであったが，統治者による上からの政策として，それぞれの統治のための合目的性の観点から推進されたと括ることができよう．

第2節　修道会政策に見る公共性の変容：国家による倫理性の放棄

次に修道会について見ていこう．修道会とは，福音的完徳への到達を目的とした結社であるが，その革命前の機能は，教育や慈善活動の大半を担うものであった．しかし革命期には，仮に有用な機能を果たすとしても，それが中間団体であるという理由によって廃止され，修道会が担っていた領域は，国家によ

124　当時の警視庁の業務が，司法警察に留まらず，行政業務も広く担っていたため，フロショは，これを分割し，後者の業務を県の管轄にすべきと主張したが，デュボワは，広範な業務こそが住民とポリスとの日常的接触を可能とし，秩序維持のための監視をより効果的に保障するものであると反論した（長井；Tulard 1976 : 179ff.）．

って担われることが目指された．

しかも，そこには，単に担い手の移行があっただけではなく，人間を理性を有する共和国の新しい公民に「再生[125]」するためには，カトリックは害悪であり，国家による「公教育」が不可欠であるとし，また「扶助」は，気まぐれな私的な施しではなく，社会的負債として国家が行わねばならない，とする特殊なイデオロギーを伴っていた．故に，「公教育」は，子供のみを対象とする「学校」ではなく，あらゆる人々に徳育をなす「国民祭典」という形態が先行して企図され（小林 1990），修道会廃止に続いて，「財団」の資産の没収[126]と救貧院と慈善事業施設の国有化[127]が行われた．

しかし，総裁政府期に入ると，これらの組織によって担われていた機能を全て国家が充足することは事実上不可能であったために，国家としてもそれらを当てにせざるを得ず，1796年には救貧院・施療院に没収した財産を返還し[128]，国家によって扶助を組織するのを止め，その後，貧困救済の業務は，革命が否定したはずの施設に委ねられるようになっていく[129]．

執政政府期に入ると，社会の底流でカトリックが復活しつつあることを看取るナポレオンは，クーデタ後から寛容政策を取り[130]，教会と手を結んで反政府勢力を形成しようとする王党派の力を削ぐために，1801年には，教皇とコンコルダの協約を結び，翌年には，(1)カトリックはフランス人大多数の宗教で

125　「再生」という観念が革命期の言説の中で占めた独特のニュアンスを分析するものとして，Ozouf（1989）を参照．

126　13＝14 brumaire an 2（3＝4 novembre 1793），Décret qui déclare propriété nationale tout l'actif affecté aux fabriques et à l'acquit des fondations, *Duvergier*, t. 6, 273ff.

127　23 messidor an 2（11 juillet 1794），Décret sur la réunion de l'actif et passif des hôpitaux, maisons de secours, de pauvres, etc, *Duvergier*, t. 9, 217ff.

128　16 vendémiaire an 5（7 octobre 1796），Loi qui conserve les hospices civils dans la jouissance de leurs biens, et régle la manière dont ils seront administrés, *Duvergier* t. 9, 195.

129　財産の返還は，当初は間に合わない貧困対策のための緊急策であったが，この対策が19世紀を通じて維持された．実際，1869年には，1557の救貧院，施療院が存在したが，その内の1224は1790年以前に創設された施設であるとされる（Rosanvallon 1990 : 142 ff.）．

130　7 nivose an 8（28 décembre 1799），Arrêté relatif à l'exercice des cultes, *Duvergier*, t. 12, 50.

あること，(2)教会は国家に従属すること，を内容とする国内法[131]が整備された．

これにより市民の精神の領域は，国家の管轄事項ではなく，教会に委ねられた．

この国内法では，修道会に関する規定はなかったが，既に幾つかの修道会については個別のデクレにより復活が認められ（Nourrisson 1920 : t. 1, 200），共和暦12年のデクレ[132]で革命期の全面禁止体制から許可体制へと転換する．しかしこの許可体制は設立許可・監督・解散についての全ての権限を行政に与え，かつ広い裁量余地を認めるものであった．

許可は，会則と規約を調査した上で，デクレによって明示的になされねばならず，このような要件下で許可された修道会とは，第5条で列挙してあるような慈善活動や施療院を担う女子の修道会であった．実際，1804年から1813年までの間に修道会を許可する95のデクレが公布されたが，許可されたのは，救貧活動を行う女子修道会や教育を行う男子修道会等，帝国にとって有用・無害な修道会であり，専ら実用的な観点から許可が与えられた（ibid. 201ff.）．

以上のように，国家が，市民の内面を監護し，全ての救済を行うという革命期の理念は放棄され，その公共としての役割は，公共の安寧という客体的な秩序の維持に縮減され，広い裁量権限を道具としながら，セクト的で危険な修道会の結成を防ぎ，実用的目的に照らして個別的に許可を与え，監督を行うことをその任務とした．

第3節　民法典でのソシアビリテ

ところで「フランス社会が成り立っている諸原理」「法典の中の法典」とも形容される民法典では，どのような市民間のソシアビリテが描かれていたのだろうか．ここでは組合と家族に焦点を当て，考察したい．

「民法典においては，正面から存在を認められる団体的存在は，営利的性格を有するものに限局され，非営利団体は無視排撃されることになる」と山本桂

131　18 germinal an 10 (8 avril 1802), Loi relative à l'organisation des cultes, *Duvergier*, t. 13, 89ff.

132　3 messidor an 12 (22 juin 1804), Décret qui ordonne la dissolution de plusieurs agrégations ou associations religieuses, *Duvergier*, t. 15, 29ff.

一が表現したように（山本 1969：6），民法典では営利を目的とする「営利組合 société」には一章が割かれたが，非営利を目的とする「アソシアシオン（非営利組合）」に関する規定はなく，アソシアシオンはナポレオンによる法典編纂事業の最後となった刑法典の禁止的条文の中に漸く見出される．

「営利組合は，そこから生ずる利得 bénéfice を分配するという目的で，共同で何かを為すことに合意した二名以上の者による契約である（ただし強調は引用者）」（第1832条）と民法典が規定したように，唯一の例外として認められた団体的存在である営利組合も「諸個人の契約」として構成され，団体主義的構成は極力避けられ，「法人」についての明示的な規定も欠いた[133].

ここで用いられた「利得 bénéfice」という要件は，「利益 interêt」や「効用 utilité」という概念よりも狭いものであり，旧制下から存在した実態としての「société[134]」が有していた精神的・倫理的な利益を含むものではなく，ドマ[135]やポチエ[136]によって既に定式化されていたように金銭に換算可能な利益のみを指すものであり（Hayem 1911：45ff.），「société」の範囲は専ら経済的な範疇に狭められた[137].

では民法典の社会像において倫理性の担い手が全く想定されていなかったというと，そうではない．民法典の起草者の中で最も影響力があったポルタリス（Portalis）が民法典の提案趣旨説明を「人は，家族という小さい祖国を通じて

133　この欠訣を埋めるために，民法典公布後は組合に法人格を承認する組合法人主義が学説・判例で展開された（山本 1969：85ff.）．後述するように，明文で民事上の société に法人格が認められるようになるには，1978年の民法改正まで待たねばならなかった．

他方，カルボニエは，民法典制定時に法人の規定が欠けたのは，中間団体の敵視や法的個人主義という革命の影響ではなく，その当時においては，法人は公法上あるいは商法上の存在としてのみ観念されたに留まり，会社と職業組合が広く展開した《産業の時代》と比べて法人概念がまだ発展していなかったことにその要因を求めている（Carbonnier 2000：366）（ただし商法の商事的営利組合 société commerciale も法人の明示的規定を欠いていた）．

134　（Hayem 12ff., 18）．この箇所で挙げた例についてエャムは，それらはいずれも真の société ではないとするが，それは，ドマ，ポチエや民法典での société の定義から外れるという意味であり，旧制下での実務において用いられた société の多義性を否定するものではない．

135　「société は，二名以上の契約である．それにより全財産あるいはその一部や，何らかの商業，作業，その他の事業を共同にし，société に置いた物から生じる利益や損失のすべてを分配することを目的とする」（Domat 1705：t. 1, 82）．

大きな祖国につながる．よき国民を形づくるものは，良き父，良き夫，良き息子である（ただし強調は原文イタリック）」という言葉で結んだように（Fenet t.1：522），中間団体否認の後では，家族こそが，国家と個人の間に唯一積極的に存在が是認された団体 Corp であり，国家成員を再生産する苗床の役割が期待されたのである（稲本 1985：321）．

このポルタリスの最後の言葉が示すように，民法典では，夫婦間については，共通財産を夫の管理・処分権下におき（第1421条），妻をその固有財産についても行為無能力とし（第217条，第1428条），夫の絶対的優位性を認め，親子間についても，父に子の懲戒権を認め（第372条以下），子は父母を尊敬する義務があり（第371条），子の婚姻は父母の同意・助言を必要とし（第148条，第151条），「良き父」「良き夫」である「家長」に権威・権限を集中させた．

革命期の立法が，夫婦の財産を共同管理とし，懲戒権を廃止し，未成年の場合に限り婚姻の父母の同意を必要としたのと比べて，個人の尊重という観点からすると，大きく後退するものであったが，しかしこの民法典の描く家族像は，正式な婚姻による夫婦とその間に生まれた子という血縁を基礎にした規模の小さな近代的家族であり，旧制下の家父長制的大家族とも異なるものであった点には留意せねばならない．

以上に見てきたように，民法典において予定されていた市民間の「ソシアビリテ」とは，外に向かっての広がりは，専ら営利の追求を目的としたものにのみに限定され，そこでは個人主義的な原則が妥当したものの，家長の他の家族構成員に対する関係は権威主義的なものであった．また1804年の憲法典では

136　「société は，二名以上の物が何らかの物を共通にし，または共通にする義務を負担して，共同で誠実な利益を得ようとする契約である」(Pothier 1829：t. VI, 517)．以上のドマとポチエの定義には，損失に関する扱いについて相違があるが，その理由は，ポチエが，損失が生じた場合には各組合員の組合財産への寄与分を考慮せねばならず，その結果，損失負担が免除される組合員が存在する場合もあり得ると考えたためである（Pothier 527ff.）．民法典の定義からは，損失の負担は消えたが，その理由は，損失負担は契約の目的そのものではなく，その結果起こりうる一可能性に過ぎないとされたからである(Hayem 48)．

137　この範囲縮小は，アソシアシオン（非営利組合）との関係から生じたものであったが，営利を目的とした行為であっても，それが商行為を構成する場合には，商事的営利組合 société commerciale に吸収されたので，その当時で民事的営利組合 société civile の対象となったのは，土地・農業・温泉・水利・運河といった不動産に基礎をおく事業に限られた（山本 27ff.）．

人民投票の規定があるだけで一連の公的諸自由については何の規定もなかったことと併せ考えると，ナポレオン期の法における個人像とは，公共的な関心を有し，連帯する「市民 citoyen」ではなく，専ら私的領域に留って自己利益を追求し，内に向かってのみ家長として振舞うことができた「私民 homme privé」として描かれていたと言えるだろう[138].

第4節　ナポレオン刑法典の時代

この私的領域を構築するもう一つの境界が，ナポレオン刑法典291条での「20名以上の政府の承認を得ないアソシアシオンを違法」とする条文で示された20名という数字であるが，ここではまず414条以下のコアリシオンの規定から見ていこう.

(1)　労働の世界への関心

先に1803年の製造業諮問院を設置した法律を検討したが，この通称ジェルミナル法は，それのみならず，労働者のコアリシオンへの罰則強化，労働者手帳制度を規定したものであり，19世紀の労使関係の基本的枠組みを形作った法律である.

ル・シャプリエ法では，形式的に労働者のコアリシオンも使用者のコアリシオンも同等に禁じられ，形式的平等性が保たれていたが，ジェルミナル法では，使用者のコアリシオンは「不当かつ濫用的なコアリシオン（第6条）」という限定がつくのに対して，労働者のコアリシオンは「全てのコアリシオン（第7条）」が禁止の対象とされ，使用者への罰則は罰金か一ヶ月以内の投獄であったが，労働者のコアリシオンに対しては常に三ヶ月以内の投獄という，不平等な内容とされた．その理由は，労働者のコアリシオンが公共の秩序にとってとりわけ危険なものとされたからであるが，この法律のコアリシオンを規定する章の標題，「製造所，工場，作業場のポリスについて」が示すように，労使間

138　家は，国家から自律性を確保し，公的領域への参加を可能にするものとしてではなく，むしろ紀律的装置として働いた面が強いのではなかろうか．また刑法典に即してロスコームとポンスラは，革命期からナポレオン期への個人像の変容を，「個人一市民 individu-citoyen」モデルから「個人一臣民 individu-sujet」モデルへの移行と表現している（Lauscoumes et Poncela 1998 : 45）.

の問題は，単なる仕事場内の問題に留まらず，フランス全土の工業発展にも損害を与え得るという点においてポリスに関わるものとされ，労使間の問題は，暴力を伴わない限りは[139]，軽罪裁判所・重罪裁判所ではなく，ポリス事項として，パリでは警視総監，警察長の置かれている地域では警察長，それ以外の地域では市町村長ないし助役が管轄権限を有するとされた（第7条，第19条）.

1810年刑法典では，労働者のコアリシオンについては，「実行の着手・未遂」があれば[140]，要件を満たすとされ，その首謀者は5年以内の投獄というように罰則が強化され，不平等は一層拡大する（第415条）．この刑法典のコンセイユ・デタ（国務院）での審議で，カンバセレス（Cambacérès）が「労働者のコアリシオンは，その兆しがあるなら，厳しく罰せられねばならない．それらのコアリシオンは，必ず良き秩序と法律に対し反逆を起こし，しばし極めて危険な残虐行為へと導くのだ」と述べたように（Locré t. 31 : 61），政府にとって労働者は「危険な階級[141]」であり，それゆえにこそ特別の措置が必要と考えられた．実際，労働者のストライキを意味するgrèveという語が生まれたのはこの時期でもあった.

ジェルミナル法および同年の布告[142]によって労働者の約務履行と移動規制を目的[143]とする労働者手帳制度[144]も創設された．この制度により，よく言われるように，使用者の権威が著しく高められ，見習・労働者はその従属下に置かれることになったが，それ以外の側面として，「この措置は，製造業者に，その職場に働きにくる労働者の正しい品行を保障しただけではなく，政府に対

139　暴力が伴った場合，すなわち軽罪や重罪の場合でも，警視総監，警察長，市町村長ないし助役らは，被疑者に仮拘留を命じ，検事に移送する権限を有した（第19条）.

140　ジェルミナル法では，使用者のコアリシオンも労働者のコアリシオンも「実行の着手・未遂」があれば，罰せられたが，ナポレオン刑法典では，使用者のコアリシオンについては，これが抜け落ち，要件が狭められた（第414条）.

141　シュバリエ（1993［1958］）を参照.

142　9 frimaire an 12 (1er décembre 1803), Arrêté relatif au livret dont les ouvriers travaillant en qualité de compagnons ou garçon devront être pouvus, *Duvergier*, t. 14, 287ff.

143　ジェルミナル法での労働者手帳制度を定めた章についての趣旨説明でペラン（Perrin）は，「使用者と見習・労働者との間の合意の実行を確保し，労働者を他の作業所へ引き抜こうとする誘惑を防止することが以上の4つの条文の目的である」（A. P. 2 t. 4 : 603）と述べている.

144　労働者手帳制度については，（本久 1993 : 417ff. ; Bourgin 1912）を参照.

して，市民の多数をなすこの階級を容易に監視し，監督できる利点をもたらした．それは，単にこの措置が本質的に産業にとって利益があるだけではなく，政府の手中にポリスを保持する有力な手段を与えるからである」とシャプタルが後に評したように（Chaptal t. 2, 344ff.），移動の際の市長村長または助役による手帳の査証，手帳を携帯しない者（浮浪者と見做される）への処罰という手段によって（アレテ第3条），行政が効率的に公共の秩序の状態を把握することを目的としたものでもあった点をここでは特に指摘しておきたい．

ただし，ナポレオンの方策は，以上のような労働者への抑圧的政策に尽きるものではなかった．ナポレオンは，1806年のリヨンでの試験的設置[145]を始めとして各地に労働審判所を創設[146]していくが，その意図は，この審判所が労使の紛争を「勧解 conciliation」により簡易迅速[147]に解決することによって，失われた秩序を早期に回復することにあった．この労働審判所は制度上，使用者側の審判員が多数を構成しているため，ブルジョワ的な実定法を適用する階級装置，あるいは使用者が定めた詳細な就業規則を公認する紀律化装置とも評価されるが，コトローによる実証的な研究[148]によれば，創設から19世紀半ば

145　18 mars 1806, Loi portant établissement d'un conseil de prud'homme à Lyon, *Duvergier*, t. 15, 311ff.

146　11 juin 1809, Décret contenant réglement sur les conseils de prud'hommes, *Duvergier*, t. 16, 386ff.

147　コトローによれば，1997年において労働審判所に持ち込まれる事件の終結までの期間が，平均で10ヶ月なのに対して，創設から1870年までは2日から4日間で処理されたとされる．手続は，弁護士等の仲介人を付けず，本人が行い，労働者層からも使用者層からも非常に多くの紛争が設立当初から持ち込まれた．1870年頃までの勧解の成立率は極めて高く，審理が始まる前に取下げられる率も同様であり，ごく簡単な審議の後に即決和解となることも多かった．当事者が合意へ到るのを援助するのが審判員の公式な役割であったが，実態は審判員による仲裁が当事者からも期待された（Cottereau 1998）．

148　労使間の個別的な捩れた関係を修復する場として機能した事例が多かった．原告によって関係清算を求める勧解が申し立てられたケースでも，交渉により労働条件を再検討したり，謝罪したり，互いに頬を殴らせることで，和解となる場合が多かった．判決を出すことにより，法創造的な効果が生まれる場合は，審判員は立法ではなく，両当事者の納得可能性を判断根拠とし，職業集団はその規範創造に対して意見を述べる義務があり，「勧解」は一種の地域法 droit local のコーパスを形作った．1866年2月14日の破毀院判決で「衡平」による法創造が破毀された以後，労働審判所は，法律の適用による迅速な紛争処理機関へとその姿を大きく変え，不信を強めた労働者は団結による直接交渉を選択し，使用者は労働審判所での勧解ではなく訴訟を選択した（ibid.）．

までの労働審判所は，常に使用者有利の機関であったわけではなく，就業規則や賃金の改定の有効性について判決を下す際には，画一的な「法律 loi」ではなく，両当事者の状況を考慮した「衡平 equité」に依拠することによって実質的には地域的，職業的共同体の慣行・同意に基づく正義を認定し，自治機関としての側面[149]を有していたことが示されている．この点は，画一的な法律 loi によって社会があまねく統治されているようにイメージされるフランスの近代法が，実のところは複層的構造を有したことを示すものとしても興味深いだろう[150]．

ナポレオンによる労働者対策としては，その他にも，労働時間の規制，失業者が出ることを予防するための現場の組織化，大規模土木工事事業が行われ，それらを通じてコアリシオンを未然に防ぐことに関心が注がれた（Nourrisson t. 1, 191）．また1804年のパリ警視総監のオルドナンス[151]を始めとして，各都市に職業斡旋所が設立され，職の斡旋を行政が担うことが目指されるが，その意図は，非合法であるにもかかわらず事実上存在する職人組合によって職業斡旋が行われており，組織の自律化をもたらす恐れがあったために，それに対抗し，壊滅させること[152]にあった（Soubiran 1993b : 9ff.）．このように公共の秩序維持のためには，予防的措置も積極的に行ったのである．

(2)　刑法典におけるアソシアシオン

さて最後に刑法典における結社罪の規定とその適用について見ていこう．刑法典は，ナポレオンの法典編纂事業の最後の法典でもある．まずは，総裁政府期も含めた刑法典成立前の状況を概観し，次に刑法典の立法過程，その適用過程，許されたアソシアシオンの実態という順序で分析を進めていく．

149　同じくこの側面を労働審判所の歴史的淵源から説明するものとして，本久（1995）がある．

150　また（水林 1997 : 89）の指摘にもあるが，労使紛争だけではなく，民事紛争一般についても，民訴法49条で列挙されたものを除き（Rondonneau 1997 : 190），法律の素養のない地域名望家の治安判事による勧解前置とされ，近代社会において法的紛争解決様式が貫徹したのは部分的であった．

151　このオルドナンスに続いて，各職業の斡旋の行政の斡旋所による独占，斡旋所の証明書を有さない労働者の雇入れの禁止が布告された（Bourgin 1912 : 108）．

152　この意図にもかかわらず，職人組合の根強さによって，斡旋所が有効に利用された職種は，飲食関係，宝石屋，靴屋等の限られたものでしかなかった（井手 ; Bourgin 117）．

a）刑法典成立前

総裁政府期も革命期に引き続き結社に対して厳しい立法が，共和暦Ⅲ年の憲法[153]，共和暦Ⅳ年ヴァントーズ8日のデクレ[154]，共和暦5年テルミドール7日のデクレ[155]等によってとられたが，事実上は，政治結社・クラブが非常に隆盛した時期とされる（Godechot 1985 : 483）.

ジャコバン派の影響の強い「立憲サークル」という名のクラブが，王政派への対抗という意図から一時期黙認されたことも理由にあって，次々と再建され，またこれに対抗して王党派の側も閉鎖的，秘密的な性格を持つクラブを各地に設立した．これらクラブは，革命期の民衆協会と異なり，ブルジョワ層のみを参加者としていたが（ibid. 488），政治情勢にも左右されながら，時としてクーデタに関与するなど暴力的な行動にも出た．

1799年には，選挙でのネオジャコバン派の躍進を受け，「自由と平等の友愛会」という名称で「ジャコバンクラブ」がパリに再建され，8月以降には王党派の反乱が頻発し，ナポレオンが登場した際には，クラブへの恐怖と社会不安が広がっていた（ibid.）.

「革命の終結」と「新秩序の確立」をスローガンとするナポレオンは，ネオジャコバン派と王党派の残党に徹底的な弾圧を加え，それら組織・クラブを根こそぎ壊滅させる．あらゆる政治新聞が禁止され，ポリスによる検閲・監視はあらゆる所まで及び，そのため明示的に政府によって承認されない集団は全て消え去り，この厳しい監視は，それら集団の再結成を思いとどまらせるに十分であった（Morange 1977 : 32）．モランジュが「1810年刑法典の291条以下は，それが採択された時には，事実状況を追認したようなものであった．……よっ

153　公共の秩序に反するコルポラシオン・結社の形成（第360条），民衆協会（第361条），政治結社の相互間での連絡と加入（第362条），集団的請願，結社が恒常的な事務所を持つこと（第364条）を禁止した．5 fructidor an 3（22 août 1795），Constituion de la République française, *Duvergier*, t. 8, 223ff.

154　旧ジャコバン派と同質性があるクラブが次々と再建されたためにそれらの閉鎖を命じた．8 ventôse an 4（27 février 1796），Arrêté du Directoire exécutif qui ordonne la clôture du plusieurs sociétés établies à Paris, *Duvergier*, t. 9, 52.

155　暫定的に全ての政治結社を禁止し，違反には，首謀者だけではなく，その構成員や結社に場所を提供した者にも罰則を科した．エャムは，このデクレを1810年刑法典291条以下の版木となったと位置づける（Hayem 1911 : 36）．7 thermidor an 5（25 juillet 1797），Loi qui défend provisoirement les sociétés particulières s'occupant de questions politiques, *Duvergier*, t. 10, 3.

て，これら条文の採択は，ある種の仰々しさでもって，先行する実践を認める必要に対応するものであった」と述べているように（ibid. 31ff.），刑法典が公布される以前に，公権力によってアソシアシオンは十分に叩かれていたとも言える．

b）刑法典の分析

ともかく立法過程を見ていこう．291条は「宗教・文芸・政治あるいはその他の目的に携わるため毎日またはある定められた日に集合することを目的とした20名以上のアソシアシオンは，政府の承認をもってしてのみ，また公権力が協会 société に対し意のままに課する条件においてのみ結成しうる．（ただし強調は引用者）」と定める．この条文から三つの論点が引き出せる．第一は，目的を問わずあらゆる結社が対象となったという点，第二は，20名以上という形で線引きがなされた点，第三は，許可されるアソシアシオンの審査がポリスに委ねられたという点である．これらの点は，ナポレオン期の中間団体規制を明瞭に特徴づけるものである．それぞれについて順次検討していこう．

i）「革命的言説」から「革命の記憶」へ　291条は，あらゆる目的の結社を対象としたが，この点に，中間団体も認めない，としたル・シャプリエの革命的言説との共通性を，読むことが出来るだろうか．

291条以下の提案理由は，ノアィユ（Noailles）がその説明の冒頭で，「殺人や反乱が止むことなく懸案の種となり，最も高貴で正当である当局を監視し，妨げるために設立され，フランス全土に無秩序をもたらしたその討議する集団の被害者や証人でないものが我々の中にいるだろうか」と議場に「革命の記憶」を喚起したように（A. P. 2 t. 10, 594），革命期の政治結社・クラブへの恐怖・敵意がその基底をなしていた．ゆえに立法過程において，帝国大書記長が「政治的集合，宗教的集合は公安に大いに関係あり，それらに関しては，条文は関心を払わねばならない．しかし，その条文が文芸の集合，また一般的にその他全ての集合にも同じ関心を向けるのであれば，この原案は行き過ぎとなろう．法律は動機なくして，そのように市民の習慣や趣向を妨げてはならない．純粋に文芸的な議論は，何に対して危険となりうるのか」として（Locré t. 30, 114），あらゆる目的を対象とした点に疑問を提出し，修正が一端，可決されてもいる．

しかし，このノアィユと帝国大書記長との議論から読み取らねばならないのは，いずれにせよ両者とも，公共の秩序を脅かすという側面からアソシアシオンを問題にしているという点である．291条以下の審議録を通読して伺えるのは，「無秩序」，「恐怖」，「危険」という言葉によって形容される「革命の記憶」が立法者に纏わりついているという点であり，ル・シャプリエが中間団体を否認することによって創出しようとした，「個人」「自由」というカテゴリーは全く見出す事が出来ない．

あらゆる目的の結社が対象とされたのは，「多数の者が，政治問題，宗教問題，その他の問題を論ずるために集合することを許す絶対的で無制限な権利は，実際の我々の政治状態と相容れないのである」と最終的にベルリエ（Berlier）が立法府で説明したように（A. P. 2 t. 10, 533），個人の擁護ではなく，政体の維持にとっての問題からであり，この条文を，モランジュは，政府の目の届かない所で，市民の凝集はあってはならないという帝国の非民主的，君主的性格に由来すると述べ（Morange 31ff.），アギュロンは，「自由」一般へのナポレオンの敵意を表しているとしている（Agulhon 1988 : 38）．この刑法典全体の仕組み自体が，人に対する犯罪ではなく，国家に対する犯罪の章を最初に置いている事からして，何を優先すべき価値としていたかは明白であろう．

ここに革命の個人主義的言説の痕跡を読み取る事は困難である[156]．

156　ただし，ル・シャプリエ法は，刑法典公布後も存続し，1884年になりようやく廃止される．291条以下は20名以上という要件があるので，形式的にはル・シャプリエ法は20名未満の労働者結社を摘発する際に適用余地があるように思えるが，刑法典施行後は，労働者は刑法典の291条あるいは415条によって処罰され，ル・シャプリエ法が実際に援用されるのは，稀であった．スゥビランは，その論文で，刑法典施行後にル・シャプリエ法が援用された幾つかの事例を引いているが，彼女自身その事例を一般化することはできないとしている（Soubiran 1993b : 14）．仲間職人組合による決闘事件の処分の際にル・シャプリエ法が援用される事例を著者もアジャン市の史料から確認しているが，法の罰則が適用されたわけではなかった（後注176）．

しかし，ル・シャプリエの社会像は，後述するベリエの裁判弁論，コアリシオン承認を求めるオリヴィエ報告（1864年）によって批判すべき対象として再び取り上げられるようになる．

ヌゥリッソンは，ナポレオン期の中間団体政策の特徴を，「全能な国家という自負の結果は，個人の細分化と孤立である．それは，個人主義の勝利であるが，革命期のように個人の賛美に基づくのではなく，国家の監視外で活動すると思われる個人への不信に基づいている．極度の監視に向き合う市民の孤立は，中央権力にとって秩序の条件として考えられた．」と表現しているが（Nourrisson t. 1, 176），この彼の洞察は，ナポレオン期の変容が，市民の孤立を創り出した革命期の「国家」と「諸個人」の二極構造からそもそも内在的に展開し得るものでもあったことを指摘するものかもしれない．

ii）私的領域の境界線　条文では，20名以上という形で線引きがなされているが，その趣旨は何であったか．

この箇所には，当初から，モレ（Molé）によって「20名未満の協会でも，それ以上の人数からなる協会よりも危険となりうる．危険は数に依存しない．諸個人の性質と道徳力に依存するのである」とする批判がなされた（Locré t. 30, 169）．原案提出者のベルリエ（Berlier）は，291条以下は，非常に厳しい規定であり，「構成員の数が政府に対して何らかの脅威を与える重大な恐れがある場合にのみ犯罪とされねばならない．」と述べ，規制は控えめに制限されねばならないとしてモレの批判を退けた．ここで20名という数字が示されたが，それ未満の集合とは，ベルリエが，「家族，友人，近隣間の関係が広大な帝国のあらゆる地点で作り上げる小さな集合には，小さな集合を越え，良き秩序に反することがない限り，政府は介入することはない」と説明し（A. P. 2 t. 10, 533），アギュロンが「家族や家族間や友人同士の輪のようなタイプの社会的結合関係」と注釈したように（Agulhon 1988 : 38），純粋に私的な結合関係のことであった．そのような集合は，極めて自然なものであるので遍く監視することは不可能であり，公共の秩序にとって心配もない集合とされた．しかし，ひとたびその集合が20名を超えると，「そのアソシアシオンは，隣人や友人同士の集合とは異なり，意図的で不自然な目的を有するという推定が極めて強く働き，アソシアシオンが，正常ではなく，練り上げられた目的を持っているという推定は，必然的に当局の監視を引き起こした」のであり（Agulhon 1977 : 22），事前の許可に服さねばならなかったのである．

この20名という枠によって，市民間のソシアビリテは，家族間，友人同士の純粋に私的な領域に閉じこめられ，一度その枠を超えるや否や，異常な集合として，公権力の発動を招いた．

c）柔軟な規範適用：適用過程から

20名以上の全ての結社は，「政府の承認」を事前に得ねばならないとされたが，いかなる形式・条件のアソシアシオンが許可されるかについては，立法は何も定めず，その許可権限は，パリでは警視総監，その他の県においては県知事という全国ポリス police générale の長に与えられた（Chevallier 1975 : t. 2, 36 ff.）．これらの長には，許可権限のみならず，291条以下に反する結社を摘発する権限も与えられており，権限は一手に集中された．

何ゆえにポリスへのこのような権限集中が行われたのだろうか．立法過程か

図表2-1-1　刑法典・結社罪による境界線

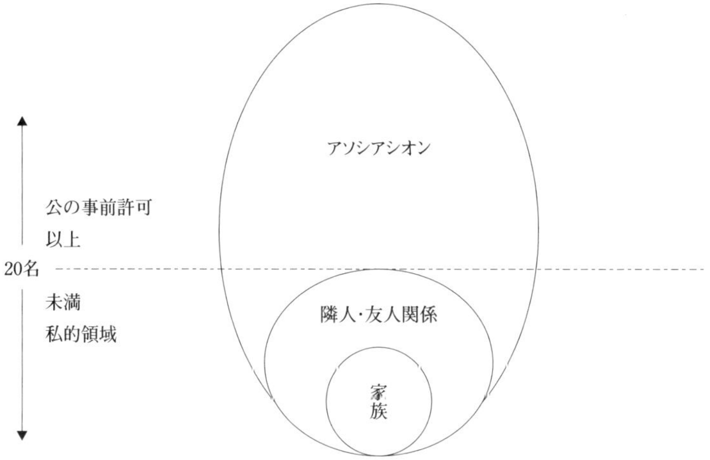

らその理由は定かではない．であるならば，この権限の下で291条以下がどのように運営・適用されていたかを探ることが一つの答えとなるだろう[157]．以下では，当時存在したアソシアシオンの中でとりわけ数が多かった仲間職人組合 compagnonnage とフリーメイソンのへの対応に関しての権限者の言説を具体例として取り上げ，検討する．

1813年のパリで，靴直し職人の仲間職人組合が居酒屋で会合を開いた所を監視官によって取り押さえられた．この処分を巡って，当時の警視総監のパスキエ（Pasquier）は，警察大臣であるペル・ド・ラ・ロゼール（Pelet de la Lozère）（第二地区担当）とレアル（Réal）（第一地区担当）に相談を持ちかけた．ロゼールは，厳格な刑法典の適用によってその組合を壊滅することを説くが，全く反対にレアルは，「職の団体をその本質まで成果を持って攻撃することには絶望的であり，私は，それら団体の行き過ぎを予防することで満足致します．それが行き過ぎかどうかは，私の判断に依るのでありますから」と主張する．パスキエは，レアルの寛容な方策を選択し，特別な処分は行わず，以後も工事現場で起こる極端に過激なストライ

157　1825・1901年の結社罪の適用については，次章第2節(3)において刑事司法統計からのデータを示した．

キのみを鎮圧することで満足した（Tulard 1976 : 282ff.）.

> 1807年，当時の宗教対策大臣のポルタリスは，リェージュ（Liège）の司祭によってフリーメイソンへ断固とした措置を取ることを求められたが，「フランスにおいて一般的にフリーメイソンと言う名前で知られる男女の集合を破壊する事は不可能である．それらを不審な集団として扱えば，それら集団を危険なものへとする事にしか成功しないだろう．……それらを違法で災いをもたらす集まりへと退廃させないための真に有効な策は，それらに暗黙の保護を与え，国の高官によってそれらの会を司らせることである」とし，司祭をメイソンの会合場所に連れて行き，地位の高い人，政務に関わる人が参加していることを示し，その集まりが危険ではなく，また政府が用心していないわけではないことを説明し，処分しないことへの理解を得た．このようなメイソンへの方策は，刑法典が施行された以降も，各県知事によって踏襲された[158]（Chevallier t. 2, 34ff.）.

以上の2つの事例から伺えるのは，アソシアシオンが社会において事実上存在し続ける[159]のを前提としながら，常に法を厳格に適用するのではなく，むしろ公共の秩序の維持という実践的目的をより効果的に達成するために，アソシアシオンの種類・性質に応じて個別的に柔軟な対応がなされたということである．また注意せねばならないのは，上に見た種類のアソシアシオンは，寛容に扱われたとは言え，明示的に許可が与えられることはなく，危険の兆しあるなら常に処分が可能なように，黙認という形式が取られたという点である．このように考えるなら，19世紀においてアソシアシオンが事実上存在し続けたのは，ル・シャプリエの言説とは異なる悠久の社会が根強く存在したというだけではなく，法と社会とを相互作用において捉える視角からすれば，そのような社会的事実を前提としながら，柔軟な対応を行うことによって，危険発生の

158　しかし，このように寛容に扱われたフリーメイソンでのソシアビリテが，結果としては，帝政末期にナポレオンに反対する勢力に政治的枠組みを与え，復古王政を準備したともされる（Nourrisson t. 1, 207ff ; Chevallier t. 2, 31ff.）.

159　また，ソローも，ル・シャプリエ法は，労働者の結社に対しても，実際上の効果はなく，根を強く張っていた労働者の結社は，地下に隠れただけであったと分析している（Sorreau 1931 : 302）.

可能性をより低くするという統治上のエコノミーという観点もあったという点が付け加えられねばならないだろう.

以上のような柔軟で個別的な対応を可能としたのは，許可・監督・摘発という全ての権限を一手に握っているからであり，また各々の結社についての情報を把握しているという自負からでもあった．刑法典公布後は，さらにスパイや密告が奨励され，あらゆる所に監視の網が張り巡らされ（Agulhon 1977 : 21, 65)，1811年には，全国的な調査を行い，各県知事にそれぞれの県でのアソシアシオンの数と性質を調べさせている.

d） 許されたアソシアシオン

この全国アソシアシオン調査は，第二地区であるフランス南・東部の39県の知事からの報告のみが史料として残されている[160].

報告されたアソシアシオンの数は，総計で200程度に留まり，種類としても，⑴アカデミー，農業振興会，⑵サロン，セルクル，⑶苦行信心会，善行結社，⑷フリーメイソンの4種類によって大半が占められる.

⑴のアカデミーという名称を取る会は，旧制下に設立され，革命による廃止を経て，再建されたものが多い．例えば，ブザンソンの科学・文学・芸術アカデミーは，1752年に設立されたが，革命により閉鎖され，1806年に再建されている．この会は，科学・文学・芸術への審美眼の発達とこの地域の歴史史料を蒐集することを目的とし，良い作品に褒賞金を与えたり，展覧会を企画するといったことを事業として行う．会の会長は知事であり，構成員には政界・官界，聖職界，司法界のトップエリートが名を連ね，これに元教授・教員といった知識層が加わる形を取っている.

農業振興会という名称を取る会は，農業の発展を目的とするにとどまらず，科学一般，文学，芸術の振興をも目的とする会がほとんどであり，構成員の属性も，有閑な地主階級が加わる他は，アカデミーという名称の会とほぼ共通している.

⑵のサロンは，豪華な邸宅に住む主人ないし女主人が，友人，知人をその私邸に定期的にもてなすことによって形成される社交の場であり，旧制下に起源を持つものである．しかし，その数は，39県の総計で15に留まり，社交の場は，セルクルという新しい様式の会に取って代わられつつあった.

---

160 （A. N F7 8779).

図表2-1-2　全国アソシアシオン調査の史料残存県

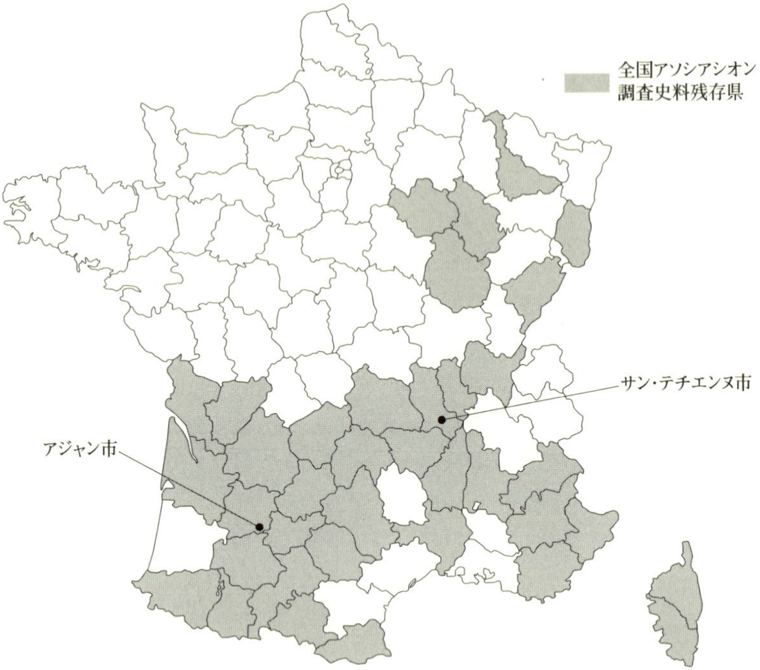

セルクルは，会員の秘密選挙によって半年ないし1年毎に改選される管理者，監督人を置き，会合場所も会費によって中心部のアパルトマンを借りるという形式を取り，サロンのように特定の誰かが会を主催するという性格は払拭された．ただし，入会に際しては，複数以上の会員の紹介を得た上で，会員の秘密投票によって承認が決定するとする会がほとんどであり，構成員の階層性には同質性が強かった．具体的な活動内容としては，雑誌の共同購読，ゲーム，会話による気晴らしを行った．

また商人セルクル Cercle de commerce という名称を取るセルクルは，商事関係者がその会員のほとんどを占め，商業，取引についての情報交換もそこで行われた．

(3)の苦行信心会 Penitents blancs と呼ばれる会が報告されるのは，南フランスの県に多い[161]．この会は，聖職者の庇護の下で設立され，守護聖人を有し，日曜日やカトリックの祝日に，教会や礼拝堂に集まり，祭祀を行なう．同じ信心会メンバーの葬儀の際には，全員がその埋葬に加わらねばならないとの義務も規約で定められている．

善行結社 Sociétés de bienfaisance と命名される，相互扶助活動，救済・教育事業を行なう結社も報告されている．この結社も，その基盤には，教区共同体の宗教的紐帯があり，その活動を宗教的要素から切り離すことは困難であるとされる[162].

(4)のフリーメイソンのロッジ（会合の館）は，大きな都市で，よく観察される．このように至る所に存在し，古くからその存在が，政府にとって周知のものであるので，知事によっては，これをわざわざ，調査の対象として，報告する必要があるのか，質問を寄せている場合も多い[163].

知事が会長を務めている場合もあり，会員としても，上層公務員や軍人，法曹といった職種の人物の占める割合が高く，これに医師や土地所有者，仲買人といった有閑ブルジョワ層が加わっている．

以上の4種類のアソシアシオンと異なるタイプのものは非常に少ない．リヨンに医学の研究向上を目的とする医師の会，薬学や植物学の勉強会である薬剤師の会，イタリア語の研究会が存在するのと，ニースに音楽の会が存在することが報告される位である．

この調査で，政治的に危険な傾向にあると報告されたアソシアシオンは，存在せず，先のタイプのアソシアシオンは，政治的存在にならない限り，黙認された．

他方，政治結社については，公共の秩序にとって危険であったので，その兆しあらば，20名未満であっても徹底した弾圧を加えたため，この時期に一つ

161　アヴェイロン（Aveyron）の知事は，その報告の中で，このような苦行信心会は，南フランスのあらゆる県において見られるものである，と述べている．

162　オート・ガロンヌ（Haute-Garonne）の知事からの手紙では，トゥルーズ（Toulouse）内に存在する善行結社から許可の願いを受けた際に，この知事は，革命期の法律は，宗教結社・信心会を廃止しているので，これにそのまま許可を与えるのは，困難であると考え，トゥルーズ市長とこの会の長を呼び出し，この会の規約から，宗教に関わる規定を省かせることによって，合法的な性格を持たせようと試みたが，構成員にとっては，実際のところ，宗教的要素と善行行為とは分かち難く結びついているので，分離は困難であり，現在も司祭が頻繁に会に出入りしていると報告されている．

163　バス・アルプ（Basses-Alpes）県，アリエージュ（Ariège）県，バス・ピレネー（Basses-Pyrénées）県，オート・ピレネー（Haute-Pyrénées）県からの手紙で，そのような質問があった．

の政治結社も存在しなかったとされる（Nourrisson t. 1, 186）.

このように何が真に危険であるかによって結社規制の規範は，柔軟にスライドし，許された範囲内でアソシアシオンはその活動を行ったのである.

第5節　小括

最後に，これまで検討してきたことから，ナポレオン期の中間団体政策の特質をまとめることにしよう.

今しがた刑法典に見たように，ナポレオン期においても，法によって定められたサンクションを判断基準とするなら，結社や労働者のコアリシオンへの敵対的な政策は，革命期以上の厳しさでもって引き継がれたとも言えよう．しかし，その立法を推進した言説に焦点を合わせてみれば，革命期のル・シャプリエに典型的に見出したアトム的個人を創出するための反結社という革命的言説は消滅しており，「個人」や「自由」といったカテゴリーは全く立法過程に見出されず，専ら「公共の秩序への配慮」という観点から立法が推進されており，反結社の理念は大きく転換したことが伺えた．確かに，民法典は，個人主義的な構成を取ったが，そこでの人間像は，もっぱら営利を追求する内向きの「私民」であり，個人は私的領域に留まった．刑法典で示された20名という数字も，この私的領域の一つの境界線を構築するものとして分析できた.

この時期に，商業会議所，若干の職業団体や一部の修道会の復活がなされたが，これらの中間団体の復活は，下からの要求ではなく，いずれも行政やポリスによる上からの要請によって推進された点では共通しており，さらに「フランス商工業の発達という経済的合目的性」，「都市における秩序維持」，「教育や慈善活動を担う事業主体の確保」といった，それぞれ異なる目的からであったが，いずれもその統治上の目的がより効率的に遂行できるという点から推進された．あらゆる中間団体を禁じ，それにより生じた社会的空白を国家が公共の事柄として全て引き受けるという革命の理念は変容し，公共の意は，客体的な秩序の維持という任務へと縮減していく（オズーフ 1995 [1988]）.

規制の様式という側面から眺めてみると，革命期においては議会の法律 loi により各結社，団体に対して一律に禁止が定められたが，ナポレオン期では行政・ポリスに許可の判断・監督の内容・解散命令の発動という権限を集中し，広い裁量の下，各団体に対して，その危険性に応じて，個別的で詳細な対応・

監督が可能である仕組み・法構造になっていた点を指摘できる．ここに法典とは位相を異にする一つの規範が存在するのを見出せる．この法構造を「ポリスの法制度」と呼ぶ．「ポリスの法制度」とは，後のパリ警視総監ヴィヴィアンが「いかなる法典もこの法制度ほど完璧ではなく，また，いかなる法律家の学説もこの法制度ほど有益ではない．なぜならば，この法制度は，日々の必要性から生じているが故に実践的かつ有用なものである[164]」と自賛したように，常に抑圧的で厳格であることをその特質とするのではなく，個別的に何が真に危険か，何が必要であるかによって日々柔軟にスライドするという点にその本質がある．

この「ポリスの法制度」による中間団体規制は，第二共和政の一時期を除いて，19世紀を支配し続ける．ナポレオン期以後は，その政体の性格や時の情勢が投影されながら，ある結社は寛容に扱われたり，また突如として厳格に法が適用されたり，ということにもなっていく．

次章では，この規制の変化にも注目しながら，第二共和政に至るまでの中間団体論を検討することが課題になる．

164　(Napoli 1997 : 93) を参照.

第2章 「社会の解体」から「社会の再建」へ

本章では，復古王政期（1814-1830），七月王政期（1830-1848）におけるユルトラ派（極端王党派），リベロー[165]（自由主義者），初期社会主義者の中間団体論，アソシアシオン論を概観することを課題とする．

ロザンバロンは，その著書『ギゾーの時代』において，この時期の世論形成家の大半につきまとったのは，「社会の解体」という光景であり，リベロー，ユルトラ派，サン・シモンなどは，それぞれに相違があるものの，皆，「粉塵となった社会」，「旧き社会紐帯の崩壊」，「社会的なるものの脱構成」といった問題をテーマとしたとしている（Rosanvallon 1985 : 75）．

この「社会の解体」とは，客体的な秩序の不安定化というものに尽きるのではなく，各人の精神的次元において満たすことができない空隙が感じられるというモラル上の危機を意味していた[166]．

よって，中間団体の問題は，前章で分析したナポレオン期の政策のように統治上のエコノミーといった消極的視点からのみ捉えられるのではなく，モラルを回復し，社会を再建するものとして積極的な考察の対象になってくる．

もちろん，反革命の立場に立ち，社会の頂点に神と宗教を位置させ，個人ではなく中間諸団体が社会を構成するとしたユルトラ派，個人の自由を下支えするものとしてアソシアシオンを位置づけたリベロー，〈アソシアシオン（生産協

165　19世紀前半のフランスにおいて，「リベロー」という範疇で括られる一群の思想家・政治家とは，「フランス革命後における急進派でもなければ反動派でもない，その両派に対抗する第三の党派」を意味したにすぎず，「革命を肯定的に意味づけた上で，それを終了したものとして，その後の秩序再建を模索した」という点では共通しているが，「党派といえるほどの同質性も相互の人的つながりも欠く」ものであったと位置づけられる．（宇野 1998 : 25ff.）を参照．

166　シャニアルは，「アンシャン・レジームの崩壊，利益のみが唯一の支配者となる革命の個人主義の急激な広がりを原因とする社会的カオス，モラル上の無秩序に恐怖を感じて，精神的な危機が到来しているとする時代診断は，当時，神聖政治論者，多くの自由主義者，社会主義者によって広く共有されたものであった」としている（Chanial 2001 : 148）．

同組合)〉によって新しい生産－所有関係を実現し，オルタナティブな社会構想を示そうとした初期社会主義者，これら三者の社会像には，大きな隔たりがある[167].

よって，本章では，具体的な立法との関連において，これら三者の中間団体論，アソシアシオン論についての一定の認識を得ることを課題としたい.

第1節では，1825年の女子修道会法をめぐる論争からユルトラ派の中間団体論を明らかする．第2節では，1834年の反結社法の審議過程に注目し，七月王政期のリベローにおける「結社の自由」論を明らかにする．第3節では，第二共和政に影響を与えることになる初期社会主義者達の〈アソシアシオン〉論を概観する.

第1節　復古王政期における〈修道会（コングレガシオン)〉論争

本節では，まず復古王政の歴史的位置を確認した後，女子修道会法をめぐる論争からその当時の社会理論家として重要なド・ボナールの社会像を抽出する．さらに，法人理論がこの法律の審議過程において果たした機能を分析することで，この時期における中間団体の法的位置づけを解明していく.

(1)　歴史的前提：ユルトラ派の社会像

復古王政は，ブルボン家ルイ十八世を国王とし，続くシャルル十世が王権神授説に則っとり大司教からの戴冠を受けたように，革命を否定して，本来あるべき自然な秩序を「復元 Restauration」することを目指した政体とされるが，実際のところ，新と旧の両原理が併存し，拮抗しあうという複雑な性格を有した政体であった[168].

国制の原則を定めた憲章[169]は，神の摂理に従う国王によって臣民に授与さ

167　またそれぞれの思想潮流においても，論者によってニュアンスの相違が大きく，それぞれにつき，多様な世論形成家のテクストを網羅的に対象として，「社会像」を抽出するというのは，困難な作業でもある．よって，本書では，具体的な立法との関連において，この時期の中間団体論を扱うという形に検討範囲を限定した.

168　小田中直樹は，1814年憲章における貴族制度や制限選挙制度について，世襲された特権など先天的な生まれを秩序原理とする先天性原理（旧）と財産所有や業績など後天的に獲得しうる資質を秩序原理とする後天性原理（近代社会）の双方が併存した二面的な性格を有したものと捉える（小田中 1995：26ff.）.

れたという形を取るものであり，国王に行政権や法律発議権や貴族院議員の任命権を専属させているが，他方で，イギリス流の二院議会制を採用し，法の下の平等，罪刑法定主義の保障，法律の留保の下での出版の自由の宣言など立憲主義的な側面も有していた[170].

この議会では，穏健な立憲王党＝自由派と，中世的王制を理想とし，強い過去回帰志向を有するユルトラ（極端王党）派が対抗した.

このユルトラ派の理論的指導者として影響を有したのが，長年，貴族院議員も務めたド・ボナールである[171].

ド・ボナールは，ルソーの社会契約論を批判し，社会を構成するのは諸個人ではなく，社会こそが個人を構成し，個人は社会においてのみ存在するのであるという社会実在論を展開した.

この社会の最初の核となるのが，父と母と子からなる家族的社会[172]であり，この諸家族の上に社会的集団であるメティエ（métier 職）が構成され，次いでこの諸メティエをまとめるものとしてコルポラシオンが位置づけられた.

またコミューン（市町村）も社会を構成する中間団体として重要性が付与され，コミューンの自治が亀裂の入った社会を再建することになると考えられた.

社会の頂点には，神と宗教が位置し，世襲の君主が神政政治を行い[173]，諸個人は権利を有さず，社会に対する義務のみを有するものとされる.

ルイ十八世は，議会の立憲王党＝自由派を基盤として憲章を議院内閣制的に運用しながら国内秩序の回復に努めようとしたが，シャルル十世は，その王太子時代はユルトラ派の首領でもあり，その即位以来，涜聖禁止法（1824），亡命貴族への賠償法（1825），長子相続法[174]（1826）など，復古・反動的な立法を相

169　4＝10 juin 1814, Charte constitutionnelle, *Duvergier*, t. 19, 76ff.

170　ロザンバロンは，これまでのこの憲章への低い歴史的評価に対して，この憲章の基本構造が，1830年憲章にも継承され，後には第三共和制の統治構造にも反映されていく，議会主義の基礎を作ったものとしての重要性を持つとし，この時期を議会主義の習得期として意義があったとしている（Rosanvallon 1994 : 9ff.）.

171　ド・ボナールの社会理論については，（ゴデショ 1986［1961］: 75ff. ; 石川 1996, 1997 ; Touchard 1998 : 541ff.）を参照．トゥシャールは，伝統主義の社会学者としてド・ボナールを位置づける.

172　1816年の離婚廃止法は，ド・ボナールによる立法であった（8＝10 mai 1816, Loi sur l'abolition du divorce, *Duverigier*, t, 20, 379）.

173　ただし，ユルトラ派が理想としたのは，絶対王政期の専制君主ではなく，中間諸団体の自律によって権力が制御された中世的王制であった.

次いで提案していく．

本節で分析の対象とする女子修道会法も，このようなユルトラ反動の状況下で提案された立法である．

(2)　修道会の位置づけ：ド・ボナールの社会教説

復古王政は，結社罪を適用することが稀であり，アソシアシオン一般に寛容な態度を有していたが，とりわけ宗教的感情を喚起させるような団体には，好意的であった．

一人前になるために各地を巡歴する職人の養成を相互扶助の原理に基づいて担う仲間職人組合[175]は，単にその実態を把握することが困難であったという理由ではなく，その宗教的，伝統的な性格が政府の強い共感を呼んだという理由から寛容に扱われる（Nourrisson t. 1, 245）．仮に，この仲間職人組合が他の組合と決闘を行うというトラブルを起こしても，組合の存在自体は，処罰されなかった[176]．

救貧，養育，施療といった私的慈善や教育活動を行う修道会は，革命によって破壊された宗教的観念を再生するものとして位置づけられ，その復活・創設が奨励され，復古王政期に入り，その数を大きく増加させていた[177]．

しかし，これら修道会の半数近くは，無許可のままであり，贈与や遺贈を受領する能力を得るには，個別の法律によって，他の教会施設と同様に「公共施設」として位置づけられる必要があった[178]．

1823年にフェラン（Ferrand）によって提案された法案は，女子修道会に対し

174　この法案は，議会内外の激しい反発を招き，廃案に追い込まれる．長子相続法については，（稲本 1968：338ff.）を参照．

175　仲間職人組合については，谷川（1983）を参照．

176　フランス巡礼（Tour de France）の拠点都市の一つであるアジャンにおいても，掟派というカトリック教徒の仲間職人組合による決闘事件の史料が多く残っている（A. D. L. G 4M 72, 356）．市長は，決闘事件を起こした組合に対して，ル・シャプリエ法に言及しながら，(1)掟派の職人と自らを名乗ること，(2)組合の徽章を纏い，公共の場に集うことを禁止する布告を出すという対応を取るが，ル・シャプリエ法に規定されている団体そのものの解散を命ずるということはなかった．

177　1827年の議会に報告された調査によれば，1814年から25年の間に，500-600の修道会の増加があり，1825年の時点で，約2800の修道会が存在したとされている（Congrégations et communautés religieuses de femmes, *Moniteur*, le 6 avril 1827）．復古王政期の修道会の実態については，（Duprat 1996：405ff.）が詳しい分析を行う．

て，王令のみによって許可を与え，許可を受けた修道会には，贈与・遺贈を受領できる法人格が付与されるという内容のものであった[179].

これによって法的位置づけが不確かであった修道会に安定した法的基盤を与え，宗教的・献身的な慈善活動を活性化させるということが目指されていた.

前章で検討したナポレオン期の修道会の部分的復活は，国家が担うことのできない社会的役務を修道会によって肩代わりさせるという実用的意図が強かったが，この法律の推進者達は，審議過程においては，修道会の献身的な活動こそが，社会の中の宗教心やモラルを高め，それによって家族や政治秩序が安定するといった側面を強調する.

先のド・ボナールは，「実際，政治秩序にとって，若い女達が，一端，自分たちの家族を離れて，大きな家族のために献身し，社会の娘となり，あらゆる子供の母となるという犠牲的精神以上に，有益なものはあろうか[180]」と述べ，修道女達の活動が社会全体を一つの家族とする秩序形成力があるという意義を説いた.

宗教大臣のフレッシヌ（Frayssinous）は，次のように熱弁をふるった.

> 「宗教なくして，社会秩序はどうなるか．王が民衆を畏怖するのではなく，民衆が王を畏怖せねばならないはずだ．法律により人民がより多くの自由を得るにつれ，人民を宗教的感情により諸義務の中に埋め込む必要がある．キリスト教は，ヨーロッパに文明と自由をもたらした．しかしキリスト教が消滅すると，苦難も復活した．このことは容易に証明できよう．宗教のコルポラシオンによってこそ，キリスト教は永続するのであり，家

178　1814年の王令によって，既に許可を得た修道会は，宗教大臣による許可を得ることによって不動産遺贈も含めた受領を行うことができるとされたが，この手続は，煩雑であった（10＝21 juin 1814, Ordonnance du Roi concernant les autorisations nécessaires pour l'acceptation des fondations, dons et legs faits aux églises, séminaires, fabriques, hospices, associations religieuses, et autres établissements publics, *Duvergier*, t. 19, 99ff.）．1817年の法律は，法律によって許可された教会施設に受領能力を与えるものであったが，法律という形式で許可を得る修道会は稀であった（2＝6 janvier 1817, Loi sur les donations et legs aux établissements ecclésiastiques, *Duvergier*, t. 21, 88ff.）.

179　Le 19 février 1823, Pairs,（A. P. 2 t. 38, 361ff）.

180　貴族院議会で配布されたド・ボナールの意見書（A. P. 2 t. 42, 234ff.）.

族の中に根を張ることができるのである．このコルポラシオンの承認は，フランスが保守的な社会教説へ復活したことの真なる証明となろう[181]」．

(3)　議会での討論：法律擬制説による反論

しかし，このようなユルトラ派の修道会の手放しの称賛，王の一存のみで修道会が無制約に増大する可能性がある法案の仕組に対して，議会の自由派は，強い警戒・反発を示した．

自由派には，その当時の修道会が，ユルトラ派の政治キャンペーンを影で支えて，社会の反動的保守化をもたらしている要塞になっているのではないかという見方が強かった[182]．

自由派は，修道会の承認には，議会の法律による承認を必要とするという仕組に法案を修正することを求め，それを正当化する法的アーギュメントを組み立てていく．

第一の法的論点は，旧制下の法制に関する理解に関するものであった．王令のみによる法人格付与を擁護するポルタリス（Portalis）は，絶対王政絶頂期であったルイ十三，十四世の時代の1629年と1659年の勅令がともに宗教団体，宗教施設の結成の許可を王の専属的な権限としていた史実を援用することによって，王令のみによる許可を正当なものとした[183]．

これに対して自由派は，1749年の勅令以後は，宗教結社設立については，公開状形式で行われるのが慣行となり，この公開状は，高等法院（Parlementaires）の審査に服し，王の公開状の発令は，この高等法院に登録されねば効力を持たなかったという史実を援用しながら[184]，修道会の許可は，議会（Parlementaire）の審査に服さねばならないという結論を導こうとする．

しかし，この自由派の立論には，原案推進派から特定の管轄区域が定められた旧制下の高等法院と，フランス全土に効力を一般的に発する法律を制定する

181　Le 13 juillet 1824, Pairs,（A. P. 2 t. 42, 232f.）.

182　提案の対象が男子修道会を含まず，女子修道会にのみ限定されたのは，このような政治的関与が疑われている男子修道会やイエズス会を特権付与の対象から除外することでしか議会からの理解が得られないと考えられたからであった．

183　Le 20 mars 1823, Pairs,（A. P. 2 t. 38, 716）.

184　Le 1er avril 1823, Pairs,（A. P. 2 t. 39, 49ff.）.

議会は，別物であるという反論がなされ，議会の議論は，旧制下や憲章下の統治機構の理解をめぐる細かな論点へと拡散していくだけで，両者の溝は埋まらない．

第二の論点は，法人の法的性質に関するものであった．自由派の代表格であるランジュイネ（Lanjuinais）は，次のような法律擬制説を展開して，原案に反対した[185].

「国家内において永続し，所有者となるあらゆるコルポラシオンは，法による擬制，特権によって作られているに過ぎない．よってこれに許可を与えるには法律の権限を必要とするのである．法による擬制を創り出し，事物の本性に反して，権利を特例として与えることができるのは，法律以外にはない．家族と個人は，自然が創り出した実在物である．これらは法律なくして，法律に先立って存在する．……しかし，コルポラシオンとりわけ宗教的共同体は，人工的な成果であり，形而上学的な存在であり，我々の精神による概念であり，宗教的，政治的な擬制なのである．よって法律，立法府のみがこれを許可することができるのである．法律によって創設され，許可されなければ，法において擬制は存在しないのである．」

これに対して，内務大臣のコルビエール（Corbière）は，原案を擁護する立場から，修道女の行う活動は，公務ではなく，私的な職務に過ぎず，その団体は，政治制度と全く関係のない私法人であるという性格を強調し，修道会には公益にのみ関係する法律による承認の必要はなく，王令のみによって許可を与えることができるという反論を行った[186].

しかし，このコルビエールの反論は，これまで修道会の政治秩序にとっての公的有用性，その精神的貴重さ，永続性を強調してきた原案推進者側のアーギュメントと矛盾したものであり，かえって原案への反対者を勢いづかせることになる．

止むことのない原案への抵抗を前に，政府側は，原案の修正を余儀なくされていく．パスキエ（Pasquier）によって提案された修正案[187]に政府側も譲歩し，

---

185 Le 2 avril 1823, Pairs,（A. P. 2 t. 39, 89).

186 Le 21 juin 1824, Pairs,（A. P. 2 t. 41, 527ff.).

187 Le 5 février 1825, Pairs,（A. P. 2 t. 43, 30ff.).

1825年5月に成立した法律[188]は，法律の成立以前から存在する修道会の許可については王令のみで行えるが，以後，新設される修道会については，法律による許可を必要とするという内容になった．

(4)　議会外での論争へ：「コングレガシオン」神話

このように議会では，修正による妥協が成立したが，政府による修道会への好意的な態度は，議会外でこれに反発する世論を生み出すことになる．

その中でも，とりわけ影響力を有したのが，そもそもはユルトラ派に属したが，派の内部分裂によって政府の中枢を担う政治グループとは距離を置くことになったモンロジエによって行われた批判キャンペーンである[189]．

モンロジエは，1825年10月から，「白旗 Drapeau blanc」というユルトラ派によって設立された政府系新聞に「コングレガシオン Congrégation」という宗教結社が政府に隠然たる影響力をふるっているという批判記事を連載し，翌年にはこの連載をまとめたパンフレット『宗教，社会，王冠を転覆させる傾向にある宗教・政治体制についての意見書』を出版する（Montlosier 1826）．

この『意見書』では，「コングレガシオン」とは，イエズス会という反革命的な党派によって支配された特定の秘密結社であって，議会内にも100名以上の会員を有して，「影の政府」を形成しているグループとされている．しかし，この「コングレガシオン」の広がりを示す部分では，イエズス会とは関係のない，あらゆる「修道会 congrégations[190]」に関する数字や事実が用いられており，二つの概念は意図的に混同されていた．

モンロジエ自身も，「このコングレガシオン（Congrégation）という名称は，現時代のあらゆる反感・不満を曖昧なままにして包含するある種の象徴的なものとなっていった」と述べており[191]，モンロジエによって指摘される脅威は，

188　24 mai＝2 juin 1825, Loi relative à l'autorisation et à l'existence légale des congrégations et communautés religieuses de femmes, *Duvergier*, t. 25, 159ff. この法律が，1901年のアソシアシオン法成立まで，修道会を規律する法となる．

189　この時期における反イエズス会運動，コングレガシオン神話を検討したものとして，Leroy（1992），上垣（1998）を参照．

190　ルロワは，大文字で始まる単数形の「Congrégation（コングレガシオン）」と小文字で始まる複数形の「congrégations（修道会）」を区別した上で，両者が巧みに混同されていった政治過程を明らかにしている（Leroy ibid.）．

191　（Leroy 44）．

かなりの誇張を含むものであった[192].

しかし，このパンフレットは，2ヶ月間に7版刷られるという成功を収め，廉価でもあったので民衆階層にも広く浸透する．自由派の側も，その機関誌でモンロジエの議論を紹介・支持する記事を掲載し続け，その当時の内閣を「合法の内閣とコングレガシオンの内閣という二つの顔を有している」と形容し，モンロジエによって構築された「コングレガシオン神話」を政治的に利用していく（Leroy 39）．

モンロジエは，1827年の1月に，貴族院に対して，イエズス会と「修道会 congrégations」を直ちに廃止する措置を求める請願も組織する[193]．この請願は，採択されなかったが，このようなモンロジエによる反修道会キャンペーンは，当時の政府の復古的アナクロニズムの政策に対する市民．民衆の反感に支えられながら，功を奏していき，1827年の代議院選挙におけるユルトラ派の敗北，自由派の勝利をもたらし，七月革命を準備することにもなっていく．

(5) 小括

以上，本節では，女子修道会法を巡る論争に焦点をあて，復古王政期における中間団体論を検討してきた．

「社会の解体」というモラルの危機に対して，ユルトラ派が取った対応は，社会を家族のメタファーで有機体的に観念し，国教であるカトリックを復興し，このような秩序を支える中間団体として修道会を復活・奨励するという方策であった．

しかし，このような奨励策は，シャルル十世の復古・反動的な政策に対する市民，民衆の反発を背景にしながら，「コングレガシオン」という団体が，政府を操っているという神話が流布してしまうという結果を招くことになる．

このように特定の団体が，「影の政府」を組織しているという陰謀的言説が広がったことは，その後の「結社の自由」の承認を困難なものにもする[194].

192 ド・ボナールは，モンロジエの『意見書』に対する反論を出版している（Bonald 1826）．実際のところ，政府内部に影響力があったのは，イエズス会系の結社ではなく，「信仰の騎士団 Chevaliers du la Foi」という秘密結社だったとルロワは，指摘している（Leroy 48）．

193 Le 18 janvier 1827, Chambre des Pairs,（A. P. 2 t. 49, 173ff.）．

194 修道会が，特定の政治グループと結びつき，国家内国家を形成しているという言説は，第三共和政期においても繰り返され，「結社の自由」承認の妨げとなる．

女子修道会法の審議過程においては，法人を法律による擬制とするアーギュメントが影響力を有したことを確認した．これは，当該法案を修正させるという効果を持ったのみならず，他の中間団体への法人格付与をめぐる後の議論においても参照され，法人格付与を限定的なものとする機能を果たしていくことにもなっていく．

第2節　七月王政期における「結社の自由」の位置

七月王政は，シャルル十世とユルトラ派によるアナクロ的な保守的勢力に対抗するために，「天は自ら助くる者を助くる Aide-toi, le ciel t'aidera」という全国的な結社網を作ったギゾーらの自由派が，蜂起を行った民衆とも同盟しながら，勝利し，成立したものであった．

1830年の憲章[195]は，1814年憲章の改正という形を取ったものの，神授権説を否定し，憲章を国王ルイ・フィリップが契約として受入れたものと位置づけ，法律発議権を両院に認め，国王の緊急大権も大きく制限するものであった．

他方で，この政体の構成員として選挙権行使が認められたのは，代議院選挙については，200フラン以上の直接税を支払っている20万人程度（全人口約3500万人）の市民であり，ギゾー自身も述べているように，この政府は，「理性」に主権の在処を求める「中産階級の政府」であった[196]．

憲章には，「結社の自由」に関する規定はなかったが，検閲の廃止と出版の自由を宣言しており，当初は，復古王政末期から叢生した政治結社に対して政府は寛容な態度を取っていた．

内務大臣のギゾーも1830年9月25日の議会で「私の考えを率直に述べれば，刑法典291条は，間違ったものであり，自由な国の法制度においては，永遠に存在するものではない．……フランスがこの条文の廃止・削除を成し遂げる日

195　14 août 1830, Charte constitutionnelle, *Duvergier*, t. 30, 110ff.

196　ギゾーにとっては，選挙権は個人に普遍的に内在する政治的権利ではなく，「有識 capacité」によって割り当てられる権能として捉えられ，代表制の目的は，意思や利益の複雑な算術調整にあるのではなく，社会に散在している理性を集めることにあるとされた（Rosanvallon 1992b : 232ff.）．選挙権の制限は，恒久的なものではなく，理性の政治によって，知性が人々に広まることによって緩和されていくものとされる．この理性主権の理論は，普通選挙の即時実現の要求を退けながら，漸進的に自由と秩序を回復しようとする政府にとっての適合的な理論を提供した．

を近く迎えることを希望する[197]」と述べ，刑法典の結社罪には批判的であった.

しかし，七月王政を樹立した議会勢力が分裂し，革命の徹底を求める共和派の結社が民衆と結びつきながら，蜂起にも関与するようになってくると，政府としてもこの秩序の危機に対処することが迫られる.

1834年に結社罪を強化する法律が制定されたのは，このような秩序の悪化という状況的理由に基づくものであった.

しかし，この法律が採択されるには，14回の審議をも必要とし，その審議過程では，法案への反対者によって「結社の自由」の擁護論が展開され，法案推進者側も自らの「結社の自由」に関する理解を示して，応答するということが行われる.

よって，本節では，この審議過程を検討することを通じて，この時期における「結社の自由」論の諸相，リベローにとってのアソシアシオンの位置づけを探ることを課題とする.

まず法案提出の背景を確認した後に，議会における「結社の自由」の位置づけをめぐる論争を分析する．その上で，この反結社法や刑法典の結社罪がその後どのように適用されたかを分析することで，19世紀における反結社法の存在理由について考察する.

(1) 1834年反結社法の背景

1830年の陪審法[198]は，リベローの長年の要求に基づき，政治犯の審議に陪審制度を導入するものであったが，これによって結社罪の評決も陪審に委ねられることになった.

その結果として，結社罪で訴追を行っても，無罪放免となるケースが表[199]のように上昇し，1832，33年には，全ての被告が無罪とされる.

公開集会を頻繁に行い，民衆とともにデモ行進を行う最大の政治結社である「人民の友協会」に対して，政府は，5回も訴追が行うが，全て無罪とされ，

---

197 Le 25 septembre 1830, Chambre des Députés, (A. P. 2 t. 63, 669ff.).

198 8=10 octobre 1830, Loi sur l'application du jury aux délits de la presse et aux délits politiques, *Duvergier*, t. 30, 272ff.

199 *Annuaire de Ministère de la Justice —Compte général de l'administration de la justice criminelle*, 1825-1848 のデータを集計し，作成.

図表 2-2-1　結社罪の無罪評決率（1825-1848 年）

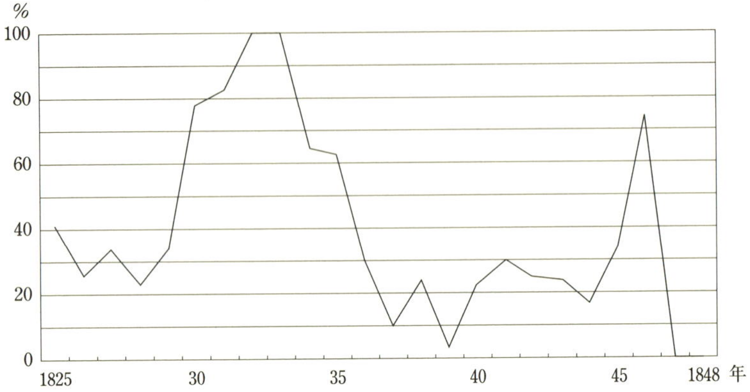

陪審から結社罪そのものの存在に反対する宣言も出されるに至る（Nourrisson t. 1, 272）.

また有罪宣告を受け，解散させられたアソシアシオンも，会を 20 名未満の幾つものセクションに分割することによって，実質的にアソシアシオンを再建し，結社罪の適用を逃れるということも行うようになる（ibid. 273）.

1834 年 2 月に司法大臣バルテ（Barthe）によって提案された「アソシアシオンに関する法律」は，このような結社罪の実質的な機能停止に対応して，(1)20 名未満に分割しているアソシアシオンへの結社罪の適用，(2)陪審から軽罪裁判所への管轄変更，(3)代表者のみならず単なる構成員も含めた罰則の適用，(4)累犯への罰則過重，を内容とするものであった[200].

法案作成が付託された委員会を代表して法案趣旨説明を行ったマルタン・デュ・ノール（Martin du Nord）は，1810 年の刑法典の結社罪の起草委員会でのノアィユの演説を長く引用して，無秩序であった大革命の時代に戻らないためにも，結社罪の実効性を高め，厳罰化で対応することが必要であると主張した[201].

(2)　リベローにおける「結社の自由」の位置づけ

しかし，この法案は，白熱した議論を議会で呼ぶことになる．論戦は，権力

200　Le 25 février 1834, Chambre des Députés,（A. P. 2 t. 86, 690ff.）.
201　Le 6 mars 1834, Chambre des Députés,（A. P. 2 t. 87, 173ff.）.

の恣意から市民の政治的自由を保障するために陪審に委ねた評決が再び職業裁判官の管轄となることの是非という論点に留まらず,「結社の自由」をどう捉えるか,結社罪そのものの存続がこの自由とどういう関係に立つのか,という原理的な議論が行われることになる.

ベリエ（Berryer）は,「結社する権利は,神聖かつ基底的な権利であり,社会秩序の創造者となる権利であり,社会そのものが依拠している原則である」「この原則は,権利以上のもので,人間に本来的に備わっている能力であり,法律に依存せず,法律によって創造されたり,構成されたりする必要がないものである」とし,「結社の自由」を法律に先立って存在する自然権として位置づけ,この権利を鎖につなごうとするこの法案や刑法典の結社罪を,「社会の基盤そのものを攻撃するもの」と非難した[202].

王朝左派のリーダーであるオディロン・バロー（Odilon Barrot）は,「孤立し,個々のままの人間は何もなすことができない.社会的結合関係によってもたらされるあらゆる利益は,結社を形成する権利,すなわち市民的・社会的な生活のあらゆる場面において,能力や資本や力や思想や発見物を共有するという権利,権能から生ずるのである.アソシアシオンなくしては,いかなる有益な成果ももたらされないのである[203]」として,アソシアシオンを結成する権利を,あらゆる社会的必要の中で最初に来るものと位置づけた.

オディロン・バローは,「個人主義と政治的自由は,両立不可能な二つの事柄である[204]」とも述べ,憲章が保障している選挙権や出版の自由といった政治的自由を実際に行使するには,個人の力のみでは不可能であり,人々のアソシアシオンによる結びつきによって意見形成が行われることが不可欠であるとした.「結社の自由」は,他の政治的自由を支える基底的な権利として位置づけられた.

このように,人権宣言には存在しなかった「結社の自由」を自然権,基底的権利として位置づけ,擁護する議論が議会で本格的に展開されたのは,フランスにおける「結社の自由」形成史において画期的なことであり,彼らの演説は,後の第三共和政における「結社の自由」の推進者達からもよく参照されることになる.

---

202 Le 12 mars 1834, Chambre des Députés,（A. P. 2 t. 87, 413ff.）.

203 Le 17 mars 1834, Chambre des Députés,（A. P. 2 t. 87, 530）.

204 *Ibid.*, 532.

しかし，「結社の自由」は，単に公共の秩序の維持という観点からだけではなく，この時点においては，なおも特殊な自由として警戒されていた．

レドレル（Rœdrer）は，アソシアシオンの結成を「一般社会の内部において独立した諸社会を形成する権利」と位置づけて，この権利を制限しようとする法案に賛成する演説を行う[205].

レドレルにおいては，「結社権 droit de s'associer」とは，「自然状態において孤立した諸個人が，他者から自らを守るために，また他の個人や小集団から我々全体を守るため，アソシアシオンを結成しようと言い合って，社会を契約によって構成する行為」として定義されており，社会契約によって結成された国家そのものがアソシアシオンであった．

よって，この一般社会＝国家の同意なくして，特殊なアソシアシオンを結成するという行為は，一般社会から離脱し，「我々の一般契約によって成立し，行使されている神聖な権利を私的契約によって侵害しようとする権利」に他ならないとされたのである．

このレドレルの考え方は，国家のみを社会において認められる唯一の政治的アソシアシオンとし，部分社会の形成を認めなかった人権宣言の社会像と共通するものである．

またデュパン（Dupin）も，アソシアシオンへの監視に賛成する立場から，「ここで問題になっているのは，出版する自由や請願する自由といった個人が行う自由の行使，個人の権利ではない．すなわち，問題とされているのは，国家内において社団 Corps が形成され，法人が設立され，それが個人から独立した民事的存在となることである[206]」と述べて，「結社の自由」を，個人の自由の行使の問題ではなく，団体そのものの権利を許すのか，という問題へと置き換えた．

このデュパンの発言について，ジョームは，「アソシアシオンを個人の次元に属するものではなく，それによりコルポラシオンの観念へと復活しようとするもの」とみなすものであり，市民間の自由な民事的契約としてアソシアシオンを観念した1901年の立法者の見方とは，距離があるとしている（Jaume 2001：83ff.）．

205　Le 8 avril 1834, Chambre des Pairs,（A. P. 2 t. 88, 377）.

206　Le 21 mars 1834, Chambre des Deputes,（A. P. 2 t. 87, 705）.

＊

他の多くのリベロー（自由主義者）にとっては，アソシアシオンの有用性は認められるにせよ，現在の不安定な社会状態を前提にすれば，その権利行使に制限が伴うことはやむを得ないというものであった．

この時期，教育大臣であったギゾーは，法案反対者から，1830年の議会で結社罪廃止について前向きな発言を行ったこと，ギゾー自身も「天は自ら助くる者を助くる」というアソシアシオンの有力な構成員であったことを理由に，結社罪を強化する法案に賛成するのは，矛盾しているのではないか，と非難される．しかし，ギゾーは，「将来，フランスが結社罪の条文を廃止する日が来るのが望ましい」と述べただけであるとし，野党会派が民衆と結託し，危機を作りだしている現状では，「社会の第一の目的は安全にあり，政府の義務は慎重な政策である」とした[207]．

ギゾーは，「現状のフランスに欠けているのは，中産階級に対する信頼である．その権利や力に対する信頼は十分ではない．中産階級は，なおも臆病であり，不確かである．中産階級は十分な覚悟を持って自らに帰属している政治的能力を行使する術を知らない[208]」とも述べ，「結社の自由」が承認されるまでには，中産階級がさらに成熟し，拡大していく必要があるという認識を示した[209]．

「結社の自由」の権利性を主張していた法案反対者も，秘密結社や政治クラブによって蜂起が企てられている現状においては，何らかの制約が権利行使に伴うということは否定できず，議論の土俵は，提案されている規制のあり方の是非へと移っていくことになる．

しかし，結社罪強化の対象となるのを政治結社のみに限定する修正提案，危険なアソシアシオンへの立入調査権を認めつつ，届出制による結社の自由を保障する修正提案，法案を時限立法とする修正提案は，いずれも採択されず，成立した法律[210]では，会合のための場所を貸した人物も共犯者として処罰されるというより厳しい内容のものになる．

---

207 Le 12 mars 1834, Chambre des Députés,（A. P. 2 t. 87, 408, 409).

208 *Ibid.*, 410.

209 ギゾーは，選挙権の拡大についてもこのような見解を取っていた．

210 10＝11 avril 1834, Loi sur les associations, *Duvergier*, t. 34, 58ff.

⑶　結社罪の適用：19世紀を通じて

「人民の友協会」の一セクションとして発生した「人権協会」は，300以上のアソシアシオンに4000人以上の構成員を分割して所属させていた巨大な共和派結社であり，民衆教育を重視し，労働者層との近接度が高く，政府によって最も警戒されていた結社であった．

この「人権協会」は，成立した反結社法に従わないという宣言を出すが，1834年4月のリヨン蜂起にも関与したため，多くの者が逮捕され，裁判によって解散させられることになった（Nourrisson t. 1, 324ff.）．

次の表[211]が示すように，1834年法以後，結社罪による訴追件数は，増加し，「家族協会」，「季節社」，「カルボナリ派」といった秘密結社が有罪宣告を受け，解散させられることになる（ibid. 325ff.）．

1834年法による結社罪の強化は，法文上は，あらゆるアソシアシオンを対象とするものであったが，この法の施行直後に各県知事宛に内務大臣から出された訓示[212]によれば，この法は，「工業協会，文芸の会，善行の会，労働者の相互扶助会には，適用されない．適用されるのは，国家の安泰を揺るがすアソシアシオンである」，「共和主義者のアソシアシオンは，その目的を，権利の擁護などと貴重なことを掲げているが，危険な目的しかない」，「公然と活動している結社は，厳格に訴追に踏み切らねばならない．政治結社の最も重大な危険性は，その公然性にある」，「アソシアシオンの存在が無視すべきものであれば，無視して頂いてかまわない」，「分別ある法の適用を求める」とされており，法の適用においては，公共の秩序によって危険な政治的アソシアシオンのみを対象とすることが求められていた．

この当時盛んであったゴゲットという合唱をするための会が，1834年法にもとづき，訴追されるという事件が1835年にあったが，裁判では，会の構成員が流動的であるという理由によって，結社罪は適用されず，無罪とされた[213]．許可を受けていないポーランド人の協会も同年，不起訴処分になって

211　*Annuaire de Ministère de la Justice —Compte général de l'administration de la justice criminelle*，1825-1901のデータを集計し，作成．司法統計が刊行されるようになったのが，1825年であるため，それ以前のデータを収集できなかった．

212　1834年4月29日内務大臣訓示（A. D. L-G 4M 356）．

213　*Gazette aux Tribunaux*，le 7 janvier 1835，N. 2926.

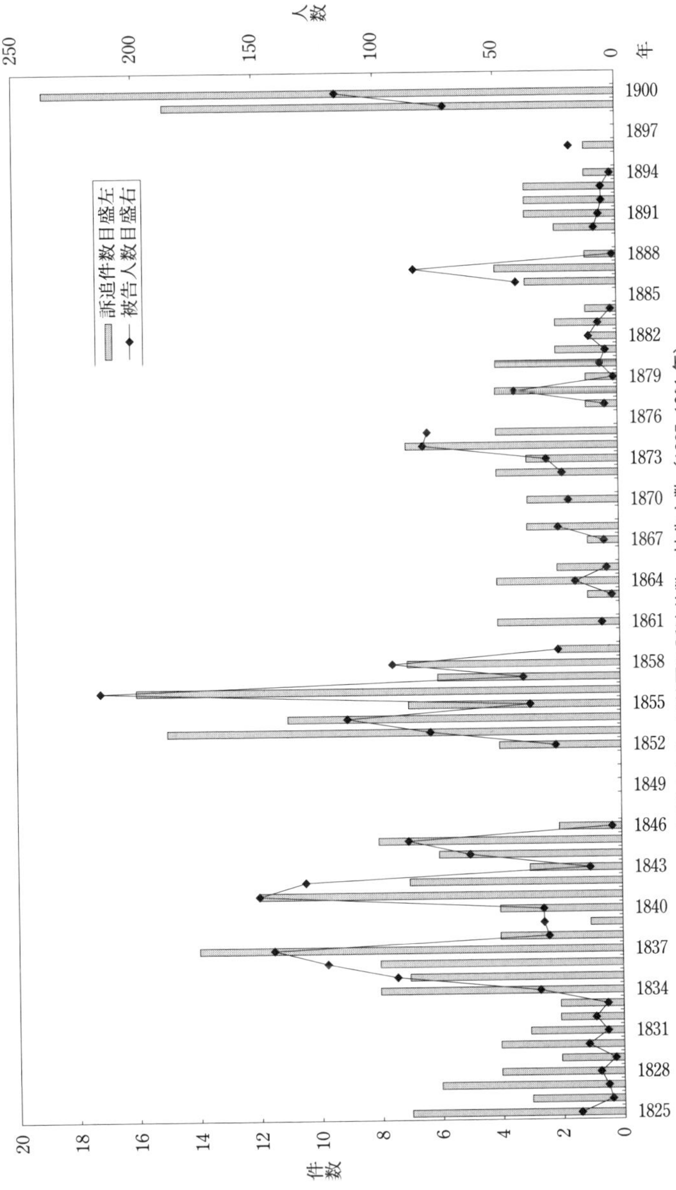

図表 2-2-2 結社罪の訴追件数・被告人数（1825-1901 年）

おり（ibid. 327），一般的に，結社罪が適用されるためには，対象となるアソシアシオンに危険性が存在しなければならなかったと言える．

また1825-1901年の間で，結社罪で訴追されたのは，総計で292件（被告人数2387人）にすぎず，許可を受けずに事実上，存在するアソシアシオンが1834年法の審議の際に3万近くも存在すると述べられたこと[214]を鑑みるならば，結社罪が適用されるのは，非常に稀であったとも言える[215]．

しかし，その訴追は，しばしば恣意的でもあり[216]，1834年法によって強化された結社罪が，第二共和政の一時期を除いては，1901年に至るまで存続したのは，統治者のアソシアシオンへの不信が根強く，容易には払拭されなかったことを示すものである．

(4)　小括

以上，本節では，1834年の結社罪を強化する法律の提案理由，審議過程，適用を検討することによって，この時期における「結社の自由」論の諸相を明らかにすることを試みてきた．

1834年法は，共和派結社の政治化，民衆蜂起への関与という状況的理由から制定された法律であり，強化された結社罪の適用も，政治結社に限定されたものとなった．

このような状況的立法であるが，その審議過程からは，法案反対の立場から，「結社の自由」を自然権として位置づける議論，他の政治的自由を下支えする基底的権利として位置づける議論が展開されるなど，人権宣言に存在しなかった「結社の自由」が一つの権利として観念されるようになったことが確認された．

しかし，この権利は，二つの理由からしてなおも困難なものとならざるを得なかった．

一つは，レドレルやデュパンの言説に現れているように，アソシアシオンの

214　19 mars 1834, Chambre des Députés,（A. P. 2 t. 87, 610）.

215　1825年から1864年の間の労働者のコアリシオン罪の訴追件数が2345件（被告人数13995人）であり，この数字との比較においても，結社罪による訴追は少なかったと言えよう．

216　本書265頁以下におけるアソシアシオン法成立前夜の，修道会にたいする刑事訴追を参照せよ．

結成を国家内における特殊な部分社会の発生とみなす革命期の反結社主義がなおも残存したからである.

もう一つは，秩序の確立による自由の確保を第一の課題とするリベローにとって，「結社の自由」は，フランスの現状を前提にすれば，未成熟の権利であるとみなされたからである.

この時期，トクヴィルは，その『アメリカのデモクラシー』において，中央集権化による政治的専制，物質的享楽主義の進行に抗して，諸個人の自由と自律を支える防御壁としてアソシアシオンの役割を積極的に位置づけている[217].

しかし，このトクヴィルにおいても，フランスの現状は，人々が国家を転覆しようとする熱狂的好戦欲に取憑かれているため，「政治に関わるアソシアシオンの無制限の自由は，全ての自由の中で，人民が我慢しなければならない最後の自由であるということは否定できない．その自由は，人民を無政府状態に陥れないとしても，いつも，この状態に人民を陥れさせる危険があるのである[218]」と診断されていた.

他の自由を下支えする自由として「結社の自由」が観念されながらも，その自由の承認が，将来へと先送りされたのは，このように現状への信頼がなおも不確かであったからであった.

第3節　初期社会主義者の〈アソシアシオン[219]〉論

1830年代の政治的動揺期を経て，ギゾーによる支配体制が確立していった1840年代に入ると，鉄道，製鉄，金融といった資本が中心となって，産業化,

217 「デモクラシーの国では，政治的なアソシアシオンのみが，国家を規制しようとする強力な私人となりうるのである.」(Tocqueville 1848 [1840]: t. 3, 237 訳 下巻 219),「人々の相互作用によってのみ，感情と理念とは新しくされるし，心は拡大されるし，精神は発展する．デモクラシーの国では，人々のこの相互作用が，殆ど皆無であることを，わたくしはすでに説明した．それ故にそこでは，人為的にこの相互作用がつくりだされねばならない．そしてそこでは，アソシアシオンのみがこれをつくることができるのである」(ibid. 219 同上 205)．トクヴィルのアソシアシオン論については，富永 (1979) も参照.

218 (Tocqueville ibid., 240 訳 222).

219 本書では，賃労働関係へのオルタナティブとして組合員に利益の分配を行う新たな生産協同組織であることを志向し，包括共同体的性格が強かった初期社会主義者の〈アソシアシオン〉を，1901年法の利得の分配を行わない契約的なアソシアシオンと区別するために，〈括弧〉付で表記する.

工場化が本格的に進展するようになっていく[220].

このような急激な社会構造の変化は，労働者の隷属化，貧困化をもたらすようになっていく．1840 年に労働者や民衆の生活状態を社会調査に基づき明らかにしようとする著作が相次いで三つ公刊された[221]ように，労働者の貧困と脱モラル化という現象は，「社会問題」として認識されるようになる．

初期社会主義の思想・運動家達は，このような「社会問題」を解決するオルタナティブな社会構想として，それぞれ独自の〈アソシアシオン〉論を練り上げていくことになる．

1840 年には，ルイ・ブランの『労働の組織』が公刊され，アトリエ派の機関誌『アトリエ』も創刊され，〈アソシアシオン〉という語は，時代のメシア的公式となる．

先のトクヴィルのアソシアシオン論は，労働者の協同組合としての〈アソシアシオン〉を含まず，個人の自由の実現を優位においていたのに対して，初期社会主義者による〈アソシアシオン〉論は，賃労働関係へのオルタナティブとしての新たな生産ー所有関係を意味し，個人主義を悪とみなし，共同体主義的な価値を志向するものであった．

初期社会主義者による〈アソシアシオン〉論やその実践には，多様なものがあるが[222]，本節では，その中でも第二共和政による〈アソシアシオン〉の実験に影響を与えることになるルイ・ブランとアトリエ派の構想を検討することにする．

両者とも，サン・シモン主義との対抗において，自らの構想を形成していったので，まずはその前提としてサン・シモン主義の〈アソシアシオン〉論を素

220　このような時代区分は，（中木 1975：76）を参照.

221　ヴィエルメの『木綿，羊毛，絹の製造所における労働者の身体とモラルの状態一覧』（Villermé 1840），フレジエの『大都市民衆の危険な階級とそれを改善する手段』（Frégier 1840），ビュレの『イギリスとフランスにおける労働者階級の貧困について』（Buret 1840）の三冊の公刊によって，労働者の貧困が科学的分析の対象となった.

222　初期社会主義の研究については，蓄積が豊富である．各思想潮流のパンフレットを資料集として翻訳し，解説を加える（河野編 1979），プルードンの「相互性」という思想に個人性が確保された連帯のあり方を探る（阪上 1981），社会史の成果を取り込みながら，通史的概観を与える（谷川 1983），他国の初期社会主義思想との比較検討も行う（社会思想史の窓刊行会編 1989），ルイ・ブランを中心として当時の歴史文脈の中に思想を的確に位置づける（高草木 1994；1995）の研究を参照.

描していく.

(1) サン・シモニアンの「普遍的アソシアシオン」

サン・シモンは,1825年に死去しているが,その直後から彼の弟子達によって師の思想を宣伝するための活動や出版が活発になっていく.今日,彼の思想[223]を伺い知ることもできるのもこの弟子達,サン・シモニアンの活動に負うものである.

サン・シモニアンは,産業化によって物質利益至上主義,利己主義,競争が蔓延し,モラル上の退廃が生じていることを問題化していくが,彼らの独自性は,このような問題の発生原因を,経済が全般的視野を全く欠如しながら運行されているという経済的無政府状態に求めたという点にあった.

後にデュルケムが,社会主義を「すべての経済的機能,あるいは現在では分散している経済的機能の幾つかを社会の指導的で意識的な中心に再結合すること」と定義したように(Durkheim 1971 : 49),彼らサン・シモニアンが社会改革として目指したのは,まさにこのような指導的な中心,すなわち全般的視野を持って産業を指導,再配置する仕組みを作ることであった.

そこでは,強力な中央銀行制度が生産と消費に関する情報を全て把握し,各産業をコントロールするものとされ(阪上 1981 : 13),〈アソシアシオン〉とは,このようにして指導的中枢によって計画的に制御された社会全体,そこでの分業のあり方を指し示すものであって,部分的,自律的な中間団体を指す用語ではなかった.

「社会」は,有機体として一体のものとして捉えられ,そこには「国家」と「社会」の二元性も消滅し,「社会」全体が一個の工場のように統括された.

サン・シモニアンのスローガンであった「普遍的アソシアシオン association universelle」とは,このように統括された全体社会そのものであり,またこのような全体社会の統括原理を示す言葉であった[224].この「普遍的アソシアシオン」の目的は,産業化であり,生産力の拡大であった.この目的のために「普遍的アソシアシオン」の内部構造は,能力に従って階層的に組織され,中央の能力あるエリートから監督・指揮が隅々まで浸透するという仕組を有し

223 サン・シモンとその弟子達の社会構想については,中村(1989),阪上を参照.

224 「普遍的アソシアシオン」の構想については,彼の弟子達による綱領的なマニフェストである「サンシモン学説解義」がエッセンスを伝える((河野編 1979 : 62ff.)に所収).

ていた.

よって，実際，このサン・シモニアンの支持者は，民衆には，さほど見出されず，むしろエリート技術者が多かった.

サン・シモニアンの体系において，「法」は，独自の位置を占めるものではなく，エリート産業家によって指導される秩序，労働規則のような意味しか与えられていなかった[225].

このような生産力主義，能力主義，規律主義が強く見られる一方で，彼らは，宗教的，道徳的要素も非常に重視していた.「普遍的アソシアシオン」を支えるには統合的な価値が重要であり，それは，カトリックでもなく，プロテスタントでもない，真のキリスト教である「新キリスト教」によって司られるとされた[226].

このような宗教的要素を強調するのは,「社会」が有機体たる協同を維持し，強化するに必要なこととされた．そこでは，愛や共感といったものによって創り出される絆が重視された.

「アソシアシオンは，科学的でも産業的でもなくて，宗教的であるだろう」というフレーズが，彼らの〈アソシアシオン〉論の特異性を明瞭に表してくれる（Saint-Simon 1964［1830］: 2).

個人は，能力に応じて役割が配置され，宗教による統合力も加わり，全体社会へと全面的に包摂される．これが，彼らの〈アソシアシオン〉論の特徴であった.

(2) ルイ・ブランの『労働の組織化』

サン・シモニアンの議論は，以上のようにまとめられるが，このような社会構想は，そもそもは彼の弟子であった者達により，発展的に批判されていく中で，初期社会主義の様々な潮流を生み出すことにもなっていく.

『労働の組織化』によって大きな反響を呼んだルイ・ブラン[227]も，サン・シ

225　すなわち，これまでの社会の指導は，貴族，軍人，法律家および金利取得者といった非産業者が行っていたが，今後は，産業者が第一の地位について指導を行わねばならず（サン・シモン 1980［1865-1867］306, 330），法律家には，彼らの企てに協力し,「生産にとって最も好都合な法律」,「労働の法規的部分」をつくるという二次的役割が与えられた（同上 346, 427).

226　ただし，この構想を具体的に展開することは,「産業者の教理問答」（サン・シモン，同上）では，未完に終わった.

モンの弟子であった人物であり，サン・シモンの能力主義の側面を批判しながら，自らの思想を形成していった人物である．

ルイ・ブランの独自性は，「普通選挙権獲得という政治改革と〈アソシアシオン〉の創出という社会改革を結合させた点」にあるとされる（高草木 1994：74）．

普通選挙制の導入を主張したルイ・ブランは，政治的権利の形式的な次元においてのみ，「政治的共同体 Cité」の構成員が対等であることを求めたのではなく，「労働への権利」が各人に保障されることによって，実質的な次元においても平等が実現することを求めた．

この労働への実質的な権利保障の手段が，「国家」による「社会的作業場」という〈アソシアシオン〉の創設という構想であった．

この「社会的作業所」は，政府の出資によって創設され，初年度の作業所内の階層序列も政府によって任命されたが，次年度以降は，労働者の経営への参加が実現される仕組を備えていた．

賃金は，階層によって段階づけられるが，作業所のあげた利益は三つの部分に分けられ，第一の部分は構成員に平等な割合で分配，第二の部分は老人，病人，身体障害者の生計のため，第三の部分は新規加入の構成員に労働用具を支給するために充当されるとなっていた（河野編 1979：320）．

ルイ・ブランにとって，「法」とは，このような労働者の経営参加や平等主義的な利益分配を定めた「社会的作業場」の規約を意味し（同上），この「法」を通じて，労働権が実質的に実現するとされていた．

このルイ・ブランの「社会的作業場」は，中央から詳細に渡る指導がなされるという組織ではなく，次年度以降は，規約に基づいて自前で運営され，利益の配分においても実質的平等が志向されたという点で，サン・シモニアンの集権主義，能力主義と異なるものであった．

しかし，この「社会的作業場」は，「共同生活による経費節減と，すべての労働者が例外なく，迅速かつ円滑に生産に携わる組織形態とから生じる利点」によって，私企業との競合に打ち勝って，各産業を独占するようになっていくことが予定され，政府には主人として全産業の調整者たる役割を果たすことが期待されていた（同上 321）．

227 『労働の組織化』（Blanc 1840）は，（河野編 319ff.）に訳出されている．ルイ・ブランの社会構想については，高草木，（阪上 124ff.）を参照．

このような政府が，人民の利益から離れず，その擁護者たることを保障する仕組が普通選挙であった．普通選挙によって，「国家」は，「社会」から疎外された特定階級の装置ではなく，人民のための従僕として仕えるものとなる（阪上130）．

この「従僕としての国家」は，「社会」に対立するものではなく，「社会」そのものであり，平等な構成員からなるこの国家社会全体が，「友愛の原理」に基づく「一つの大きなアソシアシオン」を形成するとされた[228]．

(3)　アトリエ派の「労働者生産協同組合」

以上に概観したルイ・ブランの〈アソシアシオン〉論は，サン・シモニアンのエリート集権主義を批判しながら形成されたものであったが，各産業分野が政府創設の「社会的作業場」によって独占され，政府が産業全体をコントロールするという国家中心的な性格をなおも有していた．

機関誌『アトリエ』に集ったグループであるアトリエ派[229]は，ルイ・ブランの国家中心主義的な考えを批判しながら，社会の中に〈アソシアシオン〉が分権的・多元的に存在し，節度ある競争の下で，それぞれが発展していくという考えを提示していった（阪上118）．

アトリエ派の中心的人物のビュシェ（Buchez）も，そもそもはサン・シモニアンの一人であったが，サン・シモン主義の中央エリートによる指導という側面に反発して，サン・シモニアンのグループを離れ，労働者の主体性に基礎を置く〈アソシアシオン〉を構想していった．

ビュシェは，「社会問題」の原因をより具体的に生産過程における企業主の搾取に求めた（同上104）．企業主とは所有者，資本家とは異なるが，資本と労働者の仲介に位置して，寄生的に労働者から搾取を行う存在として認識された（同上）．

よって，ビュシェは，労働者[230]自らの手による生産組織の結成，「労働者生

228　「アソシアシオン」を単なる政治的な結合としてではなく，「社会的なるもの」も含む単位として表象した点で，ルイ・ブランは，ルソーと異なっていたが，個別の諸アソシアシオンの自治を論じなかったという点で，ジャコバン主義の系譜にあった．高草木は，ルーベルの研究に基づき，ルイ・ブランの議論の固有性を「ジャコバン主義という政治理念と社会主義的経済組織の結合」に求めている（高草木 1994：74）．

229　アトリエ派の社会構想については，（阪上91ff．；谷川68ff．；河野編281ff．）を参照．

産協同組合 association ouvirière」を自らの〈アソシアシオン〉論として提示した.

この「労働者生産協同組合」では，労働しない単なる出資者＝資本家の参与は拒否され，労働者自らが経営することによって経営者，請負業者の搾取をなくすことが目指される（河野編 281).

「国家」には，労働者が主体となって〈アソシアシオン〉を結成・運営していくための条件・ルールの整備という役割が与えられるのみであり，社会・経済領域への介入は，忌避された.「社会」は，分権・多元的な〈アソシアシオン〉によって,「国家」から自律した領域を形成するものとされた.

彼らの構想した〈アソシアシオン〉の共同性の性格を理解するには，1841年に『アトリエ』に発表された「労働者生産協同組合」を結成する際の規約のモデル案が参考になる[231].

この規約モデルは，その当時の民法や商法の規定に適合するように専門家の意見を仰ぎながら作成されたものであり，この作成プロセスを通じて，彼らは,自分たちが創りたい組織と共同性のあり方を，通用しうる「法」の言葉へ翻訳しようとした. しかし，この規約モデルは，構成員の個人権よりも,〈アソシアシオン〉の団体性を優位に置くという特質を有したものとなった.

規約モデルは,「〈アソシアシオン〉契約 Contrat de l'association」という名称が与えられ,〈アソシアシオン〉の契約性が意識されているが，構成員が,生産手段や運営資金である社会資本の分割を請求することは否定された（規約第5条). 最初の出資金と利益の積み立てによって形成・蓄積される社会資本は,〈アソシアシオン〉そのものの所有とされた.

この時期の会社（ソシエテ）契約の期間が，許可過程や判例で形成されたルールにより，30年間が最長とされていたために[232]，この規約モデルでも,〈アソシアシオン〉契約の期間は，30年とされたが（規約第1条)，仮に将来，商法典が改正され，契約期間について制限がなくなった場合は,〈アソシアシオン〉は，事実上解散されない永続的団体となるとしていた（同3条).

---

230 ここで担い手とされた労働者は，熟練労働に基礎を置く職人的労働者であり，工場労働者ではなかった.

231 この規約案は，（河野編 285ff.）に訳出されている.

232 商法典では，明示的に商事組合の契約期間の制限を定めていなかったが，コンセイユ・デタの介入により，制限されていくようになった（Lefebvre-Teillard 1985 : 97ff.).

アトリエ派は，団体の永続的性格を認めない商法典が改正されることを不可欠としており[233]，有期の結合しか認めない現行法の枠内においては，自分たちの創りたい組織の共同性の性格が十全に表現できないと考えていた．そのような意味で，後に検討するワルデック・ルソーのアソシアシオン論と全く対照的な考え方を示すものである．

アトリエ派は，カトリック的社会主義とも別名されるが，この〈アソシアシオン〉の結合の基礎として，カトリック的献身に基づくエゴイズムの放棄という精神的美徳を説いていた（阪上 108）．

アトリア派にとって，〈アソシアシオン〉は，単に経済上の利益を追求するための手段なのではなく，その強固な結合自体が，労働者のモラルを回復・強化していく上で価値あるものと位置づけられていたのである．

(4)　小括

以上，本節では，サン・シモン主義の概観を出発点として，ルイ・ブラン，アトリエ派の〈アソシアシオン〉論を検討してきた．

労働者の貧困，脱モラル化という「社会問題」に直面した初期社会主義者にとって，〈アソシアシオン〉は，単なる団体類型の一つではなく，無秩序な経済競争，利己的個人主義に取って代わる「新たな社会編成原理」そのものを指し示すものであった．

ルイ・ブランにおいては，普通選挙によって「国家」と「社会」の対立は消滅し，「従僕としての国家」が，「社会的作業所」を創設し，産業をコントロールすることによって，労働者の実質的な権利の平等が実現していき，「友愛の原理」に基づく「一つの大きなアソシアシオン」が形成されるとされていた．

これに対して，アトリエ派は，「国家」からの「社会」の自律を主張し，労働者が主体となる〈アソシアシオン〉が多元的に存在しながら，発展していくことを重視していた．この〈アソシアシオン〉は，カトリック的献身に支えられた強い結合であり，永続的な存在として観念され，その団体精神が，労働者のモラルを支えるものとされた．

いずれの〈アソシアシオン〉論においても，搾取をもたらす賃労働関係に対

233　ビュシェは，法律の改正により，商法典の「株式会社 société anonyme」の一類型として，資本が分割不可能で，永続的に存続する性格を持つ法人制度を作ることを提案している（(AN F12 4637) に収録の *Revue Nationale*, le 11 mai 1848)．

するオルタナティブとしての新たな所有ー生産関係が提示されており，〈アソシアシオン〉は，労働者に尊厳ある労働を与えることを通じて社会全体を根本的な変革することを志向していた．この〈アソシアシオン〉は，ミニマムな結合ではなく，包括的な機能を有し，構成員の生存条件そのものを支えるものであった．

以上に見てきたルイ・ブラン，アトリエ派の構想は，第二共和政において，彼らが政府の一員ともなっていくことによって，部分的に実験されていくことになる．次章では，この過程を検討していく．

第3章 「友愛」の共和政
――アソシアシオンの実現と挫折

本章では，第二共和政期の法におけるアソシアシオンの概念と，その現実化過程を検討することを課題とする．

「民主的・社会的共和国[234]」の建設をスローガンとし，普通選挙権，社会的諸権利の保障により，階級対立を越えた「友愛原理」に基づく社会を創ろうとした第二共和政は，「アソシアシオンの民主的革命」とも言われるように（Chanial 2001 : 191），アソシアシオンの発展を通じて，「民主的・社会的共和国」，「友愛」の諸理念の実現が目指されていた．

1848年には，結社罪が一時的に廃止され，生産協同組合としての〈アソシアシオン〉の奨励策が進められるなど，前節で見た〈アソシアシオン〉の構想が部分的に実現・実験されていく．

しかし，他方で，二月革命について，トクヴィルが「勝利した者も，みずからの勝利にびっくりしていた．[235]」と述べているように，革命の発生自体は，政治腐敗に対する議会改革を求める議会内野党（ブルジョワ層）による改革宴会運動[236]を発端としてものであり，これへの弾圧が民衆の示威行動[237]を招いたために，ブルジョワ層と民衆との連携が成立し，予期せぬ大きな結果となったのであって，そもそも政権の基礎は，不安定なものであった．

234　第二共和政憲法で，この「民主的・社会的共和国 La République démocratique et sociale」という表現が実定化されたわけではなかったが，その時期，共和国の理念として頻繁に用いられたことについては，（Duclert et Prochasson (ed.) 291ff.）を参照．

235　「この事件は不意打ちの結果としか考えられない．それは純粋な偶発事であり，うまくいった奇襲であり，それ以外のものではまったくない」（トクヴィル 1988［1893］: 107）

236　結社の自由，集会の自由への法令による制限をかいくぐるため，会食宴会 banquets という形式で選挙制度改革を求める政治集会がキャンペーンとして連鎖的に組織され，全国での延べ参加者は，二万二千人にものぼったため，政府は，1848年2月の通達でこれを禁止する措置に出た（Nourrisson t. 1, 319）．

237　喜安は，パリの民衆蜂起の過程を詳細にたどりながら，近隣のカルティエに基礎をおいた伝統共同体的な関係から，職を媒介としたアソシアシオン的な新たな関係へと民衆のソシアビリテが移行しつつあった点に，革命の要因の深層を探っている（喜安 1994b）．

樹立された臨時政府には，ルイ・ブラン，アルベールといった社会主義者，労働者が加わるという画期的な点があったが，革命直後に共和派を自称するようになったブルジョワ共和派＝「翌日の共和派」が多数を占めており（Duclert et Prochasson（ed.）2002：47），第二共和政の諸理念をいざ具体化する段階になってくると，政府は，高まる民衆層からの要求と衝突せざるを得ず，秩序維持という「現実」を前に，反結社へと徐々に復帰していくことになる．

以下では，第1節で，第二共和政憲法におけるアソシアシオンの概念を明らかにし，第2節で，政府による〈アソシアシオン〉の奨励策とその帰結，〈アソシアシオン〉論への批判を検討し，反結社への復帰過程を分析していく．

第1節　第二共和政憲法におけるアソシアシオン

(1)　友愛の憲法

1848年11月に成立した第二共和政憲法は，フランス革命期の憲法（1791年，1793年）が「自由と平等の憲法」として性格づけられるのと対比で，「友愛の憲法」と呼ばれている（Borgetto 1993：248）．

憲法前文のⅣは，「共和政は自由，平等，友愛を原則とする．[238]」とし，「友愛」を，憲法原則の一つとしている．これは，単に相矛盾する「自由」と「平等」の二つの論理を和解させるためのものではなく，それ自体として「友愛」は，共和国の実現と永続のための必要条件として考えられていた（ibid. 254）．

これまでのフランス憲法史研究において，この第二共和政憲法は，民衆蜂起を弾圧した後のブルジョワ的共和派によって制定されたものであり，民主的・社会的共和国の理念にもかかわらず，すぐに帝政復活を招いたという理由や，「友愛」という概念が法的に不明確であるという理由によって，それほど研究対象として重視されてこなかった[239]．

しかし，『フランス公法における友愛の概念』で博士論文賞を受賞し，現代の社会扶助法の代表的研究者でもあるボルジェット[240]は，現代の国家による社会扶助の基礎づけとして，「友愛」の原理を，社会的に排除された人々を十

238　4＝10 novembre 1848, Constitution de la Rèpublique française, t. 48, 560ff.

239　（樋口 1993：147）を参照．

分に包摂できず，画一機械的でもある「連帯」の原理を補完するものとして，再活性化させたいという問題関心から，「友愛」の概念を歴史的に再発見していくという仕事を行っている．

このボルジェットは，各種法律の立法過程のみならず，「友愛」の社会的用法まで丹念に分析し，第二共和政期における「友愛」の概念は，絶えず成功を収めたわけではないが，政治的矛盾を覆い隠すための単なるレトリックやシンボルとしてのみ利用されただけではなく，労働への権利，生活保護，政治的・市民的権利に関する各種立法を正当化していくための原則として頻繁に援用され，法律にインスピレーションを与える原則[241]であったことを明らかにしている（ibid. 248ff.）．

第二共和政は，これまでの「父一子供 père-enfants」のメタファーに取って代えて，自由で平等な「兄弟の共同体 communauté de frères」として自らを表象し，この表象が，普通選挙権や社会的諸権利の承認を支えていった（Duclert et Prochasson（ed.）178）．

このように「兄弟愛（友愛）fraternité」を社会統合の中心的価値においた第二共和政は，カトリックの宗教モラルとも親和性が高く，反カトリック運動を生んだ大革命とは異なり，キリストの精神を「社会」に宥和をもたらすものとして捉えた[242]．「自由，平等，友愛」の精神を称える観樹の式典がカトリック司祭よって司られたのは，象徴的であった．

その意味で，「国家」は，ライシテ（政教分離）原則を自らに貫き，「社会」から自らを分離することを指向していたのではなく，前章で見たルイ・ブランのように「一つの大きなアソシアシオン」として国家＝社会が観念され，「国

240 社会扶助法の教科書（Borgetto et Lafore 2004）は，現在，第5版まで出ており，この分野の基本書である．また Borgetto et Lafore（2000）は，今日の「共和国」をめぐる議論にも大きな影響を与えている．

241 ミシュレは，「友愛とは，法の上にある法である」と表現している（Duclert et Prochasson（ed.）178）．

242 デスランドルの憲法史は，「1848年の人々を支配した新しい精神は，福音の精神に他ならなかった」とし，第二共和政へのカトリック教の影響を強調しているが（Deslandres 1932 : t. 2, 363），ボルジェットは，1840年代からの政治家のディスクールに「友愛」は，すでに頻繁に用いられており，突然，カトリック者が立法者に重大に影響を行使したという見方は，大げさであり，その影響は，限界もあったことを考えなくてはならないとしている（Borgetto 1993 : 265ff.）．

家」と「社会」の分離という観念は，希薄であったと言える．

このような「大きなアソシアシオン」を支えるのが，「中間団体」である「様々なアソシアシオン」であるとされた[243]．憲法は，次に見ていくように，「結社の自由」を保障し，労働手段の提供として〈アソシアシオン〉を奨励することにより，「友愛」を実現しようとした．

(2)「結社の自由」とその限界

次に第二共和政憲法における「結社の自由」の観念を検討していく．

二月革命後の一ヶ月だけでパリにおいて約250のクラブが叢生し，政治的公共圏を活性化させることになる．

そのような公共圏の広がりに自らの基礎をおく臨時政府は，1848年4月19日に「クラブは，共和国にとって必要であり，市民にとって権利である」と宣言する[244]．

政治対立，秩序の危機にも拘らず，憲法制定議会は，その共和国憲法第8条で「市民は，結社し，平穏に武器を持つことなく集会を行い，請願をなし，出版その他の方法で彼らの考えを表明する権利を有する」として結社の自由を保障し，刑法典291条以下，1834年法を廃止した．

このように「結社する権利」は，集会，請願，出版の自由と同じ条文に並列しておかれ，そこでは，アソシアシオンは，私的な付き合いの延長や特定の国家的公益事業を行う団体ではなく，新しい自由な公共圏への関与を求めて，意見の表明，討議を行う「政治結社」として観念された．

この「結社の自由」の条文の趣旨説明報告で，マラスト（Marrast）は，次の

243　アルカン（Alcan）は，中間団体たる相互扶助組合の承認を次のように位置づけている．「これまで相互扶助組合には，それを弾圧することに多額の費用を費やしてきたが，今後は，徳を育てることにお金を出さねば成らない．このような組合が育てば，これらの様々な部分的社会が，全体として結び付き s'associer，大きなアソシアシオンを形成し，国家や秩序や道徳性を保障するものとなろう．」（Moniteur, le 10 juin 1848, 1526.）

244　19 avril 1848, Proclamation concernant les clubs, *Duverigier*, t. 48, 145. ただし，この宣言の中に記されるように，ここで言う「クラブ」とは，「政治についての最も高尚な問題，共和国に精力的で，力強く，豊かな推進力を与える必要性について市民間で協議するために集まる」ことを目的としたものであった．すなわち，革命を推進する道具として政治クラブが位置づけられたがゆえに，保護，推進されたのであったので，以後のクラブについての対応は，必然的に，政情の変化の影響を被っていくことになった．

ように述べた.

「政府のなすべきことは，国民の意思，希望にかなった政体をつくることである．これは，普通選挙の助けを借りておこなわれる．多数が，人々や教義を審判する唯一のものである．しかし，この多数によって犯され得る過ちに対抗するために，確信を抱く少数者は，平穏な限りで，発言し，出版し，結社する自由を有する[245]」

ここでは，普通選挙で形成される国民意思が無謬ではないことを出発点に，多元的な意見形成を保障するものとして「結社の自由」が重視され，アソシアシオンは，民主主義プロセスの中に固有の位置を与えられた.

大革命においては，「国家」は，諸個人の特殊利益の総和を超越した普遍として捉えられ，アソシアシオンの存在は，普遍たる一般意志の形成を妨げる「中間団体」として否認されたが，第二共和政においては，多様なアソシアシオンによる公論形成の回路を保障することこそが，諸個人の正しい意見形成を促進し，普通選挙によって表明される国民意思を常により良きものにしていくのであるという民主主義観が憲法で採用されることになる[246].

ただし，この憲法の保障する「結社の自由」も，その条文中段で，「これらの権利の行使は，他者の諸権利と自由，公共の安全のみをその限界とする」とされ，「公共の安全」という観点からの制限を内在したものであった[247].

マラストが，先の引用箇所に続けて，「動乱や復古反動をおこすクラブについては，法律による強力な弾圧を受ける．各人の権利をより保障するためには，

245 Rapport, par le citoyen Marrast, sur le projet de Constitution, présenté par la commission, après avoir entendu les délégués des bureaux, (Moniteur, le 30 aout 1848, 2237ff.).

246 他方，ロザンバロンは，この時期の文献で，第二共和政憲法の制定者達が「結社の自由」を承認したことを批判し，「一つの大きなアソシアシオン」としての国家社会のみあればよく，特殊である「諸アソシアシオン」を認める必要はなかったとしているものを重視し（Wey 1848 : 451)，第二共和政においても，中間団体を認めず，社会の統一性を重視する「一般性の政治文化」が断絶したわけではないという見解を示している（Rosanvallon 2004 : 239)．第二共和政期において「友愛」概念をシンボルとした国家と社会の統一性は，重要な特徴であると思えるが，ロザンバロンの引用する事典の著者のような大革命期と同じ中間団体否認論が，この時期において主流であったとまでは，本書は考えない.

この法律はより厳しいものでなくてはならない．蜂起は最も重大な重罪である[248]」と報告したように，第二共和政の憲法制定者にとっても，結社の過激化，騒乱・蜂起への関与という猜疑は，晴れるものではなかった．

実際，憲法公布の4ヶ月前に，民衆蜂起の要因ともなった政治クラブの活動を大幅に規制するデクレ[249]が制定されたが，このデクレは，憲法での「結社の自由」の宣言の後も，「公共の安全」を確保するという観点から，なおも効力あるデクレとされた．その後も，次節で見るように，反クラブ法が制定され，取締が強化されていくが，憲法の「結社の自由」はそもそも制限を内在したものであるから，これらの規制策も憲法と矛盾なきものとして説明されていくことになった．

⑶　労働者の〈アソシアシオン（生産協同組合）〉

第二共和政は，「結社の自由」を宣言するのみならず，労働機会の保障として〈アソシアシオン（生産協同組合）〉を助成・奨励するとした．

臨時政府成立直後の宣言[250]では，搾取を排し，「労働の正当な利益を享受するため」に労働者が〈アソシアシオン〉を創る権利が承認された．

11月の憲法でも13条で，「社会[251]は，無償初等教育，職業教育，労使間の平等，予見金庫と信用の制度，農業制度，自発的なアソシアシオン，失業者を

247　マルクスは，1848年憲法での諸自由が，このように「公共の安全」という観点から制限が課せられていたゆえに，その後の自由規制が憲法と矛盾なく行われていったということをいち早く指摘していた（マルクス 1996［1852］: 30ff.）．

248　（Moniteur ibid.）

249　28 juillet＝2 aout 1848, Décret sur les clubs, *Duvergier*, t. 48, 397ff.　このデクレは，⑴クラブ開設・集会の48時間以上前の届出（第2条），⑵クラブが公開性を持つために，会合の際は，4分の1の席を会員外の市民に確保すること（第3条），⑶そこに行政官が立会うことができること（第4条），⑷各会合について議事録を残さねばならないこと（第5条），⑸公序良俗に反する議論を行ってはならないこと（第6条），⑹クラブ間の連絡，加盟関係の禁止（第7条），⑺武器携帯への厳重な罰則（第8条），⑻秘密結社の禁止（第13条），⑼セルクル結成の事前届出（第14条）をその内容としていた．

250　le 25 février 1848, Proclamation du gouvernement provisoire.　この宣言は，（河野編 367ff.）に訳出されている．

251　「国家」ではなく，「社会 La société」が主語になっている点も，この時期の憲法制定者において，「国家」と「社会」が明瞭に分離されて観念されていなかったことを示しており，興味深い．

雇用するための国家・県・コミューンによる公共事業施設といった手段によって，労働の発展を助長，奨励する（ただし強調は引用者）」とし，「自発的なアソシアシオン」を労働者への雇用提供の一手段として位置づけた.

この13条の規定に対応する草案[252]では，「労働への権利 droit au travail」という表現で，健常者が国家へ雇用を求める権利を謳っていたが，権利性を明確にすることへの議会の抵抗が強かったために，この表現は，削られ，「労働の自由[253]」を保障することが定められた.

よって，その意味では，後退があり，労働者の「国家」に対する請求権が曖昧にされた[254]と言えるが，ここで列挙された手段は，第二共和政によって〈アソシアシオン（生産協同組合）〉への助成，「国立作業場」の設置といった形で，実施されていくことにもなった.

これら方策について，市民は，「不幸に閉じこもり，宿命 Fatalité を叫ぶのに代えて，友愛 Fraternité をもって，方策を受け取らねばならない[255]」と説明されたように，〈アソシアシオン〉や作業所による雇用の提供は，友愛原理の表現であると考えられた.

次にこれら方策が，どのように実施され，どういう結果をもたらしたかを検

---

252 「労働への権利」に関する各種提案や，それが後退し，権利が限定されたものとなっていて過程については，（Borgetto 280ff.）が詳しい．また内野（1992）の研究もある.

253 第13条1段は，「憲法は，市民に対して労働および工業の自由を保障する」としている．この「労働の自由」と「労使間の平等」という考え方は，労働者の集団的交渉・罷業のための一時的争議委員会であるコアリシオンの承認（刑法典414条以下の廃止）ではなく，労働者と使用者との間に存在した犯罪構成要件の不平等を廃止するという方向へ展開した（27 novembre＝1er décembre 1849, Loi qui modifie les art. 414, 415 et 416 du Code pénal, *Duverigier*, t. 49, 385ff.）．アソシアシオンとコアリシオンがこの時期に峻別された点については，（大和田 53ff.）を参照.

254 「この13条は，労働への権利を定めたところだったが，その趣旨は，健常者が仕事に就かず，救済だけを求めるのは，非道徳的であり，共和政にふさわしくないので，仕事を与えるべきという点にあった．しかし，国家が，全ての人に仕事を与え，民間のイニシアティブと競合することは，不可能であり，望ましくないので，この13条の文言のように，教育を与えること，労使間の平等，アソシアシオン，国家・県・コミューンによる施設，空いている手のための公共事業という風に，具体的な内容を示し，国家の義務の範囲を限定したのである」(Rapport, par le citoyen Marrast, sur le projet de Constitution présenté par la commission, après avoir entendu les délégués des bureaux,（Moniteur, le 30 août 1848, 2238.)).

255 （Moniteur, le 30 août 1848, 2238.）

討していく.

第2節　アソシアシオンの現実

(1)　国立作業所から〈アソシアシオン〉へ

前章で検討した初期社会主義者による〈アソシアシオン〉論は，第二共和政においては，単なる構想であるにとどまらず，臨時政府へ参加し，リュクサンブール委員会（労働者のための政府委員会）の委員長となったルイ・ブラン[256]や，憲法制定議会議員となった「アトリエ派」の代表的人物のコルボン（Corbon）などにより，国家的事業として実験されていくことになる.

臨時政府は，全市民に労働を保障するため，その成立の翌々日に「国立作業場」の緊急の建設を布告[257]した．しかし，この作業場は，ルイ・ブランが「社会的作業所」として描いたような新たな生産ー労働関係の表現，社会での平等の実現という場ではなく，実際は，失業者対策のための施設であった.

当時の失業率は，ほとんどの産業分野で50％を超えるものであったため，この施設での手当をあてにした大量の失業者がパリに集まることとなる．ここに集まった労働者の群衆は，臨時政府内の権力闘争にも利用されて，政治デモにも参加するようになったため，政府は，6月に国立作業場の閉鎖を決定してしまう．しかし，この閉鎖は，労働者の反発，武装蜂起を招き，大流血の惨事となってしまう[258].

この作業場閉鎖，蜂起の直後に，〈アソシアシオン〉助成法[259]が制定される．その背景には，この法の報告者となるコルボンが，国立作業場閉鎖を審議している最中に，「勤労者の要求に応える制度を保障せねばならない」として，委

256　ルイ・ブランの思想は，「良きにつけ悪しきにつけ二月革命期の「社会主義」を象徴するもの」とも言われる（河野編 319）.

257　Le 26＝29 février 1848, Décret sur l'établissement immédiat d'ateliers nationaux, *Duvergier*, t. 48, 60.

258　「国立作業場」の閉鎖と六月蜂起については，（河野編 383ff.）に資料が訳出されている.

259　5＝11 juillet 1848, Décret qui ouvre un crédit de trois millions destinés à être répartis entre les associations librement contractées, soit entre ouvriers, soit entre patrons et ouvriers, *Duvergier*, t. 48, 364ff.

員会の審議手続を経ずに，独断で作成した〈アソシアシオン〉助成法案を読み上げた[260]ように，失敗した「国立作業場」の代替として〈アソシアシオン（生産協同組合）〉推進することによって，労働者の失望感・心理的後遺症を取り除こうという立法者達の期待があった[261].

(2) 〈アソシアシオン（生産協同組合）〉助成法

では，次にこの助成法における〈アソシアシオン〉の特徴，その法的性格，実施された事業の結果について見ていこう.

a) 〈アソシアシオン〉の特徴

コルボンは，〈アソシアシオン〉助成法を提案する報告[262]の中で，ルイ・ブランの「普遍的アソシアシオン」，「国立作業所」の集権的・指導的性格，財政負担上の問題を批判し，労働者が自主的に運営する〈アソシアシオン（生産協同組合）〉こそが，尊厳ある労働を労働者に保障し，彼らのモラルを回復するに必要な手段であると主張した.

〈アソシアシオン〉を通じて目指されたのは，勤労者が，「賃金労働者（サラリエ）の身分から脱して自発的な出資者（アソシエ）へ移行する[263]」こと，自助の勇気を持った独立独行した人物になることであった.

よって，コルボンにおいては，〈アソシアシオン〉間においても適正な競争[264]が行われることが必要とされ，国家の役割は，労働者が〈アソシアシオン〉を結成し，自立することを助け，成功した〈アソシアシオン〉には，報奨

---

260 Séance du 23 juin 1848, (Moniteur, le 24 juin 1848, 1481)

261 他方で，この時期の職人労働者達は，「合同コルポラシオン委員会 Société des Corporations Unies」という組織を設立し，政府のリュクサンブール委員会とは，やや自律した運動を，短命であったが，展開している（その結成宣言と規約は，(Gossez 1967 : 292 ff.）を参照）．職人労働者達が，新しい「アソシアシオン」ではなく，アンシャン・レジーム期の職人団体との連続性を意識して「コルポラシオン」という名称を自らの組織に与えたことは，職人の心性の次元においては，旧来の組織と新しい組織の原理とが全く断絶していたのではないことを示している．コルボン自身も「労働を組織しようとする全ての体系のうち，コルポラシオンを合法にしようとする考えは，最も労働者の感情に通じあうものであった」と述べている（Corbon 1863 : 144)．この時期の社会史的次元での「コルポラシオン」「アソシアシオン」という言葉の用法については，Tournier（1998)，井出（1970）を参照.

262 (Moniteur, le 5 juillet 1848, 1564).

263 *Ibid.*

金を与えることによって，〈アソシアシオン〉の形成，発展を促進する基盤作りを行っていくことにあるとされた．

このコルボンの主張に沿って，〈アソシアシオン〉の設立に際して，「信頼できる保証を提出するもの」に対しては，「国家」による前貸しがなされる仕組がつくられる[265]．

しかし，コルボンの提案では，「労働者による〈アソシアシオン〉」のみが対象となっていたのに対して，審議過程において，「経営者と労働者による混合型の〈アソシアシオン〉[266]」も助成の対象とされるように修正され，労働者の自立という「アトリエ派」の理念は翳むことになった．

b）その法的性格

成立した助成法は，資金融資の総額や審査する会議体の枠組のみを定めたもので，〈アソシアシオン〉という団体類型を新たに設けるというものではなかった．

よって，助成を申請してきた組合は，商法典の「合名会社 société en nom collectif」や「合資会社 société en commandite[267]」の枠組で団体登記したものが多く，また民法上の「営利組合 société」の場合[268]もあった．

それぞれの団体は，規約で組合契約の有効期限を定め，「出資者（アソシエ）」ではない従業員，労働者も「利得分配対象者 intéressés」として，労賃とは別に，組合の利得の分配を受けるものとした[269]．

この助成法の対象となった〈アソシアシオン（生産協同組合）〉は，構成員へ

264　「仮に，我々の自発的アソシアシオンは競争という条件に従わなければならないという点を付け加えておかないならば，我々はその義務を半分しか果たしていないことになろう」（ibid.）

265　コルボンに先立つアルカンの提案では，前貸し制度はなく，成功して利益を得た〈アソシアシオン〉に対して，その利益の半分にあたる額を報奨金として国家が与え，競争を促進していくというものでしかなかった（Moniteur, le 31 mai 1848, 1214）．

266　上のアルカン提案では，「労働しない経営者」も対象に含まれていた．

267　助成審査会の当初の方針では，「合資会社」は，貸付の対象としないとしていたが，この方針が緩められ，労働者も「利得分配対象者 interéssés」とするという条件で，「合資会社」にも貸付が行われるようになった（Festy 1915 : 148）．

268　貸付審査のために提出された規約において「民事組合 société civile」と自らを定義していく組合の事例があった（AN F12 4620）．

269　この「利得分配対象者」の団体債務への責任が不明確であり，〈アソシアシオン〉の破産・清算の際に，紛争をよく招いたという点については，（Festy 149）．

の利得の分配を目的とするという点で，1901年のアソシアシオン法の「非営利組合（利得の分配以外を目的）」とは違うものであった．その限りで，民法の営利組合や商法の商事組合の枠内で〈アソシアシオン〉が設立されることも矛盾ではなかったと言える．しかし，この時期の立法者が，新たな団体類型を作り，それにふさわしい規律を立法化するという作業を怠ったために，各人に作成が委ねられることになった〈アソシアシオン〉の規約は，事業活動に伴うリスクを十分に考慮した形で設計されず，組織内部のガバナンスを欠くものとなった．このことは，各〈アソシアシオン〉への助成の可否を審査する過程[270]や，助成を受けた〈アソシアシオン〉へのその後の監督[271]に大きな負担をかける原因ともなる．

c）助成事業の実態とその帰結

助成法の提案者であるコルボンは，助成審査会の副委員長となる．審査の基準を定める訓令[272]で，「承認された資金は，当然のことながら労働者のアソシアシオンを奨励し，発展させるためにあてられるのであって，経営不振にある企業を救済するために貸し付けられるものではない」とし，法の適用を労働者寄りに行うことによって，コルボンは，議会で修正されてしまった点を無効化しようとした．審査基準も詳細に定め，情報網も整備する．

しかし，政治的な圧力もあり，実際の運用においては，訓令の方針は遵守されず，コルボンは，貸付金の運用のされ方に抗議して，わずか4ヶ月で助成審議会を辞任することになる．

フェスティによれば，労働者のみによる〈アソシアシオン〉と経営者を含む〈アソシアシオン〉の内訳は，次の表のようになっている（Festy 1915 : 8）．

貸付を受けた「労働者・経営者混合〈アソシアシオン〉」は，すでに危機にあった企業が，この貸付制度を利用するために，労働者と共同出資するとして，組織を改めたものが多かった（ibid. 157）．助成を受けた〈アソシアシオン〉の大半は，長続きせずに，破産，解散，自然消滅していく（ibid. 8）．

270　助成審議会による規約への審査の具体的な過程については，（AN F12 4620）．フェスティは，助成を申請する〈アソシアシオン〉の規約の多様化，審査の煩雑さを理由として，助成審議会が，「労働者のアソシアシオン」のためにモデル規約を発表せざるを得なくなったとしている（Festy 3）．

271　各県に監視官をおき，事後的にも〈アソシアシオン〉を監督することになる（ibid. 178ff.）．

272　（Moniteur, 13 juillet 1848, 1627）．この訓令は，（河野編 401ff.）で訳出されている．

図表 2-3-1 〈アソシアシオン〉の内訳

	パリ	他県	合計
労働者のみのアソシアシオン	25	11	36
労使混同型のアソシアシオン	5	15	20
合計	30	26	56

フェスティは，〈アソシアシオン〉が失敗した理由を，(1)そもそもの資本・基盤がない組合に釣り合わない大きな助成が交付された，(2)偽った書類を審査会に提出するものが多かった，(3)〈アソシアシオン〉への帰属意識も弱く，内部不和がおきると，脱退していく者が多かった，(4)組合が無規律状態であり，会計や運営方法が杜撰であった，(5)各地の監視官も解散要求などの厳しい措置を取ろうとしなかったといった点に求めている（ibid. 152ff.）.

このフェスティの分析は，史料から〈アソシアシオン〉の事例を数多く検討した上で，助成法の仕組やその運用のされ方といった制度的要因に失敗の理由を求めるものであるが，その当時の認識においては，制度的要因だけではなく，次に見るように〈アソシアシオン〉の構想そのものが持っていた内在的な問題として捉える見方も影響力を持った.

(3) 〈アソシアシオン〉への批判：プルードンの法秩序論

〈アソシアシオン〉論とその結果への批判として重要なのは，プルードンの批判である．保守派の「秩序党」による状況的な批判とは異なり，プルードンのそれは，〈アソシアシオン〉論者による「モラルの復活」という目的そのものを原理的に考察・批判するものであった.

彼の〈アソシアシオン〉に関する考察は，1851年に出版された『19世紀における革命の一般理念』の中において体系的に展開されている[273]（プルードン1980[1851]）.

ルイ・ブランの「普遍的アソシアシオン（=国立作業所へ転化）」による国家的集権主義や平等主義への批判も独立して行われるが，プルードンが特に問題にしたのは，この時期の〈アソシアシオン〉論に共通してみられた，「友愛」や「献身性」の強調によって構成員の個人性を消去し，団体を超越させる共同体

273 「一般理念」の前後のプルードンの著作も含めた検討によって，彼の社会理論を明らかにするものとして（阪上143ff.）を参照.

主義的な思想であった.

> 「私は，つねにアソシアシオン一般，友愛関係を，信頼のおけない誓い，すなわち快楽，恋愛，その他多くのものと同じように，もっとも魅惑的な外観のもとに，善よりも悪を依りいっそう多く隠しているような信頼のおけない誓いとみなしてきた．……アソシアシオンとは何か．それは一つのドグマである．」(同上 122ff.)

> 「家族的絆と献身の掟をめざして特別に形成され，またあらゆる外的な経済的配慮，あらゆる優越的な利害関係を度外視して形成されたアソシアシオン，すなわち自己目的としてのアソシアシオンは，要するに，実利的な価値をもたない純粋宗教の行為，超自然的な絆，一つの神話なのだ．」(同上 132)

このように述べるプルードンは，〈アソシアシオン〉論は，個人主義的エゴイズムの克服というモラル問題を解決するために献身的な共同体価値を優位においてきたという誤りがあり，本来，アソシアシオンの評価は，それがもたらす効用，経済的力を生み出し，労働者に富を与えるかという点から行われなければならないとする (同上 127).

〈アソシアシオン〉の献身性や友愛の原理に代えて，彼が提示したのが「相互性 mutualité, réciprocité[274]」の原理であった．この言葉と原理は，二月革命後において稀に成功していた仕立職人のアソシアシオン「ラ・レシプロシテ」の実践からプルードンが発見したものであった (同上 136).

このアソシアシオンは，生産のための協同組織ではなく，各職人が独立して仕事を行い，顧客達との関係において組合が業務を束ね，仲介業者のマージンをなくすることによって適正価格でサービスを提供することを目的としたものであり，信用と流通の網であった．

プルードンは，生産の協同ではなく，各生産者が独立した上で，流通を組織化し，倹約をもたらすことは必要であるとした．このような流通のための緩やかな中間組織を通じて，生産物の等価交換が搾取を伴わないで実現される．

---

274 「相互性とは交換者たちがそれぞれの生産物を原価で相互に対して保証し，しかもこの相互保証が取消不可能な場合に成立する」と定義されている (プルードン 1980 [1851] : 136).

「相互性」とは，このような搾取なき交換的正義のことであり，「相互性」に基づくアソシアシオンは，規約の強制力ではなく，等しき価値のものが正しく交換され，相互に利益がもたらされるという経済社会の交換法則の上に成り立つものであった．

プルードンは，「最善のアソシアシオンとは，すぐれた組織のおかげで自由が最も多く入り込み，献身が最小限しか入り込まないようなアソシアシオンである」とし（同上143），その自由確保のためには，アソシアシオンの巨大化・集権化は望ましくなく，可能な限り小さく相互に独立した諸集団によるアソシアシオンの分割こそが自由の原理とした．

このようなアソシアシオンの結合契約は，初期社会主義者の構想したように，不分割の資本を作り，その指揮下に精神的にも服して，自由を譲渡するといったものではなく，各人の自由を増大させるのが目的であり，実利的な基盤の上に構成され，「契約の連帯性は，けっして絶対的に必要なもの以外には及ばない」ことを原則とした（同上131）．

アソシアシオンの実利性，契約性，個人性を重視するプルードンは，その見方を経済関係のみならず，社会一般の原理としても発展させていく．

プルードンは，社会を「公認の社会 société officielle」と「現実の社会 société réelle」という二つの層から捉えていく[275]．

「公認の社会」は，構成員から超越した実体としての社会・集団が制度的構築物となり，強制に基づく秩序（＝法律）を構成員に課していくという「支配・被支配の関係」が存在するだけであり，構成員間の共同はなく，権威の原理が支配する社会である．

これに対して，「現実の社会」は，集団の構成員が，それぞれの差異を消滅させることなく，自発的に集団過程に参加し，相互に共同の関係があり，多元的な秩序（＝契約）が形成され，たえず自己発展していく分権型の社会である．

「公認の社会」が表の論理であるが，たえず「現実の社会」によって揺さぶられ，相対化されざるを得ないのが実際であり，プルードンは，そのような運動に期待し，後者による前者の廃棄を目指すものであった．

この「社会」の見方は，彼の法秩序論を支えるものであり，「一般意志」を称する「国家」が課す，他律的で一元的で静態的な「実定法律」ではなく，

275　プルードンの「公認の社会」「現実の社会」という概念については，作田（1974）を参照．

「社会」の中で，常に交渉されながら形成される，自律的で多元的で動態的な秩序としての「契約」こそが，法の源に位置づけられていた[276].

政治社会の構成も，特定目的のために形成された地域集団が基礎におかれ，それらの「連合」がより大きな領域単位につくられるだけであり，政治的中心も周辺も存在しない「連合主義」を提唱していた[277].

このように〈アソシアシオン〉の献身的共同体主義を批判し，個人を出発点としながら，目的の限定された「相互性」に基づく「契約」としてアソシアシオンを捉え，その見方を「法」や「国家」の理論にまで延長するというプルードンの社会理論は，「コントラクチュアリスム（契約主義）」の極限モデルの提示であった．

このプルードンの理論が，政治的に影響を持ち，実現していくということにはならなかったが，このプルードンによる初期社会主義者の〈アソシアシオン〉論批判は，アソシアシオンの脱共同体主義化，個人主義化という流れの一つの源泉を思想的に形成するものであったと考えられる．

助成法の提案者・運用者であったコルボンも，後の回想録『パリ民衆の秘密』の中で（Corbon 1863），〈アソシアシオン〉の失敗は，自分の構想通りに制度が設計されなかっただけではなく，アトリエ派が前提した使途的献身と労働者の個人主義的な心性の間にも隠すことのできない矛盾が内在していたとして，プルードンが批判した点を概ね受け入れることになる[278].

(4) 反結社への復帰

憲法で宣言された「結社の自由」も，秩序の維持という状況的理由によって，実質的に制限されるようになっていき，反結社へと復帰していくことになる．

二月革命後の政治クラブは，その組織上の特徴として，全国に支部・加盟クラブを有して，政治的に集権化された組織を作ろうとしたということが挙げら

276 このように社会の中の自発的・多元的な秩序形成にこそ「法」を観察していくプルードンの見方は，ギュルヴィッチの社会法論のインスピレーションの源泉にもなっていく（Gurvitch 1932）．またChambost（2004）は，プルードンの手稿を網羅的に分析し，アナーキズムの自律的・契約的な法秩序論の構造とその両義性，後の法思想史に与えた影響を明らかにしている．

277 ルソーの社会契約論の片務的，非特定的，非参加的な性格への批判を，（プルードン 158ff.）で展開している．

278 コルボンの〈アソシアシオン〉論への総括については，（谷川 74ff.）も参照．

れる．もちろん，各地のクラブは，中央の単なる機関ではなく，それぞれの相違や自律性が許容されたものであったが（Huard 1996：85），政治クラブは，全国組織化を通じて，政治に強い影響力を与えることを指向していった．

内務省が警戒したのも，このような全国組織化された政治クラブであった．憲法公布4ヶ月後に反クラブのデクレが成立したことは，先述したが，このデクレの翌日に出された通達では，六月蜂起に関与したクラブの中で最も多くの支部と加入者を有し，武装部隊も有した「人権協会」について，この会が，とりわけ工業都市の労働者に狙いを定め，加盟者を得るために，全国に密使を派遣しているので，このような兆しがないかを各知事に調査することがに求められている（A. D. L-G 4M 358）．

また翌年の1月の通達では，「共和主義の連帯」という会が，加盟関係になるクラブを求めて，全国的に展開し，「国家内国家」を作ろうとしているから，これと加盟関係を持とうとしている会が存在しないか警戒を各知事に呼びかけ，翌月には，この点を調査し，報告するように求めている（A. D. L-G 4M 358）．

これら通達に見られるように，中央組織と加盟関係を持つことは，各地のクラブに悪しき無秩序の精神を注入し，極度の政治化をもたらして，蜂起の引き金となるものとして観念されていた．

このような警戒にも拘らず，1849年6月に，昨年同月と同様な動乱が起こったため，反クラブ法[279]が成立する．この法は，クラブ・集会法が成立するまで暫定的に政府は，公共の安全を脅かすクラブを禁ずることができる，とするものであったが，新たな法が制定されないままに，毎年，この法が更新・延長された[280]．

「公共の安全を脅かす」に関する具体的な要件も示さないものであったので，政府にクラブ介入への自由裁量を与えるものであった．先のデクレとこの法によるクラブ罪の適用は，次の表[281]に示される通りであり，これまでの刑法典の結社罪よりもかなり頻繁に適用されたと言える．

279　19＝22 juin 1849, Loi sur les clubs, *Duvergier*, t. 49, 233ff.

280　6＝12 juin 1850, Loi portant prorogation de la loi du 22 juin 1849 sur les clubs et autres réunions publiques, *Duvergier*, t. 50, 231ff.. 21＝24 juin 1851, Loi sur les clubs et autres réunions publiques, *Duvergier*, t. 51, 218.

281　*Annuaire de Ministère de la Justice* ――*Compte général de l'administration de la justice criminelle*, 1848-1851より作成.

図表 2-3-2 反クラブ法の適用実態（1848-51 年）

	件数	被告人数
1848	20	61
49	47	139
50	11	56
51	4	11
計	82	267

またクラブ法成立以降の通達では，相互扶助組合や農業共進会といった会もクラブの隠れ蓑となっている可能性があるので警戒・調査するように各知事に求められた（A. D. L-G 4M 358）.

第二共和政成立により「結社の自由」の保障や相互扶助組合の奨励が確認されたはずであったが，実際の許可審査においては，相互扶助組合は，政治化あるいは争議団体化する恐れあるものとして観念され，必ずしも自由化が進んだわけではなかった[282].

1850 年に相互扶助組合法[283]が制定され，これまで法的枠組みのなかった相互扶助組合に対して，公益性が認められるものについて法人格を付与するという仕組みができる.

しかし，この公益性承認の手続は，かなり煩雑[284]であり，また法律の中で，

282 サン・テチエンヌでは，1840 年代から職に基盤を置いた相互扶助組合の叢生という現象が見られるが，この時期，許可を求めてきた相互扶助組合に対して次のような対応が当局によって取られたという事例がある.

(1) 1849 年にリボン工達の相互扶助組合が許可を申請し，この会に関する市長の好意的な意見もあったのだが，規約の中に，理事会だけではなく，構成員によるセクションも隔週，会合を持つとしている規定が，その会の政治組織性を推測させる，として許可は却下された（A. D. L X 860）.

(2) 同年に許可された別のリボン工の相互扶助組合は，毎月の理事会を隔月に，年一回の総会も 2 年に一回へと規約を修正することが求められたが，その理由は，集まる回数が多くなれば，争議団体化する可能性をより多く与えることになるというものであった（A. D. L X 860）.

283 15＝20 juillet 1850, Loi sur les sociétés de secours mutuels, *Duvergier*, t. 50, 330 ff.

284 公益性承認には，コンセイユ・デタのデクレが必要とされた．規約等の審査は，知事，内務大臣からの指導を受けた上で，最終的にコンセイユ・デタで行われた．規約の修正も同様の手続を必要とした．公益性の承認を受けるには，農村コミューンを除いては，100 名以上の組合員が必要とされた.

行政による組合への解散命令権限を定め，この実効性を厳しい罰則によって担保するものであったために，この法は，ジボーによれば，「反動的法律」とも評価されている（Gibaud 1998 : 31）.

その後の相互扶助組合と法のあり方については，次章で詳しく扱う.

第3節　小括

以上，第二共和政期のアソシアシオンの概念とその現実化の過程を検討してきた.

アソシアシオンは，第二共和政の標語であった「友愛」の原理を実現するために人々を結びつける法的紐帯と位置づけられ（Supiot 1994 : 128），「結社の自由」の宣言，〈アソシアシオン（生産協同組合）〉の奨励策の推進がなされる．その意味で，アソシアシオンは，社会全体の変革という構想と密接に関連していた.

しかし，このように位置づけられたアソシアシオンは，この時期において，十分に練られ，明確となった法的表現が与えられなかった．これまでの団体類型とは区別されるものとしてアソシアシオンの法制度を整備していくという関心は，希薄であり，その法人格や規律づけに関わる立法はなされず，その法的側面は，ほとんど議論されなかった．またアソシアシオンを結成する公的自由としての側面についても，「結社の自由」を具体的に保障するための基本的法制度を欠き，「公共の安全」という状況的要素から制定されたデクレや時限的法律によって，実質的に自由が制限されていくことになった.

アソシアシオンは，新たな生産ー所有関係を作るという点でも，共和政を支える政治空間を作り出すという点でも，挫折し，その原理そのものが持つ献身的，宗教的，包括共同体的な性格が批判されていくことになる.

深まる混乱を前に，クーデタによる帝政が生まれ，第一帝政を再現するかのように結社罪が復活していく[285]．アソシアシオン一般の自由は，困難となり，

285　1852年にナポレオン三世のデクレによって廃止された刑法典の結社罪および1834年の反結社法が復活する（25 mars＝2 avril 1852, Décret qui abroge celui du 28 juillet 1848, sur les clubs, à l'exception de l'art. 13, et déclare applicables aux réunions publiques les art. 291, 292 et 294 du Code pénal, et les art. 1, 2 et 3 de la loi du 10 avril 1834, *Duvergier*, t. 52, 263ff.）.

その後は，個別的な立法で，特定の目的を追求する社会集団の枠付が整備され，アソシアシオンは，その社会変革性，包括共同体的性格を弱めて，機能別に分化した集団となっていく．

第4章　個別法による中間団体の制御と法への抵抗

前章で見たように，第二共和政における「結社の自由」は，束の間のものであり，その後，結社罪が復帰し，反結社の法制は，1901年まで続くことになる．

しかし，このような表の論理である法の次元とは反対に，社会的事実の次元においては，19世紀後半は，「団体の時代[286]」と言われるように，多様な団体が組織され，展開していた時代であった．

このような社会的事実が力となって，アソシアシオン一般の自由は，成立しないものの，個別法で各種の団体を承認していくことが進んでいく．

しかし，各個別法による中間団体の承認は，事実として存在する中間団体の構造をそのまま法が追認するという単純な形を取ったわけではなく，統治者は，団体に与える法的枠組みを媒介として，中間団体の機能や内部構造を，統治者の秩序観に沿うような形へと方向づけることを目指した．また他方で，アクターとしての中間団体の側においては，このような統治者の意図をそのまま受容することはなく，法を批判，無視し，法を自分たちの都合の良いように解釈する，といった抵抗も行う．

各個別法による中間団体の承認の過程は，このような複雑なプロセスとして把握，分析されなければならない．

以下では，このような視角から19世紀後半における個別法による特定の中間団体の承認過程を分析していく．

第1節では，ナポレオン三世の権威帝政の秩序観を忠実に表現した相互扶助組合法（1852年）と，その当時のイデオローグとして重要なル・プレ社会学を検討していく．

第2節では，自由帝政期に進んだ各種団体の法的承認，有限・株式会社設立の準則主義化（1863，1867年），協同組合法（1867年），コアリシオン法（1864年）

286　後述するエミール・オリヴィエの1864年のコアリシオン法提案の報告，ワルデック・ルソーの1882年のアソシアシオン法提案の報告を参照．

の検討を通じて，その時期の団体理論を分析する．

第3節では，第三共和政期における職業組合法（1884年），共済組合法（1898年）の制定過程の検討を通じて，この時期における「社会的なるもの」の組織化のあり方を分析し，アソシアシオン法成立の前夜の状況を明らかにしていく．

第1節　権威帝政の秩序観と中間団体

第二共和政の議会を軍によって解散させた1851年のクーデタ宣言の中で，ルイ・ナポレオンは，「民衆の正当な要求を満足させることによって，革命の時代をとじる」ことを自分の目的としたように，第二帝政の課題は，政治的混乱に終止符を打って社会秩序を回復すること，民衆の抱える「社会問題」を解決することにあった．

『貧困の絶滅』（1844年）の著者でもあるルイ・ナポレオンは，秩序維持者としての権威的な顔と，民衆に理解ある改革者としての社会的な顔[287]の双方を有した．とりわけ自己の権力の基盤を，議会ではなく，人民による普通選挙に置いていただけに，民衆の支持を得ることは，帝政によって常に意識された課題であった．

第二帝政については，1860年の「英仏通商条約（経済的自由化）」と「政治改革（議会との協力重視）」を境に，前半を「権威帝政」，後半を「自由帝政」とするのが，一般的な時期区分である[288]．

本節では，前半期の中間団体政策を検討する．帝政成立後の相互扶助組合法は，「社会問題」の解決を指向するためのものであったが，その具体的な設計には，権威的秩序を維持しながら，階級宥和をすすめるというナポレオン三世の社会像が色濃く投影されていた．

まずは，(1)この1852年の相互扶助組合法の仕組を概観した上で，(2)次にナポレオン三世とも密接な関係にあったル・プレのパトロナージュ論，(3)最後に，この時期の労働者組織としてトレランス（黙認）を受けた労働者組合評議会を

287　ジボーは，ナポレオン三世の政策こそが「福祉国家 L'État-providence の始まり」であったという見方を示している（Gibaud 1986：29）．

288　（中木 1975：164ff.）が代表的な見解である．他方，野村啓介は，第二帝政の研究史を概観した上で，経済構造の変容に伴う前半期と後半期の政策面の断絶よりも，両時期を貫くナポレオン三世の政治的リーダーシップを強調している（野村 2002）．

検討していく.

(1) 相互扶助組合法の仕組

a) 法の趣旨

すでに述べたように，1850年の相互扶助組合法は，「公益承認組合」というカテゴリーを創設したが，この承認を得るための手続がかなり煩雑であり，また承認後も政府の組合への監督が強いために，実際，公益性の承認を求める組合は，各地の知事からの働きかけにもかかわらず，非常に少なかった.

1852年の相互扶助組合法[289]は，1850年法の欠陥を埋めるべく，新たに「同意組合」という中間的なカテゴリーを設けて，相互扶助組合活動を法的に支援しようとするものであった．しかし，「同意組合」に求められる要件には，権威帝政の秩序観が浸透しており，これまで事実上存在していた相互扶助組合とは，異質な原理に基づく組合を作り出そうとする法であった.

ナポレオン三世が望んだ相互扶助組合像は，1850年にリヨンの労働者金庫の創設の際に彼が行った演説によく表れている.

> 「私が理解するところの相互扶助組合とは，社会の異なる諸階級を結びつけ，彼らの間に存在する嫉妬心をなくし，金持がその財産の余剰によって，労働者は彼の節約による産物によって，勤勉な労働者が常に助言と支援を得ることができる制度を作ることに協力しながら，窮乏の結果の大部分を中和させるという貴重な利点を持っているものである．このようにして異なる諸共同体に節度ある競争心を与え，階級間の宥和と個人のモラル化が達成できるのである[290]」

1840年代から都市において結成された相互扶助組合は，これまでの教区共同体を基盤としたものではなく，同じ職であることを基盤とした職人達のアソシアシオンであった.

このような社会での相互扶助組合の傾向に対して，この法が促進しようとした相互扶助組合は，職ではなく，コミューンを基盤とし，カトリック司祭と金

289　26 mars＝6 avril 1852, Décret sur les sociétés de secours mutuels, *Duvergier*, t. 52, 281ff.

290　(Gueslin 1998 : 214) を参照.

持層の温情に頼るという階層秩序的な内部構造を持つ団体であった．

ナポレオン三世は，その当時，社会カトリック派として影響力があり，後にル・プレ学派の中心的人物ともなるド・ムラン（de Melun）に，この新たな相互扶助組合法の作成を委ねたため，法の仕組には，社会事業への司祭の関与を重視する社会カトリック的な秩序観も混入していくことになる[291]．

b）法の仕組

では，その法の仕組を見ていくことにしたい．

法の目的は，その第1条で，設立の有用性が認められる各コミューンにおいて，市長と主任司祭の主導によって，一つの「同意組合」が創設されていくとしたように，カトリック教会に支えられたコミューン地域単位の会を上から作っていくことを目指すものである．

この「同意組合」には，必ず名誉会員を置かねばならず（第2条），金持層が名誉会員として高額の出資をもって組合に参与することによって，財政の安定

図表 2-4-1　相互扶助組合法の秩序像

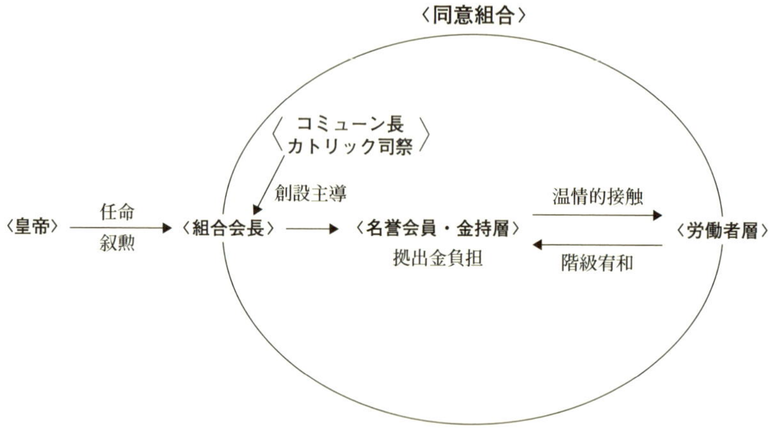

291　ド・ムランは，正統王朝派として常にナポレオン三世には，批判的であったが，この法の作成だけは，彼の社会観を実現する機会と捉えて，協力した．ナポレオン三世のそもそもの構想では，各コミューン単位に市長が主催する相互扶助組合に，全ての労働者，資産者が加盟し，義務的に会費を払うという国家社会主義的な性格の強いものであったが，ド・ムランの参加により，私的イニシアティブと司祭の関与が重視される法になった（Gibaud 1986 : 28ff.）．

をはかることが期待された．組合の活動を通じた金持層の労働者層への温情的接触が，階級間の宥和をもたらすものとされた．

組合設立には，知事・内務省による規約の審査を経て，政府から同意を得るという形をとっており，コンセイユ・デタのデクレを必要とした公益承認組合よりも容易な手続となっているが，組合会長は，国家元首（ナポレオン皇帝）によって任命され，組合指導者には勲章が授与されるという仕組みがあった（中上 1979：(上) 75)．

模範的な組合に名誉賞牌を与え，全国の組合への訓示や規則を準備する役割を持った相互扶助組合奨励監督委員会[292]の見解では，住居の移動により，かつての相互扶助組合を離れた者は，新しい居住地域での相互扶助組合に入会することが強制されるとなっており，組合の証書は，労働者手帳と同様に，労働者の移動を把握・監視するための警察的な装置としても機能したとされる (Soubiran 1999：76)．

このような仕組に枠づけられた同意組合は，対等な構成員によるアソシアシオンではなく，〈皇帝〉－〈主任司祭，市長〉－〈金持層・名望家〉－〈労働者〉の階層的秩序の中に，各人を職分に応じて位置づけるものであり，このことを通じて，権威帝政の秩序を維持・強化することを指向するものであったと言える．

この同意組合は，法人格を有し[293]，1850年法の公益承認相互扶助組合とさほどかわらぬ数々の利点[294]が与えられたが，他方で，活動・会計報告を内務省に毎年提出せねばならず，また組合会長には，任期が設けられ，5年毎に再任審査があったように政府からの干渉を多く受けるものでもあった（中上（上）1979：74)．

c) 法の受容

このような目的を持った立法を社会はどのように受容しただろうか．

以下は，サン・テチエンヌ市における相互扶助組合の推移をグラフにしたも

292　この委員会の全ての構成員が，カトリックによって占められた (ibid. 34)．

293　ただし不動産所有は認められず，賃借のみとされ，受贈には知事の許可を要した（第8条)．

294　利点としては，(1)コミューンによる会合場所の無償提供（第9条)，(2)葬式税の3分の2の組合への払戻（第10条)，(3)事業に関連する印紙税・登録税の免除（第11条)，(4)貯蓄金庫に預けられた組合基金へ特典としての年4.5％の利子（第13条)，(5)政府からの補助金といったものがあった．

のである[295].

1850年法の「公益承認組合」，1852年法の「同意組合」のいずれの手続に基づくのではなく，他のアソシアシオンと同様に刑法典の結社罪が求める事前許可のみを得て設立された相互扶助組合は，「自由組合[296]」と言われたが，1870年代に入るまでは，優遇が与えられる「同意組合」よりも，干渉を受けずに自由に組合を運営できる「自由組合」にとどまる会の方が多かった[297].

皇帝は，「同意組合」の結成を促進するために，オルレアン王家から没収した一千万フランの財産を「同意組合」への補助金に投入したが（Gibaud 1986 : 30），サン・テチエンヌ市に見られるような傾向は，全国でも一般的であり[298]，1852年法は，職人達からは，極端な不信がもたれ，権威的秩序へと既存の組合を統合しようとする立法者の意図は，浸透しなかった[299].

「同意組合」が浸透していくのは，グラフに表れているように，第二帝政が

図表 2-4-2　サン・テチエンヌ市における相互扶助組合の推移（1844-1892年）

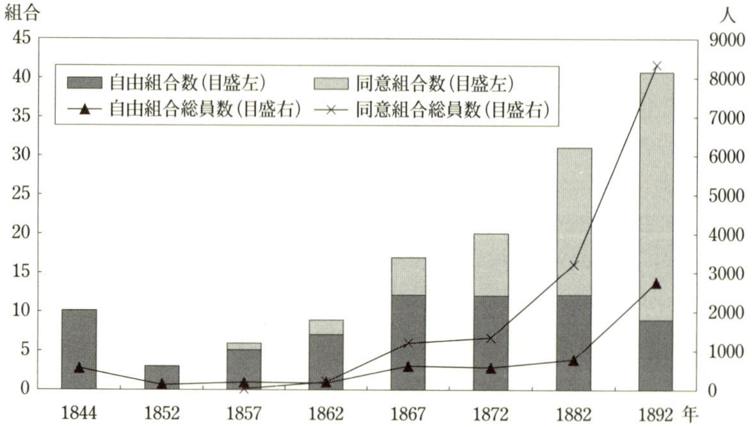

295　（A. D. L X 862-865, 867-868, 873, 886）から作成.

296　法人格を有しなかったが，組合規模に応じて，最大8000フランまでの預金口座を貯蓄金庫に持つことができた（中上（上）1979 : 77）.

297　1844年よりも1850年代の方が総数としての組合数が減少しているが，これは，二月革命の前後の混乱期に予定した以上の巨額の拠出を余儀なくされ，財政難から破綻するものが多かったからである.

298　全国レベルでの「同意組合」「自由組合」の設立数の統計については，（Gueslin 247）を参照.

崩壊した後になってからであるが，それには，1870年に同意組合の会長の皇帝任命制が廃止[300]され，任命権を武器にした組合運営への介入の恐れがなくなり，有利な法的枠組を利用する選好が高まったことが関係している．

しかし，このような介入の後退があったとはいえ，1898年の共済組合憲章の制定まで，1852年の相互扶助組合法の枠組が維持されたことは，相互扶助組合を職業問題やサンディカリズム（労働組合主義）から切り離し，様々な職業者から構成される地域的な共済組合へと方向付けていくことになった[301]．

(2)　ル・プレ社会学の中間団体論

今しがた検討した相互扶助組合論は，地域団体としてのコミューンの共同性，金持層・経営者層による労働者の保護の役割に期待するものであったが，このような社会観は，当時において有力な社会理論を提供したル・プレの社会学[302]においても展開されていた．

ル・プレは，皇帝とも親しい関係にあり，各種の社会政策の具体的な立案・実施にも関与していた[303]．また彼の社会学の影響は，「社会改革学派」という一学派を生み出したように，その後のフランス社会科学においても大きなものであった[304]．

299　立法者のド・ムランも，リールにおいて既存の多くの相互扶助組合を一つのノートルダム・トレイユという信仰に基づく「同意組合」の中に統合しようとした試みが完全に失敗したことを認めている（Gibaud 1986 : 34）．

300　1870年10月27日の国防政府宣言．

301　ジボーは，「同意組合」の仕組により，相互扶助と組合主義の機能分化が進行していったとし（Gibaud 1998 : 40），中上光夫は，相互扶助組合の非政治化というナポレオン三世の政策は，成功したとする（中上 1979 : 71）．

サン・テチエンヌ市においても，複数の職業者（professions diverses）によって「同意組合」が構成される割合が，0%（1867年），12.5%（1872年），26.3%（1882年），56.3%（1892年）というように，第三共和政期に入ってから上昇していっており，同職を媒介とした扶助という19世紀中頃の組合の姿は，1852年法の枠組みにより，一定の変容を遂げたと言えよう．

302　ル・プレの中間団体論に関する先行研究として，廣田（1990）が貴重である．本書では，彼の理論を，実践としての相互扶助組合や労働者組合評議会との関係で分析することに力点をおいている．

303　先の相互扶助組合法の立法者ド・ムランは，ル・プレが1856年に設立した「社会経済学会 Société d'économie sociale」の創設メンバーの一人であった（Ewald 1986 : 136）．

304　ル・プレとその後の弟子達の社会学の展開については，Kalaora et Savoye（1989）．

ここでは，ル・プレの社会学の方法とパトロナージュ論をについて検討することによって，彼の中間団体論を明らかにし，その後の労働者組織のあり方や社会学に与えた影響を分析する土台を築いておこう．

a）ル・プレの社会学

鉱山技師の指導者としてヨーロッパ各地を旅行する機会が多かったル・プレは，経営者と労働者の間の緊張，労働者の物質的，モラル的な境遇の悪さ，家族の不安定化という社会現象を経験科学的に把握する方法を模索していく．

1855年に出版された『ヨーロッパの家族[305]』は，「労働者家族」に焦点をあてて，現地調査によって調査票に家族の様相を記述していくモノグラフィーという直接観察的な方法によって，長年に渡って収集したヨーロッパ各地の家族のデータを分析し，集大成としてまとめたものであった．

ここでは，近代化というヨーロッパに生じた社会変動が，家族の比較を通じて科学的に明らかにされ，家族や労働者の社会学的な諸類型[306]が示される．

さらにル・プレの社会学は，「社会の診断（調査）だけでなく，その病理を治療（改革）するために，処方箋（政策）を提出しよう」とした「臨床科学（社会参加の社会学）」と言われるように（廣田 1990：2），「社会改革[307]」の政策提言も行う．

廣田が整理しているようにル・プレの提言は，社会の再建を「中間集団の再建」を通じて実現することであり，この中間集団の再建とは，「家族」，「地域団体」，「労使関係」の3つの位相で論じられた．

第一の「家族」の再建は，私生活集団の再建において最も重要なものであり，ル・プレは，革命期の均分相続原則によって廃止された「遺言の自由」の復活を提案し，この制度によってこそ安定した家族が実現すると主張した[308]．

第二の「地域団体」の再建とは，ジャコバン主義の画一的システム，官僚制支配の発達によって弱体化した地域の特性と自治の伝統を復活させるために，

305　Le Play（1855）．この本は，道徳政治科学アカデミーからの賞も受けた（Savoye 1992：39）．

306　ル・プレは，家族を，伝統的な「家父長家族」，一子承継相続によって三世代が安定している「株家族 famille-couche」，フランス革命の強制分割相続制度により不安定となっている「不安定家族」の3つに類型化している（廣田 1990：5）．

307　『フランスにおける社会改革』（Le Play 1864）は，『ヨーロッパの家族』での主張をわかりやすくまとめたものを出するようにナポレオン三世から頼まれて，企画されたものであった．

「社会的権威」を具現する名望家によるコミューン自治の強化，高等法院という司法機関や基幹大学を備えた「州 provinces」制度の再構築の提案であった（廣田 1990：8ff.）.

第三の「労使関係」の再建は，経営者による「パトロナージュ」によってこそ可能となるとされたが，そこに，これまでの〈アソシアシオン〉論者とは違うル・プレの独自性があった．この点につき，以下でより詳しく見ていこう．

b）パトロナージュの理論

ル・プレの言う「パトロナージュ」とは，アンシャン・レジームでの領主による強制的な関係に取って代わる，経営者と労働者の間の相互の利益と愛情に基づいた新たな自発的関係のことを指し示すものであった[309].

その具体的な中身としては，経営者が，労働者の雇用の継続的安定につとめ，賃金以外にも，労働者が住居を持って，そこに付属する土地において，家畜や野菜作りなどの小生産ができ，妻や子供のいる独立した家庭を持てるようにすること，労働者の職業能力や知的能力の向上のために教育やリクリエーションを組織すること，宗教的な感情を育むような機会を提供すること，貯蓄を奨励することなどを通じて，労働者のモラル化をはかることが提案され，労働者の側も，このような経営者に，愛着を感じ，「社会的権威」を承認するものとされた[310].

このような労使の関係は，法的義務によって保障されているのではなく，相互の自発性において創り出されているのであり[311]，このような自発的なパトロナージュこそが，自由の体制と両立するとされていた（Savoye 41）．その意味で，パトロナージュは，アンシャン・レジームとは異なって，ある種の近代

308　前注の分類の「株家族」を家族モデルとするものであった．ル・プレの主張は，1866年の全国農業調査を生み出すほどの影響を持ったが，相続法改正立法には至らなかった（稲本 1968：385；1985：365ff.）.

309　「パトロナージュの体制は，相互の利益と義務に基づく閉鎖的な感情によって維持される関係が恒常的にあるところで確認されるものである．労働者は，自らが享受する福祉は，経営者の繁栄に結びついていると確信しており，経営者の方は，地域の伝統に従って，自らに服従する者の物質的，モラル的な必要を満たすように義務づけられていると常に信じているのである．」（Le Play 1864：t. 2, 26）

310　（ibid. 27ff；Savoye 41ff.）を参照．またル・プレ派の住宅政策への影響については，吉田（1997）.

311　廣田は，このパトロナージュの関係を「モラル・エコノミー」維持のシステムと表現している（廣田 1990：7）.

性を有した関係であった．

ル・プレにとって，労働者の貧困問題の真の解決は，このパトロナージュの実践を通じてのみ達成可能なのであって，先に見た「相互扶助組合」は，諸悪に対する一時しのぎ的な緩和剤であり，貧困の原因そのものを取り除くものではないとされていた（Le Play 1864 : t. 1, 390 ; 1870 : 135）．

また二月革命の〈アソシアシオン〉論，労働者による生産協同組合についても，ル・プレは，その効用は誇張されすぎており，実際には，能力ある労働者は，自らの努力により富むことができ，能力を奪われている大衆は，そのような組織化には，適応できないとして，アソシアシオンの原則が妥当するような領域は，特殊でマージナルであるという否定的な見方を展開していた（Savoye 38）．

c）パトロナージュの実現化

このパトロナージュの構想は，ル・プレが実行総委員長として取り仕切った万博博覧会[312]を通じて，部分的にも政策として実施されていく．

ル・プレは，1867年のパリでの万博博覧会において，「労使間の良きハーモニー」，「労働者へ物質的，モラル的，知的な福祉」を保障している模範的な企業や制度に賞と報奨金を与えて，皆にその実践例を展示するという『報償による新たな秩序』という企画を行った（ibid. 46 ; Ewald 1986 : 126ff.）．

その際の基準は，(1)労使間の良き関係の継続，(2)農業と製造業の結びつき，(3)住居の権利，(4)若い娘や母への尊重，といったものが挙げられており，ル・プレが，『フランスの社会改革』で論じたあるべきパトロナージュの方向とほぼ合致するものであった（Savoye 47）．

このような模範的なパトロナージュの選抜は，各地に調査を行った審査員によって行われ，ペーパー上の理論ではなく，ル・プレ社会学が提唱した直接観察の方法によって，今後のパトロナージュの発展の方向性を示すことが目指された．

また万博は，各職種の労働者の代表を選出し，労働者委員会を構成して，万博への労働者の参加を促したという点でも画期的なイベントであった[313]．これを契機として，各職種において「労働者組合評議会 Chambres syndicales」

312　ル・プレは，ナポレオン三世の要請により，1855年と1867年のパリ万博の実行総委員長，1862年のロンドン万博におけるフランス国の展示企画の責任委員長を務めた（Brooke 1998 : 71）．

という協調的な組織が作られることになり，職の組織化も進むことになっていった.

しかし，労働者委員会は，政府側万博委員会の意図を越えて，徐々に労働者の自律性を主張するようになっていき，パトロナージュの基盤を揺らがすようにもなっていく[314].

次に，この労働者組合評議会の実態と政府の対応とが相互に作用しあいながら変容していく過程をみていこう.

(3) 労働者組合評議会の構想とその変容

a) その構想

労働者組合評議会とは，先の1867年の万博博覧会の労働者代表が，その結成の自由をナポレオン三世に要請した報告書において，定義が与えられた集団概念である（大和田108).

それは，すでに実務上，黙認されていた「経営者組合評議会（Chambres syndicales de patrons)」に対応する労働者による組織とされたが，この組織の存在を公式にトレランス（黙認[315]）した「大臣書簡（1868年)」が述べているように[316]，その性格は，労働者による対抗的な組織というよりも，階級宥和，対話による紛争の事前解決を目的としたものであった.

このような位置づけは，統治者のみならず，労働者においても共有されたものであった．木下賢一の研究によれば，労働者組合評議会の結成発起委員会での「回状（1868年)」において，労働者代表達も，この組織の目的を，雇用者と労働者の間の分裂や遺憾な闘争を消滅させること，労働者への職業教育を組織

313　1862年ロンドン万博への労働者代表派遣が，労働者エリートを運動へと覚醒させ，後のインターナショナルの基盤となっていった点，あるいは1867年パリ万博の労働者委員会の選出方法をめぐって政府と労働者との間で対立があった点については，（木下2000：82ff.）を参照.

314　ル・プレやド・マン（de Mun）などの指導的階級と労働者との間での対立が深まりだした点については，(Soubiran et Pottier 1996 : 96).

315　ただしあくまでそれは，黙認であり，組合評議会そのものの法的な基盤もなく，「委任」によって法関係がほとんど処理されていた（Soubiran 1999 : 96).

316　「経験の示すところによれば，労使を対立させる問題についての合意と調停を，労使の間で容易にさせるために，労働審判所の審議のように，使用者と労働者を同一のテーブルに着席させる「chambres syndicales mixtes」の長所が認められるであろう」（大和田110).

すること，労働審判所に全ての職種の有能な評議員を送り込むこと，等にあるとして，「自由・協調・連帯」を標語として掲げて，合法的な範囲内で活動する旨の自己規定を与えていたことが明らかにされている（木下 2000 : 120ff.）.

b）実態としての労働者組合評議会：協調から自律へ

しかし，実態としての労働者組合評議会は，労使間の宥和的紛争解決という側面に留まらず，多様な機能を有するものであった.

労働者組合評議会の規約を収集し，分析を行ったスゥビランは，紛争解決のための評議会としての機能を唯一の目的とする評議会は，2 割程度であり，それ以外は，慈善事業団体，協同組合，雇用者に対する抵抗組織としての目的も併せて規約に掲げており，実際は，複合機能的な集団であったことを明らかにしている（Soubiran et Pottier 1996 : 47）.

労働者組合評議会の中には，当初の労使協調・宥和志向的なコーポラティズム路線とは異なって，労働者の自律性を主張して，抵抗組織としての性格を重視していくものが徐々に増えていく[317].

また先に見たル・プレの『報償による新たな秩序』構想，すなわちパトロナージュの創出の試みも，ル・プレの弟子達である「社会改革学派」からその現実的妥当性について批判が浴びせられるようになっていく（Ewald 226）.

エヴァルドは，1869 年以降，労使協調のパトロナージュ構想が危機に陥った理由を次の三点にまとめている.

第一は，そもそもパトロナージュの実践が行われるかどうかは，経営者のイニシアティブに依存したものであるから，実際のところ，これを実践した経営者は，ごく僅かであったためである（ibid. 266）.

第二は，経済的自由主義の思想が広まったことによって，競争こそが労働者と経営者との良い関係を作り出すという信念が成立し，パトロナージュの下に留まり続けている労働者が果たして良質なものか，という疑念が生じるように

317　スゥビランによれば，1862 年のロンドン万博への労働者派遣団の委員会においては，20 の報告の内，1 つの報告のみが，労働者のみによって構成される自律的評議会に賛成を示しただけであり，残り全ての報告は，労使混合型組合評議会を主張していたが，1867 年万博の労働者研究奨励委員会においては，25 の報告の内，16 の報告が混合型ではなく，労働者のみの評議会に好意的な意見を展開し，ル・プレやド・マンなどのパトロナージュ論を推進した指導者達と労働者との間には，意見の対立があったとされる（Soubiran et Pottier 96ff.）. 1862 年の委員会には，職業における「コルポラシオン主権」論という考え方があったとされる（Soubiran 1999 : 89）.

なったためである（ibid. 267）.

第三は，実際に模範的なパトロナージュが実践された地区においても，暴力的なストライキ[318]が頻発し，そこで国際労働者組織「インターナショナル」が展開するなど，パトロナージュの宥和的な理想を打ち砕く現実があったためである（ibid. 268）.

これらの理由からパトロナージュは，衰退し，それに取って代わって，(1)労働者のみによる相互扶助組合や予見金庫，(2)保険技術によるリスク分配の仕組，(3)積立型老齢年金，(4)アソシアシオンの制度，(5)会社における経営部と労働者との直接的交流が発達していったというのが，エヴァルドの歴史把握である（ibid. 271）.

c)　黙認から取締へ

このように見てくるならば，労働者組合評議会の実態の変容そのものは，パトロナージュを成立させる基盤として期待された地域社会の共同体的モラルが，現実としての市場化，生産単位の規模拡大，労働者のプロレタリア化の進展によって，瓦解していく歴史過程を表現するものであったとも言えよう.

抵抗組織としての性格を強め，複合機能的な集団へと変容していった「労働者組合評議会」は，「自由」の実現を第一の標語とする第三共和政の下で，徹底弾圧されるという逆説的なプロセスを辿っていくことになる.

ティエール政権は，1872年に労働者組合評議会を禁止し，1874年のリヨンでの裁判は，「不法なアソシアシオンに対する当局の黙認は，許可と同義なものではない」とし，評議会構成員に結社罪を適用した（Soubiran et Pottier 14）.

このような法の適用レベルでの変更に作用されて，労働者組合評議会も，害のない慈善事業にのみ幽閉していくか（ibid. 36），生産協同組合になっていくか（ibid. 38），という方向へと分化が進むことになる[319].

318　「罷業（ストライキ）権」の法認（1864年）については，次節で説明する.

319　ただし，その後，1881年にガンベッタ（Gambetta）が，組合評議会連合会において，労働者組合評議会の自律と自由について好意的な演説を行ったために，やや風向きがかわり，組合評議会は，紛争解決や職業の組織としての性格を取り戻すようにもなっていき，1884年の職業組合法の「職業組合 Syndicat」の原型ともなっていく（Soubiran 1999：96）.

(4)　小括

以上，本節では，ル・プレの社会学を権威帝政期における重要なイデオローグとして位置づけて，相互扶助組合法，パトロナージュ構想，黙認された労働者組合評議会に投影された秩序観を分析してきた.

そこで目指されていた秩序観は，金持・経営層が温情をもって労働者とその家族の境遇改善に努めることによって階層間の宥和が地域単位で実現し，既存の階層秩序が安定化し，権威帝政の秩序が下支えされる，というものであったと括ることができよう.

しかし，実際の労使関係の変化，労働者の自律化傾向という現実のため，このような構想は，統治者の意図通りには実現せず，労使の対立は，深まっていき，このような状況に対応する新たな団体立法を必要とするようになっていく.

第2節　自由帝政期における経済的団体

前節冒頭で記したように，第二帝政期は，「経済的自由主義」と「議会との協力重視」をメルクマールとして，その後半期を「自由帝政」として位置づけるのが通説になっている.

この「自由帝政」期では，有限会社法（1863年），コアリシオン法（1864年），株式会社及び協同組合に関する商法典を改正する法（1867年）が制定されるなど，経済目的の団体の法的整備が進んでいった.

本節では，これらの法の制定過程および受容過程を分析することを通じて，(1)これらの立法を必要とした歴史・社会的文脈，(2)法の具体的規定の背後にある団体理論，(3)法が生みだした効果，を明らかにすることとを試みていく.

(1)有限会社，株式会社の設立の準則主義化，(2)協同組合の商法典への組入，(3)コアリシオンの承認の順番で，以上の論点を考察していく.

(1)　近代的会社法の形成

a)　商法典（1807年）における商事会社の観念

すでに山本桂一の研究によって概観が与えられているように，1807年のナポレオン商法典における「各種の商事的営利組合（商事会社）」は，商行為を行うという限りにおいて，商法典の強行的規律に服するものであるが，その優先的支配の領域の外では，民法典の「組合契約」に服し[320]，当事者の合意がその存立の根底をなすものであると観念されていた（山本 49ff.）.

しかし，このことは，「合名会社」や「合資会社」に関しては，「理論的実際的に際だった支障困難もなく受入れられたが」，株式を発行する会社に関しては「当初から必ずしも妥当適切ではなかった」とされる（同上 50）.

というのは，「株式会社」の設立は，厳格な許可主義に服し，「公益性」の承認を必要としたからである.

また，それに代えて，よく用いられた「株式合資会社[321]」は，「商法典は，…正統的にこれを承認したというよりむしろ合資会社の一変形として傍系的存在の地位を与えるにすぎなかった」「商法典は，……とくにこれに関して明細な規程を確立しなかった」と評されるように[322]（同上 51ff.），その活発な利用は，商法典の立法者の予期しないものであり，その投機熱を抑制し，弊害を除去することに裁判所や後の立法者が苦心することになった.

「株式会社」に許可主義が取られた理由は，株式の投機的な取引を抑制するという経済秩序上の理由に加えて，旧制下において株式会社が，「カンパニー compagnie」として「国王の特許」に服する「公法上のもの」として観念されたという近世的な法人観念の伝統がなおも残存したからである[323].

よって，その「公益性」承認の審査権限は，商業大臣や商業会議所が有したのではなく，「公的行為[324]」としてコンセイユ・デタが掌握し続けることにな

320　Art. 18 du Code de commerce,（Rondonneau 324）.

321　「株式合資会社」は，許可に服さずして，有限社員の資格を「株式」として分割化・少額化・流通化できるという抜け道を持っていたものであったので，「株式投機熱」が盛んに興ることになった（山本 54）.

322　実際，1807 年の商法典第 19 条においても，「法律が認める商事的営利組合は，以下の三種類である．1）合名会社，2）合資会社，3）株式会社」とされている（Rondonneau ibid.）.

323　確かに，フランス革命により「株式会社 compagnie」は，一つの特権団体として徹底的に廃止され，従来の「国王特許」に服するということはなるが（26＝29 germinal an 2 (15＝18 avril 1794), Décret contenant une nouvelle rédaction de celui qui supprime les compagnies financierès, *Duvergier*, t. 7, 141），その後の「株式会社」は，コンセイユ・デタの公益性審査に服したことによって，「公的なる思想の中に埋め込まれたもの」として観念された（Lefebvre-Teillard 1985 : 445）.

324　「株式会社は，公的行為 acte publique によってのみ設立されうる.」（Art. 40 du Code de commerce,（Rondonneau 325））.

図表 2-4-3　会社類型別の数の変化

	合名会社	合資会社	有限会社	株式合資会社	株式会社
1840 年	1634	328	-	176	18
1978 年	1032	76	28377	26	5413

＊（Hilaire 1986 : 213）から転載

る．

実際，フリードマンの研究が明らかにしているように，後述の 1867 年法以前において，株式会社としての特権が許可された会社は，銀行・保険業，橋梁，運輸，鉄道，鉱山・冶金業，ガスなどを事業目的とする国家的事業と関連を持った「公益性」の高い事業体に限られ[325]（Freedeman 1979 : 68），「株式会社」となったのは，上の表が示す通り，ごく少数の会社に限られた．

b）近代的会社法までの道程

以上に概観したように，ナポレオン商法典の構造では，「株式合資会社」という抜け道を利用することによってのみ，会社は，資本を調達し，成長を遂げる可能性を追求することができた．

しかし 1850 年代からの経済発展は，鉄道会社の増加，銀行の発展，ある程度の規模を有する各種企業の増大を生み，これら企業が「株式会社」となるためには，コンセイユ・デタの「公益性」審査という時間のかかる手続方式を要するいう仕組は，企業発展の妨げとなっているという認識が生じるようになった（Hilaire 221）．またコンセイユ・デタにとっても，増大する新規の企業の規約の隅々まで詳細な審査を行うというのは，かなりの負担ともなってきた（ibid.）．

このような経済発展の阻害要因となる許可主義に対して，自由主義的な経済学者，大工場主，大資本家，サン・シモニアンから廃止を求める声が挙がり，皇帝に直訴するということも行われる（ibid. 227）．

しかし，このような要求に対して，政府内の意見，また財界の意見すらもまとまらず，この問題についての諮問を受けた商業会議所は，事前許可制のままで良いという結論を出してしまう（ibid.）．もちろんコンセイユ・デタにとっても許可権限という既得特権は，手放したくはないものであった（ibid.）．

i）株式合資会社法（1856 年）：規律主義の失敗　このような各アクターの

325　このフリードマンの著作を要約した論文として，作道（1980，1981）がある．

意見のばらつきから妥協的に産出されたものが，1856年の株式合資会社法[326]であった．すなわち，「株式会社」についての改革は見送り，その代わりに成長中の大半の企業が利用している「株式合資会社」の規律づけを強化するという路線選択であった．

この法を準備したのは，コンセイユ・デタであり（Lefebvre-Teillard 427），これまでの株式会社への監督経験を生かして，(1)株式発行と会社設立への厳格な規律化，(2)監査役会の義務的設置，(3)これらの諸規定を遵守させるための民事的及び刑事的罰則の強化の3つを主たる柱をする法律を提案し，議会でも可決された（Hilaire 227）．

この法律の規定は，既存の「株式合資会社」へも遡及的に適用されるとされ，既存・新設の「株式合資会社」には，突如として，組織構造を大きく変更することが義務づけられた．

このような組織へ重い負担を課す「規律主義 réglementalisme」は，その結果として，既存の「株式合資会社」の消滅，新規創設件数の並ならぬ減少を即座に招くことになり，直ぐに失敗作と評されるようになる（ibid. 228）．

ii）　有限会社法（1863年）：妥協による失敗　　このように混乱だけをもたらした法であったから，会社法改革についての議論は，その後，より高まりを見せることになる（ibid. 226）．

また1860年の英仏通商条約の締結は，イギリスが1856年に制定した「有限会社の準則主義化法[327]」の枠組で，フランス系資本が，イギリスを本籍地として会社設立登記を続々と行い，徴税対象が逃げていくかもしれない，という恐れを政府の内部に生じさせることにもなった（ibid. 228）．

1861年から政府は，立法の準備作業に取りかかり，その結果として，1863年に有限会社法[328]が制定される．これは，イギリスが先に生み出した会社類型を模倣するものであった．

よって，この立法化は，自由貿易化によって生み出された「外圧」が要因であったと説明されることが多い（Freedman 132ff.）．言い換えれば，〈イギリスの有限会社法（1856）〉→〈有限会社法（1863）〉→〈株式会社法（1867）〉という

326　11＝17 juillet 1856, Loi sur les commandites par actions, *Duvergier*, t. 56, 315ff.

327　Company Act of 14 July 1856.

328　23＝29 mai 1863, Loi sur les sociétés à responsabilité limitée, *Duvergier*, t. 63, 349ff.

順接的な道筋で，フランス会社法の準則主義化が達成されたというような見方である．

しかし1863年法の制定過程には，1856年法と同様に，コンセイユ・デタの強い影響があり，コンセイユ・デタは，政府が求めていた株式会社の許可制度の廃止について譲歩せず（Hilaire 228），準則主義となった「有限会社」も，その資本金の上限を2千万フランとし，ごく狭い範囲内に幽閉させた（ibid. 229）．

よって，これまで株式合資会社に留まっていた会社が，有限会社法の枠内を新たに利用することは，メリットよりも，複雑な定款の整備といったデメリットが多く，大企業にとっては，資本金の制限によって利用できない制度であった（ibid.）．

iii）株式会社法（1867年）：準則主義の確立　このように1856年法，1863年法が，連続して失敗したため，ナポレオン三世も「商業的組合に最大の自由を与えよ．行政の常に幻想的である責任から解放せよ」と1865年に述べるに至る（ibid. 230）．

後に検討するコアリシオン法の立法者であるエミール・オリヴィエも「コンセイユ・デタの許可制度を懐かしむ人がいるだろうか．私の見解では，コンセイユ・デタの評定官がいくら全能であっても，不完全な保護となることもあった．許可制度の必要性は，効果的な保証ではない」として（Lefebvre-Teillard 431），保護者国家の論理の延長で経済政策を行うことを批判した．

このようなコンセイユ・デタの認可権限への批判の高まりを背景にして，ようやく1867年に，法が定めた要件を満たせば，株式会社の自由な設立を承認する「準則主義 liberté réglementée」の原則を確立する法[329]が制定された．

「準則主義」とは，これまでの事前規制・監督による許可型から，株式会社の適切なガバナンスを実現し，濫用を防ぐための予防的規則が会社の定款において明記されていれば，法人格を付与するという考え方である．

そこでは，「公開性」が原則とされる（Hilaire 230）．設立される株式会社は，その本拠地，社名，経営者名，資本金などを登記しなければならない．この「公開性」の原則こそが，第三者が取引相手たる会社を信頼たり得るか，どうかを判断する材料となるのである．

会社の資金は公募が原則とされ，最低でも7人の社員が必要とされ，強行法

329　24＝29 juillet 1867, Loi sur les sociétés, *Duvergier*, t. 67, 241ff.「今後，株式会社は，政府の許可なくして設立されうる．」（第21条）

規として，定款には，利益配分の方法，取締役会，総会，財産目録の作成と監査報告，解散に関する規定等を盛り込むことが義務づけられる．

このような1867年法の仕組について，イレールは，イギリス会社法の影響も指摘できるが，実際のところは，コンセイユ・デタや民事判例によって長年，培われてきた株式合資会社に対するコントロールの蓄積が，これら強行法規を立案するソースであったとしている（ibid.）．

いずれにせよ，準則主義への転換は，株式会社の創設数の上昇をもたらし[330]，これらの新しい会社が，フランス資本主義の発展を支える原動力となっていく．1867年法は，1966年の商法典改正[331]まで，その大枠は，変更されることなく，フランス会社法の父と呼ばれる存在となる．

c）法理論の不在：法学者，裁判官，立法者の関係

このようにして，「株式会社」は，公法上の特権団体とみなす伝統的法観念，コンセイユ・デタの許可主義から自由となり，「他の会社形態と同様に，純私法上の制度になった」と言える（Lefebvre-Teillard 445）．

しかし，このような会社法の大転換を促すのに，法学者による法理論が果たした役割というのは，ミシュウも指摘しているように，皆無であった（Michoud 1924：t. 1, 488）．

先述したように，法の諸規定のソースとなったのは，コンセイユ・デタや民事裁判所における判例，すなわち判事による仕事の蓄積である．イレールは，次のように記している．

> 「コンセイユ・デタや民事裁判の判例とは反対に，法学説が，会社制度の諸問題を認識するのがいかに遅かったのか，ということは，指摘されて良いことである．法学説は，合資会社の危機というものを，10年以上遅れて，ようやく発見したのである．立法者による介入の道を真剣に準備したのは，まさに判例のみであった．」（Hilaire 249）

すなわち，判例による実務上の解決策の積み重ねを立法者がルール化したという営みが，1867年法の制定であったのであり，準則主義への転換を嚮導す

330　会社類型毎の設立数を示す統計は，（Hilaire 232ff.）に掲載．

331　より監査役会の位置づけを明確にしようとしたこの法改正については，（Vidal 2003：21, 482）を参照．

る法学説の理論的な営みの痕跡は，そこに確認されないのである．

オーリウ[332]やリペール[333]といった後の法学者が，単なる契約には還元することができない「株式会社」の制度的性格を発見・強調し，これを理論化していくことになるが，それは，1867年法からは，かなりの時間が流れてからのことであった．

よって，1867年法は，営利目的の団体へのほぼ例外なき許可主義の廃止[334]をもたらすものであったが，それは，法人の一般理論という営みと関連がなかったために，この法政策を非営利目的の団体であるアソシアシオンにも適用すべきであるという発想は，その時期には，生まれなかった．アソシアシオンは，依然として，刑法典の結社罪の下での許可主義に服し，法人格が付与されるには，許可に加えて，コンセイユ・デタによる公益性承認を必要とした．

(2)　商法典による協同組合の包摂

それゆえ，この時期の協同組合は，非営利組合（アソシアシオン）ではなく，自らを商事会社の一類型として位置づけることによって，商法典の中にその法的基盤を見出すことになっていく．

先の株式会社の準則主義化をもたらした法律（1867年）は，「可変資本会社 sociétés à capital variable」という新たな会社類型も同時に設けるものであり，これによって「協同組合 sociétés de coopération」に法的枠組みを与えたものであった．

しかし，この法の前提となっている協同組合の姿は，第二共和政期の〈アソシアシオン〉とは，異なるものであった．

以下で，a）協同組合法制定の背景，b）法の規定内容，c）その受容について見ていく．

332　オーリウは，「株式会社」の定款変更が，株主の全員一致ではなく，多数決でも可能であるとした破毀院判決（1892年）の論理は，契約説では十分に説明できず，制度の理論によって説明されねばならないとしている（Hauriou 1906 : 174ff）．オーリウの制度理論については，第3部第2章で扱う．

333　これに対して，リペールは，「制度という流行表現は，なおも曖昧である」として（Ripert 1951 : 278），「企業 entreprise」の概念の研磨へと向かう．リペールの「企業」概念については，山口（2004）を参照．

334　ただし，生命保険会社は，1867年法の後においても，なお許可を必要とした（Michoud ibid. 487）．

a) 1860年代の協同組合と労働者の意識

第三章で論じたように，第二共和政期，国家の助成事業によって，〈アソシアシオン〉が数多く叢生したが，それらは，内部統制が十分ではなく，そのほとんどが破綻していった．

しかし，ブリューズの協同組合を研究した木下が明らかにしているように，1860年代に入ると一部の共和派ブルジョワと労働者エリートを中心に再びアソシアシオン運動（協同組合運動）が勃興してくる（木下53ff.）．

ただし，この時期の協同組合運動の性格は，木下によれば，第二共和政期のような「平等精神や人間の解放というような高邁な思想も階級性も存在しなかった」(同上58)，「アソシアシオンは株式会社とほぼ同じものとして考えてさしつかえない」とされる（同上67）．

初期社会主義者が夢見たように，宗教的な性格をも帯びた強い絆の回復をそこに求めるのではなく，「圧倒的な物質的発展を前にした「進歩」への確信」というものが（同上64），アソシアシオン（協同組合）の指導者の精神を支配したのであり，きちんと組織を管理，運営する術を労働者が身につけることによって，社会的に上昇することが目指されていた[335]．

協同組合の担い手である労働者エリートのこのような自立への志向は，法の規定内容にも反映していくことになる．

労働者の社会的境遇の改善に熱心でもあったナポレオン三世は，労働者の協同組合の結成をより容易に，より有利にならしめる法律の制定を1865年に立法府に求めた（Gaumont 1924 : 502)．

この求めを受けた立法府の対応は，協同組合に関する特別法を制定するというものであった．しかし，これには，協同組合の代表者達から，監督強化に繋がる恐れがあるという抗議活動が行われ，共通法としての商法の中に協同組合を置くべきであるとする運動が行われる（ibid. 503)．

既存の協同組合は，国家の後見が強まる特別法の制定よりも，他の会社と同

335　木下は，「ロマン主義的で神秘的な要素をもっていた四八年のアソシアシオンは，散文的な営利会社に変貌したのである」とまとめる（木下74）．この時期の生産協同組合を研究するガイヤールは，「結局のところ，アソシアシオン（協同組合）は，資本主義システムの中で第三の社会的力を将来的に統合することを指向していたとしても，資本主義システムそのものを覆すということは決して目指していなかったのである．いかなる意味でもアソシアシオンは，社会主義の序曲ではなかった」としている（Gaillard 1965 : 64)．

様に扱われることによる自由を求めた.

b)　法の規定内容とその受容

かくして，特別法の制定ではなく，商法典の改正[336]という形をとって，協同組合には，「可変資本会社 sociétés à capital variable」という団体類型が与えられることになった.

各組合員（associés）は，資本を出資し，この組合員の増減に応じて，会社としての資本金の増減を変動させることができるのが（第48条），この新たな会社類型の特徴である[337].

労働者は，資本（株式）を有して，この会社に参与することになる．組合員の脱退，新規加入による変動があっても，会社は，独立した会社としての法人格を有し続け（第54条），資本金の上限，株価の最低額が定められている他は，他の会社と同様の一般的規則に服する.

このように特別な強行規定が課されず，また第二共和政期と異なり，国家による助成制度は，一切，設けられなかった．法の枠組は，社会の中での自立への志向に対応したものであったと言えよう[338].

c)　法の受容

しかし，この法律の公布によって，協同組合活動が促進されるという効果は，すぐには現れなかった．ゴーモンによれば，「この法律は，利害当事者から何の熱狂もなく，受止められた」「その大部分は，その後も長期間，合名会社，合資会社の形態にとどまって，それらの枠組みの利点を保持しようとした」とされる（Gaumont 504).

政府への不信がなおも労働者の間には，根強く，アソシアシオン一般を承認しないことへの不満もあったとされる（ibid.).

また一部の労働者エリートと自由主義ブルジョワによって担われた，ブリュ

336　24＝29 juillet 1867, Loi sur les sociétés, *Duvergier*, t. 67, 305ff.

337　この法が公布される以前，協同組合の多くは，合名会社ないしは合資会社の形態で設立されていたが（Gaumont 504），これらの会社類型では，社員の変更があった場合，定款改正等の手続が煩雑となる.

338　他方，スゥビランは，協同組合の商法典による包摂を，「労働者を商人に変えてしまおうとする立法者の意図」として分析している（Soubiran 81)．確かに，この法律により，協同組合に商事会社と同様の運営方法が求められるようになったため，そのような効果も生ずるが，それは，政府の意図のみではなく，この時期の協同組合の代表者達であるエリート労働者においても希求されていた方向でもあった.

ーズの労働信用組合も1868年に破産し，自由主義ブルジョワたちも協同組合運動から離れていくことになる（木下78）.

1870年代の協同組合の結成は，低調であり（Gueslin 1998：279），再び協同組合が活発になるには，槇原の研究が描き出しているように，二十世紀への転換期における農村での農業組合運動まで待たねばならなかった（槇原2002）.

(3)　コアリシオンの法的承認

以上，見てきたように自由帝政期において，有限会社，株式会社の準則主義化，協同組合の法制化によって，経済活動を行う団体の法的整備がなされていくが，このような流れと平行する形で，1864年には，ル・シャプリエ法が禁止した労働者のコアリシオンが承認される[339].

この法律は，労働者の集団性の法的な承認の第一歩となるものだったが，そこで承認された集団性とは，労働条件の変更を獲得するための一時的な結合に過ぎなかった.

以下では，a）このコアリシオン法提案の背景，b）コアリシオンの法概念，c）法の効果について検討していく.

a）コアリシオン承認の背景

i）それ以前の法枠組　第二共和政下での1849年法[340]は，ナポレオン刑法典において労働者のコアリシオン罪の構成要件が経営者のそれよりも緩やかとされ，罰則がより厳格とされていた労使間の不平等を修正し，「労働の自由」の確保のために，労使のいずれも等しく罰するという形式的平等を導入した法であった（大和田53ff.）.

しかし，その平等は，あくまで形式的なものであり，実際，訴追されたのは，労働者の方が圧倒的に多く，量刑においても，経営者が禁固刑となるのは，稀であった（Le Goff 2004：138）.

1849年法の立法者は，団結禁止こそが，労働者にも自由を与え，労働条件の改善をもたらすものであると考えていたが（田端1972：172ff.），このような

339　25＝27 mai 1864, Loi qui modifie les articles 414, 415 et 416 du Code pénal, *Duvergier*, t. 64, 162ff. コアリシオン法認に関する研究としては，田端（1972），大和田（1995），Le Goff（2004）を参照.

340　27 novembre＝1er décembre 1849, Loi qui modifie les art. 414, 415 et 416 du Code penal, *Duvergier*, t. 49, 385ff

自由競争への楽観的な見方は，裁判でも批判の対象となっていく．

ii）　ベリエ裁判から法改革へ　　1862年のパリの印刷工の罷業に対する裁判では，共和派の代議士でもある被告弁護士ベリエ（Berryer）[341]によってル・シャプリエ法を批判する弁論がなされる．

訴追された印刷工達は，1843年に定められた賃金の改定を求めて，労働審判所，印刷屋組合評議会，パリ警視庁長官，商業大臣，皇帝の順に仲裁的介入を求める請願を行っていったが，結局，成果を得ることができなかったため，罷業に入った（Nourrisson t. 2, 81）．この罷業は，トラブルや暴力事件をなんら招いたものではなかったが，検察は，公訴した（ibid.）．

ベリエは，有名弁護士であるだけでなく，第2章で検討したように，1834年法の審議に際して，「結社の自由」擁護の観点から反対弁論を行うなど，「結社の自由」について理解の深い代弁者であり，単に刑法典のコアリシオン罪の構成要件に即して無罪を求めるという弁論を展開するのではなく，ル・シャプリエ法の社会観そのものを批判した．

第一審の軽罪裁判所で，有罪とされたため，ベリエは，控訴を行うが，この裁判事件は，世論の関心を強く喚起したので，ナポレオン三世は，控訴審の判決を待たず，恩赦を与えるという対応をとった（ibid. 82）．

勤労階級の境遇改善者という顔も持つ皇帝は，この事件から，平和裏に行われるコアリシオンであっても有罪とする刑法典の規定に疑問を呈するようになる．議会での審議が進まないために，1863年11月には，ストライキに関する法改革を行うようにと皇帝自らが宣言することにもなる（ibid. 91）．

労働者の側でも，1863年の選挙に立候補した労働者達やガンベッタ（Gambetta）などによって起案されたコアリシオン罪の廃止を求める宣言を1864年2月に出版するという運動を行った（Soubiran 1999 : 76）．

iii）　提案の正当化　　以上のような背景の下で，立法府でコアリシオン罪の廃止の提案が議論されるようになっていくが，この立法過程での中心人物であり，法案の報告者となったのは，エミール・オリヴィエであった．

この報告は，第一部第一章で検討したように，ル・シャプリエ法の社会像に福祉国家の淵源を求めるという深い洞察を展開し，格調も高いので，「オリヴィエ報告[342]」として，よく引用されるものである．

341　ベリエの生涯については，（Eric 1999 : 41ff.）を参照．

この報告を分析するル・ゴッフは，コアリシオンを法的に承認させるために，オリヴィエが持ち出した理由を，以下の四点に整理している（Le Goff 2004：140ff.）．

第一は，経済的理由である．経済的自由主義の立場に立ちながらオリヴィエは，雇用者達によるコアリシオンは，自由な競争を害するものであるが，労働者達がコアリシオンする権利は，競争の障害ではなく，雇用者と対等な立場で自由な議論を行うための条件であると位置づけた．

第二は，社会的理由である．経営者の権限の濫用を制約するためには，労働者のコアリシオンこそが効果的な対抗手段になるとした．

第三は，社会学的理由である．オリヴィエは，ル・シャプリエの言説を批判対象としながら，「ただ個人しか，アトムしか存在せず，凝集と国民の集合的力は存在しないということは正しくない．[343]」と述べて，労働者を集合的に把握することの必要を説き，その集合性を法の上でも承認すべきであるとうい議論を組み立てていった．

第四は，戦略的な理由である．コアリシオンが，これまで否定的に見られたのは，それが，当初は，平和的な集まりであっても，群集の心理が働いて，やがては暴力的な集団へと変容するという恐怖があったためであるが，オリヴィエは，このコアリシオンを承認し，可視化し，労使間の対話の装置とした方が，罷業に突入する前の妥協をより可能にし，暴力的な事件，罷業を減らすことができると主張した[344]．

b）コアリシオンの概念

法の提案理由は，以上のように整理できるが，この法によって承認されるコ

342　（Moniteur, le 22 avril 1864, 671ff.）．オリヴィエの生涯と思想については，Troisier de Diaz（1985）を参照．

343　（Moniteur ibid., 688）．ル・ゴッフは，「このオリヴィエの演説は，これまでの自由主義的な社会的表象の次元に対して断絶をもたらした，特筆すべき考察であり，その重要性は，際立つものである」と評価する（Le Goff 141）．

344　後の社会心理学において，ギュスターブ・ルボンが，暴動が起こるのは，病気の感染のようなものであり，首謀者を事前に取り締まり，集団に悪い考えが感染するのを防ぐことが重要であるという理論を展開していったが（Le Bon 1895），オリヴィエが，この時点で暴力を伴う罷業が発生する要因を，労使間のコミュニケーションの欠如という合理的な理由に求められていた点は，注目できる．現代の集合行為論においても，フランスにおけるストライキ件数の多さを，労働運動の基盤が強固であるということよりも，労使間の交渉回路が閉ざされているという要因に求める議論がある（Lafargue 1998）．

アリシオンの概念を，オリヴィエは，次のように，アソシアシオンと区別することによって，定義を与えた．

「コアリシオンは，アソシアシオンではない．アソシアシオンは，継続的な共同活動の支援，事業や考えの実現のために，一定の期間，形成されるものである．これに対して，コアリシオンは，限定された期限での共同活動を通じて労働条件の変更を獲得するために形成されるものである．アソシアシオンは，組織を必然的に前提にするが，コアリシオンは，一時的な了解しか必要としない．アソシアシオンは，各構成員の利益から区別された集合的利益を創り出すが，コアリシオンは，各結集者の個人的利益に力を与えるというものに過ぎない．これまでの全構成員と新しい一人の構成員との間で成立するアソシアシオンは，道徳的な存在物を出現させるが，コアリシオンは，偶然の結びつきをもたらすのみでしかない．[345]」

このように，コアリシオンの集合性は，利益実現のための一時的な結びつきであり，それが集団としての独自の存在性（法人の観念）を帯びることはないとされた．

オリヴィエは，ル・シャプリエの社会像を社会学的理由から批判し，労働者の集団性の承認を主張したのであったが，この法律が新たに承認する集合性とは，集団それ自体の固有の存在性ではなく，利害を偶然，共通する諸個人の「行為の並置」でしかなかった[346]．

このことは，矛盾のようにもみえるが，自由主義のイデオロギーが議会を支配し，オリヴィエ自身も「労働の自由」という大原則それ自体を変更しようとするものではないゆえ，新たに承認される集合性の法的な表象が，既存の法カテゴリーである「契約」という概念によって構築されたのは，論理的な必然であった[347]．この意味で，コアリシオンは，革命期の中間集団否認の修正であ

345　(Moniteur ibid.).

346　大和田敢太は，この法によって承認されたコアリシオンを，「個人主義的イデオロギーおよび自由主義的イデオロギーに貫かれ，集団性を歪曲しようとする志向性のもとで，個人を権利主体として想定する公的自由として構成される，統一的意思形成機能を欠き，対内的および対外的強制機能を有しない，諸個人間の合意（状態）」と性格付けている（大和田 99）．

ったとしても，転換ではなかった．

この法は，刑法典414条以下を修正し，一時的な結合であるコアリシオンを，暴力や脅迫を伴わない限り，合法とするものであったが，ル・シャプリエ法や許可なき結社を禁止する刑法典291条以下の廃止・修正を伴うものではなく，恒常的な組織としての労働者の組合は，この法以後も警察的規制の対象となる．

また，この法に関して注目されるのは，平和裏に行われるコアリシオンや罷業は，処罰の対象としないが，それらが「暴行，暴力行為，脅迫または偽計の助け」を伴って実行された場合の罰則が，従来と比較して，強化されたという点である[348]．

この厳罰化には，議会でも修正案が提案されるなど，異論が出されたが，オリヴィエにおいては，穏やかなコアリシオンを装置として労使間のコミューケーションを促進し，罷業をなくすことが法の提案理由の一つでもあったため，許容されるコアリシオンについての枠付けを法が厳格に行うことは，必然であると考えられた[349]．

c）法の効果

では，実際，罷業は，オリヴィエが予告したように，消滅したのだろうか．

それは，逆であった．『フランスにおけるストライキ』の著者シロは，1864年法以後の罷業の推移[350]を概観しながら，「罷業がフランスにおいてその黄金時代を経験するには，1864年法の採択以後，長い期間は必要なかった」とし，次頁のようなデータを示している（Sirot 28）．

また，スゥビランの研究によれば，1864年法以降，労働者を弁護する弁護士は，法廷において，法的に承認されたコアリシオンの概念を拡張的に解釈することによって，労働者の結社の権利を擁護しようとしたことが示されている

347　田端博邦は，この法による集団を，「アトミスムを前提とした契約の自由によって説明することが可能である」としている（田端 1972：169）．

348　最大で3年の投獄とされた（刑法典414条）．

349　ル・ゴッフは，1864年法の制定理由を，「亀裂で覆われた『旧い法的な堰』を一生懸命維持するのではなく，労働者がよりよく制御されることによって，社会秩序にとっての脅威が少なくなるような『法的な放水路』を試すことの方がより有益であるという考え方が取って替わるようになった」と分析している（Le Goff 2004：140）．

350　刑事司法統計にあらわれる罷業件数の推移については，（大和田 104）．またティリーは，複数の県の罷業件数を比較歴史社会学的に分析し，各年代の傾向をより詳細に特徴づけている（Tilly 1986：497）．

図表 2-4-4　罷業件数の5年間毎の推移（1865-1914 年）

年	罷業件数	罷業者数	罷業総日数
1865-1869 年	63	26937	—
1870-1874 年	84	27235	105006
1875-1879 年	84	28711	328416
1880-1884 年	192	63967	734306
1885-1889 年	180	46961	579383
1890-1894 年	373	100224	1642444
1895-1899 年	469	84673	1361924
1900-1904 年	706	188216	3334907
1905-1909 年	1102	216125	4211881
1910-1914 年	1167	232134	3131189

＊（Sirot 2002 : 28）の表に基づく.

(Soubiran 1999 : 104)．その当時の法学博士論文でも，アソシアシオンそれ自体は未だ許可制に服すとはいえ，コアリシオンを行う集合がアソシアシオンを形成するのは，適法であると主張する者も現われた（Jarno 1873).

実際の労使紛争においては，労働者の一時的な結合が紛争の長期化の中で継続的組織になったり，継続的組織をベースにしてより広い範囲で一時的な委員会が作られたりなど，コアリシオンとアソシアシオンの間には連続性があり，このような複雑な現実に対して，一時的なコアリシオンと継続性あるアソシアシオンの厳格な分離という基準を持ち込むのは，1864 年の立法者が想定したほど，容易なものではなかった．よって，コアリシオンの概念が，当事者にとって都合の良い解釈，読み替えがなされるようになっていったのは，当然でもあった．

判例は，このような当事者による解釈に対して，コアリシオンの概念を拡大することなく，警察の立場を補強する役割を果たしたが（Soubiran 107)，罷業の増大，激化は，収まるものではなかったため，継続性ある組織としての「組合 Synidicat」の法的承認の制度化を不可避なものとしていく．

(4)　小括

以上，本節では，株式会社の準則主義化，協同組合法の整備，コアリシオンの法認の過程を検討してきた．この時期は，「経済的自由主義」の時代として特徴づけられるが，これら立法は，国家による団体への後見的関与を改め，団体が事前に定めたルールに従う限りにおいて，その自由な活動を保障しようとするものであった．

株式会社の許可主義からの自由は，会社法史における大転換であり，商法典の中に法的基盤を求めた協同組合も後見からの自由を志向していた．

労働者のコアリシオンも，平穏で，一時的な結合である限りは，自由競争の障害ではなく，労使間における自由な討議を保障するための条件として観念された．

しかし，実際，労働者の団結が，法律で枠づけられたような一時的な結合に留まるということは稀であり，経済的発展に伴うリスクも増大していくため，次節で検討するように，恒常的な集団を基盤として，「社会的なるもの」を組織化してことがより求められるようになっていく．

第3節　「社会的なるもの」の組織化

第三共和政期に入ると，「結社の自由」の要求が高まるが，次章で検討するように修道会問題がネックとなって，この要求は実現せず，職業組合の法的承認（1884年），共済組合の自由化（1898年）が，アソシアシオン一般の自由に先行して，成し遂げられることになる．

これら法律は，労働者の職業利益を集団的に把握し，職業や生活に伴うリスクを集団的に引受けることによって，個人には還元できない「社会的なるもの[351]」を組織化しようとするものであった．

本節では，これらの法律が，どのような連帯のあり方を促進しようとしたのか，を検討していく．

(1)　職業組合の法的承認

1884年の職業組合法[352]は，ル・シャプリエ法を廃止し，労働者による職業組合の結成を承認した法律である．これにより，一時的な結合としてのコアリ

351　ドンズロは，第三共和政期に，(1)デュルケムやレオン・ブルジョワによる「連帯」の法則の発見によって，国家権力の肥大化か人民主権かという二者択一を乗り越え，進歩を約束する政治哲学が形成されていったこと，(2)事故や不運を個人に帰責していた自由主義に替わって，それを「社会的リスク」と見なして，集合的に保険制度によって引き受けられるようになっていったこと，を「社会的なるものの上昇」としてえがいている（Donzelot 1994 : 121ff.）．

シオンではなく，恒常的な組織としての職業組合が，職業の利益を擁護するために活動することが承認されることになる．

しかし，スゥビランの研究が詳しく跡づけているように（Soubiran 1999），この法が承認したのは，同一の「職業者による組合 Syndicats professionnels」であって，階級性に基づく「労働者の組合 associations ouvrières」という表現を意識的に避けており，階級意識を基盤に労働者の集団が形成されることは，望ましくないとする立法者の意図が法に投影していた．

また職業組合に存立の条件として届出を義務づけるものでもあったため，この法は，労働者達からの反発を生むことにもなる．

以下では，a）この法が形成された背景，b）法による新しい集団概念の構築，c）法の受容過程を検討していく．

a）法の制定背景

本章第1節(3)で触れたように，パトロナージュの基盤として第二帝政期に寛容に扱われていた労働者組合評議会も，抵抗団体としての性格を強めていったため，刑事罰の発動対象となっていった．

それ故，労働者階級の代表者からは，組合結成の自由の請願，社会カトリック勢力からは，コルポラシオン復活の要求を増大させていくことになる[353]．

1876年には，共和派のロクロワ（Lockroy）によって職業組合法が初めて議会で提案される．提案理由では，労働者組合評議会への恣意的な刑事罰の発動が批判され，結社の自由の観点から，経営者，労働者によるアソシアシオン結成の自由を提案する内容のものであった（Soubiran 120）．

しかし，この法案は，組合の全構成員の氏名と住所の提出を義務づけるものであったため，労働者側のみならず，経営者層からも激しい反発[354]を引き起こしてしまい，廃案を余儀なくされる（Nourrisson t. 2, 181 ; Le Goff 2004 : 260）．

反発する労働者からの要求は，アソシアシオン一般の自由であった．これは，

352　21＝22 mars 1884, Loi relative à la création des syndicats professionnels, *Duvergier*, t. 84, 174ff. 職業組合法については，（大和田 113ff. ; Barbet 1991 ; Soubiran 1999 ; Le Goff 253ff.）を参照．

353　（Nourrisson t. 2, 179）．ただし，これらの要求に対して，議会は，調査委員会を設置したが，1875年の委員会の結論は，ル・シャプリエ法に忠実な路線を選択するものであった（ibid. 180）．

354　1876年のパリでの労働者会議では，この法案は，「労働者手帳と比肩しうる新たな罠」「新種の警察法」とも評された（Le Goff 260）．

議会内の共和派左派においても共有された課題であり，実際，この時期，提案された結社の自由に関する法案の多くは，結社の自由の一つとして職業組合を結成する自由を位置づけていた．当時の内務大臣ワルデック・ルソーが提案した1882年，1883年の法案[355]も，そのような位置づけであった．

しかし，アソシアシオン一般の自由の承認は，修道会の扱いがネックとなり，コンセンサスを得ることが困難であったため，職業組合をアソシアシオン一般から切り離し，それへの自由承認の道を探るという選択がなされる（Barbet 1991：6）．

アソシアシオン一般の自由を一時的に断念して，職業組合結成の自由を先行させる必要は，コアリシオン承認以降も一向に罷業が減少せず，より激しいものとなっているため，組合を通じて対話を制度化し，「労働者に有和的に彼らの利益を擁護する術を教え，簡単な経済，社会的な問題解決でも，困難さは当然に伴うことを理解させ，妄想に魅惑されず，現実と向かい合うことを教える」ことにあるとされた（Le Goff 260）．

b）新しい集団概念の構築

このように法の提案理由は，結社の自由という観点からの基礎づけよりも，労働者達にその利益を組織化させることによって，労使間の交渉を制度化していこうという観点が優位に立つものであった．

よって，法によって承認される集団にどのような定義を与えるか，という論争において，望ましい労働者の結合のあり方と，そうでない労働者の結合のあり方との間に線引きがなされていくことになる．

議会で提示された集団概念には，大きく分けて，三つのものがあった．第一は，階級組織としての労働者の結社を承認するという選択，第二は，パトロナージュに基礎を置く階級宥和型の組織を復活させるという選択，第三は，同職者による利益集団として位置づけるという選択である．

第一の階級組織型の結社は，立法者によって，「暴動と転覆の煽動者」「政治のプロ」「社会に階級分裂を引き起こすもの」というように徹底的にスティグマ化された対象となる（Barbet 20；Soubiran 125）．

「職業組合 Syndicat」という概念は，階級意識を煽り，労働者を政治化させることを目的とする悪い結社との対比の中で形成された産物であり，職業組合

355　詳しくは，第3部第4章で扱う．

法の立法者達の意図は，「政治圏」と「職業組合」とを分離させることにあった[356].

第二の階級宥和型の組織は，社会カトリック派のド・マン（de Mun）によって，議会討論の中で示されたものである．そこでは，「真の家族的精神」に基づくコルポラシオンの復興が目指され，経営者と労働者の双方が宗教的紐帯に基づいて参与する混合型組合を中心モデルとして新たに承認されるべき職業の集団を構想するものであった（Nourrisson t. 2, 183ff. ; Soubiran 131).

ド・マンは，指導的階級によって構成される名誉会員委員会を設置し，これによって指揮される労使混合型組合にのみ法人格と遺贈の受領能力を付与するという提案を行う（Soubiran ibid.).

このド・マンの考え方は，少数意見であり，議会では，アンシャン・レジームへの回帰であるとの批判を浴び（Nourrisson 192)，成立した法に影響を与えることはなかった[357].

選択されたのは，第三の同職者による利益団体である．この集団概念の名称である「サンディカ Syndicat（＝職業組合)」という言葉は，それ以前に社会の中でさほど用いられたものではなく，この法によって，「経済上，工業上，商業上，農業上の利益の研究と擁護を専ら目的とする」団体として，その意味が初めて定義されたものである（第3条).

「サンディカ」という言葉それ自体に，「労働者的な」という意味はなく，「同一の職業，仕事を行う者」によって構成される組合が，「サンディカ」であり，経営者間，経営者と労働者の間によって結成される組合も「サンディカ」である．

この「サンディカ」は，「同一の職業，仕事を行う者」によって構成されるものであり（第1条)，階級意識を基礎にして，違う職種の者が，抵抗団体をこの法の枠組みで形成することは，排除されていた．

「利益の研究と擁護を専ら（exclusivement）目的とする（ただし強調は引用者)」という表現になったのは，組合の目的を経済上の利益に限局し，「政治圏」と

356　バルベは，「1884年法は，政治エリートと職業組合のエリートとの相互承認の過程における良い取引の産物として一般的に理解されうる」と評している（Barbet 20).

357　ただし，1884年法それ自体は，労働者と使用者の双方による組合の結成を妨げるものでなかったので，カトリック・セルクルの指導の下で，僅かではあるが，混合型組合が実践されていくことにもなる（Nourrisson t. 2, 200).

切断するために，「専ら」の一語を加える修正案が可決されたからである（Barbet 22）.

また，草案では，「サンディカ」の目的として「一般的利益 intérêts généraux の擁護」という文言が入れられていたが，これも，「職業上の問題以外のことについて組合が議論する口実を与えうる可能性のある表現」という理由で，削除された（ibid.）．承認される「職業組合」は，「一般利益」に関与するのではなく，あくまで職業上の「特殊利益」を担うのみであり，その意味で，「社会」から超越する「国家」のみが「一般利益」を担うという社会像は，修正されなかった.

届出を行った職業組合は，不動産所有の権能が会の集会のために必要なもののみに制限されるが，法人格が承認され，相互扶助や協同組合の事業を併設的に行うことも可能とされた（第6条）.

このような事業の併設が職業組合に承認されたのは，アソシアシオン一般の自由がなお困難である以上，この職業組合を基盤にして，「アソシアシオンの精神の飛翔を促進[358]」することが期待されたからであるが，立法者にとっては，このような事業活動に職業組合が専心することは，社会革命への傾斜の解毒剤になるとも考えられていた（Barbet 8）.

職業組合同士による「連盟 Union[359]」の結成は，最終的に承認されたが，これには法人格が否定され，活動のための基盤が与えられなかった.

成立した法は，ル・シャプリエ法を廃止するものであったが，職業組合は，その規約と管理責任者の名前の届出を市庁舎に行わなければ，なおも刑法典の結社罪が適用される対象とされ，事実上，黙許を受けて活動している組合に届出を義務づける法律となった.

c）法の受容

以上のように，この法には，「政治圏」と「職業組合」を分離させながら，「職業組合」の存在を公権力が的確に把握していくという目的を有するもので

358　この法律の公布後に，内務大臣ワルデック・ルソーが各県知事に宛てた通達（1884年8月25日）において，職業組合には，「闘争の道具となるよりも，物質的，道徳的，知的進歩の道具としての期待がある」ので，職業組合に不信を持たれないように，アソシアシオンの精神が成長させるような趣旨で法を運用することが求められた（A. D. L. G 10M51）.

359　「政治圏」と「職業組合」を分離するという意図から，「連盟 Union」の承認は，議会内でも「ゼネストを引き起こし，国家内国家を構成する」という強い反発があったが（Nourrisson t. 2, 190），最終的に，これに法人格を与えないということで決着を見た.

あったため，法の公布後，労働者からの不信を払拭するのは，困難であった．

1884年のレンヌでの労働者会議では，「警察的，反動的な法律である1884年法の施行に抗議する」ことが宣言され，1886年のリヨンでの労働者会議でも「この法律は，集会，結社の権利という不可侵の権利の自由な公使を，労働者に新たに妨げようとする鎖である」と評価された（Le Goff 261）．

職業組合の存在とその責任者の情報が管理されるよりも，あえて届出を行わず，法外に留まる組合も多かった[360]．よって，フランスの「労働法史・労働運動史のなかで，1884年法が占める比重は，大きくはなく，労働組合権の生成史において同法が果たした役割の解明は，等閑に付されてきた」とも評される（大和田118）．

ところで，立法者の意図としては，(1)労働者，使用者の組合の制度化を通じて宥和的な労使交渉を実現し，暴力的な罷業を消滅させること，(2)労働者の結社を，「政治圏」へと接近させるのではなく，職業の利益の増進に専念させることにあったが，これらの意図は，どの程度，実現されたのだろうか．

以下では，サン・テチエンヌ市の例から，これらの効果を検討したい．

1890年に市の警察署長によって県知事宛に「1884年法の諸結果―職業組合による業務について」と題する報告が行われている（A. D. L 10M405）．

それによれば，法成立直後には，1884年法の妥協的性格に抗議して，解散した組合もあったが，施行数年後から，この法に基づき設立される新たな組合が増大し，1890年においては，48の組合が市内に存在し，あらゆる職種が組合によって組織されつつあるとされる．

報告は，法によってもたらされた利点と不都合な点がそれぞれ記されている．

利点については，1884年法で組合に与えられた職業斡旋や協同組合事業の機能に関するものが若干報告されている．職業斡旋所については，数件の組合で実施されているが，むしろ労働センター（Bourse du travail[361]）で行われている斡旋が重要であるとし，協同組合についても，職人の組合で材料や道具類購

360　ル・ゴッフによれば，1886年7月の時点まで届出を行った組合は，286に留まったが，労働局の統計では，1884年の時点では，597の組合の存在が事実上，確認されたとされる．不信が解けて，届出が増大してくるのは，1890年代に入ってからである（Le Goff 263）．

361　1889年に，社会主義系の市長によって，地区労働センター（Bourse du travail）が設立された．このセンターは，市の予算によって運営され，専従職員も2名いる施設であり，48ある組合のうち30の組合が，このセンター内の部屋を貸与してもらい，所在地をここにおいている．またこのセンターには，13の相互扶助組合も入っている．

入のために消費協同組合事業が行われているが，生産・出荷事業についてはこれからであると報告しており，利点に関する記述は，乏しい．

他方，不都合な点の記述は，豊富である．

第一に，労使交渉の態様については，罷業がむしろ逆に多発・激化するようになったことが，炭鉱夫の組合を例に述べられている．

> 「組合によって組織された炭鉱夫達は，集会で互いに煽りあって，過剰なまでの連帯意識を持つに至った．このところ，彼らは，原因がはっきりしない場合，あるいは原因がないような場合でも，これまでには考えられなかったような激しい罷業を打ってくる．最近，3つの地区（Jabin, Monthieux, Villeboeuf）で罷業が起こったが，それぞれの理由は，最初のものが，会社が一名の労働者を解雇したため，他二つのものは労働者によって承認されなかった監督者を会社が任命したためである．」

前節のコアリシオン法のところで見たように，全国レベルの統計においても，1884年法以降，罷業が減少傾向に向かうということは，確認されていない．

1890年代以降，罷業件数の増加が飛躍したのみならず，罷業日数の長期化，罷業中のトラブルに伴う負傷者の増加なども確認され，「罷業は，戦争である」と言われるまでにもなる（Le Goff 267）．

第二に，「職業組合」と「政治圏」との関係についても，立法者の意図とは，反対の効果が記されている．

> 「組合が悪しき結果をもたらすのは，むしろ政治的側面においてであると思われる．組合が政治問題と経済問題を分離することはないことは先にも述べた．とにかく彼らが政治に関心を示さないはずはない．組合の演説者達がよく用いる表現を借用するなら，彼らの目的は，『様々な労働者的党派の諸力を一つに結束させる』ことにあるのだから．選挙の際に，指導者達が会合を開いているのは労働センターに他ならない．なぜなら，彼らのほとんどが組合の指導者でもあり，候補者も彼らによって選ばれているからである．」

報告では，罷業の過激化や組合の政治化が起こる要因の一つとして，「連盟

Union」や「連合 Fédération」の存在を挙げるが，このような認識は，全国レベルでも共有されたため，1884年法以後に，「連盟」に法人格を付与しようとする改正が提起されても，警戒感が強く，それが実現するには，時間を要した[362].

しかし，法人格が与えられなかったとは言え，「連盟」による職業組合の組織化は，その後，急速に発展し，一企業，一工場の職域を超えた職業別・産業別の職業組合の連合化が進んでいくことになる[363].

(2)　共済組合の自由化

1898年の共済組合法[364]も，共済組合に「連盟」方式による連合化の自由を与えることによって，より広域規模での連帯の実現，リスクの引受けを可能とした法律である.

本章第1節(1)で検討したように，1852年の相互扶助組合法は，名誉会員の拠出に基づきローカルな規模での相互扶助を創り出すことをその理念としたものであったが，急激な産業構造，社会秩序の変化は，この法の依拠している基盤を掘り崩していくことになっていく.

第一の変化は，「リスク[365]」の発見，増大である．労働環境の変化は，個人

362　1920年の職業組合法改正によって，「職業組合」の法人格の権能の制限が解かれ，「連盟」にも同様の法人格が与えられた（12 mars 1920, Loi sur l'extension de la capacité civile des syndicats professionnels, *Duvergier*, t. 120, 308ff.）．この法改正によって，労働組合連合組織も組合法制を是認するようになる.

363　1895年には，「労働総同盟 CGT」が結成される．また逆に，このような連合化が進むのと平行して，一企業内において，加入する連盟を異にする複数の組合が存在することにもなっていく．1884年法の立法者も組合複数主義を承認する立場を採っていたが，その理由は，強力な単一組合の出現を防ぐことにもあったとされる（大和田 125).

その後，CGT によって最大組合に唯一の代表権をという要求が組織されたこともあったが，実現には，至っていない（松村 2000: 4).

364　1er＝5 avril 1898, Loi relative aux sociétés de secours mutuels, *Duvergier*, t. 98, 111ff. 共済組合法については，中上（1979），Gibaud（1986），Gueslin（1998）を参照.

365　エヴァルドは，「リスク risque」という概念は，保険科学に固有な独自の概念であって，誰か具体的な人物に起こる「危険 danger」と区別され，諸個人から成るある集団に対して起こり得る特定の出来事を特別な方法で扱う様式であるとしている．「リスク」は，ケトレの社会物理学，確率論の発展によって計算可能となり，保険技術に支えられて，集団的なものとして引き受けられるようになった（Ewald 173ff.）.

の過失，不注意あるいは偶然の不運といったものに還元できない事故を発生させる．事故の多発は，それを確率的に計算し，集合的な「リスク」として引き受ける保険技術を生み出していく．

第二の変化は，「世俗化」，「平等化」である．共和政下においては，カトリック的な階層秩序，名誉会員によるパトロナージュは，政体から奨励される社会秩序でもなく，組合の運営になおもそのような旧い秩序観が投影し続けることは，組合員からも問題化されていく．

1898年の共済組合法は，1852年法の監視的性格を廃し，届出のみによる組合設立，組合の活動目的の範囲拡大をもたらし，「共済組合の憲章（Charte de la Mutualité）」と形容される（Gueslin 235）．

以下で，この法の制定を検討していくが，それは，団体結成の自由化という性格のみではなく，以上の二つの変化が，どのように法に反映したのかという側面を考察することが課題となる．

a) 立法化の背景

1870年に皇帝の同意組合の会長任命権の廃止された以降，むしろ問題となっていったのは，行政による後見ではなく，相互扶助組合自身の技術的な統制の不十分さであった．

とりわけ，死亡率といった確率表を十分考慮せずに，老齢年金の給付を約した相互扶助組合が，支払不能のスキャンダルに陥ることが多かった（ibid. 233）．

このことは，名誉会員の拠出金に依拠していた従来の相互扶助の限界性を自覚させることになる．

1898年法の趣旨を，上院議員のルーティ（Lourties）は，次のように説明する．

> 「実際，ある人々が主張するように，友愛的，慈善的な性格が相互扶助組合の発展を保障するに十分であると信じるのは，間違いである．共済組合の運営者は，組合は，科学的な組合であらねばならないということを忘れてはならない．科学こそが，夜道を照らし，達成すべき目的を示してくれるのである．共済組合の真の経済的目的は，富を持たない勤労者に廉価で保険を提供することにある．本当のところ，財政的観点から見た場合の民間の保険会社と共済組合の運行上の唯一の相違は，後者では，会が給付すべき金額から，保険料や会費が導かれるのに対して，前者では，株主に

支払うべき配当金，運営コストから，それらが導かれるという点にのみある．[366]」

このような性格づけが与えられた共済組合は，「友愛」の精神を基礎にした助け合い的な組織ではなく，統計によるリスク計算に基づき，個人が被るリスクを集団で連帯的に引き受けることを目指す機能的な集団として把握されよう．

もちろん，扶助のあり方については，政治党派によって様々なニュアンス[367]があり，共済組合法が成立するまでには，17年間の時間をも要した．しかし，最終的には，上のように理解される共済組合によって，社会の進歩を成し遂げるということにコンセンサスが成立し，全会一致で法律が採択される（ibid. 234）．

b）法の内容

この新しい法律により，これまで刑法典の許可制度に服していた「自由組合」は，届出のみによって自由に結成できるようになり，活動目的の範囲内での動産・不動産所有の権能を有するようになる（第15条）．

1852年法が設けた組合類型である「同意組合」も，「同意」の申請が拒否される場合は，(1)規約が法の規定に適合しない場合，(2)規約が支出に応じた収入を準備しないで老齢年金，生命保険を設定した場合の2つに限定され，「同意」の拒否，取消のいずれの場合でもコンセイユ・デタに提訴できるとされた（第16条）．

「同意組合」は，法的権能の面で，「自由組合」よりも優遇され，「自由組合」には，政府の補助金が与えられなかったため，実際，この法律以降，「同意組合」が増大し，共済組合での主たる類型になっていく（中上（上）1979 : 84）．

名誉会員を必ず設けること，市長，司祭が主導的役割を果たすこと，といっ

366　(Gueslin 234).

367　社会カトリック派は，共済組合の理念として，カトリック的献身の実現をなおも託そうとしたが，自由主義者は，保険技術数理士による計算を徹底させることを求めていた．社会主義者は，任意の組合による扶助よりも，公的扶助を重視していたので，一般的に，この法律に関心が乏しかったとされる（Gibaud 72ff.）．ル・プレ派に属するエミール・シェイッソン（Émile Cheysson）は，旧来のパトロナージュ説から離脱し，保険の技術化の強化を主張し，法が成立するに重要な役割を果たした（ibid. 75 ; Gueslin 234）．この時期における「福祉国家」のあり方に関する思想的諸潮流の対抗関係を丹念に跡づける仕事として，（田中 2006）も参照．

図表 2-4-5　相互扶助組合と共済組合

	構成原理	規模	財源	内部関係	モラル
相互扶助組合（1852年法）	温情＋友愛	コミューン単位	名誉会員の拠出金	階層的	カトリック的
共済組合（1898年法）	連帯	広域連合化	リスク計算に基づく保険料	対等	世俗的

た1852年法の要求は，「同意組合」に対して削除された．

このようなパトロナージュの秩序観から自由になる一方で，他方では，組合には，死亡率や罹病率の確率表に基づいて，財政運営を行うことが求められる（第7条）（第23条）．保険技術によるリスク計算こそが会の安定的運営のための条件とされる．

1852年法では，相互扶助組合は，一コミューン内で活動するものであり，知事の承認がなければ，組合員が500名を超えることが禁止されていたが，この法は，共済組合同士による「連盟 union」による広域連合化の道を開いた（第8条）．これにより，共済組合は，リスクの分散が可能になり，急速な発展を遂げることになる．

活動目的としても，これまで道徳に反するとして抵抗があった生命保険，失業保険も新法では，共済組合の目的として承認される（第1条）．組合員の家族の疾病，障害への給付，遺族給付も可能となり，社会的保護の役割が共済組合に託されることになった．

1905年に老齢障害扶助法[368]，1910年に退職年金法[369]が制定され，保険加入は義務化されるが，共済組合の自治の伝統は，その後も維持されることとなる[370]．

(3)　小括

以上，本節では，職業組合法，共済組合法が，どのような連帯のあり方を促

368　14＝16 juillet 1905, Loi relative à l'assistance obligatoire aux viellards, aux infirmes et aux incurables, privés de resspirces, *Duvergier*, t. 105, 435ff.

369　5＝6 avril 1910, Loi sur les retraites ouvrières et paysannes, *Duvergier*, t. 110, 223ff.

進しようとしたのか，を検討してきた．

職業組合法は，階級意識ではなく，同職であることの共通利益に基づいて労働者が組合を結成することを促進するものであり，「政治圏」と分離された「職業組合」が労使間の宥和的な対話装置となることを意図したものであった．

しかし，実際，このような意図は裏切られ，労働者の広域的な連帯を表現した各種の連盟組織は，「政治圏」に影響を与えるようになっていく．

共済組合法は，名誉会員の拠出に依拠したローカルな相互扶助組合を，合理的な保険技術に基づいてリスクを引受ける広域的な連帯組織へと変貌を遂げさせるものであり，この法によって確立した共済組合の自治の基盤は，その後の社会保障の国家化に対して抗しうるほど，強固なものとなった．

アソシアシオン一般の自由の成立前に，「社会的なるもの」は，これらの「中間団体」を通じて広域的に組織化されるようになっており，社会の実態においては，小さなアソシアシオンではなく，組織（オルガニザシオン）の時代が到来していた．

しかし，アソシアシオン法は，団体主義的な構成[371]を取らず，契約としてアソシアシオンを構成していく．次く第3部においては，このアソシアシオン

370　1910年の退職年金法は，これまでの任意的な共済組合を通じた保障ではなく，「強制加入」を原則とするものであったため，共済組合や職業組合の団体から強力な反対があった．法の施行後も，これら団体や企業主の抵抗によって拠出金が十分に集まらず，1910年法の構想は，破綻し，1928＝30年の社会保険法では，共済組合による当事者管理原則が確認され，第二次世界大戦後の社会保障制度の確立以降も，職業団体，共済組合の自治の伝統が維持される．以上について，田端（1985）を参照．田端は，社会保障における社会保険的構成，各職業による特別制度の分立という特徴を，フランスの社会保障制度の「非国家的構成」と名付けている．

371　1884年の職業組合法は，契約的構成を取らず，「職業の利益」を擁護する団体として職業組合を構成しており，その後の判例でも，「職業の利益」という組合構成員の諸利益に還元されない独立した集団的利益を擁護するために司法裁判所で団体訴権を行使する権能が承認されていく．

これに対して，アソシアシオンは，その構成員に還元される存在でしかなく，構成員の諸利益から独立した集団的利益を擁護するための団体訴権は，司法裁判所の判例において原則否定される．第3部補章で概観するように，1970年代以降，多様なアソシアシオンに団体訴権が認めらるようになっていくが，そのような資格は，それぞれ立法への書き込みや行政庁の認可を根拠としており，一般的に団体訴権が認められる職業組合とは，異なった扱いがなされている．職業組合とアソシアシオンの団体訴権の相違については，（Boré 1997 : 27ff. ; 荻村 2004 : 96ff.）を参照．

法の形成を促した諸要因を分析しながら，契約的構成が取られた理由を明らかにしていくことが課題となる．

第3部
アソシアシオン法の形成

第2部で概観してきたように，19世紀においては，第二共和政の一時期を除いては，刑法典の結社罪が維持され，中間団体のタイプに応じて個別的な政策が採られた．

アソシアシオン法が成立し，アソシアシオン一般の自由が承認されたのは，20世紀に入ってからであった．この結社の自由承認によって，「国家」と「諸個人」の間に立つ「中間団体」の存在を承認しなかった革命期の社会像が修正されることになるが，アソシアシオン法は，アソシアシオンを契約と構成することで団体主義的構成を避け，修道会への敵対的な特別規定を併せ持つという特殊な構造を取った法でもあった．

よって，アソシアシオン法の成立は，前章で概観した19世紀後半からの各種団体の承認のプロセスの到達点，あるいは第三共和政期に進行した一連の公的諸自由の保障の完成点というように発展史的に把握されるべきではなく，第三共和政を支えたイデオロギーとの関連でその特殊な性格が分析されなくてはならない．

この法の特殊な構造や承認までの様々な論争の中に，フランスの特異性，革命期の反結社の歴史的経路といったものを観察していくことが，重要な視角となってくる．

第3部では，このような視角から，アソシアシオン法の形成過程を，(1)社会理論の営み，(2)法人理論の形成，(3)規制慣行と判例の変容，(4)議会での討議という四つの側面から描いていく．

第1章では，第三共和政をリードした急進派の思想体系と政策，デュルケム社会学と社会カトリシスムの中間団体論を検討していく．

第2章では，議会で準備されつつあるアソシアシオン法案に影響を与えることを目的に練り上げられた法人学説の理論的射程を明らかにしていく．

第3章では，サン・テチエンヌ市を事例に，1901年法成立前のアソシアシオンの実態と規制様式を分析した後，法成立前の判例におけるアソシアシオンの扱いを検討する．

第4章では，アソシアシオン法の立法者であるワルデック・ルソーの言説に焦点をあてながら，アソシアシオン法の特徴，成立要因を分析していく．

最後に，補章として，このアソシアシオン法がどのように受容されていったのか，その概略を与える．

第1章　急進派の共和政と中間団体の再定位

第三共和政は，フランス革命以降，最も長期間，持続した政体である．しかし，1875年の憲法が「王政待ちの憲法[372]」とも言われるように，強固なカトリック王党勢力が存続し，各政治党派が離合集散しながら対立する状況が続くために，実際に共和政が確立・安定してくるのは，ドレフュス事件を乗り越え，カトリック王党派に対する共和派の優位が確定した世紀転換期以降であった．

このようにして確立していく第三共和政の政治的担い手の中心となったのは，「急進派（Radicaux）」と呼ばれる政治グループである[373]．フランス革命の完成を政治的使命とするこの急進派は，「第三共和制を一身のうちに象徴する政治権力」（中木 1979：327），「「共和制」「左翼」というシンボルを化体するもの」（樋口 1993：153）と形容される．

本章では，まず第1節で，この急進派の思想体系と1880年代に行われた共和主義的政策を概観し，「曖昧な自由主義[374]」として特徴づけられる第三共和政の政治史的文脈を明らかにしていく．

次に，第2節で，この急進派に近い立場にあり，第三共和政において正統たる地位を確立していったデュルケム社会学を検討することで，個人の自律性の尊重という理念と矛盾しない形で，中間団体が再定位されていく過程を辿って

372　これは，第三共和制憲法とも呼ばれるが，これは，いずれも1875年に成立した「元老院の組織に関する法律」，「公権力の組織に関する法律」，「公権力の関係についての憲法的法律」の3つの法律の総称であり，まとまった憲法典として制定されたわけではない（樋口 1993：150）．

373　1901年のアソシアシオン法を成立させたのは，「共和国防衛」を掲げる急進派中心の内閣である．同年，急進派は，フランスにおける初の全国組織政党「急進社会党」も結成している（石原 1966：21）．ただし，ワルデック・ルソー自身は，急進派による反教権主義の激化に懸念を示して，この政党の結成には，参加せず，進歩派を中心に「民主＝共和同盟」を結成し，「急進社会党」と提携関係を有しながら，左翼ブロックを形成する（中木 1979：329）．

374　（Machelon 1976：449）

いく.

最後に，第3節で，このような共和派の優位を前にして，カトリックの側が，どのように社会教説を再構築し，中間団体の自由を論証していったのか，という点を，回勅「レールム・ノヴァルム」の検討を通じて，明らかにしていく.

第1節　急進派の思想体系と共和主義的改革

(1)　急進派の思想体系

七月王政期から，徹底した共和政と普通選挙の実現を求める「急進派 radicaux」と呼ばれる政治党派が存在したが，第三共和政期の「急進派」の系統に連なる潮流が生まれたのは，第二帝政末期の総選挙の際に，ガンベッタをリーダーとする急進民主主義者がその政治プログラムとして「ベルヴィル綱領（1869年[375]）」を宣言した際であった.

この「ベルヴィル綱領」は，普通選挙の実現，結社・集会・出版の自由，非宗教的な義務的初等教育の導入，宗教予算の廃止による完全な政教分離を約束するものであり，後の急進派のドクトリンを形成するものとなる.

1876年の下院選挙で共和派が躍進した際，共和派は，漸進的に改革を進めようとした穏健派（オポルチュニスト）と，妥協することなき政教分離の完全な実施，上院の廃止のための憲法改正を求める急進派との間に分裂する[376].

この急進派を，共和派内の穏健派，あるいはリベローと分け隔てる特徴として，山元一は，以上の普通選挙の実現，特権的な上院の廃止という「積極的民主主義[377]」という特徴の他に，(1)「フランス革命に対する深い愛着」，(2)「科学主義・経験主義・実証主義への志向」という二つの点を挙げている（山元 1993：(3)，45）．以下で，それぞれの特徴点を敷衍しつつ，急進派の思想体系の

375　綱領の内容については，（ニコレ 1975［1974］：31）に掲載されている.

376　ただし，共和派穏健派内閣の下でも，次項で概観するように，公教育改革や公的諸自由の実現は，進展していく.

377　急進派は，普通選挙の完全実施を求め続けたものの，その支持基盤を，大衆に求めておらず，小ブルジョワ，独立農民を基盤として，社会主義や集産主義の思想潮流とは，距離を置き，私的財産制の原則の維持を基本にしながら，累進課税の導入や社会的立法による是正を目指した（中木 326；石原 22）．このような社会主義でもなく，自由主義でもない急進派の路線を表現するものが，連帯主義であった.

特質を明らかにしていこう．

a)　大革命の完成

自由主義者や共和派穏健派は，「大革命を過ぎ去ったもの，すでに獲得されたものとみなす」のに対して（石原 1966：33），急進派は，大革命の理念の実現は，未完であり，これを完成させることこそが第三共和政の使命であるという歴史認識を有していた．

このような認識は，旧王党派，カトリック教会勢力，軍部によって構成される「教権主義[378]」の陣営との妥協なき闘いという方針を導く．カトリック王党派が，「共和政への加担（ラリマン）」を表明した後も，急進派のリーダーであるレオン・ブルジョワ（Léon Bourgeois）が「諸君は共和政をうけ入れた．しからばフランス革命はどうか．」と彼らを詰問したように（Nicolet 1994：252），革命の徹底としての「反教権主義[379]」，国家と教会の分離は，常に急進派の理念であり続け，この実現を担うことが「真なる共和主義」の守護者を演じることになると考えられていた（Duclert et Prochasson（ed.）2002：427）．

第三共和政前期は，一般に，「公的諸自由の黄金時代」あるいは「ベル・エポック」として理解され，その自由主義的性格が強調され，議会中心型の立憲主義が定着・開花した時期として把握されてきた．しかし，マシュロンや山元[380]の理解によれば，この時期の政治的担い手の中心であった急進派の最大の政治課題は，「反教権主義」に存したのであり，「共和国防衛」という名にお

378　「教権主義 cléricalisme」とは，宗教的社会と世俗的（市民）社会とを分離せず，教会や聖職者が政治に介入することで，教会の規則や流儀に社会全体を服さしめることを理想とする考え方である．しかし，このような理想が，社会の世俗化の進展によって実現不可能であることを認識するようになると，全体社会とは別に，宗教の公理が構成員の全生活局面を規律する部分的宗教社会の形成を目指すようにもなった（Rémond 1999：13）．

379　これに対して，「反教権主義 anticléricalisme」とは，宗教的なものと世俗（市民）的なものとを厳格に分離するという立場にたち，宗教は私事に属する事柄であり，各人の信教の自由が認められるとしても，宗教が社会に影響を与えるべきではないとする（ibid. 14）．部分的宗教社会の存在は，国家の統一性にとっての脅威であると認識され，個人の教会への帰属や修道会の存在を非難の対象としていく．

380　山元一は，第三共和政前期の急進共和派によるレジームを「〈教権主義〉への対抗という文脈で，一経済的領域における自由主義的政策とは対照的に一，とりわけ精神的諸自由の土俵そのものを確保し，さらにそれを嚮導することを目的として，極めて干渉度の高い〈積極国家〉としてたちあらわれざるをえなかった」と性格づけている（山元 1993：(3)，31）

いて，政体に敵対する政治勢力，すなわち「教権主義」や「アナーキスト」には，極めて弾圧的な政策が取られ，その「自由主義」には曖昧さ[381]があったとされる（Machelon 1976 : 449ff.）．

b）科学の標榜

カトリックとの決別を宣言した以上，共和政は，モラルの源泉を宗教以外のものに求めねばならなくなるが，代替的な新たな基盤となったのが，科学に他ならなかった．

共和政の指導者達は，これまで修道士によってその多くが担われていた初等教育を，無償化・義務化・非宗教化することで，「全国津々浦々に国語（フランス語）を普及し，『単一にして不可分な共和国』のための前提を形づくること．聖史にかわるフランス史（国史）や地理の授業を通じて祖国の観念を養い，共和主義的公民の教化をはかること．そして理科や数学の学習によって『迷信』を払拭し，科学的世界観に導くこと」を目指した（谷川 1997 : 194）．

高等教育においても新しい実証主義的な諸科学を重視する大学改革[382]を行うことが急進派によって主張される．

ニコレは，他国と比較した場合，フランスの共和主義イデオロギーは，「科学を奨励しただけではなく，科学それ自体に大きく依存していた」という点に特質があり，その依存の目的は，「市民達が宗教的ドグマティズムの様々な主張から解放されて，市民的，知的な活動を規律していくことが実現される」ことにあったとしている（Nicolet 310）．

次節で検討するデュルケムの社会学が成功を収めたのも，宗教ではなく，分業による連帯という世俗的（非宗教的）な社会関係にモラルの源泉が存在することを科学的に明らかにしていった新しいディシプリンであったからである．

(2) 共和主義的政策の実現

1879年のマクマオンの失脚以降急進派が求めた共和主義的な改革が進行し

381　マシュロンは，「曖昧な自由主義」という共和政の性格を最もよく示している例として，アソシアシオン法が，結社一般の自由を承認しながらも，その第三章で修道会をその例外としていることを挙げる（Machelon 457）．マシュロンは，アソシアシオン法制定百周年の際も，自由の例外とされた修道会問題のシンポジウムを企画し，その共同研究の成果である書物の編者となっている（Lalouette et Machelon（ed.）2002）．

382　この時期の大学改革を，デュルケム社会学の制度化や共和主義的イデオロギーとの関連で描いたものとして，田原（1983）を参照．

ていくことになる．急進派の代表的人物ガンベッタによる内閣は短命に終わるが，共和派であるジュール・フェリー（Jules Ferry）が主導する内閣によって，公的諸自由の保障，教育改革が推進され，共和主義的な公共空間[383]が創出されていく．

a）共和主義的な公共空間

共和派は，政治的討論が公共空間で活発化することこそ，共和政という政体を支えることにつながると考えていた．

1880年7月の酒場開業の自由法[384]は，カフェや酒場での活発な政治的討論を期待するという意味が込められていた．

1881年7月には，出版の自由法[385]が制定され，道徳秩序の体制下での検閲や出版業への規制が廃止された．この自由の確立は，多様な新聞や雑誌の創刊をもたらし，共和国市民の読み書き能力の向上にも貢献しながら，世論を活性化させることになる（Mayeur 1984：74）．

同年6月には，集会の自由法[386]も制定される．第二帝政期の集会に関する法律[387]では，政治と宗教に関する集会は事前許可制とし，かつこれらの集会を屋外で行うことを禁じていたが，この法は，届出を条件に，あらゆる目的の集会を自由とし，屋外での集会も承認した[388]．

このように公的諸自由の承認が進むのと並行して，全国各地で，共和国広場や共和国通りがうまれ，共和国を象徴するマリアンヌの彫像物も建立されるなど，公共空間は，共和主義の理念で彩られていくことになる（アギュロン 1989［1979］：179ff.）．

383　ここで「公共空間」とは，何人にもアクセスが開かれている場という意味で用いる．

384　17＝18 juillet 1880, Loi qui abroge le décret du 29 décembre 1851 sur les cafés, cabarets et débits de boissons, *Duvergier*, t. 80, 409ff.

385　29＝30 juillet 1881, Loi sur la liberté de la presse, *Duvergier*, t. 81, 291ff.

386　30 juin＝1er juillet 1881, Loi sur la liberté de réunion, *Duvergier*, t. 81, 379ff.

387　6＝10 juin 1868, Loi relative aux réunions publiques, *Duveriger*, t. 68, 186ff.

388　しかし，会員によって維持されている恒常的な事務所を有しているクラブが行う定期的な会議は，禁止された（第7条）．審議では，刑法典の結社罪を廃止し，結社の自由を求める提案もなされたが，採択されなかった（Nourrisson t. 2, 155）．承認された集会 réunion とは，一時的な集まりのことであり，会としての恒常性を有するアソシアシオンとは，厳密に区別された．1852年の反結社法は，刑法典の結社罪の適用を，定期性のない公的集会にも拡張するものであったため，集会とアソシアシオンの概念上の区別が曖昧になっていた．

安息日である日曜日の労働も自由とされ，復古王政期に禁止された離婚も合法化[389]されるなど，生活領域においても，カトリック的な価値観を廃し，世俗化が進められていった．

b)　共和国の祭司と修道会への攻撃

共和主義的な改革の中で，カトリック勢力にとって最も過酷な結果をもたらしたのが，教育改革であった．

フェリー法と呼ばれる1881年，82年の法律[390]は，初等教育制度に無償化，義務化，世俗化（非宗教化）という三原則を導入し，共和主義的公民の育成を，科学的知識を身につけた師範学校出身の教員に任せるという改革を行うものであった．

この改革は，これまで初等・中等教育を担ってきた修道士達[391]を公教育の場から徹底的に排除することを不可避とするものであった．

すでにフェリー法に先立つ，1880年3月29日のデクレ[392]では，(1)中等教育に勢力を誇っていたイエズス会の解散，(2)それ以外の無許可の修道会も三ヶ

389　27＝29 juillet 1884, Loi qui rétablit le divorce, *Duvergier*, t. 84, 231ff. 共和派にとって，1884年のナケ法によって，離婚制度を復活したことは，婚姻を宗教が司るものではなく，あくまでも民事・世俗的civilなものとすることで，王政派への共和派の勝利を象徴するという格別の意義を有するものであった（Lefebvre-Teillard 1996 : 218).

390　フェリー法の制定過程については，（小山 1998 : 261ff.），法律以前の学校教育や「共和国の司祭」としての新たな小学校教員像については，（谷川 1997 : 186ff.）を参照．

391　第二帝政期や王党派の勢力の強かった第三共和政初期に，修道会による教育活動が奨励され，フェリー法の制定前では，実際のところ，初等教育の4割近くを修道士が担っていた（同上 192).

392　29＝30 mars 1880, Décret qui fixe à l'agrégation ou association non autorisée, dite de Jesus, un délai pour se dissoudre et évacuer les établissements qu'elle occupe sur la surface du territoire de la République, *Duvergier*, t. 80, 214ff. 29＝30 mars 1880, Décret portant que toute congrégation ou communauté non autorisée est tenue, dans le délai de trois mois, de faire les diligences nécessaires à l'effet d'obtenir la vérification et l'approbation de ses statuts et règlements, *ibid.*, 217ff. これらのデクレが制定されたのは，同年同月に制定された「高等教育の自由法」で，フェリーが求めた無許可修道会に属する修道士への教育活動の禁止の条文が，自由主義者の多い上院で否決されたため，その反動として修道会により厳しい措置をフェリーや急進派が貫徹させようとしたからである（Machelon 362). 1886年には，修道会に属する者が公立学校の教育に携わることが禁止される（30＝31 octobre 1886, Loi sur l'organisation de l'enseignement primaire, *Duvergier*, t. 86, 383).

月以内に許可を申請しなければならず，許可申請が受理されない場合，解散が命じられた．

第2部第2章で触れたように，修道会については，1825年法による許可制度の枠組が存在したが，許可を得ずとも黙許される状態が長期間，続いていたため，実際のところ，このデクレが公布される前，かなりの数の無許可修道会が事実上，存在していた[393]．

これら無許可修道会は，法人格を有さなかったが，判例で「事実上の組合」として扱われ，国家とも事業契約を結ぶことが頻繁にあった（Nourrisson t. 2, 222）．

しかし，このデクレを推進したフェリーや急進派は，無許可修道会は，刑法典の結社罪の違法なアソシアシオン[394]に該当し，その存在自体が違法であると主張した（ibid. 223）．

それゆえ，このデクレ公布後，修道会や司法界からの激しい抵抗を招くことになる．

修道会の側は，団結して許可申請を行わないという方針を採択し，弁護士会会長のルース（Rousse）は，法学者ドゥモロンブ（Demolombe）と協力しながら，このデクレの適用を違法とする鑑定書を作成し，2000人近い法律家の賛同署名を集めた（Machelon 363ff.）．

この鑑定書は，(1)共同生活を送っている集団には，結社罪は適用されず，現行法では，無認可修道会の存在それ自体を違法としていないこと，(2)住居の不可侵，所有権の尊重といった個人的自由を侵害するものであるから，行政権のみの決定でそのような行為をなすことはできず，執行には，司法裁判所の判決が必要であること，これら二点を内容とするものであった（Nourrisson　t. 2, 233 ff.）．

このような抗議活動が展開されたにもかかわらず，政府は，期限通り，デクレ公布の三ヶ月後に，イエズス会と無許可修道会への解散を執行していく．執

393　男子修道会については，許可された施設が228であるのに対して，無許可施設が384，女子修道会については，許可された施設が2552であるのに対して，無許可施設が602という状態であったとされる（Machelon 361）．

394　結社罪の要件を定めた刑法典291条の後段では，「この条文で示されている人数には，アソシアシオンが会合を行う住居で居住している人を含まない．」とされており，刑法典公布後の一般的な理解は，この後段の規定により，共同生活を行う修道会を結社罪の対象から排除したというものであった（Nourrisson t. 1, 202）．

行に際しては，多くの憲兵や軍隊が動員されたのみならず，司法大臣は，全国の検事に対して，解散命令の執行を監視し，修道会側の抵抗により，官吏抗拒罪，官吏侮辱罪などの犯罪が生じた際には，速やかに訴追することを命じる訓令も出す（Debré 1981 : 209ff. ; 三阪 2001 : 103).

この執行と訓令に抗議して，259名の検察官が集団辞職を行ったものの，執行は，強行され，261の修道会が解散させられ，計5643人の修道士が強制退去させられた.

即座に修道会側は，司法裁判所に原状回復と損害賠償を求める訴えを提起し，司法裁判所もこの請求を一般的に認容したが，県知事や政府は，司法裁判所に管轄権限がないことを主張した．権限裁判所は，解散令は，行政権限に属し，司法裁判所に管轄権限が存しないという判断を下したため，これに抗議する裁判官達の集団辞職[395]も引き起こすことになる（Nourrisson t. 2, 235).

その後も，議会で急進派から修道会の全廃を求める法案が何度も提案されるなど，修道会問題をめぐる共和派と王党派の対立は，激化の一途を辿っていく．コンセイユ・デタも，共和派内閣の方針を受けて，新たな修道会施設への許可を抑制し，受贈の許可審査も厳格に行い，許可修道会の民事能力を制限する方向に進んでいく（Machelon 355ff.).

このように，急進派が求めた共和主義的政策とは，教権主義，修道会に対する徹底的な弾圧策であった.

第4章で検討するように，その後，アソシアシオン法の提案が何度もなされていくが，オーリウが「とりわけフランスにおいて，修道会問題は結社の自由の確立にとって常に躓きの石であった」と述べているように（Hauriou 1916 : 548)，修道会をアソシアシオン一般に含めて自由を承認するか，あるいは特別法でより厳格な規制に服させるかということで議会内は常に激しく対立し，結社の自由の承認は，遅れていくことになる.

第2節　デュルケム社会学の中間団体論

以上のように，公教育の世俗化のために修道会への弾圧を徹底した急進派，

395　第三共和政前期の司法改革を検討する三阪佳弘は，この無許可修道会の解散令の強行が，結果として，政府が望んでいた反共和政的な司法官の淘汰，粛正をもたらすことになったと分析している（三阪 2001 : 105).

大革命の継承，完成を理念に掲げる第三共和政において，革命期の「社会像」において否認された「中間団体」の存在は，どのように位置づけられたのだろうか．

前章で概観したように，個別法で多くの種類の「中間団体」が既に承認され，これらの存在を排撃・無視するのは，もはや不可能である以上，課題となるのは，革命が実現しようとした「個人の解放」という理念と矛盾しない形で，「中間団体」を新たに位置づけるという作業であった．

ここで重要な役割を果たしたのは，科学を標榜する「社会学」であった．ロザンバロンは，政治的，社会的な理由とは別に，「中間団体」の問題の扱われ方の変化には，「1870年代から急激に頭角を現した社会学によってもたらされた新しい社会の理解のあり方」が重要なファクターになったとしている[396]．

以下では，社会学というディシプリンを方法論的に確立し，第三共和政のイデオローグともなったデュルケムの理論に焦点をあわせて，「個人」，「中間団体」，「国家」のそれぞれがどのように観念され，それぞれの相互連関がどのように捉えられていたのか，を検討していく．

デュルケムに焦点をあわせるのは，世俗的なモラルによる社会の再建をモティーフとした彼の社会学は，まさに第三共和政という時代にふさわしい新しい科学として成功を収め[397]，彼が唱えた「連帯主義」は，急進主義の社会的教

396　(Rosanvallon 2004 : 265)．ロザンバロンは，この当時の社会学者では，これまであまり知られることのなかったエスピナスの役割を重視している．スペンサーの社会有機体説の影響を受けたエスピナスは，その著書『動物社会（Espinas 1877)』で，国家と諸個人の二極しか想定しないルソーの社会契約論を批判し，集合意識を有する様々な有機体から構成された「社会」という捉え方を提示し，その当時の知識人に影響を与えた．しかし，当時のフランスでは，このような有機体説には，抵抗感も強く，エスピナスの影響を受けたフイエでは，「契約的有機体」という表現で団体が捉えられ，「有機体的なもの」と「意思的なもの」とを綜合しようという配慮があった（Fouillée 1880 ; Rosanvallon ibid. 270)．エスピナス，フイエの社会学についての概観として，（ローグ 1998 [1983]）がある．

397　デュルケム社会学の制度化，デュルケム学派の形成過程を分析した田原は，「デュルケーム社会学の成立，ひいてはその学派の形成は，一八七〇年代，フランス第三共和政の発足とともに開始される教育の『世俗化』改革，なかんずく高等教育の改革と深いつながりがある」とし指摘する（田原 10)．社会学を「共和国に基礎を与える哲学」とも語ったこともあるデュルケムは，急進共和派に近い立場にあり，ドレフュス事件に際しても，ドレフュス擁護，共和政防衛の立場から，知識人としてのアンガージュマンを行っている(Nicolet 313 ; 宮島 1977 : 247ff.)．

説を論理的，法的に基礎づけるものともなっていくからである（Nicolet 313）．

(1)　個人の自立化

社会現象を諸個人の行為に還元して説明するのではなく，個人を超越する集合意識の存在を社会の説明として重視する方法論的集合主義の立場を打ち出したデュルケムは，反個人主義的な理論家として位置づけられることもある[398]．

しかし，『社会分業論』の中で，デュルケムが近代社会の本来の姿として描いているのは，「有機的連帯」という分業の形態であり，そこでは，各人のそれぞれの職能や役割が独自的で固有なものとなりながら，個人性がより開化していく方向に進んでいくものとされ，個人の自立化にこそ最大の価値が置かれていた（デュルケム 1989［1893］: 215ff.）．

このように個人の自立化に価値を置くデュルケムにとっては，1789年の人権宣言による個人的人格の尊重という原理は，決してそれ自体，否定・非難されるべき対象ではなかった（宮島 1977 : 97, 255）．彼が，独自であったのは，個人の自立化が実現されるための条件を，分業による社会化に求めたという方法にこそあった．

個人の自立化とは，他者の不在によって成立するのではなく，異質な他者の存在こそが，個人が自立化していくための前提であるとデュルケムは考えた．

近代社会においては，それぞれの職能や役割が多様化・専門化していき，自給自足的な状態に留まることが困難となっていく．よって，分業による相互依存関係，個人相互間の緊密な連帯が逆に強化されていき，それぞれの存在が不可欠になっていく．そのような各人固有の存在が不可欠とされる連帯状態おいてこそ個人の自立化が高まっていくのである．

このように考えるデュルケムにとっては，国家による伝統社会からの諸個人の解放も，決してネガティブな要素からのみ捉えられていなかった．

「国家の本質的な機能は，個人の人格の解放にあるということになる．

398　宮島喬は，これまでの反個人主義者，反フランス革命者としてのデュルケム理解を批判的に検討し，ドレフュス事件でのデュルケムの発言，『分業論』で示された個人の自立化という価値を重視しながら，社会と個人を二律背反的に捉えない方法で，個人的人格が発展していく方向を考えた点にデュルケムの社会学の意義を見いだしている（宮島 1977）．本書のデュルケム理解も宮島の研究に負うところが大きい．

国家は，それが包括する要素社会を抑制することによって，それだけですでに，そうでもしなければ後者がふるっていたはずの抑圧的な力が個人に対して行使されることをさまたげる．だから，集団生活のさまざまな局面への国家の干渉は，それ自体では決して専制的なものではない.」（デュルケム 1974［1950］: 98）

(2)　二次的集団の役割

デュルケムが問題としたのは，このようにして伝統社会の拘束から解放された諸個人が，原子化した状態のままに留まることであり，批判の対象としたのは，アトム化された諸個人が私利を追求すれば，秩序が生まれるとする功利主義的な社会観であった.

デュルケムは，産業化の進展によって，無規制のまま，肥大化する私的な欲求の充足にむけて駆り立てられている時代の病理的状況を，アノミー状態と診断した.

伝統社会の拘束の衰退後，それを代替するような社会規範，連帯関係が十分に形成されていないことが，このような病理状態の要因であるが，デュルケムは，それへの処方を国家化の強化によって諸個人を包摂していくという方向には求めず，二次的集団の役割に期待した.

「国家という集合力が個人を解放する存在たりうるためには，それ自らが拮抗力を必要とすること，国家は他の集合力によって，つまり後に再び論じることになる二次的集団によって制約を受けねばならないこと，このことである．二次的諸集団は，ただそれらのみが存在することは望ましくないとしても，存在すべきであることに変わりがない．そして，社会的諸力のこの葛藤のなかからこそ，個人の自由は生まれるのである．かくして，この集団の重要性がどこにあるかを，われわれはあらためて認識するのである．二次的集団は，たんにその権限に属する諸利害の規制・実現に役立つだけではない．それにはより一般的な役割がある．つまり，二次的集団は個人の解放に不可欠な条件のひとつなのである.」（同上 99）

すなわち，デュルケムにおいて，二次的集団とは，行き過ぎる国家化への防御壁として諸個人の自由の支えながら，連帯の基盤となり，モラルの源泉になっていくものとして位置づけられているのである．

デュルケムが，このような役割を担う二次的集団として期待を託したのは，衰退しつつある家族，宗教的コミュニティ，地方集団ではなく，またトクヴィルが期待したような市民のアソシアシオン（自発的結社）一般[399]でもなく，産業化，分業の進展によって発生する「職業集団 groupe professionnel」であった（宮島 158）．

図表 3-1-1　デュルケムの社会像

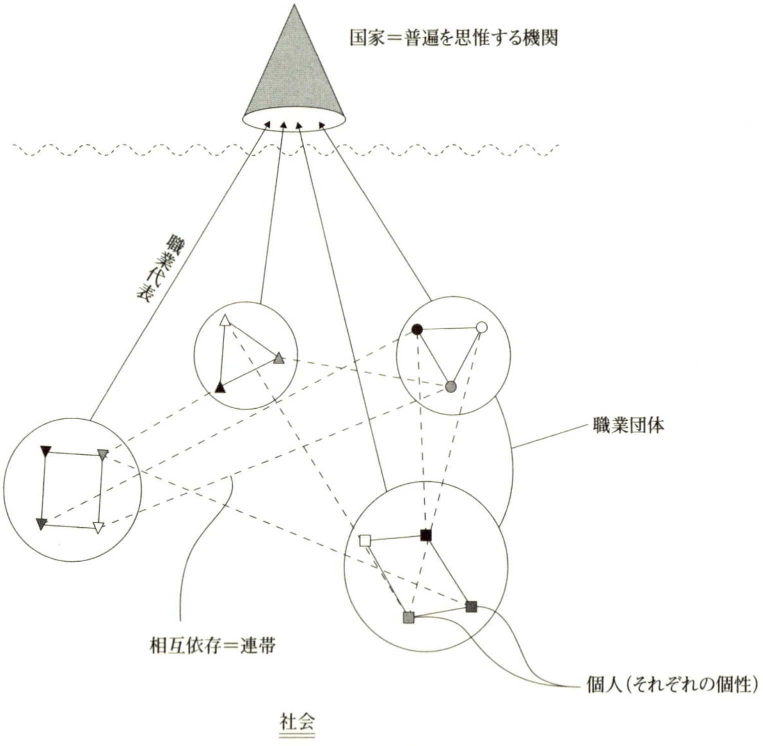

399　デュルケムの著作において，職業集団とは異なる「アソシアシオン」一般について言及されることは，極めて少ない．分業化が進展する中においては，職業こそが社会の編成原理になるのであり，職業的利益を離れて，政治的目的を追求することは，評価されていなかった（田中 1998：688）．

「何よりもわれわれが職業集団の中に見いだしているのは，そのモラル力である．それによって個人主義的なエゴイズムが抑制され，勤労者達の心に共同的な連帯に対する熱烈な感情をはぐくみ，工業，商業上の関係に弱肉強食の法則が残酷に適用されるのを防ぐことができるのである．」（デュルケム 1989［1893］: 37）

このようにモラルの源泉としてのみならず，過剰な競争への規制力としても位置づけられたデュルケムの「職業集団」は，革命により廃止された旧い「同業組合 Corporation」と類似した機能を有するもののようにも映る[400].

しかし，「同業組合をかつてのままの姿で再建することは，明らかに問題外であろう．同業組合が現に死滅しているのは，それらがもはやかつてのままの姿では存続できないからである」とされているように（デュルケム 1974［1950］: 65），「職業集団」は，構成員の全人格を包摂するような団体[401]ではなく，職業に関する立法は，国家が一般の立法という形で行い，団体が担う任務は，産業ごとのきめこまかな利害とニーズを把握すること，労働協約にかかわること，労働争議の調停者となることいった範囲に留まり[402]，国家から自律した強固な自治団体としては，描かれていなかった（同上 74）．

400　しかし，宮島が指摘しているように，実際，デュルケムは，その叙述の内に，「職業集団もしくは同業組合 groupe professionnel ou corporation」という表現を頻出させるために，彼が再建を目指した「職業集団」の近代的な性格については，やや曖昧さも残る（宮島 185）．

401　旧制下の「同業組合」は，強制加入であったが，それとの対比で，デュルケムが「職業集団」を自発的な任意団体として位置づけていたかというと，その点も曖昧さが残る．デュルケムは，職業集団が，義務的であるか，どうかという疑問は，問題ではないとし，「個人が孤立したままでいることはひじょうな無力を意味するであろうから，個人は進んで，何ら強制するまでもなく，それに加盟するであろう」と述べ，事実問題に解消させてしまう（デュルケム 1974［1950］: 73）．

402　デュルケムの「職業集団」は，使用者，労働者の双方を含むものであり，階級対立を強く意識したものではなかった（同上 73）．このような性格につき，宮島は，「この集団の政治的機能は，いうなれば労使の利害の「均衡」化であり，社会改革の媒体であることを期待されつつも，究極するところ階級協調の実現ということに帰着しよう．このばあい，国家のあの指導的役割は，いわば階級闘争の「仲裁者」のそれとして確保されつつ，職業集団は，その下位で利害の「均衡と抑制」をはかる中間機構という性格をおびてきはしないだろうか」と評している（宮島 188）．

(3)　国家の位置づけ

このように相対的な自律性しか与えられなかった「職業集団」であるが，他方で，デュルケムは，全国的に組織された「職業集団」が，議会制の中に位置づけられることを構想していた．

> 「分業が進むにつれて，職業生活がますます重要なものとなるから，今日の政治組織の基盤となることを要請されているのは職業生活であると考えて間違いない．すでに職業集団こそ真の有権者集団だとする観念が登場している．われわれを相互に結びつけている紐帯は，われわれの地縁的関係よりも，むしろはるかにわれわれの職業にもとづくものであるから，われわれが自発的に集団を形成するこの様式を，政治構造の方が再現してしかるべきである．」（同上 141ff.）

このようなデュルケムの構想の背景をなしたのは，産業化の下で，アノミー状態が進行する中で，単純に区割りされた普通選挙制を行っても，大衆社会的状況を反映した衆愚政治を招くのみであろうという危機感であった．

デュルケムは，組織された「職業集団」を媒介にすることによって，「国家」と「諸個人」との間の政治的コミュニケーションが活発になり，民主政が機能することを期待した．

ただし，「国家」と「社会」との関係について言えば，デュルケムは，職業代表制を提唱したとは言え，「国家」の役割を，各職業の利害の単なる調整者としては捉えておらず，「国家」を各職業の特殊利益の総和として「社会」の中に埋没させようとは考えていなかった[403]．

> 「国家とは，集合体によって有用な一定の表象の形成を任務とする特別の機関である．これらの表象は，その高い意識性，高い反省性によって，他の集合表象とは区別される．……国家とは，厳密にいえば，社会的な思惟の機関そのものである．」（同上 84ff.）

403　他方で，デュルケムに影響を受けた法学者デュギは，社会連帯の法則こそが国家の役務を決定すると考え，国家意思を実体化させることを拒否しながら，「国家」と「社会」の二元論の克服を志向していった（Duguit 1901）．

「国家のみがそれぞれの組合の個別主義にたいして，普遍的効用性の感覚と有機的な均衡の必要性とを対置することができる.」(デュルケム 1968［1897］: 370)

このように述べるデュルケムにとって，「国家」は，なおも「社会」の特殊利益から超越した「普遍」を体現するものであった.

デュルケム社会学は，「国家」と「諸個人」の存在しか認めず，無媒介に一般利益を「国家」が代表するというル・シャプリエの社会像に替わって，職業集団という組織された「中間団体」を媒介することで，「国家」と「社会」のコミュニケーションを活性化させ，「個人」のモラルの源泉を「中間団体」に求めたという点で，革命期の哲学を修正するものであった.

しかし，「個人」の解放者としての「国家」の役割を否定せず，多元化する社会においても，「国家」をなおも「普遍」を思惟し，体現するものとして位置づけるデュルケムの理論は，革命の継承による国民統合を目指す第三共和政にとって適合的な思想であった[404].

社会的事実としての二次的集団も，モラルの源泉となりながら，個人の自立化の支えとなるという側面が強調され，個人主義と団体主義とを二者択一のものとはせずに，個人的人格の発展という点から，「中間団体」の役割を位置づけ直したという点でも，デュルケムは，これまでの反革命の思想家と異なっていた.

また近代社会における分業の進展に伴う個人化の傾向を，相互依存関係の増大という観点から積極的に捉え直し，そこに有機的な連帯という表象を与えたことは，急進共和派のリーダーの一人，レオン・ブルジョワの「社会連帯」理論の土台にもなり，「連帯主義」による社会政策が第三共和政で推進されていく基礎をなすものともなっていく[405].

404　ロザンバロンは，デュルケム社会学について，「デュルケムは，共和政とジャコバン主義とをある意味で分離させることに貢献した」と評価している（Rosanvallon ibid., 271).

405　レオン・ブルジョワは，国家の介入による社会政策の基礎を，ルソーのような事前の「社会契約」の存在に求めるのではなく，人々が相互依存関係にあるという社会的連帯の事実そのものが，各人の社会的負債の存在を，人々に事後的に同意させる「準契約 quasi-contrat」というものに求めた（Bourgeois 1896 ; Donzelot 103).

第3節　社会カトリシスムの中間団体論

以上に見てきたように，デュルケムの社会理論は，国家の役割を否定せず，個人の自立化という価値を最重視し，宗教や伝統的共同体にではなく，近代的な職業集団や分業といった相互依存関係そのものにモラルの源泉を求め，近代社会における新しい連帯のあり方を科学的に示そうとするものであった．

他方で，カトリック派も，共和主義勢力の攻勢，労働者階級の貧困の深刻化という「社会問題」を背景として，その社会教説をより時代状況に適した新しいものへと転換していくことになる．

開明的で，「社会問題」に関心が深い教皇レオ十三世による二つの回勅，「レールム・ノヴァルム」(1891年)，「様々な懇請の中で」(1892年) は，カトリック派の方針転換の象徴である．後者では，共和政国家を受入れた上で，それに参与しながら，反教会的な諸立法を改善するという方向で，共和派との間で和解を図っていくという方針 (「ラリマン」) が，前者では，労働者の境遇改善に積極的に取り組みながら，社会を改良していくという方針が，フランスのカトリックに呼びかけられた．

これらの回勅によって，国制において正統なカトリック王政による権威的秩序を復活させ，それを浸透させることによって社会秩序を再建するという路線ではなく，社会の中の労働者の現実を直視し，その境遇改善を行っていくことにこそカトリシスムの正統性が存するという社会カトリシスムの思想がレオ十三世によって公認されたことになる (槙原 226)．

「レールム・ノヴァルム」では，私的な慈善による貧者救済というこれまでの教会の考え方を変更し，「国家」による労働者保護のための社会立法の必要と，社会問題の解決にとっての「中間団体」の積極的な役割が示されることになる (Mayeur 1986 : 55 ; Barthélemy 2000 : 52)．

以下では，この回勅「レールム・ノヴァルム[406]」において「中間団体」がどのように位置づけられたのか，を検討していく．

406　参照したのは，フランス語翻訳のテクストの Léon XIII (1897) であり，必要に応じて，ゲッペルト編 (1947) に所収されている翻訳・解説を参考にした．「レールム・ノヴァルム」の史料批判も含んだ生成過程に関する研究としては，小谷 (1992) を参照．

(1)「レールム・ノヴァルム」の問題意識

回勅を支えた問題関心は，労働者の境遇が悪化する中で，社会主義の影響が増大し，階級対立の激化，私有財産の社会化といった危機が現実化してきているということであった（Léon XIII 1897 : 9ff.）.

回勅は，私有財産の廃止は，最も神聖である家族の基礎を揺るがすものであって，家族の共同生活は，「国家」の創設よりも先に存在するものであるから，自然権の侵害であると批判し（ibid. 15），社会主義とは異なる方法で「社会問題」の解決をカトリック教徒に示そうとしていく.

従来通り，教会の説くキリスト教的福音よる階級間の宥和（ibid. 18, 21），富者による貧者への私的慈善による救済といった方策も示されるが（ibid. 25），それでは不十分であるので，回勅では，公益を担う「国家」の新たな役割として，分配的正義に基づく，労働者の福祉の実現が掲げられた（ibid. 33）.

「国家」は，貧者への救済，労働の休息日・休息時間の義務化，最低賃金の法定化といった社会立法を行うことによって，私的所有権を侵害しない範囲で，公共団体の成員たる労働者を保護するという役割が回勅で与えられた（ibid. 38 ff.）.

(2) 中間団体の役割

しかし，国家介入の増大は，それぞれの現場の状況の多様性に対応するものではないため，回勅において，「社会問題」の解決への期待がより大きく寄せられたのが，「中間団体」の役割であった.

「中間団体」としては，相互扶助組合，慈善事業団体，同業組合 Corporation が例に挙げられ，それぞれが果たしている救済機能，階級宥和的機能が称賛されているが（ibid. 46），とりわけ回勅が奨励しているのは，カトリック信者達自らが，司教や聖職者達の指導を受けながら，様々な種類の労働者を束ねる新たな団体を設立することであった[407]（ibid. 51）.

その団体は，カトリックの宗教的紐帯を基礎とするものであり，雇主の参与も得ながら，相互扶助や労働者の保護，労使紛争の宥和的解決をはかることを

407　すでに存在する多くの労働者の結社は，反キリスト教的であり，「宗教に危険を加える虞ある団体」であるため，それに加盟するよりも，自分達の間で団体を創設することが奨励された（Léon XIII 50）.

目的とし，団体での宗教教育を通じて，労働者のカトリック信仰の確立をも目指すものであった（ibid. 51ff.）．

このように回勅が奨励する「中間団体」は，社会的な活動を目的とするものの，カトリック司祭に指導されるという宗教的な色彩が強いものであったが，他方で，「市民が結社するということが自由であるように，それぞれが追求する目的にふさわしいと思える規約や内規を作成するのもまた自由である」とされ（ibid. 52），団体加入の自発性，それぞれの団体の独自性といった価値が重視されていることも留意しておきたい．

これは，非妥協派カトリックの指導的人物であるラ・トゥール・デュ・パン（La Tour du Pin）が提唱した，「国家」の庇護の下での義務的なコルポラシオンの創設，コルポラシオンに基づく政治代表制という構想を，回勅が採用しなかったということを意味する（Mayeur 1986 : 52, 59）．

(3)「結社の自由」の論証

それでは，回勅は，以上の「中間団体」の自由をいかにして論証したのだろうか．回勅が採用した方法は，これらの「中間団体」をあくまで私的な結合として位置づけるというものであった（ibid. 48）．

すなわち，ナシオンとしての国民国家は，全市民を普遍的に包摂するものであり，その意味で「国家」という団体は，公的な性格を有するが，「それとは反対に，その内部において設立される諸団体 sociétés は，私的なものに留まり，実際，そのようなものでしかない」「市民社会の内部においてのみ存在を有するにすぎない私的な諸団体は，他の構成員と同様に，その生殺与奪の権利を国家権力に握られているということにはならない」「よって，私的な諸団体の存在権は，自然そのものによって与えられたのであり，市民社会は，この自然権を保護するために設立されたのであり，決してその権利を剥奪するものではない」という論理によって，回勅は，「結社の自由」を導いていく（ibid. 48）．

当時，弾圧の対象となっていた修道会に関しても，その目的が誠実なものであることを主張するのに加えて，「信心会，修道会，宗教団体は，宗教にかかわるものであるから，教会にそれらは属するのであり，公権力は，それらから，いかなる権利も奪うことができないし，行政に属するものであると主張できないのである」と述べて（ibid. 49），修道会も他と同様に国家に属さない私的な団体の一つとして位置づけることによって，結社の自由を確保しようとした．

(4)「レールム・ノヴァルム」の影響

この回勅「レールム・ノヴァルム」は，その後のカトリック派に大きな影響を与えるものになる．

回勅によって，労働者問題への取り組みが奨励されたのを受けて，カトリックの篤志家によってサークル事業が各地で展開されていくことになる．

回勅以前に存在したカトリック・サークルは，コレージュや大学に通う貴族，ブルジョワの子弟を会員基盤とした会が多く，敬虔な上流家庭に属する若者が，将来の模範的なカトリック信者の担い手となることが期待されて，宗教書の読書会や講演会による研究の機会が提供された場であった[408]．

しかし，回勅以降，労働者や農民層に会員基盤を求め，相互扶助制度や生活物資の共同購入といった社会事業も活動目的の一つとし，各種宗教行事への参加，聖書教育，図書の提供，講演会，演劇，ゲーム，レクリエーションといった活動を行っていくサークル事業が全国規模で拡大していくことになる[409]．

またカトリック的信仰に基礎を置く労使混合の職業組合，農業組合を設立する運動も各地で展開されていく（Nourrisson t. 2, 201ff.）．

世紀転換期のアソシアシオン運動を研究した槇原は，このようなカトリックによる結社網の形成を，中央での共和主義との文化ヘゲモニーの争奪戦に敗北し，国民文化の中枢から斥けられたカトリックが，新たな文化抗争の次元を農村社会の中に求め，カトリックの基盤維持に努めようとしたという動機から説明している[410]（槇原 223）．

このようなアソシアシオンの重視という流れは，修道会活動の擁護という動機とも並行しながら，カトリック勢力からの「結社の自由」の要求という運動

408　例えば，1872年にサン・テチエンヌ市で設立されたカトリックセルクル・サン・テチエンヌは，その会員の条件に，「適切な教育を受けたものであること，日々の必要から自由な職業にあること」と規約で定め，労働者には門戸を閉ざし，会の目的を，カトリックへの批判に対する反論活動を通じて，カトリックの利益を擁護し，宗教書の読書会，講演会を通じて若き教徒にカトリック研究の場を提供することとしていた（A. D. L 4M 284）．

409　ド・マンに率いられたカトリック青年会は，カトリックのアソシアシオン運動の中でも最も影響を有したものであるが，その会は，「レールム・ノヴァルム」の回勅をうけて，「社会問題」により深く関与しながら，指導的階級や学生以外の会員を組織していくという方針を打ち出し，規模を拡大していく（Poujol 1978 : 62）．1914年には，3000の支部，14万人の会員を有するまでにいたる（ibid. 58）．

も生み出していく.

1899年には,「アソシアシオンの権利のための全国カトリック会議」が組織され,結社の自由は,自然権であり,修道会も含めた,あらゆるアソシアシオンに所有の自由が保障される法律が必要であることが全会一致で採択される(Lamy 1899 : 275).

第4節　小括

第1節で概観したように,第三共和政確立の過程は,自由主義の成立・開花のプロセスとして捉えられるべきではなく,共和派とカトリック王党派の激しい対立が続きながら,前者の優位が確定する中で,国家が,修道会を公教育の場から強制的に排除することで,社会の世俗化を強力に推進していった過程として理解されよう.

「結社の自由」の承認が困難であったのは,このような激しい対立の中で,修道会の位置づけについてコンセンサスが得られなかったからである.

しかし,規制なき経済的自由主義がもたらすアノミー状態,社会主義の脅威という課題を前に,この時期の社会理論は,「中間団体」の役割を積極的に位置づけることに問題の処方箋を見いだしていく.

共和主義者デュルケムの社会学は,伝統社会から「個人」を解放した「国家」の役割を肯定的に評価しながらも,近代社会における分業によって発展する職業集団に,国家化の行き過ぎを防ぎ,「個人」の自立化を支え,モラルの源泉となっていく役割を期待するものであった.

社会カトリシスムの社会教説は,カトリック君主制国家による権威的秩序の復活という路線は断念し,共和政国家による政治的統合を前提としながら,それとは別の社会の次元で,「中間団体」を新たに創設していくことで,「社会問

410　他方で,カトリック青年会の歴史を詳しく分析したプージョルは,社会カトリシスムによるアソシアシオン運動は,既存のカトリック教会の秩序との関係で摩擦をはらむものでもあり,「カトリックの人々にとっては,アソシアシオンへの権利は,国家への闘争のみならず,それ以上に教会の階層的秩序への闘争という意味をはらみ,二重の闘争の機会でもあった」としている(Poujol 64).マイヤーも,回勅以後の「キリスト教的民主主義」の運動に関して,「その民主主義という言葉には,単に民衆の問題を配慮することが意味されただけではなく,階層的な社会を拒否し,友愛的な社会への希求がこめられていた」としている(Mayeur 1984 : 146).

題」の解決と宗教的紐帯の確立を目指すものであった.

デュルケム社会学と社会カトリシスムの社会教説は，モラルの源泉を，分業という世俗的な関係に求めるか，宗教心に基礎を置く関係に求めるのか，という点で大きく異なるものであるが，いずれも共和政国家による政治的統合の役割を否定しない中間団体論であった.

その点で，「国家」と「社会」を融解させたサン・シモニアンの〈アソシアシオン〉論とは異なり，「国家」と「社会」の二元性を前提としていた.

この時期の社会理論が主張したのは，革命期のように「社会」を諸個人の単なる集積とみるのではなく，「中間団体」による社会的統合の必要性を，「国家」による政治的統合とは違う次元において，承認していこうというものであった.

このような社会理論による「中間団体」の再定位は，アソシアシオンの自由への好意的な見方をもたらした．この自由の法的正当化は，次章で検討する新たな法人理論によってより精緻に展開されていくことになる.

第2章　法人学説の意図と理論的射程

前章では，アソシアシオン法が承認される以前の第三共和政期における社会理論としてデュルケム社会学と社会カトリシスムの中間団体論を検討した．そこでは，政治的統合を担う共和政国家と矛盾しない形で，「中間団体」を積極的に位置づける試みが行われ，反結社の「社会像」の修正が施されていった．

次章以降で詳しく検討するが，アソシアシオンは，事実上，19世紀後半から増大の一途を辿っており，アソシアシオン法の立法化は，第三共和政の議会において常に政治的な争点であった．

刑法典の結社罪の即時廃止を求める提案も多くなされるが，アソシアシオン法の立法化がより具体化するにつれて，結社罪の廃止のみではなく，承認されるアソシアシオンの法的地位をどのように定義するかという議論が不可避になっていく．

アソシアシオンがどのような権利能力を有するのか，国家とアソシアシオンの関係はどのようなものになるのか，アソシアシオンとその構成員との法律関係はいかなるものになるのか，これらの論点について法学的な検討が行われ，アソシアシオンに十全で安定した法的地位が確保されない限り，仮にアソシアシオン結成の自由が承認されたとしても，その活動を法的に支える基盤が欠けたままとなる．

このような論点を考究したのが，法人学説である．法人本質論は，形而上学的な論争であって，その実益性は乏しいと評されもするが（篠塚 1975；Linditch 1997a：XI，21），世紀転換期のフランスの法人理論は，上のような実践的な課題と密接に関連していた[411]．

当時の論争を再検討するリンディッチ[412]は，次のように述べている．

「法人が実在か擬制かをめぐる学説の対立は，アソシアシオン法という重大な法の困難であった採決と同時並行的に進んだということを決して忘れてはならない．その当時，第三共和政は，存立から四半世紀経過していた．1901年法も必然的に議題となり，公権力の回答は，様々な理由によって，各主要人物から，分析，評釈，批判の対象となった．このことは，法人をめぐる議論が，メタ法学的なレベルで幽閉していたのではなく，その当時の実定法や今日の実定法とも深く結びついているということを示すものである」(ibid. 5)

また以上のように述べているリンディッチ自身も行政法学者であるように，フランスの法人論争において，独自の学説を展開したのは，オーリウ，デュギ，ミシュウ，ベルテルミといった公法学者が多かったという点も留意されるべきである．

この時期の法人学説を検討し，「制度」概念の精確な用法を示した石川健治が，「国家法人説を論じていた当時の公法学者にとって，法人理論は国家論・社会論そのものであった」「私法上の法人本質論は，元来，国家論に直結しており，公法人論を通じてたちまち憲法学に影響を及ぼす，という関係にあった」と記しているように（石川 1999：91)，世紀転換期の法人理論は，単に「中間団体」の法理論であるのみではなく，「国家」という団体の法的性質や「国家」とその構成員との法的関係をも包括的に説明する「法の一般理論」である必要があった[413]．

そのような一般化を最も強く志向していたオーリウは，「法人理論は，すべ

411　我が国においても，昨今の非営利法人制度の大幅な見直しをきっかけに法人論への関心が再び高まっている．2003年度の日本私法学会シンポジウムの成果である能見（2003)，大村（2003b）を参照．ただし，能見善久は，次のように述べ，法人本質論と立法政策を厳格に切り離すべきだとする．「法人本質論は，法人形態による団体の社会活動の自由をどこまで認めるかという根本的な政策と関連するものであり，法人の立法政策を議論する際には意義を有するが，すでに営利法人および公益法人の基本的立場が確立した後の日本では実益がないと評価されたとしても仕方がない．法人制度の変革期にある現在は，再び法人の基本的立法政策についての議論の必要があるが，法人本質論にとらわれることなく純粋な政策論を議論すべきであろう．」（能見　同上：8)

412　このリンディッチの行政法の博士論文では，現代行政の分権化，分散化への流れで，新たな法人が行政組織の一形式として利用されているという現象を前に，これまで法人が，裁量権を核とする「権限 compétence」という公法上の側面と，契約の主体となる「能力 capacité」という私法上の側面とに分離されて論じてきたことを反省し，世紀転換期の法学者が展開した法人論の検討を通じて，公法，私法に共通の基盤である法人概念を再構想しようという作業が行われている（Linditch 1997a)．

てを包含し，すべてを説明し，すべてを組織する」とも述べ（Hauriou 1893a : 54），定款（規約）という自律的な法規範を形成する法人という現象を精緻に動態分析していくことが，法現象一般を捉えることにも繋がると考えており[414]，そのような方法論的立場から，「国家」を「法」によって制限する理論を導き出そうとした．

よって，以下での法人学説の検討は，学説の洗練度[415]やアソシアシオン法への影響如何，という狭い観点からのみ行うのではなく，活動領域を拡大し続けていく現代国家を，どのように法的に枠づけながら，「国家」と「社会」の関係を理論化しようとしていったのか，という政治的・歴史的な観点から各理論の独自性が分析されなくてはならない．

第1節　擬制説の政治的機能

自然人のみが実在人であり，人間以外の存在物（団体）に法人格という考えが適用されることは，「法的な擬制（フィクション）」としてのみ説明可能であるとする法人擬制説は，19世紀を通じてフランスでは，最も支持された理論であった（Trouillot et Chapsal 1902 : 83）．

擬制説を最も体系的に論じたサヴィニー[416]は，次のように述べる．

413　最近では，道徳・政治科学アカデミー協会から賞も授けたフルキエの博士論文『被治者の主観的諸公権』が，昨今のフランスの行政訴訟の主観法化の淵源を理論的・歴史的に考察すべく，20世紀初頭の独仏の法人論を検討の対象とし，国家や地方公共団体や公共施設が法人とみなされることによって初めて，被治者と行政との関係が法的な主体間の関係として捉えられる前提が構築されていった過程を明らかにしている（Foulquier 2003）．

414　石川健治は，「主観法の地平と客観法の地平が交錯する，法人という現象は，今日でも十分には解明されていない謎を含む，法理学的にもきわめて興趣に富んだ存在といわなくてはならない．法人本質論は，いまや『実益がない』の一言で葬り去られることが多くなったが，おそらくは，法現象の生成一般を捉えるための秘訣に関連しており，そこにこそ，オーリウ制度理論が，単なる法人学説を超えて発展し，現在ではむしろ，問題的な，法の一般理論として受け止められる理由がある」としている（石川 1999 : 184）．

415　日本の民法学の初期の法人学説の継受が，その当時において，最も論理的に洗練されているとみなされたサレイユやミシュウの組織体説であったことについては，（相本 1984 : 143）．そのような民法学を中心とした法人理論の継受のあり方が，私法・公法の両分野にまたがる独仏の法人理論を，単なる私法上の学説へと変容させたことについては，（海老原 1990 : 954号，13）．

「政治的理由とは別に，法人格の形成への国家の承認の必要性は，法の本質そのものの中にその源を有している．自然人は，その身体的な外見という事実のみによって，権利能力への資格を主張できる．……このような自然的な人間の能力が，擬制的に観念上の存在物に拡張されるとしたら，それは視覚できる表徴を欠いているので，至上の権威である国家意思のみが，人工的な権利主体を創造することによって，その欠落を補うことができるのである[417]．」

このような法人擬制説が導く論理的帰結は，次のように要約される．

第一に，法人格が付与されるのは，絶対的な主人たる「国家」による恩恵とされる（Michoud t. 1, 17）．付与される形式は，直接，立法による場合，立法によって委任を受けた行政機関の特許による場合など相違もあるが，本質的に恩恵である以上，その判断は，専ら国家意思の恣意に属する（ibid.）．

第二に，法人の権利能力も，法人それ自身に内在するものではないため，法人格の付与者によって制限されることを甘受せざるを得ない（Linditch ibid. 14）．

第三に，法人格の付与権限が「国家」に存することの裏返しとして，法人の解散を命ずることも国家の恣意的な権限に属し，なおかつ解散後の団体財産は，無主財産として「国家」によって没収[418]されるため，団体の存立は，極めて不安定なものとならざるを得ない（Hauriou 1917 : 28）．

第四に，このような「国家」の統制に服さざるを得ない法人は，私法的な存在とは観念されず，準公的，準行政的な存在物として，その活動目的には，公益性が伴うことを不可避とされる（Michoud t. 1, 413）．

以上のように要約される法人擬制説は，1901 年法以前のアソシアシオンの

416　サヴィニーの擬制説は，川島武宜の整理のように「歴史的には，政治における絶対主義を反映している」とされ（川島 1962 : 218），中間団体に対する国家権力の絶対的権威を正当化した理論として後の実在説から批判の対象となっていくが，村上淳一や石部雅亮の研究によれば，その当時のサヴィニーの擬制説の意図は，公的・倫理的な性格を強く帯びていたこれまでの法人概念を，単なる法律上の擬制として捉えることによって，法人として承認されうる団体の種類を拡大しようとすることにあったとされる（村上 1985 : 136 ff. ; 石部 1986）．

417　（サヴィニー 1996 [1840] : 243）．

418　革命期の教会財産の没収が法人擬制説によって正当化されたことについては，本書 53 頁以下で論じた．

法的状況を的確に説明するものであった.

アソシアシオンは，刑法典の結社罪の下，その存在自体が許可に服しただけではなく，行政的な許可を受けたアソシアシオンも，その許可によって法人格が与えられたわけではなく，コンセイユ・デタの審査により，一般利益にとって有益な団体であると判断された場合にのみ，デクレによって法人格が付与された（Michoud t. 1, 432).

よって，アソシアシオンの自由のためには，結社罪を廃止することによって，公的自由としての結社する自由を獲得するだけではなく，その活動基盤たる法人格について安定した土台を作り上げて，国家からの恣意的な監督・介入からの自由を確保する必要があった.

このことは，法学者にとっては，法人擬制説を乗り越える法人理論を構築するという営みを促すことになる.

擬制説に取って代わろうとした法人理論には，大きく括って二つのアプローチがあった.

一つは，法人そのものの実在性を論証することにより，法人の権利能力は，国家意思による承認に先だって存在するとするアプローチである.

もう一つは，国家意思に従属せざるを得ない法人という概念をあえて封印して，団体の法律関係を，民法典の中にある既存の契約類型からすべて説明し，団体を完全に私法の領域に位置づけることによって，「国家」の干渉からの自由を確保しようとするアプローチである.

通常，民法の教科書などでは，前者は，法人実在説，後者は，法人否認説と分類され，ドイツの法学者の学説が紹介されているが，フランスにおいては，それぞれの考え方とも，「国家」をどう位置づけるかという問題によって変容を被っており，そのような点に注目していくことが以下では重要となる.

第2節　法人実在説のフランス的な受容

(1)　実在説の政治的機能

19世紀末から20世紀初頭という時代は，ドイツ法学とフランス法学との対話が最も盛んな時期であったとされる[419]．新たな社会的，制度的な変化に法学を適応させながら，それを科学として基礎づけるために，フランスの法学者達の関心は，理論化が進んでいたドイツ法学へと向かうことになる（Linditch 1997b : 127）.

その中でも関心が最も高かったテーマが法人理論であり，擬制説を乗り越えるために，ドイツでの理論動向が盛んに研究されることになっていく[420].

その中でも特に影響が大きかったのは，法制史の該博な知識を基盤に，ゲルマニストの立場から『ドイツ団体法史』を著わしたギールケの団体理論[421]であった（Gierke 1868）.

ギールケは，仲間的団体（ゲノッセンシャフト）も含めて，組織された団体は，単なる諸個人の集合ではなく，社会的有機体としての「固有の実体を持った独立の全一体（Ganze）」であるゆえ，「団体が有する，意欲し，行動する権能は，団体の人格に内在し，それに伴った実在である」と主張した（Gierke 1887 : 608）.

すなわち，彼の有機体的な社会観においては，生命を有するのは，人間個人のみではなく，その人間個人が分肢（Glied）となって構成される団体そのものも固有の集団意思を有した生命体とされ，そうであるがゆえ，そのような団体に，自然人と同様の法人格が備わるのは，当然とされた[422].

このギールケの団体理論は，村上淳一の研究が明らかにしているように，法人を構成し得るどうかが常に問題とされてきた協同組合に関する論争に終止符を打ち，当時のドイツの立法者にも影響を与え，1889 年のドイツ協同組合法へと結実していく（村上 1964 : 225）.

このようなギールケの理論は，未だ国家法によって承認されていない「中間団体」の存在を積極的に位置づけ，好意的な立法を求める上でも，有力な武器となるものであった.

419　Beaud et Wachsmann（ed.）（1997）は，普仏戦争から第一次世界大戦までの間が，仏独の法学の対話が最も実りあった「黄金時代」であるという時代認識の下，独仏の公法学者達の相互影響についての多くの考察を集める論文集である.

420　前注の論文集の中でも，Linditch（1997b）の論文が，ドイツの国家法人学説のフランスの公法学者による研究と受容の過程を詳細に検討している.

421　ギールケの団体理論については，（村上 1964 : 193ff. ; 1980 : 133ff. ; 西谷 1987）の研究を参照.

422　ギールケは，組織された団体は，法人たり得る資格があるとするが，しかし，実際に団体に法人格が発生するには，客観法による承認が必要であるとしていた（Gierke 1895 : 471）. よって，具体的には，恣意を持ち込むことなく団体に法人格を承認する立法の要求，立法が存在しないため「権利能力なき社団」となる団体も，できるだけ法人と同等に判例で扱うことの要求をその理論から導くものであった.

生物学や心理学に基礎を置きながら集団意思の実在性を承認していこうとする知的雰囲気があったフランスでも，ヴォーム[423]やメストル[424]によって，その社会有機体説への支持が表明されていく.

サレイユ，オーリウ，ミシュウといったそれぞれ独自の法人理論を形成していったフランスの法学者達にとっても，団体の実在性を主張するギールケの議論は，魅力的であり，彼に多くを学んだ.

サレイユは，前章で触れた1899年の「アソシアシオンの権利のための全国カトリック会議」において，社会集団と生物学上の有機体を区別する必要があるとしながらも，「あらゆる社団的なアソシアシオンに，有機体 organisme の存在が観察され，それは，集団から共通意思というものを引き出し，その意思に基づいた行動のために仕えるのである」と述べ（Lamy 236），有機体的な集団意思の実在性を認める立場から，アソシアシオンの自由とそれへの全能な権利能力の付与を主張する.

しかし，このように述べたサレイユ自身も，後に，有機体的な集団意思そのものの実在性を厳密に論証することの困難さから，集団目的のために仕える法的組織体 organisation の存在こそが法人格の存否のメルクマールになるという考え方に改説し[425]，集団意思の社会学的な実在性と法的な権利能力とを別次元の位相において捉えるようになる.

423　ヴォームは，哲学のアグレガシオンを得た後に，ローマ法に関する論文で法学博士号も取得しているが，『国際社会学雑誌 Revue internationale de sociologie』を主宰するなど，社会学者として精力的に活動した．Worms（1896）では，人々の構成する社会集団と生物学上の有機体は類似しているという観点から，生物学的な有機体論を社会学の分析方法にも用いるべきと主張し，社会契約説を批判した．生物学の有機体的な見方をそのまま法学の法人論に持ち込もうとするヴォームの考えへの批判として，（Michoud t. 1，71）.

424　Mestre（1899）は，ギールケの法人実在説に依拠することによって，法人の刑事責任を論証しようとした博士論文.

425　次に検討するミシュウの理論に近づくことによって，サレイユは，集団意思実在説から離れていくことになり，その『法人論講義』では，「法的に組織されたあらゆる存在は，主観的権利を構成する権能を与えられ得るのであり，よって，文字通り法的な意味において，法人となり得る」とし（Saleilles 1910：544），法人を社会学的な実在性から論証するのではなく，組織された「法的実在」として捉える立場を打ち出すことになっていく．集団意思そのものの論証は必要ではなくなり，社会的性格を持つ集団的利益のために仕える組織体が自律的に意思を行使できることが確認されれば，主観的権利の権能があるとされた（ibid. 543）．サレイユの法人理論の軌跡については，ミシュウによるサレイユへの追悼論文，Michoud（1914）も参照.

図表 3-2-1　法学説，社会学史，立法・判例の流れ

年	
1867	会社法改正（株式会社設立の準則主義化，協同組合への枠組み）
1868	ギールケ『ドイツ団体法論』第一巻
1882	ジュール・シモン，アソシアシオン法提案
1884	ヴァン・デン・ユベル『フランスとベルギーにおけるアソシアシオンの法状態』
1884	職業組合法成立
1887	ギールケ『団体理論とドイツ判例』
1889	ドイツで協同組合法成立
1891	破毀院民事部判決「ソシエテへ法人格」
1891	『レールム・ノヴァールム』
1892	ファリエール＝コンスタン，アソシアシオン法提案
1893	デュルケム『社会分業論』
1894	アベ・ルミール，アソシアシオン法提案
1895	エスマン『憲法要論』
1896	ヴォーム『有機体と社会』
1898	共済組合法成立
1898	オーリウ「社会的実在の要素としての法人格」
1899	ミシュウ「法人の概念」
1899	アソシアシオンの権利のためのカトリック全国会議（サレイユが報告）
1899	コンセイユ・デタ『諸外国のアソシアシオン法制の研究』
1899	ワルデック・ルソー，アソシアシオン法提案
1899	メストル『法人とその刑事責任の問題』
1900	プラニオル『民法概要』
1900	ヴァレイユ・ソミエール「法人」
1901	立法研究協会設立（サレイユが事務局長）
1901	アソシアシオン法成立
1901	デュギ『国家，客観法，実定法律』
1902	ヴァレイユ・ソミエール『法人』
1906	ミシュウ『法人格の理論』
1910	サレイユ『法人格について』
1912	デュギ『私法変遷論』
1916	オーリウ『公法原理』第二版
1919	オーリウ『行政法精義』第九版
1920	カレ・ド・マルベール『国家の一般理論』
1925	オーリウ「制度と創設の理論」

次に検討するオーリウ，ミシュウも，ギールケの社会的有機体説をそのまま受容せず，集団の社会学的な実在性と法的な権利能力の位相を峻別しながら，理論を組み立てていくことに専心していく．

以下では，彼らの法人理論を概観しながら，なにゆえにして，彼らが，ギールケのように集団意思を実体化させることを拒否したのか，ということを考察していく．

(2) オーリウの制度理論

モーリス・オーリウは，周知の通り，多くの行政判例の評釈を通じて行政法学をフランスで初めて体系化した学者として実定公法学史において卓越した地位を占めるのみならず，「制度」理論という「法の社会学」理論を彫琢しながら，それに基づき，あらゆる法現象を包括的に説明しようとした独創的な法学者である[426]．

a) ペルソナとしての法人格：法の源としての制度

既述したようにオーリウは，法人という一つの社会的生命体としての団体的法現象を解明することに常に強い関心があった[427]．彼の言う「制度 institution[428]」とは，「国家」も含んだ自律的な団体組織内部の法現象であり，法人は，「人格としての制度 institution-personne[429]」として，制度理論の考察対象のまさに中心に位置した．

その当時，「意思」という法概念を中核にして，法律関係を主観法的な関係と捉え，公法関係も国家の主観的意思の表明として構成する主観主義的なアプローチと，デュギのように法を社会連帯の客観的法則という事実に還元する客観主義的なアプローチが鋭く対立していた（磯部 1990：321）．

オーリウは，法人という現象は，そのどちらか一方のアプローチのみでは説

426　オーリウに関する邦語文献の研究としては，既述の石川健治の研究以外に，次のものを参照した．オーリウ法学の全体像として，磯部（1985），行政判例の評釈を通じた行政法学の体系化について，橋本（1998），その制度理論の輪郭と行政法理論との関連を克明に分析するものとして，磯部（1990），法による国家制限の問題をデュギとの対比で描くものとして，今関（1982），オーリウおよびその後の制度法学の研究として，米谷（1969）．

427　1916年の『公法原理』（第二版）では，次のように記している．「ここ20年間に渡って，自分の様々な著作（…略…）を通じて，法人格という困難な土台を築こうと試みてきた．この道程では，何かと不十分な提案を行ってきたが，それに修止に修止を加えて，ようやくより完全な真理へ至れたのではないかと期待している．」（Hauriou 1916：284ff.）

明できず，そうであるがゆえに，その法現象をつぶさに観察し，理論化していくことが，事実から法への移行，客観法と主観法とが動態的に相互交錯ながら生成するプロセスといった法学にとって最も根本的な現象を解明できると考えていた[430].

アソシアシオンやその他団体への法人格付与に政府の恣意があるという問題を念頭に置きながら書かれた，最初の法人に関する本格的論文「社会的実在の要素としての人格」において（Hauriou 1898），既にオーリウは，団体の個体性という事実からそのまま法人格を導くギールケの不十分さを指摘し（ibid. 125），社会学的に一つの単位 unité として観察される団体の「客観的個体性 individualité objective」と，対外的に主観的な権利主体として現われる団体の法的な「主観的人格 personalité subjective」とは，別の位相の現象として把握することから出発することが法人理論に必要であると説いていた（ibid. 5）.

この論文の翌年の「法人の基礎に関して[431]」では，表象理論の観点を加味

428　オーリウは，「制度とは，物事の一般的秩序との関係において確立され，その永続性が諸力の均衡もしくは権力の分立によって保障され，さらにそれ自体において法治状態を構成するところの社会組織である」と定義している（Hauriou 1907 : 8）.

大村（1998）が描き出しているように，フランス法においては，「契約」と「制度」の対比は一つの知的伝統を形成している．大村敦志は，次のルナールの定義から，「契約」と「制度」の両概念を特徴づけている．「契約は，それが締結されたのと同様に解消されるが，制度は，その創設者とは独立であり解消されない．契約から生ずる関係，すなわち債権債務関係は一時的な絆にすぎず，すべての債権債務関係は弁済によって消滅する．これに対して，制度は継続し，その極限においては永続する．契約は変更がきかないが，制度は状況に適応する．契約の掟は平等だが，制度のそれは階層秩序である．契約は個人と個人の主観的関係だが，制度は客観的・身分的なものである.」「結局，契約は個人の権利の戦いにおける休戦に過ぎないが，……制度は団体であり，その構成員は運命を分かち合い，自由のうちに捨てられたものを安全のうちに取り戻す.」（大村 278 ; Renard 1930 : 364ff.）

429　オーリウは，「制度」を二種類に分類している．第一は，国家や職業組合やアソシアシオンなど，事業理念が内在化している組織された権力を有して，人格化した「人格としての制度 institutions-personnes」であり，第二は，事業理念を内在化せず，人格化していない「物としての制度 institutions-choses」である（Hauriou 1925a : 10）

430　オーリウの法人理論のモティーフとその変遷については，Dufour（1983），Tanguy（1985）を参照.

431　前作論文を書き改めて，『社会運動講義』に収録したもの（Hauriou 1899 : 144ff.）．主観的要素から法人を基礎づけようとした前作に対して，表象という客観的要素の側面から，より詳細に法人論を展開した.

することによって前作の議論をさらに深め，事実としての「客観的個体性」は，有機体的な概念であり，その内部には，構成員の様々な願望，欲望，情熱が存在し，常に動きを孕んだものであるのに対して（Hauriou 1899 : 145），法人[432]とは，表象的概念であり，そのような内部の動きとは別に，外的に独立した人格として表象されるものと捉えた（ibid. 146）.

オーリウは，中世スコラ哲学のペルソナ理論に基づき，次のような華麗な表現を用いている.

> 「法人格は，真顔にかけられた仮面である．しかし，それは真顔と全くずれることなくして鋳造されたものではない．……法人格は存在する限り同じものであり続け，何十年も，不動の法的状況を確固として維持する．背後の人間が眠っている間も，法人格は，眠らずに過ごす．……事物の実際は，人間達の表現や意識は，断続的に変化し，矛盾を孕んだものである．……そうであるから，人間意思の一面である気まぐれや情熱によって，動揺したり，興奮したり，変化を被ってしまう顔つきの上に，法は不動の仮面を与えたのである.」（ibid. 148ff.）

このような意味で，法人格は，構成員達の多様な現われという生の事実を覆い隠す人工的な仮象 fiction とも言える（Hauriou 1898 : 19）．しかし，それは，国家法の承認によってのみ与えられる擬制 fiction ではなく，そのような承認なくしても自生的に法的実在性を獲得するものとされた（ibid. 125）.

その実在性獲得のメルクマールとされたのが規約という法現象であった．オーリウは，それだけでは魂を欠いている「客観的個体性」が，人格化し，法人となるためには，「組織化されるだけでは十分ではなく，それが規約を有することが必要である」とし，その規約の存在によって組織体の理念 idée[433]が定められることを重要視している（Hauriou 1916 : 59）.

432　厳密には，オーリウは，法人に関して，「倫理的人格 personnalité morale」と「法人格 personnalité juridique」という二つの概念を区別し，前者は，社会的事業の理念を持った主体の自然的事実そのものであり，後者は，それが法的側面から眺められ，技術的な手段として構築されたものであるとしている（Hauriou ibid.）.

433　オーリウにとっては，各制度が有する理念 idée とは，プラトン哲学のいう理念のことであり，それは，人々の身体の目で知覚できる主観を超えた優越界において実在するものであった．その意味で，オーリウは，理念実在主義の立場にあった（Dufour 716）.

オーリウにとって，法人とは，「社会的事業の理念を実現しようとする主体」であって（ibid. 267），規約によってその理念が明確化されていることが，その内部に変化や動きがあるにもかかわらず，持続的に法人の同一性，安定性を保障することになるとされた（ibid. 59）.

このようにして自律的な法規範を有することになった法人は，「法的世界において それが果たす役割の優越性が認められなくてはならない」ものであり，それは，「法の源なのであり，常にそうであり続ける」として，オーリウは，「国家」のみを法の源泉とする近代の法実証主義的な見方を批判していく（Hauriou 1923 : 345）.

オーリウは，「法の発生においては，法的制度 institutions juridiques と法律 loi というものを注意深く区別しなくてはならない．法的制度は，ほとんどの場合，自発的に組織されるのであり，法律は，これを承認し，制御するということしかできない．法人は，自然人と同様に，この種の法的制度の代表である」（Hauriou 1898 : 139），「法秩序は，規約を有する存在物が，それを有さないものに対して，優位性があるということを認めているというのは，確かである」と述べる（Hauriou 1916 : 59）.

このように述べるオーリウにとって，法人格化とは，次のようなプロセスとして捉えられていた．(1)ある社会的事業の理念のために人々が集団を形成する，(2)その理念を表現し，それを実現するための集団内の秩序を定める規約が生まれる，(3)この規約によって事実上，客観的法秩序が発生する，(4)このような規律を有した集団組織は，ある程度，持続的に存続することによって「法的制度」へと転化していく，(5)法律が，この「法的制度」を主観法上の一主体として承認するのは，必然となっていく．

このようなプロセスを経て法人格化する集団には，相違なく，完全な法人格が与えられるべきであるというのがオーリウの主張である．

> 「まさに理想的な法制度は，次のような規定を含むものとなろう．『合法的に設立されたあらゆるアソシアシオン，財団，施設は，法人格としての完全な権利を享受する．』．こうすることで，法は，事実の現実性に敬意を表するのである．」（Hauriou 1897 : 124）

b）　制度理論の射程

以上のように，オーリウは，ギールケのように社会学的に観察される集団意思の実在性から即，法人格を導いたのではなく，「客観的個体性」と「主観的人格」を厳密に区別した上で，前者に，社会的事業の理念が宿り，規約を備えることによって団体が自律した法現象を生成・持続させていくという点に，法人の発生起源を求めた．

ところで，オーリウは，ギールケの理論について次のようにコメントしている．

> 「意思理論と名付けることのできるその理論の説明においては，共通意思の発生起源において団体の個々の構成員の個人的な役割というものを提示するものでないため，個人主義が強いフランス人のエスプリを前にしては，その理論は，広く浸透せず，信念もって受け止められることがなかった．」(Hauriou 1898：125ff.)

> 「フランスにおいて，意思力の理論は，法学文献上の好奇心の対象でしかなかった．それは，われわれの国民的気質と相容れるものではなかった．」(Hauriou 1919：123)

しかし，ギールケの集団意思説がフランスで受入れられなかったのは，オーリウ自身が上のように述べたように，個人主義や国民的気質といった文化的な理由にのみに起因するのであろうか．

ここでは，そのような文化論的な解釈に満足せず，既述したように，その当時の法人理論は，「国家」の法的性質をどう捉えるか，という公法上の問題と密接に関連していたという学説の歴史的・政治的文脈性を重視しながら，オーリウやその他のフランス公法学者が，なにゆえに集団意思説を拒絶したのか，という問いを考察していきたい[434]．

それは，オーリウ自身が，「有機体論の体系では，社団は，有機体とみなされ，社団の仲介者としての代表者が諸機関となる．……諸機関の主観的な意思が，有機体の統一性という根本的な事実によって，社団全体の意思となり，その人格の支えとなる」(Hauriou 1898：125)，「意思力の理論は，本質的に統治の目的のためにあり，ドイツのような王朝的な軍事国家においては，その理論は，国家の絶対主義的な概念を導き，さらに形而上学的な概念の助けよって，国家の神格化さえ招いてしまう」（Hauriou 1919 : 123）と述べたように，集団意思を実在化させるギールケの理論では，「国家意思」というもの実体化を招くため，それを構成員が統制するための「法」の存在を導くことが困難になるからであった．そこにオーリウがギールケ説を採用しなかった理由がある．

ギールケにとって「国家」とは，「民族全体がそこにおいて結合されている，持続的で活発に意欲しかつ行動する統一体」であり，「それ自体主権をもった最高の団体人格としての国家をのぞくすべての団体は，国家の分肢人格 Gliedsperson である」とされた（Gierke 1895 : 477）．

よって，このような独自の意思を有する「国家」自体の実在を前提とするギールケの理論は，喜多川篤典が述べているように，その当時の立憲君主制を法理論的に基礎づけるものであった（喜多川 1963 : 41）．すなわち，ギールケは，「国家」それ自体を民族や民族精神といったものと結合させ，実体化することで，主権が君主に存するか，フランス流の国民主権を採用するかという困難な問いを回避し，君主も議会も「国家」の諸機関であるという位置づけを行ったのである．

もちろん，「国家」の分肢人格も実在するから，ギールケにおいては，地方自治や団体の自由も確保されるが，それは，「国家的統一というナショナリズムと地方的自治，私的自治を確立せんとする経済的リベラリズムとの融合」でしかなかなかった（同上）．ギールケも「社会」に対する「国家」の優位を強調する点で，権力が分有状態にある領邦国家を脱するために一国全体を統治する強い「国家」を求め続けてきた伝統的なドイツの国家思想の枠内にあったと言える[435]．

これに対して，中央集権化は十分に進展しており，すでに大革命によって国民主権を経験し，その継承を掲げる第三共和政期のフランスにおいては，公法学の課題は，一にして不可分の「国家」の統一性を維持しながら，国家権力の

434　フルキエは，この時期のドイツの有機体説が，フランスの公法学者の関心を喚起しながらも，それがそのまま受入れられなかった理由を，普仏戦争後のナショナリズムの対立という要素と，そもそもの統治機構の相違に起因する公法学の目的の非互換性という要素の二つを指摘し，前者の要素があることも否定できないとしながらも，皇帝権力の制限（独）と議会権力の制限（仏）という目的の相違という後者の要素をより重視する立場から分析を行っている（Foulquier 126ff.）．本書も，フルキエが整理した後者の要素，すなわち，国家モデルの相違というその当時の歴史・政治的文脈にこそより関心がある．

統制をいかに実現していくか，ということにあった．

「ナシオンとしての国民」と「法人格としての国家」を同一視し，議会主義の強化によって第三共和政の統治を民主的に正当化しようとしたエスマン[436]の憲法学がオーソドキシーたる地位[437]を占めたが，当時の議会制のあり方に満足せず，そこに危機[438]を見出していた論者達は，国家権力よりも上位に立つ「法」の存在を示すことにより，「国家」を制限することを理論的課題としていく[439].

オーリウは，「国家」にとって成文になった「憲法 Constituition」とは，そ

435　ただし，ギールケは，国家を主権概念と結びつけながらも，その団体としての性格は，政治的性格を引き受けるということを除いては，他の社会的有機体と本質的にかわらない仲間的団体と捉えており（西谷 209），国家意思＝法とするその当時のドイツ公法学と比較するならば，ギールケは，法の源を社会の共同意識に求めており，国家のヘルシャフト的な性格を制約する意図があったと言える（村上 1980：144）．その当時のドイツ公法学史における「国家」－「社会」関係の変遷を概観したものとして，名和田（1987）を参照．

436　エスマンは，その著書『憲法基礎原理』によって（Esmein 1896），フランスの憲法理論体系の基本枠組みを初めて作り上げた．エスマンにとって，「国家」とは，「国民たるナシオン」を法的に人格化したフィクション，抽象体であり，「国家」と「国民たるナシオン」は，実体的には同一のものを異なる角度から眺めたものであるとされた（ibid. 3）．エスマン憲法学については，高橋（1986）を参照．

437　パリ大学に講座を有したエスマンの憲法学が，デュギ，オーリウといった新しい公法学に対して，伝統的，政治的な権威を保ち続けたことについては，Sacriste（2002）によるその当時の公法学の圏域の社会史的な分析を参照．

438　オーリウは，「行政権よりも立法権の方が個人的自由にとってより危険である」としていた（Hauriou 1929：731）．

439　「国家」の上位に立つ「法」による国家制限という課題を，最もラディカルに追求したのが，レオン・デュギである．デュギは，社会連帯の法則 loi という存在から客観法という当為を導き，国家活動は，この連帯の法則である客観法に服さねばならないとした（Duguit 1901）．

デュギにとっては，意思力に基礎を置く主観的権利というカテゴリーは，形而上学上の産物に他ならないとされ，主観的権利の担い手たる法人格なるものを想定することは，否認された．アソシアシオン法についてのデュギの見解は，アソシアシオンが追求する目的が社会連帯に適うものであるならば，その地位が客観法によって承認されれば良く，1901年法の仕組は，公益承認非営利組合，届出非営利組合，無届非営利組合というように目的に応じて権利能力を制限しているが，このような仕組こそが，近代的な立法者が，集団意思や集団の人格性を保護したのではなく，構成員の追求する目的を，社会連帯の法則に照らし合わせて保護している証左であるとした（Duguit 1920：77）．デュギの法人観については，Pisier-Kouchner（1983）も参照．

れが追求すべき社会的事業の理念を化体した規約であり（Hauriou 1916：624ff.），このConstitutionとは，政体によって異なる権力分立制・代表制・諸公権力の組織化のあり方といった狭義の「政治的憲法Constitution politique」だけではなく，1789年の人権宣言のテクストに示される個人的権利や市民的自由の保障といったより重要な「社会的憲法Constitution sociale」をも含むものであり（Hauriou 1929：611ff.），統治権力としての国家は，この理念の実現に奉仕することを目的とするものと位置づけられた．

このような理論構成から，議会の諸立法に対する憲法，人権カテゴリーの優位，違憲立法審査権の可能性を導くことによって，オーリウは，権力の均衡を図ろうとした（ibid. 731）．

既述したように，オーリウの制度理論は，国家のみを特別に扱うのではなく，会社や職業組合やアソシアシオンなど，制度的な要素を持つ社会団体を，共通に把握しようとした理論であり，構成員による機関への法的統制，権力の均衡というモティーフは，一社会団体にすぎないアソシアシオンの内部関係の説明においても追求されていく．

c）均衡と同調

オーリウは，規約を有して，特定の社会的事業の理念の実現を目的とするアソシアシオンを社団的制度institutions corporativesの一つとして位置づけた（Hauriou 1916：110；1925a：10）．

契約としてのみアソシアシオンを捉えようとする見方は，その創設時しか説明できない静態的な理論であった．契約理論では，その後の構成員の変更にもかかわらず，制度が持続すること，構成員が制度内の規律法に服さねばならないこと，総会で決議された事項に反対の意を示した少数者もその決定に従わねばならないこと，といった社団的要素を説明できない（Hauriou 1906：136ff.）．

しかし，オーリウは，事実として観察されるアソシアシオンのこのような社団的，制度的な要素から，アソシアシオンの団体としての統一性を，個々の構成員の自由よりも優位において，団体の拘束性の強化を主張することを意図したわけではなかった．

オーリウの法学は，社会学的に観察される団体の制度的要素に開放的であったが，その真に意図するところは，そのような要素を法的世界の中に取り込むことによって，構成員による団体への法的なコントロールを可能することにあった．

オーリウは，社団的制度である団体が，規約法を備えることによって，人格化される理由を，次のように記している．

「社会的諸集団においては，粗暴な集合的力といったものが現出するため，その方向付けは，諸個人の意識や統治者の意識から離れ，不可能ともなる．それを防ぐには，労を割いて組織化を行い，集合的力がそれ自身，意識を有するように改善する必要がある．そうすれば，集合力は，より操作しやすいものとなり，その力の行使は，合理的な手続に服することになり，諸個人の意識が，正義の感覚をもって集合力のために行動することがより容易になる．」(Hauriou 1916 : 17)

社会的集団内の諸機関の行動は，規約法に化体された社会的事業の理念によって枠づけられ，さらに集団運営における手続が存在することによって，機関による構成員への強制という要素は縮減し，構成員の同調 adhésion に基礎をおいた運営が行われるようになっていく．

集団内の諸力の間に均衡が存在すること，諸機関と被治者の関係が相互作用的であることが，制度の持続のための要素であり，諸機関が構成員の同調に基づかずに，支配権を行使すれば，構成員によって反駁され，その意図が無視されるという領有現象が発生するとされた (Hauriou 1919 : 125)．制度の持続は，その内部の均衡と同調に基礎を置くというこの見方は，アソシアシオンにのみ妥当するものではなく，当然，国家の権力分立や統治者－被治者関係をも包括的に説明するためのものであった．

以上のように，オーリウは，契約理論の見方に対して，制度的な要素の存在を対置し，そのような制度的な「事実」が「法的なもの」に転化していくプロセス，すなわち法人格化のプロセスを詳細に分析して，国家からアソシアシオンに至るまであらゆる団体的法現象を包括的に説明する精緻な法人理論を練りあげていった．それは，単に「制度的なもの」の優越性を主張するものではなく，それを法的にコントロールする手段を構成員に導くものであった[440]．

(3)　ミシュウの法人理論とその射程

レオン・ミシュウは，その大著『法人格の理論とそのフランス法への適用[441]』において，明晰な文章により，これまでの独仏の法人理論の研究を余すところなく[442]検討した上で，公法と私法の両者の基盤となりうる洗練された独自の法人理論を彫琢し，「今日でもなお法人問題の疑われることのなき第一人者である」と評価されている（Linditch 1997b : 207）.

その著書のベースとなった1899年の論文「法人格の概念」において，ミシュウは，制定中のアソシアシオン法を念頭に置きながら，法人擬制説に立脚した場合，「法人格が，結社の権利とは全く無関係なものとして捉えられてしまい，ごく限定されたアソシアシオンにのみそれが割り当てられることになる」と述べ（Michoud 1899 : 9），その否定的な帰結を乗り越えるために，擬制説の論理構造を徹底的に批判する作業を行う.

a）法的実在としての法人格

しかし，このミシュウが接近したのは，擬制説批判の先駆けであるギールケの実在説ではなく，「自然的世界」と「法的世界」とを厳格に分離した上で，「自然的世界」ではなく，「法的世界」においてのみ法人は実在するというイェリネックの考え方であった.

ミシュウは，集団意思の存在を証明するのは，ギールケ自身においても，十分に行われておらず，その証明は，そもそも困難であると考えた（Michoud t. 1, 69）.

イェリネックに依拠しながら，ミシュウは，「ある目的に向けられた行為は，自然的世界においては，集団をなす諸個人達の意思による行為として現われるが，実務的な理由によって，法的世界においては，それは，集団の意思による

440　アソシアシオンの内部関係における規律や懲戒権，構成員による機関へのコントロールといったオーリウが掘り下げた問題は，静態的に契約としてアソシアシオンを構成することに満足した1901年法の枠組では十分に答えられないため，オーリウの制度理論は，実際のアソシアシオン内の紛争を司法がどのように統制するかという枠組として，重要性を増すことにもなっていく．アソシアシオン内部の紛争に対する司法審査の理論的枠組みを検討するものとして，高作（2001，2003，2004）の研究を参照.

441　Michoud（1924［1906］）.

442　その該博な法制史の知識で，ローマ法からその当時にいたるまでの法人の比較法講義を行ったサレイユは，その出版された講義録の最初の脚注において，「ミシュウの美しい二巻本の中に，ここで扱う主題に関するすべての文献を見出すことができるだろうから，自分は，文献の道標となることを断念した」と記している（Saleilles 1910 : 1）．日本の民法学の法人学説の整理が，法人擬制説，否定説，実在説といった順序になっているのも，鳩山秀夫や富井政章といった初期に法人論を展開した人物が，このミシュウの本の整理によって，ドイツの学説を知ったからであるともされる（海老原 1990）.

行為として現われるのである」と述べ（ibid. 95），社会学的な方法で統一された集団意思の実在を示すのではなく，専ら法的観点から眺めた場合に，集団の統一性があるか，そのようなものとして扱う必要があるか，を論ずれば良いとした[443].

しかし，ミシュウは，集団の統一性の論証には，イェリネックのようになおも「意思」の統一性を法人概念の中核におく必要はないとし（ibid. 96），より法的世界に馴染みやすい集合的な「利益[444]」の存在こそがメルクマールになるとした.

法人が，「利益」を同じくする者によって構成されているという事実それ自体は，疑いのないことであり，集合的利益が存在することの論証は，集団の統一的な「意思」の存在を論証するよりもはるかに容易なことであった[445].

ミシュウにおいては，(1)個人的利益とは区別される「集合的利益」の存在，(2)その利益を代表し，擁護することのできる「組織 organisation」の存在，という二つの要素が確認されるならば，その集団に法人格が必然的に承認されるとされた（ibid. 112）.

b)　その射程

このようにして論証された法人格の概念は，法制度になお不十分な点があったアソシアシオンや職業組合などの私法上の団体にのみ限られて適用されるのではなく，国家や公共団体といった公法上の団体や，その法的位置づけが曖昧であったコミューン[446]にも共通に適用されるものとされた[447].

行政法学者であるミシュウが，法人理論についての考察を出発したそもそものきっかけは，国家の官吏が過失によってその構成員に対して損害をもたらし

443　オーリウは，ミシュウへの追悼論文の中で，「ミシュウは，一度も社会学的な有機体説に魅惑されることがなく，それに厳しく反駁した．彼は，形而上学と社会学のいずれもから離れて，法人理論の基礎を専ら法学的な基盤の上にのみ築くという立場を取ったのである」と評している（Hauriou 1917 : 23ff.）.

444　ミシュウは，イェーリングの「法の目的は，利益の保護である」とする考え方に基づき，「利益」こそが，法の根源的要素であり，「意思」は，二次的要素に過ぎないとした（Michoud t. 1 : 101）.

445　（石川 93）を参照.

446　ミシュウは，コミューンを単に財産上の主体であるだけでなく，地域集団として集団的利益を管理・運営するという役割を有するがゆえ，その領域内の行政権限をも有する法人であるとした（Michoud t. 1, 344）.

た場合，被害者は，国家に賠償責任を請求することができるか，という問題にあった（Michoud 1895, 1896）．

従来の法学説[448]では，国家は，構成員への命令者としての「主権」という側面でしか捉えられておらず，構成員の国家に対する損害賠償請求権を導き出すことが不可能であった．

国家とその構成員の関係が法関係として観念されるには，国家それ自体を構成員から独立した法人格として認識することが必要になる．ミシュウは，そのような立場から法人理論を練り上げていく[449]．

また国家とそれ以外の公共団体との関係，あるいは公共団体間の関係についても，それぞれが法人格を有した独立した主体として認識されることによってはじめて，公共団体が行政庁の決定に対して越権訴訟をコンセイユ・デタに提起することや，コミューンが県の権限濫用に対して越権訴訟をするといった法関係が説明されうる（Michoud 1924 : t. 1, 328）．

このように，ミシュウは，法人の概念によって，公法上の団体が契約主体や財産所有主体となるといった管理行為的な側面[450]だけではなく，団体構成員が団体に対して損害賠償請求権を行使しうること，団体が他の団体に対して管轄事項に関わる争いについて訴権を有していること，そのような権限を理論的に基礎づけようとしたのである[451]．

その狙いは，団体と構成員の関係，団体と団体の関係を，独立した主体間の対等な法関係として構成することによって，権力を法的にコントロールすることにあった，と言える[452]．

ミシュウにとって，法人は，擬制ではない法的な実在物であるが，それは集

447　ミシュウの法人理論の射程について，石川健治は，「日本では民法学書としてのみ読まれたミシュウ畢生の作品は，……フランスではむしろ第一級の行政法学書として遇された必読文献であった．人・物・訴権の Institutiones 体系からすれば，公法学にとって法人格こそは第一の論題であった」と指摘している（石川 91）．

448　革命期においては，「国民の総体としてのナシオン」と「国家」が表裏一体のものと観念されたので，個別としても国民は，「国家」の責任を問うことが出来なかった（Linditch 1997a : 105）．

449　またミシュウは，従来の擬制説では，法人格を付与するのは，「国家」の権限とされるが，それでは，「国家」そのものの法人格の発生が何に基づくものなのかを十分に説明できず，トートロジカルな論理構造を持っており，擬制説を公法関係に適用できない限界ある矛盾した理論であると批判した（Michoud ibid, 21）．

団的利益の追求のために存在するのであって，法人が自然人同様に無制約の主観的権利を有するわけではなかった．ミシュウにおいて，法人の機関の行為能力は，集団的利益の追求という範囲に限定され，国家の有する権利も，その構成員が個別では効率的に追求できないような利益（安全，正義，文化など）の充足に仕えるという範囲に限定された（ibid. t.2, 145）．

(4)　フランス法人実在説の特徴

以上のように，本節で検討したオーリウとミシュウの法人理論は，擬制説がアソシアシオンの権利に弊害をもたらしているという問題状況を一つのきっかけとして形成されたものであった．

その意味では，協同組合や権利能力なき社団の法的能力が不十分であったゆえに，ギールケの法人実在説が発展したドイツを同じ条件があったと言える．この時期のフランスの法学者達は，ドイツ法学の動向に高い関心を有し，その成果を摂取することに努めた．

しかし，フランスでは，実在説の立場に分類されるオーリウとミシュウのいずれもが，ギールケの理論をそのまま継受するということに批判的で，「社会学的なもの」と「法的なもの」とを明確に区分した上で，法人格の発生やその

450　ベルテルミは，「国家法人」の概念を，「国家」が債務者，債権者，所有者，契約者となるような私法的な財産関係に限定し（Berthélemy 1920 : 25），「法人」概念は，行政がその財産の「管理行為 acte de gestion」を行うという側面には，用いることができるが，被治者に対して「権力行為 acte d'autorité」を行うという側面には，適用すべきでない，とした（ibid. 42ff.）．このようなベルテルミの意図が，「国家活動領域の拡大化現象」に適合的な理論を提供したカレ・ド・マルベールの「法的国家論」への古典的自由主義擁護の立場からの対抗であったことについては，（山元(4)，323）を参照．カレ・ド・マルベールは，「国家法人」を「ナシオンたる国民」の人格化として捉えるが，法＝国家法という法実証主義的立場に立ち，国家を制約する法の存在を認めず，国家の自己制限に委ねた（Carré de Malberg 1920）．

451　ミシュウは，国家が結ぶ私法的関係のみに法人格の概念を限定し，国家が二重の人格を持つように構成することは間違いであり，公法的な関係も私法的な関係も統一的に法人概念で説明せねばならないという立場であり，法人の対外的な民事的側面のみを表わすにすぎない personne　civile の概念を，その著書で用いることを拒否した（Michoud　t.1, 24ff.）

452　リンディッチは，「国家の法人格」は，他の法人との関係の法的安定性を一定程度，保障することによって，権力の法化に仕えるものであったとしている（Linditch 1997a : 91）．

メルクマールを論証しようとした．

そのような結果として，オーリウやミシュウの学説は，その法律学的構成においては，最も洗練されたものとなった．

またオーリウやミシュウの学説は，いずれも私法上の権利能力の問題に限定された狭窄な理論ではなく，「国家」や「公共団体」といった公法上の権力関係や，法の基礎にあるものを解明しようとするスケールの大きな理論であった．そこでは，とりわけ，構成員に対する団体の機関による恣意的な権力作用をいかにして統制していくか，という問題関心が強かった．彼らの法人理論は，法人の対外的な権力能力を論証するためにのみ構築されたのではなく，法人の内部的な権力を法化することをも課題としていたのである．

肥大化していく国家という最高の権力団体を，いかにして法的に統制し，構成員の権利の領域を確保するか，そのような緊張感ある状況において錬磨された彼らの法人理論は，当然にしてアソシアシオンという一社会団体内における権力や諸関係の問題を法的に統制していく上でも鋭い武器となっていく．「契約」や「擬制」という概念では，そこまで切り込むことはできない．

ここでは，法人の実在を「国家」に対して主張しても，「個としての構成員」と「権力としての団体」との緊張関係がたえず意識され，それゆえに「社会学的なもの」と「法的なもの」を混同せず，厳格に区分して思考しようとした，という点に，フランス的な法人実在説の特徴を確認したことにしよう．

第3節　法人否認説の意図：契約理論を中心に

前節で検討したフランスの法人実在説には，その理論の射程を公法上の団体まで拡大しながら，法の生成プロセスを解明し，権力の統制手段を精緻化することで「法の一般理論」を志向していくという傾向が確認された．これに対して，本節で検討する法人学説は，法人という観念を否認し，団体的な法現象は，個人間の私法的な関係に還元して説明できるという立場から，アソシアシオンや修道会を，「国家」の監督が及ばない私法の領域に位置づけることによって，それらの自由を確保することを試みた理論である．

このような学説は，通常，法人否認説と呼ばれているが，それは，しばし誤って非難されるように，法人の実在を否認することによって，中間団体の活動の基盤をも否定するということを意図したのではなく，法人関係は，それを組成する諸個人によって担われているゆえに，その制度の根拠は，「市民社会」そのものの中にあると主張することで「国家」の恣意によって団体の活動が左右されることに対峙しようとした理論であった[453].

アソシアシオンや修道会といった団体の私的性格を強調することによって，それらを結成する自由を論証しようという方法は，前章で検討した「レールム・ノヴァルム」においても採用されていた．このような影響もあって，フランスにおける法人否認説[454]は，この回勅に忠実なカトリック系の法学者達によって，理論化されていくことになる．

以下では，その代表者であるヴァン・デン・ユベルとヴァレイユ・ソミエールの理論を概観し，契約論的な法人否認説の狙いとその射程について，検討することにしたい．

(1)　ヴァン・デン・ユベルのアソシアシオン論

ヴァン・デン・ユベル[455]は，「神のみが，無から人格というものを湧き出させることができる権限がある」という立場から，立法によって法人格を付与できるとした擬制説を批判し，法人という現象は，見かけ上，独立した人格主体があるかのように現れるが，それは，本質上，すべて個人の権利に還元できる

453　川島武宜は，法人という現象を個人間の関係に還元して説明する法人否認説について，「それはあたかも化学者が物質的世界を元素に還元し力学者が物質的世界を物質相互間の力関係として見るのと異なるところはない．団体の現実の担い手が終局的には個人であるということの承認は，近代市民社会の団体が独立の個人によって成立し且つ団体の中で個人がその主体性を失わないという歴史的事実に基づいている」と高く評価し（川島 1963：225），「法人否認説は，市民社会の法人観を代表するものと言うことができる」としている（同上 219）．

454　法人否認説を最初に展開したのは，ドイツのイェーリングであるが，そのイェーリングは，その理論を私法学的な領域に幽閉させることなく，個人間の法関係へと法人を還元する見方を，国家にも適用し，契約的国家構成に注目して，国家の担い手は，諸個人に他ならないという主張を展開する．（笹倉 1979：80ff.；福池 1998：115ff.）を参照．これに対して，本節で検討するフランスの法人否認説は，そのカトリック的世界観が影響してか，国制に関する法的分析は，深まっておらず，ミシュウも批判するように（Michoud t.1, p.62-），公法学上の問題に適用できない，もっぱら財産関係のみを視野に入れた理論に留まった．

455　ヴァン・デン・ユベルは，ベルギー人であるが，その著書は，フランスの法学者達に頻繁に引用されている．ルーヴァン・カトリック大学で教授した後，ベルギーの司法大臣（1899-1907）も務めた．

ものであると主張した最初の論者である（Van den Heuvel 1884）．

ヴァン・デン・ユベルは，あらゆる法人は，法人格という概念を用いなくとも，組合契約に特則を課して，各構成員の権利に制限を加えると同時に，団体の債務が各構成員の個人財産に及ばないように制限を行い，管理・運営者が代理によって法廷に出廷できるようにすれば，十分であるという議論を展開し，「契約」，「代理」という既存の民法上の技術で団体の法律関係に対応できるとした（ibid.）．

よって，アソシアシオンも，その本質は，組合契約であり，上のような特則を課すことが認められた私法上の法関係として把握された（ibid. 63）．

しかし，このように法人格の観念と擬制説を批判するヴァン・デン・ユベルであったが，彼にとっても，団体が，このような特則を課すことができるのは，立法による特例に基づくものであるとされており，アソシアシオンが独立した法関係を形成するには，「国家」の特別法による承認を必要とするとしていた（ibid. 91ff.）．

(2) ヴァレイユ・ソミエールの法人理論

法人を個人間の私法関係に還元するというヴァン・デン・ユベルの立場を踏襲しながら，その不徹底さを乗り越えていったのが，ヴァレイユ・ソミエールである．

貴族階級に属し，リール・カトリック大学の法学部長も務めたヴァレイユ・ソミエール[456]は，急進共和派による修道会への攻撃，規制立法に対して，法学者として抗議する役割を引き受ける中で，その法人理論を練り上げていく．

1892年の政府によるアソシアシオン法案[457]は，国外に本部を有する結社や，外国人によって指導される結社を，デクレによって廃止できる，とする条文（第15条）を含むものであり，これにより，修道会の多くが即，廃止の対象となる畏れがあった．

ヴァレイユ・ソミエールは，カトリック系の雑誌を通じて，この法案への批判を行っていき，修道会は，国家の監督に服するものではないこと，たとえ行政からの許可を得なくとも，修道会は，構成員によって民事的組合を形成するものであり，所有する権能があることを主張していく（Matthys 1993 : 66ff.）．

456　ヴァレイユ・ソミエールの生涯とその作品の概略については，（Matthys 1993）．

457　Le projet de Fallières et Constans, le 16 janvier 1892.

「レールム・ノヴァルム」によって示されたキリスト教民主主義の路線に沿う形で，1894年にカトリック王党派の議員アベ・ルミール（Abbé Lemire）が，アソシアシオン一般と修道会とを区別することなく，「結社の自由」を認めるアソシアシオン法案[458]を議会に提案するが，ヴァレイユ・ソミエールは，この草案作りの手助けをしている（Mayeur 1968 : 192）．

その後もカトリック全国会議において「アソシアシオン」を扱う部会の副議長を務めるなど，ヴァレイユ・ソミエールは，修道会の自由を擁護するカトリック系法学者として活躍していく（Matthys 68）．

彼の大著である『法人論』は，ワルデック・ルソー内閣による1899年のアソシアシオン法提案[459]において，修道会が厳しい許可制に服せしめられたことへの反論として執筆した論文[460]を基礎にしながら，彼の法人論を体系化したものである（Vareilles-Sommières 1902）．

ヴァレイユ・ソミエールは，ヴァン・デン・ユベルと同様に，法人の権利とは，学説が作り上げた観念上の産物にすぎず，実際には，それを構成する構成員の債権・債務関係しか存在しないとした（ibid. 149）．

修道会も含めた，あらゆる法人の本質は，組合契約であり，それが，第三者との関係で，独立した財産主体であるかのように現れるのは，(1)構成員が，全員の同意を得ることなく，共通財産を処分してはならないこと，(2)組合債権についての持分権を独自に主張しないこと，(3)組合債務を負担するために構成員の固有財産が差し押えられたりしないこと，といった三つの特則による効果に過ぎないとされた（ibid. 152ff.）．

よって，このような法現象を規律するには，契約法の一般原理に，アソシアシオン契約と代理に関する特則を組み合わせるだけで十分であるとされた

458　Le projet de Lemire, le 24 avril 1894. ただし，このルミール案は，公的自由の側面に関しては，「結社の自由」の条件として届出義務をあらゆるアソシアシオンに課し，年に一回，検事がアソシアシオンを査察することも許すものでもあり，また民事的側面に関しては，コンセイユ・デタのデクレによって公益性が承認されたアソシアシオンと届出のみのアソシアシオンとの間に，共通財産の形成権能に相違を認めるものであった．よって，ヴァレイユ・ソミエールが著作において展開した法人理論とは，実際のところ，隔たりがあるものになっている．

459　Le projet de Waldeck-Rousseau, le 14 novembre 1899.

460　Vareilles-Sommières (1900). この論文は，1900年の道徳・政治科学アカデミーのコンクールでの賞も授けた．

(ibid. 217).

ヴァン・デン・ユベルにおいては，このような特則を承認されるには，立法が必要であるとされたが，ヴァレイユ・ソミエールにおいては，特則そのものの私法的な性格が強調され，法律による作用は，必要とされず，私人間の特則によって作られる法状況そのものが，人格化に類する効果を生み出すものとされた (ibid. 218).

このようにして，ヴァレイユ・ソミエールは，法人という概念を用いることをあえて封印し，団体の法関係を完全に私法的な関係に還元することによって，「市民社会」のあらゆる団体の法的地位を「国家」の恣意的な権限から自律させ，自由な活動の基盤を与えようとしたのである.

(3)　フランス法人否認説の射程と影響

法人そのものの実在性を否認し，団体的な法現象も組合契約の延長内において捉えようとするヴァン・デン・ユベル，ヴァレイユ・ソミエールの議論は，アソシアシオンを契約として構成した1901年法の立法者の立場とも共通するものとも言える.

しかし，以上に概観したカトリックの法学者達の理論的営みの実践的な課題は，急進共和派による反修道会政策に対峙し，アソシアシオンと修道会とを区別することなく，「市民社会」の中の私法上の団体と位置づけることによって，両者に同様の「国家からの自由」を与えるということにあった点に留意しなければならない.

このように修道会も他のアソシアシオンと同様に「市民社会」の中の自由な私的結社と位置づける試みが，どの程度，成功したのか，議会に影響を与えることができたのか，ということは，第4章で詳しく検討するが，共和派優位の議会において多数の共鳴者を見出すのは困難でもあった.

ところで，ヴァン・デン・ユベル，ヴァレイユ・ソミエールも，組合契約に法人の性質を還元するその理論は，私法上の団体のみならず，「国家」や「コミューン」といった団体の法的性質に関しても適用可能な理論であるとしていた (Van den Heuvel 53ff ; Vareilles-Sommière 486ff.).

しかし，世襲の君主制国家を是とするカトリック系法学者の世界観においては，国家を契約の所産として捉え，主権を制限していく，というような理論的展開は，見られず，ミシュウが批判したように，公法上の団体の法律関係について包括的に説明する理論ではなく，団体の財産関係のみに焦点が当てられた理論であった（Michoud t.1, 62）.

また，制度理論が注目したような，団体の持続的・動態的な要素についても，十分に掘り下げられたものではなかった（ibid. 64）.

しかし，法人という観念は，仮象に過ぎず，団体的法現象を全て私法的な関係に還元して説明していこうとした彼らの切り開いた方向性は，プラニオル[461]やベルテルミ[462]の「集合財産説」によって，より洗練された形で，発展していき，フランスの法人学説史においては，彼らの名は，一つの流れを形成したものとして刻まれることになる（Linditch 1997a : 20）.

またヴァレイユ・ソミエールは，制定百周年を迎える民法典の大改正を検討していた委員会に，自然人と法人とを区別し，法人に独立した章を民法典の中で与えることに強く反対する意見書を提出し，その意見書は，広く読まれた（Matthys 72）.

民法典の中に法人の規定を置くことは，1978年の改正[463]に至るまで，実現せず，法人の概念を借りずして，契約関係の延長で団体的法現象をも個人に還元して説明しようとする立場は，フランス法においては，一つの強固な伝統をなした.

第4節　小括

以上のように，本章では，アソシアシオン法の成立前夜において，活発に行われた法人論争を検討してきた．それぞれの論者の問題関心や理論の射程は，

461　プラニオルは，「皮相的であり，間違いである法人格の概念は，個人的財産権の脇に集合的財産権が存続していることを今日まで覆い隠してきた」「法人格の神話は，有益に，集合的財産権という実証的な概念に取って代わられねばならない」と主張する（Planiol 1925 : 71ff. ; 1900）．このプラニオルの学説は，公表当時，広く支持された学説であったとされる（Halpérin 2001 : 199）.

462　前注450を参照.

463　1978年の民法典の組合契約（ソシエテ）に関する規定の改正によって，ソシエテは，民法典でも法人であるとの位置づけが与えられる（民法典第1842条）．この改正によって，ソシエテが法人格を得るには，登記が必要とされ，登記を行わないソシエテは，「匿名組合 société en participation」として位置づけられることになった．1978年法の立法経緯，匿名組合の形成については，山田（1991）を参照.

アソシアシオンに関する立法政策論の範囲に留まるものではなく，「国家」－「中間団体」－「個人」の関係のあり方をどのように観念するかという「法の社会像」に深く関連するものであった．

法人実在説においては，「国家」からの「中間団体」の自由が導かれるだけではなく，「中間団体」と「個人」，「国家」と「個人」の緊張関係も深く意識され，「中間団体」も「国家」も同様にその権力行使が内部法である規約・憲法の存在によって統制されるという側面が重視されていた．

法人否認説は，「個人」を重視し，「中間団体」の実在を否定するという点にその理論の力点があったのではなく，「中間団体」を純粋に私法的な法律関係へとあえて分解することで，「市民社会」の「国家」に対する自律性，「国家」からの「中間団体」の実質的自由を確保することを目的としていた．

以上のような認識は，フランスにおける新たな法人学説を，その当時の政治的・歴史的文脈に位置づけながら，その幅広い理論的射程に注目することによって得られたものである．

法人を特権とみなす擬制説は，いずれの論者においても批判の対象とされていたが，1891年の破毀院判決[464]では，制定法において法人格を有するとの明

464　Req. 23 février 1891 (Sirey 1892 : t. 1, 73ff.)．この判決によって，組合法人論が判例上，確立した．民法典公布後も，判例は，民事的営利組合に法人格を認めてきたが，1867年法の商法典改正により，株式会社となることが容易になった後は，民事的営利組合の法人格を否定するようになった．民事的営利組合の法人格性に関する判例・学説の変遷については，(Hayem 218ff. ; 山本 185ff.) を参照．

465　ただし，この破毀院判決は，注釈を加えたメイニアルも述べているように，持続的な理論を建造したものではなく，民法典1860条の組合員が管理者ではないときは，組合に帰属する物は，譲渡したり，担保に入れたりしてはならないとする規定を根拠とする不安定な基盤に基づくものであり (Meynial 1892 : 75)，この判例が，法人の一般的な理論枠組を形成して，アソシアシオンの法的能力のあり方にも影響を与えるというものではなかった．

また1893年の法律 (1er＝3 août 1893, Loi portant modification de la loi du 24 juillet 1867 sur les sociétés par actions, *Duvergier*, t. 93, 322ff.) では，民事的な目的を有する組合であっても，株式会社・株式合資会社・可変資本会社の形態で設立されるときは，商事的なものとなり，商法に関する規定が適用されるとされ，多くの民法典の営利組合が商事会社に移行し，民法典の営利組合の規定の適用範囲を実質的に縮小させることになった (山本 45)．

この判決後の営利組合に関する法人学説，判例の状況については，(Harpérin 263ff. ; Linditch 1997a : 33ff.) を参照．

示的規定をもたず，公示制度も有さない民事的営利組合（ソシエテ）に対して法人格が承認されることになり，擬制説では，説明のできない法状況が生じることにもなり，法人をめぐる論争は，活況を呈することになっていく[465].

本章で検討した法人学説が，アソシアシオン法を制定した立法者に，どのような影響を与えたのか，という点については，第4章で検討し，次の第3章では，アソシアシオン法成立前の許可過程や民事，刑事裁判といった実務において，アソシアシオンの法的扱いがいかなるものであったかを検討していく．

第3章　増大するアソシアシオンと規制様式の変容

第1章では，第三共和政期の政治的環境や社会理論の状況を，急進共和派とカトリック王党派の対抗という全国的レベルでのマクロな次元に焦点をあわせながら，概観し，第2章では，法学者達によって構築された法人理論を分析の対象としてきた．

本章では，1901年のアソシアシオン法成立前におけるアソシアシオンの傾向と規制様式の実態を，具体的な史料を分析することによって，明らかにすることを試みていく．

第1節では，サン・テチエンヌ市を事例地域として，19世紀後半からアソシアシオン法成立前夜までのアソシアシオンの傾向，規制権限者の判断枠組みの変容過程を辿っていく．

第2節では，アソシアシオンに関する民事判決，刑事判決を検討素材とし，判例形成という裁判官の営みによって，アソシアシオンという法概念が，1901年法以前に，どのように練られていたのかを探っていく．

これらの作業を通じて，1901年法成立前のアソシアシオンの実態とそれを規律した規範の様相を明らかにすることが本章での課題となる．

第1節　アソシアシオンの傾向と規制枠組の変容

第2部では，初期社会主義者の〈アソシアシオン〉構想が第二共和政において挫折した後は，反結社が復活し，各種の中間団体を承認した個別の立法の仕組においても，中間団体が対抗的な政治圏を形成することを避けようとする意図が存在したことを確認した．

しかし，結社罪が存続したとは言え，19世紀後半の実態において，アソシアシオンは，多様な目的を追求するために増大し続けていった[466]のであり，このような社会的事実を前にしてアソシアシオンへの許可審査も形式化していくという現象が生ずる．

本節では，サン・テチエンヌ市に所在地を有したアソシアシオンによる許可申請に関係する史料を網羅的に分析することによって，実態としてのアソシアシオンの傾向，実際の規制過程において働いていた規範の変化を探っていく[467].

(1)　サン・テチエンヌ市の都市構造[468]

サン・テチエンヌは，地理的にリヨンに近接しており，旧来から，経済的にも，文化的にもリヨンからの影響を強く受けつつ，発展してきた都市である．アソシアシオンの傾向についても，リヨンで新たに誕生したアソシアシオンと同じタイプのものが，しばらく経って，サン・テチエンヌでも確認されるということが多い．

人口は，図表3-3-1[469]が示すように，1875-85年の一時的な停滞期を除いては[470]，絶えず増加傾向にあり，革命前に2万5千人だった人口は，1901年

466　19世紀後半から20世紀初頭までのアソシアシオンの傾向を，地方文書館の史料に基づいて分析した先行研究として，ヴィユフランシュ・シュー・ソーヌ（Villefranche-sur-Saône）地区をフィールドにしたグランジュの研究がある（Grange 1993）．グランジュは，アソシアシオンの増大，多様化，民衆化という現象を，コミュニケーションの開放化，共和主義の浸透といった要因から説明し，アソシアシオンの実践が，デモクラシーの定着に重要な役割を果たしたとするとともに，他方で，そのようなアソシアシオンの世界が，男性中心的であり，社会的地位が高いものが指導者となることも多く，社会的な階層性の再生産の場でもあったとも分析している．

467　当初は，セーヌ県パリ市，ローヌ県リヨン市を対象に19世紀後半期のアソシアシオンの許可過程の分析を試みたが，セーヌ県については，パリコミューンでの火災が原因で，第二帝政期についての史料が焼失しており，ローヌ県についても，県文書館で調査した結果，1870−80年代の史料が十分ではなく，また他の時期の史料の保存・整理状態も悪く，この計画は，途中で断念せざるを得なかった．

国立文書館において，各県文書館の目録を検討した結果，サン・テチエンヌ市を県庁所在地とするロワール県文書館が，19世紀初頭から今日にかかるまでのアソシアシオン関連史料の目録の整理がなされたばかりであり，史料の保存状態が良いことが確認されたため，対象地域として選択することにした．

サン・テチエンヌ市は，19世紀後半から，工業化・産業化の進展によって，人口の流入・増大，労働者という層の出現，「社会問題」の発生といった都市的現象を経験した地域である．

468　サン・テチエンヌ市の歴史的概観としては，Mandon（1976），Robin et Glayroux（1995）を参照．

469　（Chatelard 1981 : 279）の数字をベースにして作成．

には，14万5千人を超える．

伝統的に，武器，リボン，織物，鍛冶鉄・鉄工の4つが，この都市における中心的工業であり，いずれも小規模なアトリエ的作業所によって担われた．

武器については，1764年に王立武器製作所がこの地に創設され，以後もフランスの代表的な武器生産地となり，現在でも，「マニュ Manu」と呼ばれる巨大武器会社の工場がある．

1824年には，炭鉱開山の許可が下り，1827年には，鉄道がいち早く敷かれ，工業化の条件が整い，19世紀後半からは，技術革新も進み，中心的工業都市の一つとして数えられるようになる．ただし，このような工業化・大工場化は，旧来のアトリエ的作業所を駆逐したわけではなく，下請分業などの新たな需要も小作業所に対して生み出し，並存状態がしばらくは続いた．

しかし，工業化の進展は，外部からの求職者の流入を促進させ，都市住民の内で，労働者層が占める割合が増大するという現象を生んだ．相互扶助組合，労働組合による運動も盛んであり，ストライキも頻発した地域である[471]．

社会階層上のもう一つの特徴としては，旧来から，貴族や金融大ブルジョワ層がこの地域には存在せず，伝統主義的なエリート社交界といったものは，こ

図表3-3-1　サン・テチエンヌ市の人口推移（1820-1911）

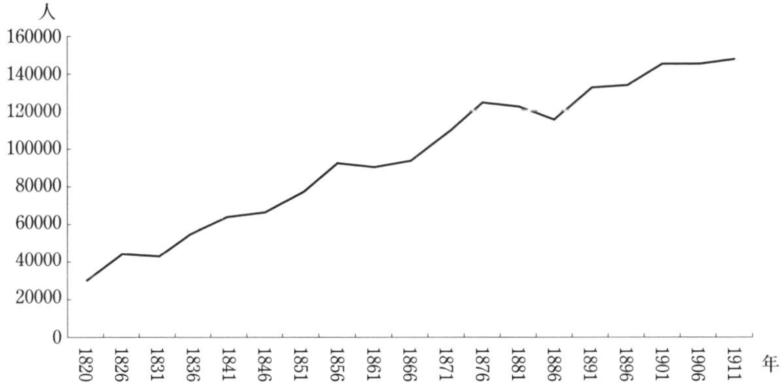

470　この時期の人口停滞の理由は，1876年に炭鉱内爆発事故があり，その後の一部の炭鉱が閉山したこと，1860年代の急激な人口増加は，都市基盤を超過するものだったので，その反動があったことに求められている（Mandon 54）

471　本書180頁以下を参照．

の地には，なかったということを挙げられる．

(2) アソシアシオンの傾向

次に創設されたアソシアシオンの種類や傾向を述べていく．

1901年法成立前までに，許可を受けて創設されたアソシアシオンの数の推移をグラフ化したものが，図表3-3-2であり，種類別に分類したものが，図表3-3-3，3-3-4である[472]．

以下では，年代毎にアソシアシオン創設の傾向をより詳しく見ていくことにしたい．

i） 1850年まで　1844年に，内務省からの通達を受けて，県に存在するアソシアシオンの調査が行われる[473]．この調査によれば，サン・テチエンヌ市に所在地を持つアソシアシオンは，16とされる．

その内，吹矢の会[474]が6，弓術会が4であり，伝統的な競技会が過半を占めている．

次に，セルクルが3つ，フリーメイソン，音楽愛好会，ジョッキークラブがそれぞれ1つ存在する．またこの調査の翌年，「綿織物の不正行為監視会」も

図表3-3-2　サン・テチエンヌ市におけるアソシアシオン創設数の推移（1834-1901年）

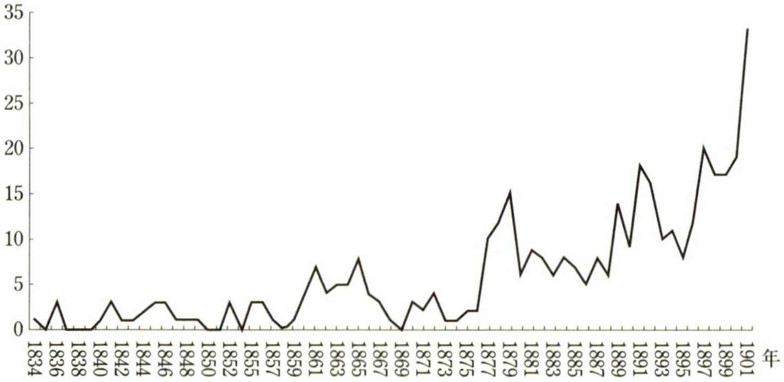

472 （A. D. L 4M 278-322）の史料に現れた，サン・テチエンヌ市内に所在地を有するアソシアシオン数を集計し，作成．

473 （A. D. L 4M 286）

474 吹矢は，この地方独自の伝統競技であり，この6つ会の内，革命前から存在する会が2つある．

図表 3-3-3　アソシアシオンの内訳グラフ

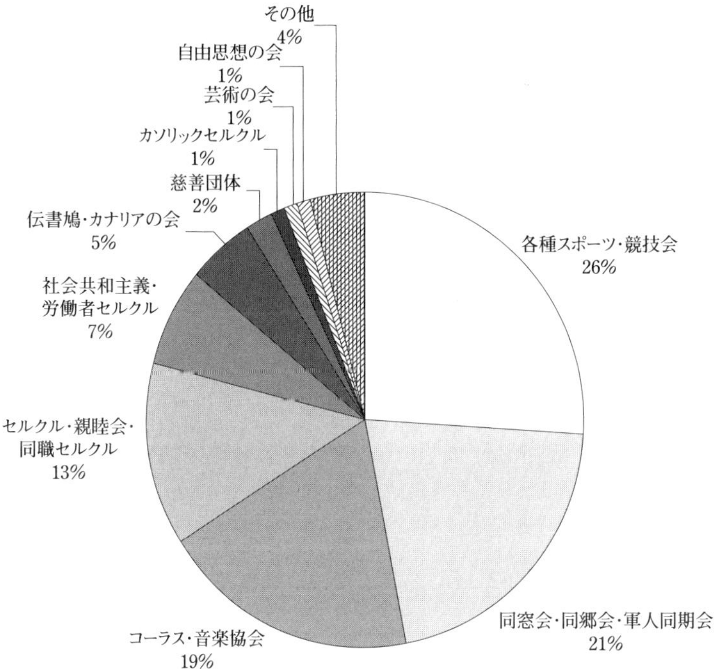

図表 3-3-4　アソシアシオンの種類

コーラス・音楽協会	76	学校同窓会	44
吹矢ゲーム	35	同郷会	23
射撃協会	18	軍人同期会	16
ペタング協会	16	社会主義・共和主義セルクル	18
弓術協会	15	労働者セルクル	8
サイクリングクラブ	10	カトリックセルクル	3
狩猟協会	3	セルクル	14
フェンシング	2	親睦・友愛会	7
スポーツその他	6	同職セルクル	29
伝書鳩の会	16	芸術の会	2
カナリアの会	3	慈善協会	9
		自由思想の会	2
		その他	17
		合計	392

アソシアシオンとして許可を受ける．

ジョッキークラブとこの監視会については，リヨンで二年前に，同名の会が設立されており，許可を受けた理由として，すでにリヨンで類似の会が設立され，許可されているという事実が挙げられた[475].

ii）1850-59年　この時期，アソシアシオンの創設数に増大は見られないが，先述の吹き矢の会・弓術会の他に，医師会，鉱業業者会，リボン工セルクルといった同職者による集団形成がなされ，アソシアシオンとして許可を受ける．

iii）1860-69年　創設数に，山波のような増加があるが，その大半は，音楽協会が占める．音楽協会は，コーラス会，楽器吹奏会があるが，いずれも，この頃から叢生し，以後も増加を続ける．

階層としては，ブルジョワ層・経営者層といった余裕のある層に限られず，自営工業者，職人，被用者といった層も幅広く組織している．会費も月に1フランから2フランであり，それほどの額ではなかった．また，県も，この音楽協会を奨励するために，1863年から，補助を申請してくる音楽協会に対して50から100フランの補助を毎年行っており，楽器購入には行政からの補助もあった[476].

iv）1870-79年　とりわけ1870年代の後半に創設数が大きく伸びるが，その大半は，セルクルが占める．

しかし，この時期に叢生したセルクルは，ナポレオン期の全国アソシアシオン調査[477]で確認されたブルジョワ・セルクル，すなわち会費を高額に設定し，参加者の社会階層を限定し，活動も，雑誌講読や会話による楽しみを中心とした穏やかな会とは，異なるタイプのものであった．

この時期，叢生したセルクルは，概ね次の3つのタイプに分類できる．

第一は，近隣住区セルクル（Cercle de quartier）である．これは，カルティエ内のカフェの奥の部屋や二階を会合場所とし，その構成員は，この近隣住区で居住ないし職業を行っている者が占め，様々な職業から構成されている．階層的には，民衆的とも言える．

仕事後の気晴らしのために集っており，具体的には，賭けカードゲームやビ

475　(A. D. L 4M 321)

476　(A. D. L 4M 295)

477　本書93頁以下を参照.

リヤードに興じながら，仲間との接触を楽しんだ．賭けゲームといっても，敗者が飲み物を奢るぐらいまでが許容範囲と会の規約で定められていた．アソシアシオンが許可を受けるためには，その規約において，射倖性が高い賭博ゲームを禁ずる，という条文を必ず入れることが条件とされていた．しかし，会の中には，博打の点から問題を起す会も多く，解散を命じられる事例も幾つかあった[478]．

第二は，カトリック・セルクルである．このカトリック・セルクルには，もともと敬虔な信者であって，上流階層に属する者に会員基盤を限定するもの[479]と，社会問題に関心を寄せる篤志家を指導層として青年労働者を保護・感化の対象として会員に募る社会カトリシスムの系譜に属するものとの二種類があった．サン・テチエンヌで設立された後者のタイプのものは，1871年にド・マンを指導者としてパリに設立された労働者セルクル事業委員会の支部であった[480]．

第三は，労働者セルクルである．これは，先のカトリック・セルクルのように宗教に基盤をおかず，むしろ社会改革に目覚めている共和派の知的エリートが，向上心ある労働者を集めて結成した会である．各会は，小さな図書室を持ち，この蔵書や共和派の雑誌の講読，また講演・学習会などを通じて，知性向

478　1）1878年に許可を受けたCercle nationale St-Étienneは，提出した会員リストに名を連ねた人物は，名前を貸しただけにすぎず，ほとんどが名目上に留まる会員であり，カフェを所在地にして，そこに現れたお客や勧誘して連れて来た会員外の者に対して，賭博ゲームを持ちかけ，大金を巻き上げ，首謀者の間で分配していた．そのため，同年に警察の取調べを受け，翌年に知事による解散令が出された（A. D. L 4M 284）．

2）1877年に許可を受けたCercle du Nordは，3部屋のアパートにその所在地を持ち，7000フランも注ぎ込んで整備したビリヤード室とゲーム室を構えており，豪華なつくりであった．この施設の出資者の一人が，プロのゲーム士であり，賭けゲームにより巨額の利益を上げたが，このことが他の会員の反発を買った．そのため，会の主催者が，このゲーム士に退会を求めたが，ゲーム士は，逆に，この会での違法賭博の事実を警察に告発すると脅迫し，口止め料として数千フランを受け取り，会を去った．この脅迫の事実を知らせる匿名の手紙が警察署に寄せられたので，調査したところ，500フランから2000フランの範囲で財を失った者がかなりいた．この警察の調査を受けて知事は，1878年に解散令を出した（A. D. L 4M 284）．

479　1872年に設立されたカトリックセルクル・サン・テチエンヌは，その会員の条件に，「適切な教育を受けたものであること，日々の必要から自由な職業にあること」と規約で定め，労働者には門戸を閉ざしている（A. D. L 4M 284）

480　（A. D. L 4M 284）

上に努めることを目的とした．このように社会派知的エリートと労働者が結びついた会であるので，会が政治運動団体と化すこともあり，解散が命じられることもあった[481]．

また，以上のセルクル以外に，この時期に叢生したアソシアシオンとして，射撃・体操協会を上げることができる．これは，普仏戦争敗戦後に，スポーツの力強さによって，国家を復興せねば，という考えが普及したためであり，全国的にもこのような傾向にあったとされる（Grange 40）．

v）1880-89年　この時期の新たなアソシアシオンの傾向としては，学校同窓会や軍隊同期会の叢生を挙げることができる．

軍隊同期会とは，戦友同士による友愛会であり，赴いた戦地ないし部隊ごとに組織されている．その目的は，集まりを定期的に開くことによって，戦友としての友情・友愛を継続・深化させることにあったが，戦地から帰還後に，就職・社会復帰するまでには困難さがあったので，職業の相互斡旋や相互扶助義務規定などをその規約に定めていた[482]．

また，この時期の顕著な傾向としては，先述の労働者セルクルのタイプのものが，さらにその政治的立場をあからさまにしながら，活動し始めたことを挙げることもできる．「共和主義」，「社会的共和主義」，「社会主義」，「労働者の解放」といった言葉をその名称に含む会が，新たに増大していく[483]．

中央政治レベルでの，共和派の優位，急進派の攻勢といった状況を反映して，これらの会も，警察署長による会の構成員の身元・評判に関する報告を受けた後に，許可される．

vi）1890-1901年　アソシアシオン法成立前のこの時期，アソシアシオンの創設数も飛躍的な増大を見せる．

この増加傾向を支えるのは，(1)同郷者のアソシアシオン，(2)余暇のためのア

481　1870年に許可されたCercle du Travailは，1873年12月に「教養の勧め」という題目で講演会を開催し，そこに会員約70名が参加した．しかし，実際の講演の内容は，国内および他国での労働者結社，労働者組織に関するものであり，社会主義を奨励し，非宗教学校の設立も説き，講演の目的は，社会革命にある，との情報が警察署の耳に入った．また普段からも，ワインなども振舞いながら政治，社会問題を論じるクラブとなっており，その実態は，規約から大きく逸脱していた．よってその講演の10日後に知事によって解散令が出される（A. D. L 4M 284）．

482　（A. D. L 4M 314，315）

483　（A. D. L 4M 284，285）

ソシアシオン，(3)政治結社の3つのタイプのアソシアシオンである．

(1)の同郷者のアソシアシオンとは，地方から職を求めてサン・テチエンヌ市に出てきた労働者が，出身を同じくする者達で形成した会である．県内のリブ・ドジエ（Rive de Gier），モンブリソン（Montbrison）といった地区出身者による会から，隣接する県であるローヌ（Rhône），オート・ロワール（Haute-Loire），アルデッシュ（Ardèche），イゼール（Isère）の県人会や，南仏人の会といったものまで幅広く存在した[484]．

このような会の増大は，都市化・工業化によって促進された人口流入に伴うものである．

これらの会は，親睦に加えて，その規約に，職業の相互斡旋，相互扶助義務を定め[485]，会によっては，葬儀への参列義務を記しているものもあり，アソシアシオンは，同郷者間の紐帯を創り出す仕組として機能した．

(2)の余暇のためのアソシアシオンについては，この時期，サイクリングやペタングといったスポーツを楽しむための会が多く結成された．これらは，これまでの伝統競技の会とは異なり，会費も安く，民衆階層にその基礎をおくものであった．

例えば，1897年に結成されたサイクリングの会である「ペダル・ステファノワーズ」は，その会費は月額1フランであり，会員の中で最も多い職業は，被用者 employé であった[486]．これは，サイクリングを行う日曜日という自由時間を有する者であったこととも関係している．

ペタングについては，例えば，1901年に結成された「プロレタリア階級のペタング」は，その名の通り会費を月額50サンチームに抑え，その門戸は限りなく開かれたものにしていた[487]．

これらの民衆的スポーツ結社は，これまでのセルクルに代わって，余暇を組織化するのに貢献し，民衆に新たな自由時間の過ごし方の形式を与えた[488]．

484　(A. D. L 4M 314-316)

485　例えば，プロバンス地方出身者の友愛会は，当初は，親睦のための集まりを行うだけの会であったが，設立3年後の1894年に規約を改正し，会の内部に相互扶助金庫を設けるようにし，名称もプロバンス地方出身者の友愛扶助会と変更している（A. D. L 4M 314）

486　(A. D. L 4M 322)

487　(A. D. L 4M 322)．当時のサン・テチエンヌの石工職人の時給がちょうど55～60サンチームであった（Gras 1910 : 710）

(3)の政治結社に関して言えば，中央での政治党派組織と関係しながら，その地方支部として，選挙運動に関与するというアソシアシオンが増えていった．地方の政治結社も，全国レベルでの政治組織によって組織化される傾向になっていく[489]．

このような政治結社も，次に述べるような許可過程における判断枠組みの転換によって，許可を受けた．

(3)　許可過程の判断枠組とアソシアシオンの法律関係

アソシアシオンが許可を得るには，図表3-3-5のような過程を辿った．

まず，アソシアシオンの代表者が，その会の規約と構成員のリストを添え，許可取得の請願書を知事宛に提出する．

知事は，会の性質に応じて，市長や警察署長にその会や構成員の評判についての所見を求めた上で，書類一式を内務省に送る．内務省が，審査の実質的な主体であり，規約への修正などを要求することもある．許可を与えても良いとする内務省からの手紙を受けた後に，知事は，知事令によって，申請を行ったアソシアシオンに許可を与える．

アソシアシオン法成立前までのサン・テチエンヌ市におけるアソシアシオンの許可の状況は，次の図表3-3-6[490]の通りであり，実際の許可率は，安定して高く，ほとんどの会が許可を受けた．刑法典の結社罪は，許可なきあらゆるアソシアシオンを禁止したものであるが，19世紀後半以降について言えば，先に見てきたようなタイプのアソシアシオンならば，申請を行えば，ほぼ確実に許可を受けることができたのである．

1860年以降，許可申請が却下されたのは，(1)嘗て暴力事件が数回あった評判の悪い施設内での音楽協会の設立[491]（1861年），(2)学校長から設立反対の意見が示された学校同期会の設立[492]（1876年），(3)実態としては相互扶助組合で

488　この時期の余暇の組織化，時間概念の変容については，コルバン編（2000）が興味深い．

489　1890年代から進行していった政治党派の組織化という現象については，（Huard 1996 : 223ff.）を参照．

490　（A. D. L 4M 278-322）のアソシアシオンによる許可申請の史料を基礎データにして作成．

491　（A. D. L 4M 293）

492　（A. D. L 4M 314）

図表 3-3-5　アソシアシオンの許可過程

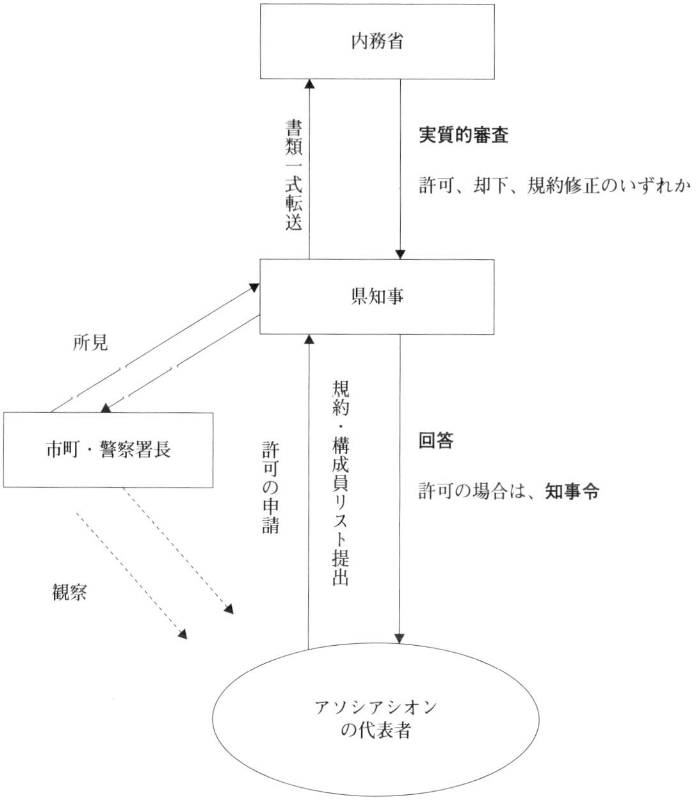

あると判断された音楽協会の設立[493]（1877年），(4)一度，賭博を理由に解散令が出されたセルクルの主催者が新たに計画したセルクルの設立[494]（1878年）の4つの事例である．

規約を修正することを条件として許可が与えられるケースがあるが，最も頻繁に求められた修正事項は，「政治ないし宗教に関するあらゆる議論を会合において行うことを禁ずる」という条項を盛り込むということであった．

これは，スポーツや音楽のためのアソシアシオンなども含めて，あらゆるア

493　（A. D. L 4M 293）
494　（A. D. L 4M 284）

図表 3-3-6　サン・テチエンヌ市におけるアソシアシオンの許可率

	却下	規約修正を条件に許可	無条件に許可	許可申請の総数	無修正許可の割合
1834-48 年	1	2	13	15	86.66%
1852-59 年	0	0	11	11	100%
1860-69 年	1	1	39	41	95.12%
1870-79 年	3	2	47	52	90.38%
1880-89 年	0	6	70	76	92.10%
1890-1901 年	0	16	174	190	91.57%
計	5	27	354	385	91.94%

ソシアシオンの規約において設けねばならない条項であった．これらのアソシアシオンが政治結社の隠れ蓑となること，穏やかなアソシアシオンが政治化していくこと，これらが統治者にとっての懸念であった．

a)　判断枠組の変容

よって，先述したように政治化する畏れのある会については，会の構成員の評判に関する警察署長の所見が述べられ，実質的に許可の可否が審査されていた．

しかしながら，1896 年 6 月の通達[495]によって，構成員のリストを内務省宛送付の一式書類に添付することが求められなくなり，それ以降，内務省での審査は，規約に，政治と宗教に関する議論を禁ずるとする条項が入っているか，どうかという形式建前上だけのものになっていく．

あるアソシアシオンが，政党の下部組織であり，選挙運動に関与し，機関紙も発行していることが，警察署長や知事から報告され，明らかに政治活動を目的としたものであることが認識されていても，規約に「政治の議論を禁ずる」という条項さえ入っていれば，許可が与えるようになっていく．

これまでは，1834 年法成立後の訓示や，1848 年の六月蜂起以降の政治クラブに関する通達等に典型的に見られたように，アソシアシオンの中で最も警戒すべきであったのは，加盟関係を有して，中央との繋がりを持った政治に関与する結社であった．

495　Le 4 juin 1896, Circulaire du Ministère de l'Intérieur, Direction de la Sureté générale 4ème Bureau（A. D. L. G 4M 356）.

図表 3-3-7　許可過程の形式化

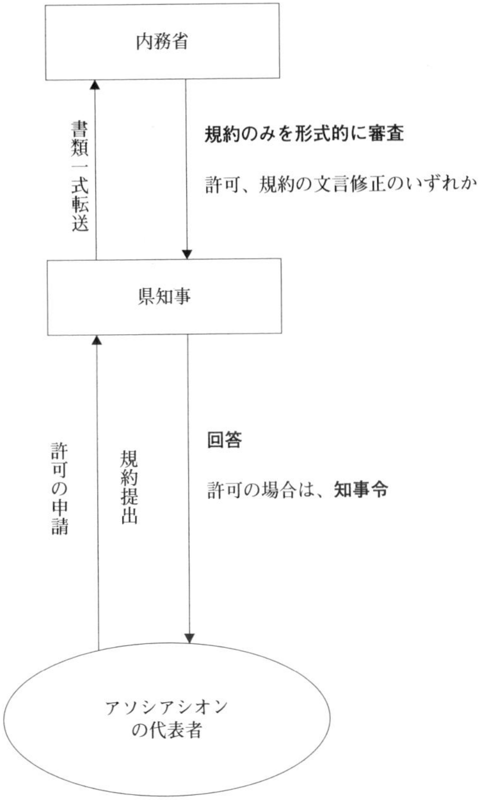

中央との関係は，党派的な悪き精神の注入・感染を想起させ，突然の政治化によって制御できない無秩序・破壊行為をもたらすという恐怖を統治者に呼び起こしたからである．

ところが，1890年代の後半以降になると，逆に，アソシアシオンが，中央の政治組織の支部であること，選挙運動を目的としたものであるということが，その政治党派を問わず，許可を正当化する論拠として用いられていくようにもなる[496]．

496　(A. D. L 4M 285)

このような論拠の変化には，1896年のサン＝マンデ綱領で，急進派も含んだあらゆる社会主義党派が宥和し，議会主義化したこと（Mayeur 167ff.），カトリック王党派も共和制参加運動に踏み切ったことなど，左右いずれの政治勢力も政体の転覆を試みるものではなくなり，脅威が減少したという中央レベルでの政治的な背景があろう．

このような環境変化に伴いながら，政治諸党派の近代組織化，政党化への道が進展し，地方の政治結社もその中に組み込まれるようになっていく．これまでの統治者の結社イメージ，すなわち，思想に憑かれ，しばし組織者も制御できない蜂起を起しかねない存在としての結社観は，変容し，政治的なアソシアシオンは，近代的な組織・制度の中に位置を有することによって，政治の対話者となりうるものと観念されていく．

審査の形式化という判断枠組の変容は，このような結社観の変容を反映したものであった．

b）アソシアシオンの法律関係

規約への修正として，政治・宗教の議論の禁止条項に次いで多く求められたのは，アソシアシオンが解散した場合の会の残余財産の清算方法について規約で定めておくということであった．事前に規約で清算方法を定めさせておくことで，解散の際の紛争を防ぐことがその目的であった．

公益性がコンセイユ・デタによって承認されたアソシアシオンは，会員による財産分割はできず，類似する事業を行う施設にその財産を帰属させねばならなかったが[497]，そうではないアソシアシオンは，規約で自由に清算方法を定めることができた[498]．

また，アソシアシオンの受贈能力については，許可申請の際の規約で遺贈を受けることができるとしていたあらゆるアソシアシオンが，その条項を削除し，手渡し贈与の範囲内に受領を限定することが許可の審査過程で求められた[499]．公益性の承認を受けない限り，アソシアシオンが受領できるのは，手渡しによ

497　公益性承認アソシアシオンのモデル規約第18条は，「解散した場合，アソシアシオンの資産は，総会の決定により，公益性が承認された類似する施設に帰属する．その施設は，複数でも良い」としている（Merlet 2001：646）．

498　実際は，慈善事業施設に財産を寄付すると規約で定める会が多かったが，最後の会員間において財産分割を行うとする会も存在し，清算方法は，規約に定めさえあれば，任意であった．

る贈与に限定されたのである．

実際のところ，解散の際の清算方法，手渡し贈与受領に関するもの以外に，会の財産関係，対内的・対外的な法律関係について規約で定めているアソシアシオンは，ほとんどなく，会を構成員から独立した法主体として観念する傾向は乏しかった[500]．しかし，1896年には，会の名において，会合場所の賃貸借契約を締結することを許可する知事令も出され，そのような傾向にも変化があらわれる[501]．

(4)　小括

以上，サン・テチエンヌ市に所在地を有するアソシアシオンの許可過程から，19世紀後半のアソシアシオンの傾向と統治者の結社観の変化を分析してきた．

伝統的な競技やセルクルに限定されていたアソシアシオンは，時代と共に，種類が多様化していき，音楽やスポーツを通じて，余暇を組織し，知識との接触を通じて，知性を向上させていく形式を民衆層に与えていく．

刑法典の結社罪は，アソシアシオンの規約に，政治，宗教に関する議論を禁ずる条文が挿入されるという形でその痕跡を留めるが，飛躍的に増大するアソシアシオンという事実を前に，許可も実質的なものから形式的なものへと転換し，政治的なアソシアシオンへの警戒感も消失していく．

許可されたアソシアシオンは，審査を受けた規約を有し，それによって内部を規律していたが，規約に定めがない法的関係については，次節で検討する判例にその規律が委ねられた．

499　民法典910条は，遺贈の受領能力を公益施設にのみ認めたものであるから，結社罪を解く行政許可だけでは，このような能力は，与えられず，公益性の承認を別に必要とした．このような発想は，アソシアシオン法にも受け継がれ，遺贈の受領能力を有したのは，コンセイユ・デタによって公益性が認められた公益承認非営利組合のみである．

500　公益性が承認されたアソシアシオンでも，そのモデル規約では，「会計係が法廷での行為やあらゆる民事的な行為を代理する」とされ（第6条），対外的な法律行為は，代理行為として説明されていた（Merlet ibid., 637）．

501　急進共和派のセルクルの許可審査の際に，そのような知事令が出された（A. D. L 4M 285）

第2節　裁判官による判例の形成

本節では，1901年法以前の民事判例・刑事判例においてアソシアシオンがどのように扱われていたかを検討する．

刑法典は，20名以上の許可なきアソシアシオンの禁止を定めるに留まり，1901年法までは，許可されたアソシアシオンの法的性格を定める法規が存在しなかったため，その法的規律は，判例に委ねられることになった．

民事判例では，民法典の営利組合との相違やアソシアシオンの民事能力が明確にされ，刑事判例では，1901年法に先立って承認されたコアリシオンや集会（réunion）との相違が明らかにされる．

(1)　民事判例におけるアソシアシオン

a)　ソシエテとアソシアシオンの区別

民法典の営利組合（ソシエテ）と非営利組合（アソシアシオン）の区別を明確にしなければならない理由としては，アソシアシオンが営利組合を偽装することによって刑事訴追を逃れるということを防ぐという刑事政策上の理由に加えて，既述の1891年の破毀院判決によって営利組合には，法人格が承認されたため，法的権能の点で両者の間に相違を設けたいという民事上の理由もあった．

民法典は，「営利組合は，そこから生ずる利得を分配するという目的で，共同で何かを為すことに合意した二名以上の者による契約である．」と規定している（第1832条）．

エャムの詳細な判例研究が明らかにしているように，この「営利組合（ソシエテ）」と「非営利組合（アソシアシオン）」とを峻別するメルクマールは，収益事業によって得られた「利得」を構成員に分配するか否か，に求められるものであった（Hayem 1911 : 59ff.）．

「非営利組合（アソシアシオン）」は，金銭によって評価できない価値，観念上の目的を追求する団体であるが（ibid. 58），その目的を追求する必要上，副次的に収益事業を行うことがある．

例えば，美術国民協会（Société nationale des Beaux-Arts）は，展覧会の入場料によって毎年，大きな収益を得ている．しかし，その収益は，美術品の購入，美術活動や扶助活動の奨励，会の基金といった用途に充てられ，会員に収益を

図表3-3-8　判例におけるソシエテとアソシアシオンの峻別

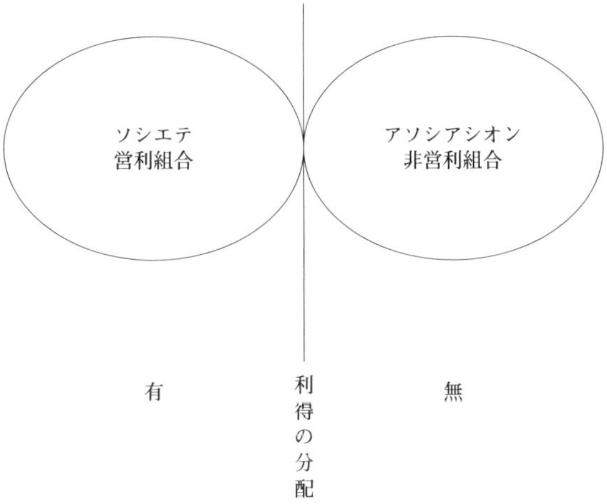

分配するのではなく，美術の発展という非営利の目的を追求しているため，その法的性質は，営利組合（ソシエテ）ではなく，非営利組合（アソシアシオン）である（ibid. 59）.

収益をあげても，その利得を構成員に分配しなければ，アソシアシオンとするというこの判断枠組みは，高等教育を提供する事業団，フリーメイソン，自由思想協会，慈善団体，初等教育を提供する事業団，農業協会，商工業研究会，音楽協会，体育協会といった様々な団体の法的性質に関する判例においても採用された（ibid. 60ff.）.

このように1901年法以前の判例において，非営利組合（アソシアシオン）は，利得の非分配という観点から定義されていた.

b）アソシアシオンの民事能力

次に，アソシアシオンが団体として対外的に法律行為を行うという側面について，判例がどのような判断を示していたかを検討する.

アソシアシオンに与えられる許可は，刑法典の結社罪の対象外とするという行政的な効果を有するにすぎず，アソシアシオンに何ら法的な権利能力を付与するものではなかった[502]. 法人格を得るには，許可に加えて，公益性がコンセイユ・デタで承認されねばならなかったが，そのような承認を得るアソシアシオンは，極めて稀であった.

しかし，事物の力によって，判例は，この原則に割れ目を入れることを余技なくされ，アソシアシオンの性質によっては，団体としての個体性というものを承認することになっていく（Répertoire 1902 : t. 30, 638）.

以下では，許可を受けたのみのアソシアシオンが，判例において，その権利能力を拡張していく流れを見ていく.

> ⑴　1859年8月30日の破毀院判決は，灌水を行う協会について，その会の集団的，地域的な利益が公益に関連するものであるゆえ，規約によって定められた代表者が，会の名において，裁判上の請求を行うことができると判示した（Sirey 1859 : 1er Partie, 365）.

この会は，事前にコンセイユ・デタによって公益性の承認がなされていたのではなく，単に刑法典の禁止を解く許可を受けたのみであったが，会の目的が，公益に関連するゆえに，規約で定められた範囲での法廷能力が認められた.

> ⑵　1887年5月25日の破毀院判決は，馬の品種改良を促進する協会について，この会が規約によって明示的に代表者に対して裁判上の請求者たる地位を与えてなくても，個々の構成員の利益とは独立した公益を目的とするというその会の性質によって，団体の名において提訴できると判示した（Dalloz 1887 : 1er Partie, 289 ; Sirey 1888 : 1er Partie, 161）.

⑴の判例では，規約において代表者へ出訴能力が授権されていることが必要とされていたが，この⑵の判例で，そのような規約における授権は，不要とされるようになった.

次の判決では，裁判上の請求のみならず，契約などの法律行為も，会の名において，代表者が行えるとした.

> ⑶　1894年1月2日の破毀院判決は，馬術競技を行う協会について，それが公益目的に関連するアソシアシオンであるゆえ，規約で定められた

502　1897年にサン・テチエンヌ市の炭坑夫による音楽隊が許可を申請した際の内務省の回答において，許可は，民事的人格 personnalité civile を与えるものではない，とされた（A. D. L 4M 294 1）

会の管理者によって，会の名において，契約を行うことができるとする一方で，無償贈与を受ける権能は，公共施設にのみ与えられるものであり，この会が，真なる法人格を形成するものではないと判示した（Dalloz 1894 : 1er Partie, p. 81 ; Sirey 1894 : 1er Partie, p. 129）.

ここで，馬術というスポーツ振興にも公益性が認められることとなり，会の名において代表者が法律行為を行うことができる公益的アソシアシオンの範囲が拡大されることになった．しかし，このように緩やかに解されるようになっても，非営利組合（アソシアシオン）に関しては，あくまでも公益性の有無ということが，会が構成員から独立した財産主体となりうることの基準となっていた[503].

また，営利組合に関する判例とは異なり，非営利組合に関する判例においては，「法人格」という表現は，用いられず，「固有の個体性 individualité propre」が承認されるという表現に留まり，その権利能力は，(3)の判例にも示されるように，受贈に関して大きく制限を受けたものであった.

＊

以上の判例の流れをまとめると次のようになる．すなわち，構成員への利得の分配を行わないアソシアシオンも，その目的が公益性に実質的に関連する場合には，行政による公益性の承認を明示的に受けなくとも，会の名において行為する権能が認められるようになった．また公益性の判断そのものが緩やか解されるようになり，承認される権能も，裁判上の請求権のみならず，契約上の権利能力にまで拡大されていった.

しかし，営利組合とは異なり，あくまで公益性との関連がこのような権能を導いたのであり，また「法人格」という表現は避けられていた.

以上をアソシアシオン法前夜の非営利組合に関する判例の傾向として確認しておく.

503　私的な目的を主として追求するセルクルの裁判上の請求権に関して判例は，各構成員から会の代表者がそのような行為を行うことについて特別の委任を受けていることを必要とするとし，より重い手続を課していた．1880年12月7日破毀院判決（Dalloz 1880 : 1er Partie, 148 ; Sirey 1881 : 1er Partie, 244）.

(2) 刑事判例におけるアソシアシオン

a) アソシアシオンの法的要素

1881年の集会の自由法によって，一時的な集まりとしての集会（réunion）と恒常性を有しているアソシアシオンとが概念上，はっきりと区別されることになったが，1901年法以前の刑事判例は，エャムやそれに依拠する山本の研究が明らかにしているように（Hayem 57ff.; 山本 1969 : 87ff.），アソシアシオンの概念を，次の三点から，より厳密に定義していた．

第一は，互恵的な約束であるところの契約が構成員の間に存在するという点である．刑事判例において，アソシアシオンは，「互恵的な約束によって拘束され，メンバーシップが限定され，定められた目的を有している，ある一定数の人々の協力[504]」，「構成員が，その目的の達成を志向し，取り決められた方法によって協同することを約束した目的共同体[505]」と定義され，共通目的を定める契約の存在がその前提とされている．

第二は，知識や活動を共同にすることを目的とするという点である．営利組合が金銭的に評価されうる出資を必要条件とするのに対して，非営利組合は，目的遂行のための金銭的な出資，共同財産を形成することもあるが，それは，必要条件ではなく，純粋に精神的な協力に関する約定のみでも十分に成立するとされた（Hayem 57ff.）．

第三は，目的の恒常性である．この基準によって，アソシアシオンは，単なる集会（réunion）や1864年法が承認したコアリシオンと区別された．刑事判例は，コアリシオンを一時的な委員会であるに過ぎないと厳格に解して[506]，合法とされたコアリシオンを装って違法なアソシアシオンが増大するのを許さなかった（Soubiran 1999 : 109）．

以上のように，1901年法以前に，アソシアシオンは，刑事判例によって，(1)契約性，(2)知識・活動の共同，(3)目的の恒常性という観点から定義されていた．

b) 1901年法前夜の刑事訴追

以上のように刑事判例の集積がアソシアシオンの法概念の形成に重要な役割

504　1835年2月14日パリ法院判決，（Répertoire 1846 : t. 5, 291 ; Hayem 57）．

505　1846年5月2日破毀院刑事部判決，（Dalloz 1846, 4ème partie, 22 ; Hayem ibid.）

506　1866年2月23日破毀院刑事部判決，（Dalloz 1866, 1er Partie, 89）

を果たしていくが，第2部第2章第2節で見た刑事司法統計が示したように，19世紀を通じて，許可なきアソシアシオンが結社罪で訴追されるということは，実際は，極めて稀であり，また本章第1節で確認したように19世紀末には，実質的に政治的な活動を目的としたアソシアシオンも許可を容易に得るという傾向があった．

ところが，1901年法成立前の数年間，共和派の政府によって，結社罪による訴追が突如，活発になるという現象が生じる[507]．1899年には，15件，計71被告人，1900年には，19件，計117被告人への刑事訴追が行われる．

折しもドレフュス事件の再審の是非を巡っての政治的対立[508]が激化する中，1899年2月に右翼ナショナリストのデルレードによるクーデタ未遂事件が起こると，政府は，デルレードを刑事訴追するだけに満足せず，同年4月，フランス祖国リーグ（la ligue de la patrie française）や反ユダヤ主義リーグ（la ligue antisémite）といった反ドレフュス派のアソシアシオンと，ドレフュス再審を支持していた人権リーグ（la ligue des droits de l'homme）とを許可なきアソシアシオンであるとして結社罪で刑事訴追するという選択を行う（Nourrisson t. 2, 285）．

ドレフュス派と反ドレフュス派の代表的な政治的リーグそれぞれを訴追することによって，政治的バランスを保とうというのが政府の意図であったが（Huard 1996 : 291），その時期に存在する大半のアソシアシオンが黙認されている状況で，特定のアソシアシオンのみを結社罪の対象とすることは，法の下の平等に反する恣意的な法運用であるとの批判を招くことになった（Nourrisson ibid.）．

さらには，"La Croix" という新聞を発行し，反共和政的な政治的キャンペーンを行っていたアソンプション修道会[509]に対する訴追を求める演説がワルデック・ルソー首相によって行われ，この要求を受けた形で，結社罪による刑事訴追がこの修道会に対して行われる[510]．

これら訴追に対して，裁判官が下した判断は，いずれの事件においても，僅

507　本書115頁のグラフを参照．

508　教権主義者達は，反ドレフュスのキャンペーンを行い，反教権主義者達は，ドレフュス擁護の再審要求の側に立ったために，ドレフュス事件をめぐる政治的対立は，激しさを極めた（ミケル 1990[1959]：58ff.）．

509　アソンプション修道会については，西川（1977）を参照．

か16フランの罰金という象徴的なものに留まり[511]，検察が求めた結社罪の適用はなされたとはいえ，恣意的な訴追行動には，裁判官からも違和感が示されたものとしてそれらの判決は受け止められた（ibid. 286）.

共和派の一議員[512]が，判決に関連して，「法律の無力を公に告白するほど悲しいものは他にない」と議会で発言したように，政府も，この裁判の結果，アソシアシオンの現実に即した立法の必要性を認識することになった（Huard 291）.

他方，野党や議会外の政治勢力にとっては，事実上存在するアソシアシオンへのこれまでの黙認は，慣行であったに過ぎないということを改めて認識させ，刑法典の結社罪の正式な廃止を求める強い声を生んでいく（Nourrisson ibid., 287）.

(3)　小括

以上，アソシアシオン法成立前の裁判例を検討してきた.

民事，刑事の判例の積み重ねによって，アソシアシオンは，1901年法成立前に，利得の非分配，契約性，知識・活動の共同，恒常性といった要素から定義が与えられ，営利組合とは異なり，法人格を有するには，別途，公益性の承認が必要であるとされていた.

前節で確認したように，19世紀末には，許可過程においても自由化・形式化が確立し，結社罪の適用が事実上，不可能になりつつあった．しかし，ワルデック・ルソー内閣は，共和国防衛という政治的理由によって，特定の政治的アソシアシオンに訴追を行う．この突然の訴追活動は，司法の側からの批判も招き，立法の必要性を逆に認識させることになる.

次章では，アソシアシオン法の立法過程を舞台としながら，判例の立法への影響，前章で検討した社会理論や法学説の影響，それらの相互関係を分析していく.

510　検事論告において，大きな資金源を有するアソンプション修道会は，「国家内国家」を形成するものとして非難された．弁護側は，同じ施設に同居している修道士達には，結社罪の適用はあり得ないと反論したが，有罪となった．（Multon 2002, 172）も参照.

511　このアソンプション修道会に対する判決が，結社罪の最後の適用となった．1900年3月6日パリ控訴院判決（Gazette 1900, 1er Semestre, 430ff.）.

512　ルノー・モーリエール（Renault-Morlière）代議院議員．アソシアシオン法の委員会メンバーも務めた.

第4章　アソシアシオン法の成立
──立法過程と法構造の分析

本章では，1901年に成立したアソシアシオン法の規定とその立法過程における立法者達の言説を分析することを通じて，反結社からの転換が，いかなる「社会像」の変容を伴ってもたらされたのか，どのような「法理論」が立法を基礎づけたのかを探求していく．

この1901年法は，結社罪を廃止し，アソシアシオン一般の自由，届出による法人格の付与を実現するものであったが，他方で，許可なき修道会への解散を命じるものでもあったため，「二つの相対立する法律を一つにした法律」「二つの法律が壁によって隔てられている」とも形容される（Nourrisson t. 2, 294）．

実際，立法過程における討論時間の大半は，修道会の扱いに割かれている．

よって，このような法の構造，立法過程のあり方に対応して，従来の我が国におけるアソシアシオン法の研究は，立法過程を詳しく扱うものは，修道会への規制にその焦点をあわせるものが多く[513]，アソシアシオン一般の民事的能力を詳しく扱うものは，先行する判例との関連で法の規定を分析することに専心していた（山本 1969 : 71）．

しかし，両者を別々に扱うのではなく，本章では，アソシアシオンと修道会との間に境界線が引かれる場面，線引きを正当化する言説にこそ，この法を支える「社会像」，「法理論」が明瞭に観察されうるという視角から分析を行っていく．

フランスでは，アソシアシオン法生誕百周年を機に，様々な行事や研究シンポジウムが企画され，この法を再検討しようとする出版物が多く現れた[514]．このような盛り上がりの背景には，アソシアシオンの目覚ましい発展が今日，

513　石原（1966），浜田（1981），徳永（1991）の研究を参照．

514　研究シンポジウムの成果としては，主として政治結社に焦点をあて，1901年法が「政治圏」に与えた影響を扱うもの（Andrieu, Le Béguec et Tartakowsky (ed.) 2001），修道会への特別規定に焦点を当てたもの（Lalouette et Machelon (ed.) 2002）が歴史的なアプローチを取る．

観察されるということに加えて，「新しい市民社会」のあり方を示唆してくれるものとして，アソシアシオンという仕組そのものに強い関心が持たれているということがあろう．

我が国でも，フランスの最近の研究動向を反映しながら，アソシアシオン法への関心が近年，高まっている．「『結社の自由』を出発点として，その延長線上に「法人格の付与」の問題を位置」づける議論や（大村 2003b：54），「結社契約」という考え方に「国家からの自由」，「結社からの自由」を確保する技術を見出す議論[515]は，アソシアシオン法の仕組から日本法への示唆を導こうとするものであり，そこでは，社交志向的な新しい人間像が描かれている（大村 2002）．

しかし，本章では，現代の「市民社会」論への規範的なインプリケーションをアソシアシオン法の制定過程の議論の中に探っていくという方法は取らず，むしろ1901年法制定時における「市民社会 société civile」の観念のされ方を明らかにし，そこにフランスの特殊性，反結社法の痕跡を読み取っていくという歴史的アプローチを取る．

第1節では，アソシアシオン法成立に至るまでの政治的プロセスを辿りながら，さまざまな草案を整理，概観していく．

第2節では，1901年法の原案となったワルデック・ルソー法案と彼の言説を中心に据えながら，アソシアシオン法をめぐる議会での争点を明らかにしていく．

第3節では，成立したアソシアシオン法の構造を検討しながら，その背景にある「社会像」，「法理論」を分析していく．

第4節では，第3部全体の歩みも振り返りながら，アソシアシオン法成立の要因を分析する．

第1節　1901年法までの議会過程

すでに急進共和派のガンベッタらによる「ベルヴィル綱領（1869年[516]）」において，「結社の自由」の実現が公約とされていたように，第三共和政の議会

515　井上（2004）は，このような問題関心から，アソシアシオンに関する判例研究を行う．「結社からの自由」という見方については，樋口（2001）も参照．

516　綱領の内容については，（ニコレ 1975［1974］：31）を参照．

は，成立当初から，この自由実現の課題に取り組もうとする．

しかし，法案が作成・提出されても，コンセンサスを得るのは容易ではなく，最終政府案に至るまで合計31の法案[517]が議会に提案され，成立には，30年もの期間を要した．

全ての法案について詳細に扱うことは難しいため，以下では，議会で審議された法案[518]を中心に，成立の遅れの要因と様々な法案の特徴を検討し，1901年法成立に至るまでの議会過程を明らかにしていく．

(1)　政治結社・労働者結社への恐怖の残存

1871年3月に，トラン（Tolain），ロクロワ（Lockroy），フロケ（Floquet）やブリッソン（Brisson）といった共和派の議員によって，刑法典の結社罪と1834年の反結社法の廃止を求める提案[519]が行われたのが，第三共和政での最初のアソシアシオン法の提案であった．この提案は，彼らが，帝政の崩壊によって刑法典の結社罪なども廃止されたと認識していたところ，インターナショナルの集会に結社罪が発動されるという事件があったため，司法大臣のデュフォール（Dufaure）に確認を求めたところ，これが廃止されていないとの回答を受けたためになされたものである．

この提案を受けて，委員会で審議が行われ，1871年12月にベルトール（Bertauld）が，委員会による法案を国民議会で報告する[520]．この法案は，結社

517　議会に提出された議員提案の法案Propositionsと政府提案の法案Projetsの一覧は，(Trouillot et Chapsal 1902：23）に掲載されている．トルィヨ（Trouillot）は，33の提案があったとしているが，そのうちの一つは，1880年3月18日のブリッソン（Brisson）による修正を求める発言（これは，法案として提案されていないので議会資料に掲載されていない），もう一つは，コンセイユ・デタ内での草案（1899年）なので，本書では，法案としては，カウントしなかった．

　また，アソシアシオン法百周年を記念して，ジャン・フランソワ・メルレ（Jean-François Merlet）の編集によって，31の提案と最終政府案の中身とその審議過程を伝える官報を集成した資料集も刊行された（Avènement 2001）．

518　議会の本会議で審議されたのは，1871年ベルトール（Bertauld）法案（国民議会），1882年ジュール・シモン（Jules Simon）法案（元老院），1892年ファリエール＝コンスタン（Fallières et Constans）法案（代議院），1899年ワルデック・ルソー法案（代議院）の4つである．

519　(A. A. D 1871．t. 1，202ff）．

520　(A. A. C 1871：171ff.）

罪と1834年の反結社法を廃止し，届出制による結社の自由を保障するものであった．しかし，その例外として，「1. 既存の政体を変革すること，2. 公権力の活動の障害となって，その権限を簒奪すること，3. 罷業を扇動，組織，支援して，何らかの手段によって，労働の自由，合意の自由を妨げること，4. 自由な祭祀行為，公共的，宗教的なモラル，家族，所有権，公序良俗の諸原則に危害を与えることを目的とするあらゆるアソシアシオンは，違法とみなされる」（第5条）という規定[521]をおいていた．これらは，それぞれ非常に広く解釈される余地のあるものである．

この規定に見られるように，まだこの当時の立法者には，政治結社や労働者の結社に対する不信・恐怖の観念が強く残っていた[522]．この法案は，第一読会は，賛成多数で通過したが，その後，意見の不一致が表面化し，継続審議のままになり（Nourrisson t. 2, 151），政府は，その間に，インターナショナルに加盟している労働者への厳罰化の法律[523]を制定した．

その後も労働者の運動に支持基盤をおく左派の議員から，結社罪の廃止を求める提案が何度も行われるが，党派を超える支持の広がりを得ることができず，委員会審議を通過することはなかった．

(2) 躓きの石としての修道会問題

1880年には，終身の元老院議員となったデュフォールによって，アソシアシオン法の提案[524]がなされ，この案の審議を付託された委員会が，1882年6月に元老院に委員会案を報告する[525]．

この委員会案の報告者であるジュール・シモン（Jules Simon）は，リベローであり，法案の内容は，政治結社[526]に対しても，また修道会に対しても，特

521　*Ibid*., 180.

522　他方で，このベルトール法案は，修道会を例外にはせず，他の結社と同様の自由を与えるものであった．

523　14＝23 mars 1872, Loi qui établit des peines contre les affiliés de l'association internationale des travailleurs, *Duvergier*, t. 72, 119ff.

524　（A. S 1880 : t. 8, 235ff.）．

525　（A. S 1882 : t. 3, 45ff.）．

526　ジュール・シモンは，先のベルトール法案での違法な結社の列挙を，「幾つかの点であまり明確でなく，解釈に自由を与えるものである．そのようにして構成される自由は，アソシアシオンの自由の名に値しない」とコメントしている（Ibid 46）．

別扱いすることなく，他のアソシアシオンと同様の自由を与えるものであった．

ジュール・シモンは，その法案を，「統一性」，「自由」，「公開制」という三つの原則から特徴付け[527]，届出を行うという条件を満たせば，あらゆるアソシアシオンを結成する自由があるとした．

しかし，このリベラルな提案は，議会討論の冒頭から，「我々に提案されたこの法律を支える思想を，誰も見誤ることはない．全く単純に，その法律の狙いは，教育を行う修道会の存在を保証することにある．これを否定できる人は，右にも左にもいないはずだ．アソシアシオンは，修道会を，きわめて穏便な形式で，小さな場所を与えるために，流し込むために創造された枠であるにすぎず，修道会が一旦，その枠に入れば，その場所を全て占めてしまうのだ[528]」という批判を浴びてしまう．

第1章で検討したように，この時期の政府は，公教育の場から修道士を徹底排除すべく，無許可修道会の解散を命ずるデクレ（1880年）を制定するなど，修道会問題をめぐる議会内の対立は，妥協の余地ない激しいものであった．

クラマジュラン（Clamageran）は，「服従する権利 droit de s'asservir と結社の自由を混同することを我々は拒絶しなければならない[529]」と断言し，この時期，内務大臣を務めていたワルデック・ルソーも，このジュール・シモンの提案を，「アソシアシオン」と「人格を廃止してしまう修道会」とを区別しない誤った提案であり，国家に脅威を与えかねないものであるとする演説を行う[530]．

なお，ジュール・シモン法案は，「結社する自由と所有に関する制度とは別物であると考えた[531]」と報告で述べているように，法人格付与については，特別の法律によって公益性が承認されることが必要であるとし（第12条），通常の届出アソシアシオンは，その代表者が，その会の目的遂行に関する純粋な管理行為を行い得るに過ぎない（第7条）としていた[532]．

ジュール・シモンは，このようにアソシアシオンの民事的能力を制限することによって，移転不能となる「永代財産 main-morte」の蓄積・増大を防ぎ，

527　(A. S 1883 : t. 1, 248ff.).

528　*Ibid*., 256.

529　*Ibid*., 281.

530　*Ibid*., 286ff.

531　*Ibid*., 249.

修道会の活動も共通の法の下でコントロールすることを目論んでいた．しかし，議会で多数を占める共和派からは，修道会とアソシアシオンを同等に扱うことへの激しい批判が続き，ジュール・シモン案は，元老院で否決される[533]．

1883年10月には，ワルデック・ルソーが政府案を元老院に提出[534]するが，これは，審議されず，修道会問題のためにアソシアシオン一般の自由の承認は，困難であると判断した政府は，職業組合の承認（1884年）を，アソシアシオン一般と切り離して，先行させることを選択する．

その後も，急進派からは，男子修道会の廃止を求める提案[535]が行われる一方で，右派・王党派からは，修道会の自由のため結社罪の即時廃止を求める提案[536]がなされ，議会内の対立は，解けることはなかった．

1892年には，ファリェール（Fallières）司法大臣とコンスタン（Constans）内務大臣によって政府案が代議院に提出[537]されるが，この法案も修道会問題がネックとなり，ほとんど議論されず，否決される[538]．

(3)　共和派ブロックの優位：ワルデック・ルソー法案の提出

続く穏健共和派の内閣によっても，この修道会問題に，宥和的な解決を見出すことはできず，逆に，反教権主義を掲げる共和派ブロックが議会で圧倒的多数を占めるという形で，強引に決着がつけられることになっていく．

1898年の代議院選挙では，進歩派と急進派・急進社会主義派が躍進し，1899年6月には，ワルデック・ルソーを首相とする共和国防衛内閣が成立す

532　ジュール・シモン法案の元となった1880年のデュフォール法案がこのような考え方を取った最初の草案であるが，そのデュフォールの報告では，法人格は特権であり，「アソシアシオンが社団 corps となり，法的な存在となるには，上位の権威から発せられる承認行為を必要とする」とされ，1825年の女子修道会法の原則をモデルにして，アソシアシオン一般の法人格を考えるべきであるとされた（A. S 1880 : t. 8, 236ff.）．このような法人格付与と公益性の承認とを結びつける考え方は，その後の多くの法案にも確認できる．

533　*Ibid.*, 305.

534　(A. S 1883 : t. 2, 2ff).

535　Proposition de Marmonier, le 3 avril 1888, (A. C. D 1888 : t. 1, 610ff.). Proposition de Laffon, le 12 juillet 1888, (ibid t. 2, 396ff.).

536　Proposition de Cunéo d'Ornano, le 18 juin 1886, (A. C. D 1888 : t. 2, 410ff.). Proposition de Cunéo d'Ornano, le 19 novembre 1889, (ibid. t. 3, 59ff.).

537　Le 16 janvier 1892, (A. C. D 1892 : t. 1, 97ff.).

538　*Ibid.*, 169.

る（Mayeur 1984 : 179）.

この内閣は，反ドレフュス派の中核をなした教権主義者，修道会に対して，過度にまでも厳しい態度で挑むことによって，連立政権の結束をはかった内閣と性格づけられている（浜田 1981 : 197）.

ワルデック・ルソー首相は，1899年11月11日，議会においてアソンプショニスト修道会への結社罪による訴追を求める演説を行った後に，自らのアソシアシオン法案を議会に提案し（同月14日），また同日，公務員となる者は，修道会が担う教育施設ではなく，共和国の公教育機関において最近の三年間，修学した者に限られるとする法案も提出させている（Sorlin 1966 : 426）.

1900年1月の元老院の部分改選の選挙では，共和派ブロックの候補者が99議席中，80議席を得るという勝利を収め，同月に議会内にアソシアシオン法案の審議・立案を行う委員会が，設置された.

よって，1901年法は，このような政治的状況の中から産み出てきたものであるゆえ，反修道会的な性格を色濃く帯びるものとなる.

しかし，この法律の特徴は，アソシアシオン一般の自由の法でありながら，反修道会の例外規定を含んだという点にのみあるのではない．私法上の「契約の自由」から出発して，「アソシアシオンへの自由」を基礎づけるという論理構成を行ったという点にこそ，その独自性があった.

次に，このような独自の論理構成が取られた理由を明らかにするために，ワルデック・ルソーの法案と彼の言説を分析していくことにする.

第2節　ワルデック・ルソー法案の独自性

ワルデック・ルソーは，弁護士としても，その弁論の明晰さによって，名声を確立していた人物であり，ドレフュスの弁護も務めている（Sorlin 348）．とりわけ，民法を好み[539]，アソシアシオン法案に関するその演説は，卓越した法学講義のようであったとも評される（ibid. 440）.

539　ワルデック・ルソーの生涯を研究したソルランは，彼のポワティエでの法学部生時代について，「彼は，民法典を読んでは，その特有の語法から哲学を引き出すために，数時間，思索にふけるということがあった．彼には，フランス法の真髄は，個人主義の擁護にあると思えた．彼の集団的拘束やあらゆる集団への敵対心は，ナポレオン法典についての彼の考察の中にその理論的基礎が見出される」と述べている（Sorlin 1966 : 89）.

ワルデック・ルソーは，1882年，1883年，1899年と三度にわたって，自らが立案したアソシアシオン法案を提出しており，アソシアシオン法生誕百周年には，この法律の父として位置づけられ，彼の生誕日と生誕地において一連の公式行事の幕開けセレモニーが行われている[540].

1899年の法案は，彼によるこれまでの提案を基礎としたものであり，それを支える哲学において変更はない．以下では，1899年法案の内容とその趣旨説明の演説を中心としながら，それに先立つ彼の提案の趣旨説明演説，議会での答弁をも素材にして，ワルデック・ルソー独自のアソシアシオン観を明らかしていく．

(1)　契約としてのアソシアシオン

第一に，ワルデック・ルソーの独自性は，アソシアシオンを契約類型の一つとして捉え，私法的にこれを定義しようとしたことにある．

ワルデック・ルソーによる三度の法案は，いずれもその名称を「アソシアシオン契約に関する法律 la loi relative sur le contrat d'association」としていた．このような名称を法案に採用したのは，ワルデック・ルソーのみであり，他の提案者による法案は，結社罪の廃止のみを求めた法案は別として，いずれもその名称を，「結社権の法律 la loi sur le droit d'association」ないしは「結社の自由の法律 la loi sur la liberté d'association」としていた．

ワルデック・ルソーは，「結社の自由 liberté d'association という頻繁に使われる言葉は，部分的な真理を含んでいるが，やや曖昧な用語である[541]」とも述べている．

その理由は，一人で行使される「思索する自由」「文章を書く自由」と異なり，アソシアシオンを形成する権利の行使は，他の市民との相互了解であるところの契約の存在を不可避とするからとされた[542].

ワルデック・ルソーは，「文明化された国家内において締結されるあらゆる契約や合意は，一般的諸原則に従う」と述べ，アソシアシオン契約も，売買，賃貸借，貸借，組合といった典型契約と同様に，普通法である民法にその基盤を求めながら，その固有な性質から引き出される特則に従うものとした[543].

540　*Le Monde*, le 4 décembre 2000.

541　（J. O. C 1901 : 113）.

542　*Ibid.*

すなわちワルデック・ルソーにとっては，アソシアシオンを結成する自由は，「表現する自由」，「集会する自由」といった公的諸自由，基本的人権のカテゴリーに属するのではなく，売買契約を結んだり，賃貸借契約を結んだりするのと同様な「契約の自由」の一つとして位置づけられたのである[544]．

ワルデック・ルソーは，最初の法案の趣旨説明で次のように述べている[545]．

「現在，我々の法制では，利得を得て，それを分配にするために資本を共通にする権利は，それが金銭的，有価的，工業的な資本であって，民法典1832条が定義するところの営利組合を形成する場合には，何の制約もない．しかし，知的，社会的，政治的な利点を引き出すという目的で，活動や努力や能力を共同にするということに合意するなら，それは，刑法典が介入するところのものとなる．」

「しかし，他方で，法律の領域から政治経済学の領域に目を転じてみれば，そこでは，最も権威のある代表的な論者たち，事実や思想の動向にまさに敏感である人物たちが，諸個人の力の合算である集団を，我々の社会が被った変遷の必然的な結果として，また我々の時代に最も必要なものの一つとして見なしていることに気づくだろう．すなわち，現代の社会科学は，刑法典が有罪としていることを，躊躇なく，奨励しているのである．」

ここでは，利得の分配の有無という相違のみによって，自由な活動が保護されるか，有罪となるか，という全く異なった結果をもたらす現行法制の理不尽さが批判されているだけではなく，この時点の社会科学の認識的基盤において，「集団」の存在が正面から受け止められ，肯定されるようになったという変化が，アソシアシオンを法的に承認すべき論拠として持ち出されている．

「社会」を「アトム的個人」からのみ構成されるとしたル・シャプリエ的な

543　(A. C. D 1899 : t. 3, 123).

544　このようなワルデック・ルソーの独自のアソシアシオン観については，他の議員からの拒否反応が強くあった．その代表格であるクネオ・ドルナーノ（Cunéo d'Ornano）は，「ワルデック・ルソーにとっては，アソシアシオンは，契約だが，私にとっては，権利であり，自由の原則に基づくものである」と述べ，最後まで契約としてアソシアシオンを位置づけることに抵抗し続けた（A. C. D 1901 : t. 1, 275).

545　(A. C. D 1882 : t. 1, 269).

「社会」の見方は，ワルデック・ルソーにとっても，もはや通用しない旧いものの見方として認識されたのである．

このことは，19世紀後半の「集団の叢生」という事実を重視して，「個人」のみならず，「集団」という単位を独自の存在として「社会」を構成するものとして把握・認識しようとした社会科学（社会学）のパラダイム転換（方法論的個人主義から方法論的集団主義へ）が，立法者にも影響を与え，立法のレベルにおいても，「集団」を承認することを促したことを示すものとして理解できるかもしれない．

しかしながら，アソシアシオンという集団的な現象も，民法典にその説明の基盤を探ろうとするワルデック・ルソーにおいては，それを独自の存在として把握するという方法は，あくまで拒否された．

「これまでの論者は，アソシアシオンを，質料を有した事実として，すなわちそれだけで独自な存在をなしている現象として捉え，これを他の行為を全く異なり，共通点を持たないものとして位置づけてきたように思える[546]．」「アソシアシオンは，契約であり，それ以上のものでも，それ以下のものでもな

図表3-4-1　ワルデック・ルソーのアソシアシオン概念

546　(A. S 1883 : t. 2, 2), (A. C. D 1899 : t. 3, 123).

い[547].」「アソシアシオンが，構成員全体，構成員各自から区別され，構成員よりも長く命脈を持ち，永続するというのは，恐ろしいことである[548].」

以上のように位置づけられたアソシアシオンとは，一時的な存在であり，契約で定めた期限まで存続するに過ぎず，期限に定めがない場合は，一構成員の意思のみによって，解散するものとされた（1899年法案第3条）.

またワルデック・ルソーにとって，アソシアシオンとは，知識や活動を共同するための人的な結合に過ぎず，財産関係の主体となり得るものでなかった[549]. 財産関係については，アソシアシオン契約とは別個に，構成員間において組合（ソシエテ）あるいは共有の契約を締結するものとされ[550]，法的には，アソシアシオンとソシエテが二重に併存するものと観念された．このような考え方もワルデック・ルソーに独自のものであった.

組合（ソシエテ）を形成した場合も，財産は，組合員の共有状態に留まり，組合員の相続人が持分の分割を請求できるものとされ[551]，団体としての個体性は，弱かった.

このようにアソシアシオンを契約として捉えたワルデック・ルソーにおいては，アソシアシオンは，構成員の総和を超える独自の存在，永続性を有した制度としては，捉えられていなかった．それは，個人間の契約関係に還元されるものとして私法的に表現され，ゆえに，その法的有効性は，債権債務法の一般原則に従うものとされた（1899年法案第1条）.

(2)　境界としてのCivil：アソシアシオンと修道会

第二に，ワルデック・ルソーの独自性としては，修道会を，その政治性を理由としてではなく，その団体としての性質が民法典の諸原則に反するという理由によって，アソシアシオンとは異なる団体として特別の規制に服することを正当化したことが挙げられる.

547　(A. C. D 1882 : t. 1, 270).

548　(A. S 1883 : t. 2, 2).

549　「アソシアシオンとは，二名以上の者が，利得の分配以外の目的のため，自分たちの知識，活動を共同にするための合意である」(1899年法案第1条)

550　(A. C. D 1899 : t. 3, 123).

551　(J. O. C 1901 : 113).

修道会は，服従・清貧・貞節の終身誓願 vœux を立てた修道士・修道女が共同生活を営む会であるが，このような誓願は，終身義務 engagement perpétuel を禁じている民法典[552]に反するものであるゆえ，「修道会は，人格を廃止するものであり，民事的死を意味するものである．修道誓願を行うものは，誓願の際に，神への自己贈与であるといっているが，これは人格の放棄である[553]」と非難された．

ワルデック・ルソーは，その演説で，無許可修道会が増大し，そこに財産が蓄積され，移転不能の「永代財産」が増殖しているという脅威についても多くの時間を割いているが[554]，修道会がアソシアシオンや営利会社と異なって特別の監督の下に置かれる理由は，その結合形態が，法の一般的諸原則に反するというところに求められた．

> 「修道会は個人を発展させるために形成されたアソシアシオンではない．個人を廃止するものであり，個人はそこから利益を得ることはなく，吸収されてしまうのである[555]．」

このような性格ゆえ，修道会は，個人の人格の擁護をその理念とする民法典 Code civil の諸原則に反し，民法典にその基盤があるアソシアシオン契約の対象からは除外されるべき団体であるとされたのである．

ところで，ワルデック・ルソーは，「アソシアシオンに関する法律は，市民社会 société civile の優越性という主張と，宗教的権力 pouvoir religieux の優位という主張とが互いに衝突せざるを得ない地点に位置する[556]．（ただし強調は引用者）」「市民社会の優位が全員において確認されている我々の社会において，宗教団体は国家に従う必要がないとする主張が容認され得ない理由については，すでに証明した[557]．（ただし強調は引用者）」と述べているように，その演説の中で「市民社会の優越性」という言葉を頻繁に用いている．

552　民法典 1780 条の「役務は，時間によって，または特定の事業についてでなければ，約することができない．」という条文を，ワルデック・ルソーは，引証している．

553　(A. S 1883 : t. 1, 287).

554　(J. O. C 1901 : 117ff.).

555　*Ibid.*, 114.

556　*Ibid.*, 112.

557　*Ibid.*, 116.

図表 3-4-2　国家と市民社会の二元論

図表 3-4-3　新しい「市民社会」論

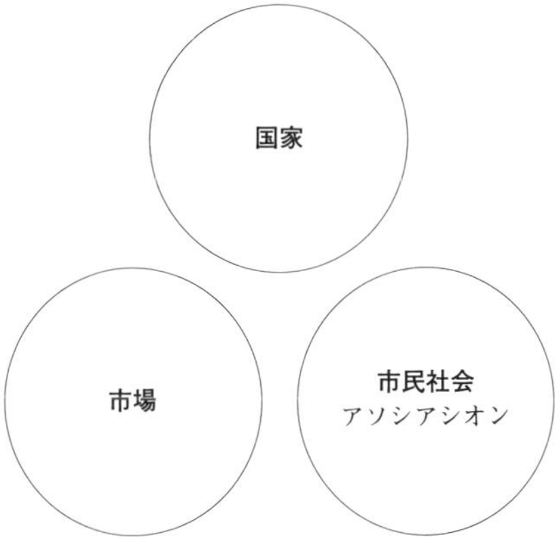

図表 3-4-4　ワルデック・ルソーの「市民社会」概念

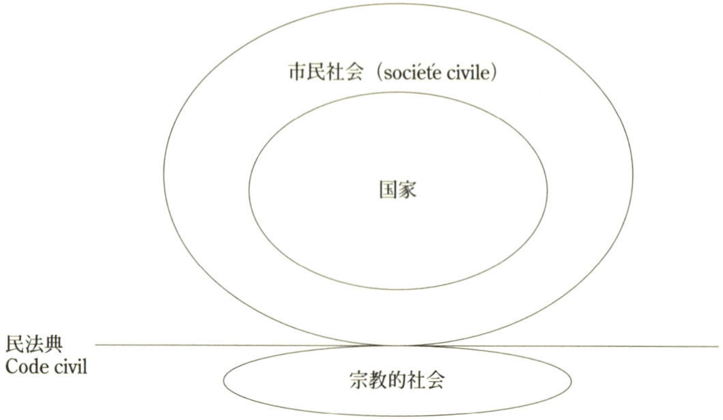

ここでは，このワルデック・ルソーの「市民社会 société civile」概念の用法について考察しておきたい．

上記，発言に示されているように，ワルデック・ルソーにとって，許可なき修道会へ解散を命ずる彼のアソシアシオン法案の採択は，「共和国」において「宗教的権力」に対する「市民社会の優越性」を確立するものとして位置づけられていた．

このような意味において用いられているワルデック・ルソーの「市民社会 société civile」概念は，図表 3-4-2 のように「国家」と「市民社会」とを二元的に捉え，「政治社会 société politique＝国家」に対立するものとして「市民社会」を観念するヘーゲル的な「市民社会」概念[558]とは異なるものである．またそれは，図表 3-4-3 のように「civil」を非国家的かつ非市場的な関係として捉え，「市民社会」の自律性を重視する「新しい市民社会」概念とも異なるものであった．

ワルデック・ルソーにとって，「civil」とは，図表 3-4-4 のように，「religieux 宗教的なもの」との対抗という意味においてのみ用いられていたのであり，その「市民社会」概念には，「国家」と対峙する「社会」という意味合いは含まれていなかった[559]．むしろ，「国家」は，宗教的な強固な結合，永続

558　ヘーゲルの「市民社会」論においては，市民は，政治的公民としてのシトワイエン citoyen の側面を含まず，自己の私的利害を追求するブルジョワとしての側面のみが考察の対象とされた．ヘーゲル（1967［1821］)，および（リーデル 1990：178ff.）を参照

的団体から「個人」を解放し，科学に基礎を置く教育や，共和主義的な公民教育を通じて，「社会」を文明化 civilisér していくという積極的な役割を演じるものとして位置づけられていた.「市民社会」は,「国家」に対する自律した「社会」ではなく,「国家」こそが，その中心に位置ながら,「市民社会 société civile」を創り出すものと観念されていたのである.

そのような意味で，ワルデック・ルソーの「社会像」は,「国家」を「部分的社会」からの「個人」の解放者として位置づけ,「社会」の中心に「国家」を置く革命期の「社会像」を大きく変更するものではなかった.

> 「革命は，神の意思によってではなく，人間の意思によって社会が基礎づけられることを主張する教説である.」「提案の目的は，フランス革命から起因する社会の安定的発展と平和を守るための必要な措置を講ずることである[560].」

以上のように述べるワルデック・ルソーにとって，アソシアシオン法は，革命による個人主義と非宗教化の完成として位置づけられていたのであり，その変更ではなかった.

アソシアシオンの承認は，法人の規定を持たなかった民法典 Code civil の諸原則の変更ではなく，その諸原則のさらなる一般化として理解されていたのである.

修道会は，民法典の諸原則に反するゆえに,「市民社会 société civile」の外に位置づけられ，結成の自由を保障するアソシアシオン法の一般的な規定が適用されないとされたのである．民法典は,「アソシアシオン」と「修道会（コングレガシオン)」との間に境界線を引き，後者への特別規定を正当化するものとして機能したのである.

559　ユアールは，ワルデック・ルソーは，修道会に対する「市民的，非宗教的な権力 pouvoir civil et laïque」の優越性を承認させるという闘いの延長としてアソシアシオン法の成立を位置づけたと表現している（Huard 1996 : 290). ロザンバロンも，このような「社会的なるもの」の自律性を綱領としない古風な「市民社会」概念は，フランスにおいて中間団体を思考することの困難さと不可分であるとしている（Rosanvallon 2004 : 320).

560　(J. O. C 1901 : 119).

(3)　フィクションとしての法人格

第三に，ワルデック・ルソー法案の独自性としては，公益性を有すれば例外的に付与される法人格の性質を，「法律による擬制（フィクション）」であると明記し（1899年法案第10条），擬制説の立場をはっきりと打ち出しているということが挙げられる．

> 「民事的人格 personnalité civile は，当然，アソシアシオンという事実やソシエテという事実から生ずるものではない．それは，アソシアシオンと国家との間で締結されるある種の協定によってのみ発生し，作られるのである[561]．」「民事的人格は，実際のところ，特権なのである．それを与える権力機関は，企てられる事業のために財産が永久的に充当されることを保障したり，アソシアシオンの財産が極端に増大するのを妨げたり，その施設が家族や国家の経済制度を脅かすという危険性を予防したりするために必要であると判断されるあらゆる条件をアソシアシオンに課す資格があるのである[562]．」

以上のように述べるワルデック・ルソーの考え方は，古い擬制説のそれと何ら異なるものではなく，彼の提案は，第2章で検討したような法人理論に関する発展を反映したものではなかった．

また，デクレによる法人格承認を得なくても，構成員間で締結する特則によって，アソシアシオンが法人格を有しているのと類似した効果を生じさせるという方法について，ワルデック・ルソーは，「隠れた民事的人格 personnalité civile occulte」であると非難し[563]，その法案では，「アソシアシオンの財産所有を永続させるという効果のために，財産の返還可能性に関して結ばれるあらゆる条項，協定は，違法である」としていた（1899年法案第15条）．

アソシアシオンを契約と位置づける点では，ヴァン・デン・ユベルやヴァレイユ・ソミエールといった契約論者との間で共通性があったものの，ワルデック・ルソーは，彼らが構想したように，構成員間の合意によって形成される私

561　(A. C. D 1899 : t. 3, 123).
562　*Ibid.*, 124.
563　*Ibid.*, 123.

法的な特則によって，法人格類似の効果が産み出されるという方法を，固く拒否した．

よって，公益性の承認による法人格付与がなされない通常のアソシアシオンは，構成員の変動を経ても，存続しうるような基盤を有したものではなく，一時的に存在する小さな会としてのみ構想されていたと言える．

また，ワルデック・ルソー法案では，権利能力の付与とは無関係に，あらゆるアソシアシオン[564]に，県庁への届出が義務づけられており（1899年法案第4条），契約類型の一つとされたアソシアシオンであっても，全く私的な存在に留まるということは，許されていなかった．

よって，ヴァレイユ・ソミエールの理論と比べるなら，ワルデック・ルソーの法案は，アソシアシオンの私法的性格の徹底という点で，不十分・不明瞭さがある内容であった．

(4)　民法典の援用

以上，ワルデック・ルソー法案に見られるアソシアシオン観の独自性を検討してきた．

ワルデック・ルソーにおいては，アソシアシオンの集団性そのものが独自の存在として法の中に取り込まれたのはなく，諸個人の関係に還元される契約類型の一つとしてアソシアシオンという現象が捉えられ，既存の民法典の体系の中に整合的に位置づけることが目指されていた．

それは，決められた目的の実現のために期限が区切られた契約とされ，初期社会主義の〈アソシアシオン〉論のような包括的性格，永続的性格は有せず，個人性を重視した緩やかな結合であった．

このような構成によって，革命の個人主義とアソシアシオンとが両立する地平が確保されていた．

また，民法典の諸原則は，アソシアシオンと修道会（コングレガシオン）の間に境界線を引くことを法的に正当化する論拠としても援用された．

前章で検討したヴァレイユ・ソミエールは，この両者を区別せず，法人という現象を，構成員による私法的な特則＝契約の結果として説明することによっ

564　事前許可制を定めた刑法典の結社罪のみならず，1848年の反クラブ法や1872年の反インターナショナル法の廃止もワルデック・ルソー法案には盛り込まれ，これらの種類のアソシアシオンも共通に届出制で良いとされた（1899年法案第17条）．

て，「国家」からの「中間団体」の実質的自由，「市民社会」の自律性を確保することが目指されていた．

これに対して，ワルデック・ルソーにおいては，アソシアシオンと修道会（コングレガシオン）は，厳格に峻別され，後者は，民法典の契約法の諸原則に反する団体として位置づけられた．ワルデック・ルソーにとっての「市民社会」とは，「国家」から自律した「社会」の領域を指すのではなく，「宗教的なもの」が排除されたライックで文明化された社会のことであり，決して「国家」に対峙するようなものではなかった．

この「市民社会」の中心には，「国家」が位置するのであり，アソシアシオンの構成員達が自らに特則を課すことによって，「中間団体」としてのアソシアシオンの財産的基盤を固め，強固な凝集性を獲得するということには，強い警戒感があった．

よって，団体の持続的存在を可能とする法人格付与は，公的事項に属し，国家の許可・監督を要する旧い擬制説がワルデック・ルソーにおいても維持されていたのである．

このワルデック・ルソー法案は，すでに提出されていた他の三つの法案[565]と共に，1900年1月に設置された「アソシアシオン法に関する委員会」に付託され，ワルデック・ルソー法案をベースとした委員会法案が，トルィヨによって1900年6月に報告される[566]．

ワルデック・ルソー法案において，アソシアシオンが期限付契約とされていた点を修正し，アソシアシオンからの離脱の自由を保障するという変更が行われた（1900年委員会法案第3条）他は，ほぼワルデック・ルソー法案を踏襲[567]したものであり，委員会法案の名称も「アソシアシオン契約に関する法律」であ

565　他の三つの法案は，いずれも修道会とアソシアシオンとの間に区別を設けていなかった．クネオ・ドルナーノ（保守・ボナパルティスト派）による法案は，届出なくして結社の自由を保障し，届出を行ったアソシアシオンには，所有できる不動産の面積範囲が限定される以外は，全能の権利を与えるものであった（A. C. D 1898：t. 2, 1131ff.）．シャール・グラ（Charles Gras）（穏健派）による法案も，届出なくして結社の自由を保障していたが，公益性が承認されない限り，通常のアソシアシオンは，代表者の名による法律行為ができるに留まった（ibid. t. 3, 427ff.）．アベ・ルミール（カトリック王党派）の法案は，あらゆるアソシアシオンに届出を求め，公益性の承認と法人格付与とを結びつけるものであった（ibid. 346ff.）．

566　（A. C. D 1900：t. 2, 1217ff.）．

った.

次に，この委員会法案を議会の審議の中で修正する形で成立したアソシアシオン法の構造を，議会での討論も素材としながら，分析していく.

第3節　アソシアシオン法の構造

トルィヨによる委員会報告を受けた代議院は，1901年1月14日からアソシアシオン法の審議を始める．その審議の大半は，修道会への特別規定を定めた第三章に集中し，約60回もの修正提案が出される．右派・王党派は，この例外規定を激しく批判する一方で，左派・急進派の議員の中には，修道会の全廃というより厳しい対応を求める者もいた[568].

アソシアシオン一般に関しては，代議院での審議の中で，事前届出制を廃止する修正や，届出を行ったアソシアシオンに「小さな法人格」を与える修正がなされる．これらは，アソシアシオン法のリベラルな特徴の柱をなすものだが，ワルデック・ルソーや委員会がそもそも意図していたのではなく，議会審議の中で生じた妥協の産物であった.

1901年5月には，元老院に法案が移送され，微修正を経た後に，代議院に最終案が示され，1901年6月28日，リベローや右派・王党派の反対を押し切り，共和派ブロックの賛成多数によって採択される.

以下では，この1901年アソシアシオン法の規定を，議会での審議も参照しながら，検討していく.

(1) アソシアシオンの定義：法カテゴリーの成立

1901年のアソシアシオン法は，ワルデック・ルソー案をベースにしながら，

567　ただし，ワルデック・ルソーの1899年法案では，修道会を「本拠地や指導部が，外国に固定されているか，外国人に託されているアソシアシオン」と定義されていたが，トルィヨ委員会案では，「共同生活を送っているアソシアシオン」としてより明確な定義を与え，許可には，行政令ではなく，議会による法律が必要としている（1900年委員会案第11条）．また，公益承認非営利組合が，不動産を所有する場合，活動目的の範囲内に限定され，受贈も行政許可に服するとされるなど，移転不能となる永代財産の発生に予防的になっている（同第10条）.

568　ゼバエ（Zévaès）は，既に許可を受けている修道会も含んだ全廃を提案した（A. C. D 190：t. 1，805）.

次のようにアソシアシオンを定義した.

「アソシアシオンとは，二名以上の者が，利得の分配以外の目的のために，自分たちの知識や活動を恒常的に共同するために結ぶ合意のことである」(第1条)

この定義は，民法典の組合契約,「営利組合 société は，二名以上の者が，そこから生ずる利得を分配するという目的で共同で何かを為すことに合意した契約である」(第1832条) と対になるものであり，構成員への利得の分配の有無によって，営利組合 (ソシエテ) と非営利組合 (アソシアシオン) とが，区別されることなった[569].

569　アソシアシオンは,「非営利社団」と訳されることが多いが，本書では，このようにアソシアシオンが営利組合契約 (ソシエテ) の対概念として定義されたという点を重視し,「非営利組合」という訳語を用いた.

「社団」と「組合」の概念は，ドイツ法の影響の下で，団体の構成原理に基づいて構築された理念型であり,「社団は，社会関係において，団体が全一体として現れ，その構成分子たる個人がまったく重要性を失っているものである」のに対して,「組合は，団体ではあるが社会関係における全一体としての色彩が比較的淡く，その構成員個人の色彩が強く現れるものである」とされる (我妻 1965 : 127).

しかし，フランスにおけるソシエテとアソシアシオンの概念は，利得が構成員に分配されるか否かによって峻別されているだけであって，団体性そのものの濃密さによって区別されたものではない．よって，前者に「営利組合」の訳語をあて，後者に「非営利社団」の訳語を用いるのは (山本 6)，適切ではなかろう.

また我が国の今日の学説においても，星野英一による社団・組合峻別論への批判が大きな影響を有し (星野 1967 ; 野田 1975),「組合 (契約的結合)」と「社団 (組織的結合)」を分けて考えるのは，困難であり，実益もないため,「共通の目的を持って形成された団体は原則的に広い意味で組合」と解して，組合の中で一定の要件を充たしたものが法人となると理解してはどうか，と提唱されている (内田 1994 : 183 ; 大村 2001 : 340).

山口俊夫は，ソシエテに「営利社団」，アソシアシオンに「非営利社団」という訳語を用いて，両者を社団概念により統一している (山口 1978 : 393ff. ; 同編 2002)．民法典のソシエテが，1978年の改正 (登録により法人)，1985年の改正 (一人会社制度の創設) によって，契約としての側面よりも会社法人としての側面が強調されるようになった現行法に対しては，山口の訳語法がふさわしかろうが，本書では，アソシアシオンの契約的構成，団体に対する個人の重視という特徴，歴史的沿革を重視し,「組合」という訳語で両者を統一することにした.

図表 3-4-5　フランス団体法の構造

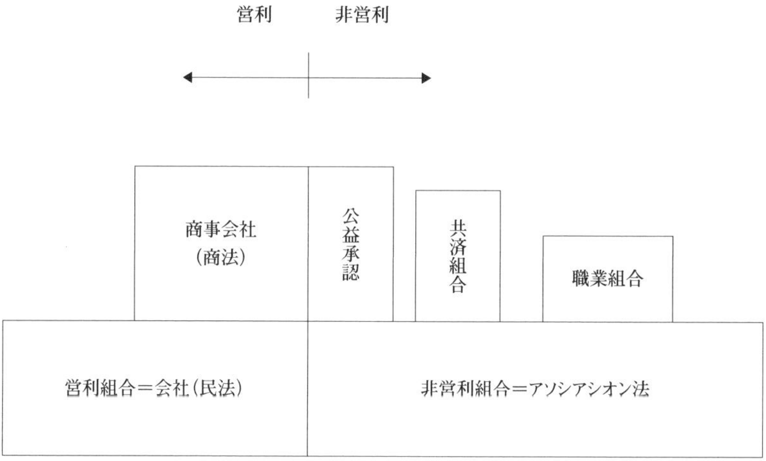

a)　契約性

このように契約的構成，組合的構成を取ったフランスのアソシアシオンは，契約であるので，最低2名の構成員で設立することができる．ドイツの登録非営利社団が最低でも7名以上，ベルギーやルクセンブルクでも3名以上の構成員を必要としており（Conseil d'État 2000a : 267），この個人主義的な組合的構成の貫徹は，1901年法の重要な特徴の一つであると言える．1901年法は，アソシアシオンを「制度」としてではなく，諸個人の意思の合致である「契約」として捉えた．

よって，このアソシアシオン法で規律する事項は，ミニマムなものにして，それ以外の事項は，当事者の私的自治に委ね，契約法，債権債務法の一般原則に従うとした（第1条）．

b)　非営利性＝利得の不分配

アソシアシオンの非営利性とは，構成員の間で，事業による利得を分配しないという点に尽きるのであり，会の目的追求のために収益を目的とする経済活動を行うことも，この収益を会員に分配しなければ，認められている．

アソシアシオンは，公益に関連している必要はなく，また構成員の共益のみを追求する会もアソシアシオンである．このように外延が広大なアソシアシオン法は，非営利目的の団体の一般法としての性格を有する．既に法が存在する職業組合や共済組合も，その特別法の課す要件が厳しいと判断すれば，特別法による特権は与えられないが，アソシアシオンとして設立することもできる[570].

c）知識・活動の共有

アソシアシオンは，知識・活動を共有することによって，ある目的を達成する．しかし，その目的達成のためには，物質的手段・資源も必要となることがある．

ワルデック・ルソー案においては，財産所有は，アソシアシオンとは別に，組合（ソシエテ）を形成することが必要とされていたが，議会での修正によって，アソシアシオンも財産所有主体になりうることになった．

しかし，財産を有することは必要条件ではなく，その中心は，知識・活動の共有を通じた人的な結びつきによって，会の目的を達成するということにある．

d）恒常性

アソシアシオンは，恒常的に活動を行う集合体である．議会審議において，一時的な集まりである「集会 réunion」と「アソシアシオン」を区別するために，「恒常的 d'une façon permanente」にという表現が，「アソシアシオン」の定義に付け加えられることになった[571].

しかし，このアソシアシオンの「恒常性 permanance」とは，報告者のトルィヨも注釈しているように（Trouillot et Chapsal 36），「永続性 perpétuité」を意味するものではなく，一定期間，反復性を持って会が存在するという意味において理解されている．

*

以上の四要素は，第3章第2節で検討したように，1901年以前の判例において形成されていたものである．よって，1901年法のアソシアシオンの定義は，一面においては，ワルデック・ルソーの独自の考えが，議会の審議において，判例によって既に確立された定義へと修正されていくなかで確立していったと理解できよう．しかし，他面において，(5)で検討するように，修道会をア

570　実際，1884年法の枠内では，職業組合を設立することができなかった公務員達は，1901年法以降，アソシアシオンという形式で，彼らの職業の組合を設立したという時期が存在した．（大和田 184ff.）を参照．

571　シャール・フェリー（Charles Ferry）による提案（A. C. D 1901 : t. 1, 310）.

ソシアシオン一般から区別し，特別規定に服さしめたという点で，それ以前の判例の扱いを踏襲したわけではなかった[572].

(2)「結社の自由」の保障方法

a) 国家からの自由

アソシアシオン法は，刑法典の結社罪に関連する条文，1834年の反結社法，1848年の反クラブ法，1872年の反インターナショナル法を廃止し，今後は，アソシアシオンを結成するにいかなる許可も届出も必要なしとした（第2条）.

ワルデック・ルソー法案，委員会法案では，事前の届出を要するとされていたが，これが廃止されたのは，代議院の審議の中で，グルシエ（Groussier）によって提出された修正案が採択されたからである.

グルシエは，事前届出制を廃止する理由として，(1)1884年の職業組合法が届出を義務づけるものであったため，労働者から強い抗議を受けたこと，(2)事実上，黙許されている多くのアソシアシオンや20名未満のアソシアシオンに新たに届出義務を課すものとなり，現状よりも規制が強まることも挙げているが，決定的なアーギュメントとなったのは，「我々の民法典において，契約や債権債務に関することで届出を必要とするとは一言も書かれていない」ので，その本質が契約でもあるアソシアシオンに届出を義務づけることは，論理的に矛盾している，ということであった[573].

このグルシエの提案に，ワルデック・ルソーは，「国家にアソシアシオンを知る手段を与える必要がある[574]」と反対するが，グルシエのアーギュメントに有効な反論を行うことができず，賛成多数でグルシエの修正案が採択される[575].

よって，立法者の意図していなかった事前届出制が不要となったのは，グルシエがそのアーギュメントで展開したように，契約としてアソシアシオンを構

572　前章で見たように，ワルデック・ルソーは，アソシアシオン法成立前にアソンプション修道会に対する結社罪による訴追を求める演説を行っている．その裁判では，この修道会が同じ屋根の下で共同生活を送っている団体であるゆえ，刑法典の許可なきアソシアシオンに該当しないのではないか，ということが論点になったが，最終的に，修道会もアソシアシオンであるとされ，結社罪に基づき罰金が課せられた．

573　(A. C. D 1901 : t. 1, 357).

574　*Ibid.*, 361.

575　*Ibid.*, 365.

成したことの論理内在的な帰結であったと言えよう．アソシアシオン契約は，民法典の中の典型契約と変わらぬ性質を有する契約であると位置づけられていたがゆえ，その締結についてのみ届出を義務づけるということには，不可能とされたのである．

違法なアソシアシオンへの規制に関しても，契約一般に関する司法的規制がモデルとされる．アソシアシオンの目的が違法であり，公序良俗に反する場合，あるいは領土の一体性，共和政体を侵害するものである場合でも（第3条），それらアソシアシオンは，利害関係人や検察官の請求を受けた裁判所によって，事後的に，その効力が無効とされて，解散となるのであり，事前に行政が会の目的を審査し，解散させるという仕組は取られていない（第6条[576]）．

b）結社からの自由

アソシアシオン法は，アソシアシオンを結成する自由のみではなく，アソシアシオンから脱退する自由も「結社の自由」の一内容として保障している．期間を限定せずに結成されたアソシアシオンからの脱退がいつでも可能であり，仮にアソシアシオンの規約において脱退を制限する条項があっても，これら条項は無効とされ，未払い会費および当年会費を支払えば脱退できる（第4条）．存続期間が限定されたアソシアシオンについては，そのアソシアシオンの規約の脱退規定に従うことになる．

何人も特定のアソシアシオンに加入することは強制されず，どのアソシアシオンを選択し，加入するかは，各人の自由に任される．

また逆に，アソシアシオンの側が，入会者を選択し，拒絶することも自由であるとされる（Édition Francis Lefebvre 2002 : 65）．アソシアシオン結成の自由は，「契約の自由」という私法上の原則によって基礎づけられているため，他の契約と同様に相手方を選ぶ自由が契約者にはあり，双方の同意がなければ契約は成立しないので，この拒絶が正当化されるのである．

入会希望者の申込の拒絶は，いかなる理由でもアソシアシオンの自由に属し，その規約に特に定めがなければ，拒絶の理由を付す必要もないとされる（ibid.）．入会の拒絶は，司法介入の対象とならない．拒絶に際して，侮辱などがあった場合は，損害賠償請求の対象となるが，その場合も入会の拒絶そのも

576　ただし，過半が外国人によって構成されたり，会の管理者が外国人であったり，本拠地が外国にあるアソシアシオンは，この限りではなく，大統領のデクレにより解散となった（第12条）．

のを問題とすることはできない[577]（ibid. 66）.

(3)　三層構造のアソシアシオン

次に民事的側面に注目していく．アソシアシオン法は，a）届出を行わない無届出非営利組合，b）届出を行った届出非営利組合，c）公益性が承認された公益承認非営利組合という三つのカテゴリーを設け，それぞれに異なった権利能力を与えている．

a)　無届出非営利組合 association non déclarée

すでに述べたように，アソシアシオンの結成には届出義務はなく，任意に委ねられている．届出を行えば，次に説明するように法人格が与えられるが，それを行わねば，その非営利組合は法人格を有しない．

無届非営利組合が対外的な法律行為を行うには，アソシアシオンの名で契約を行うことはできないため，会員の名前でそれを行わなければならない．アソシアシオンの名で通常裁判所に出廷することもできず，会員全員に対して誰かが代理するという形式を取らなければならない[578].

対内的な法律関係は，共有の規定が適用される．所有物の変更には，共有者の全員一致が必要となり，会員の離脱によってその持分の処理を行う必要もある．よって会の基盤は不安定である．

b)　届出非営利組合 association déclarée

届出を行ったアソシアシオンは，「小さな法人格」を取得する．当初のワルデック・ルソー法案や委員会法案では，公益性が承認されたアソシアシオンにのみ「法人格」が承認されるという内容であったが，先のグルシユの修正によってアソシアシオンの結成そのものに届出義務がなくなったため，届出を行うアソシアシオンに何らかのメリットを与える必要が生じたため，限定された権利能力が与えられるようになった[579].

条文では，「法人格」という表現は，あえて避けられ，この届出を行ったアソシアシオンに与えられる権利能力を列挙するという形式[580]が取られた

577　他方で，立法者は，アソシアシオンからの除名処分については，除名された構成員が，その処分の有効性，適切さにつき，司法審査を求めることができるとしていた（Trouillot et Chapsal 140）.

578　ただし，行政裁判については，規約で定めておけば，越権訴訟をアソシアシオンの名で行うことができる（Édition Francis Lefebvre 38）.

(Trouillot et Chapsal 84).

届出は，アソシアシオンの本拠地がある県の県庁もしくは郡の郡庁にて行い，会の名称，目的，所在地と管理・運営者の氏名，職業，住所，国籍を記載し，2名以上の管理・運営者の署名が入った書類と，会の規約2部を提出する（第5条）．受理証は5日以内に交付され，官報において届出事項の要旨が公示された日をもって，アソシアシオンは，「小さな法人格」を取得する．官報への記載は，1ヶ月以内で行われ，手続は簡易で迅速である．

届出を行ったアソシアシオンは，法律行為や訴訟を会の名で行うことができるようになり，会費を会の財産とすることができるが，無償贈与や遺贈を受領

図表 3-4-6　アソシアシオンの収入ルート

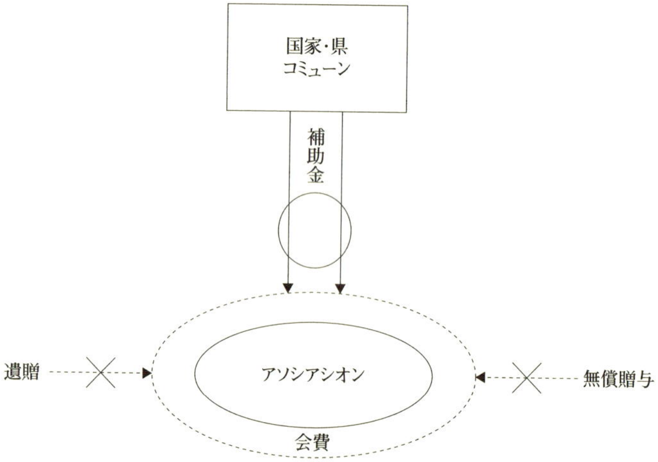

579　審議においても，「届出アソシアシオンは，全能の法人格を有する」とする修正案が提案されるが，ワルデック・ルソーやトルィヨは，移転不能の「永代財産」の発生の畏れから，そのような提案を受入れず，権能を限定列挙するという形の修正に留めた（A. C. D 1901 : t. 1, 388ff.）.

580「第6条　適法に届出られたアソシアシオンはすべて，いかなる特別な許可がなくとも，訴訟を提起することができる．また国，県，コミューンからの補助金以外に，以下のものを有償で取得し，所有・管理することができる．1. 会員による会費．会費は一括して支払うことができるが，その金額は500フランを超えることができない．2. アソシアシオンの運営ならびに会員の集会用の部屋．3. アソシアシオンが定める目的の遂行に厳格な意味で不可欠な不動産.」

することはできない（第6条）．不動産の所有も，会の運営と集会のための場所か，会の目的に厳格な意味で必要とされる不動産にのみ限定されている（同条）．

このように受領能力が限定されているため，市民社会内で寄付などを募って事業資金に充てていくということが困難であるが，他方で，国家や県やコミューンからの補助金，公益施設からの贈与は受領できる（同条）．

図が示すように資金の流れは，市民社会内での「横の流れ」よりも，公的セクターを経由した「縦の流れ」に開放的であることが1901年法の一つの大きな特徴であると言える[581]．修道会のみならず，通常のアソシアシオンについても，それが国家の関知しないところで財産を蓄積し，自律的な社会を形成していくということに警戒感があった．

規約には，会の名称，期間，目的，活動手段，会員資格の取得・喪失の様式，総会における会の管理・運営者の選出方法を記載しなければいけないが，それ以外に強行規定はなく，規約作成の自由があり，どのように会の組織を設計するかは，アソシアシオンに大きく委ねられている[582]．このような「規約の自由」も，アソシアシオンの結成を「契約の自由」に基礎づけたことの帰結である．

また届出後，規約の修正を行えば，それを届出なければならないが，それ以外に事業報告や会計報告などを行政に行う義務もなく，一度，届出を行えば，会が規約で定めた期間中，「小さな法人格」を享受できるようになっている．

c）公益承認非営利組合 association reconnue d'utilité publique

届出非営利組合が限定された権利能力しか与えられないのに対して，公益性が承認されたアソシアシオンは，「規約で禁止されていないあらゆる民事的行為をなすことができる」とされる（第11条[583]）．これは，「大きな法人格」と呼

581　よって，フランスのアソシアシオンは，他国と比較した場合，その財政的基盤を国家等の公的セクターからの補助金に多く負っているという特徴を有しており，1995年のデータでは，アソシアシオンの歳入の58％を公的資金が占め，寄付は，7％に過ぎないとされている（Archambault 1999 : 20）．

582　コンセイユ・デタの報告書『アソシアシオン法から百年』では，このフランスの仕組について，「アソシアシオンを設立し，法人格を得るという条件については，完全な自由を享受できるが，他方で，限定された民事的能力のみが与えられるに過ぎないという逆説がある」としている（Conseil d'État 2000a : 242）．

583　ただし，活動目的外の不動産所有は禁止され，無償贈与の受領も活動目的に必要なものと限定されている（第11条）．

ばれる．このようにアソシアシオン法では，完全な法人格を有するためには，公益性の承認が求められた．

コンセイユ・デタは，アソシアシオンが公益性を承認されるには，(1)その活動が一般利益に関わるものであること，(2)その規模が一地方の範囲に留まるのではなく，地理的な広がりやある程度の構成員の規模（200人以上）を有することが必要としている（Conseil d'État 2000b : 18）．

公益性の承認を得るためには，まず内務省に，規約10部，年齢，国籍，職業，住所が記載された全会員の名簿，理事・役員の名簿，3年間の会計報告書，財産と保有施設の目録，届出が掲載された官報のコピー，事業の開始から発展までを説明する書類，公益性承認申請を決定した総会の議事録をそれぞれ2部提出しなければならない（施行デクレ[584]第10条）．

規約には，理事会や執行部の権限を定めた運用規則，解散の際の財産移行を定めた規則，3ヶ月毎に理事会や執行部の変更を県庁ないし郡庁に知らせることを誓う文言を書き込む必要がある（同11条）．規約には，モデル規約というものが存在し（ibid. 89ff.），これと異なる様式のものを使用する場合には，その理由を付さなければならない．

届出非営利組合には，「規約の自由」が存在したのに対して，公益承認非営利組合は，組織の設計に以上のような枠付けが課せられている．

これら書類の形式的要件を満たした場合，内務省は受理書を交付し，実質的審査に入る．内務省が，アソシアシオンの本拠地がある市議会や知事の意見，関係省庁の意見を聞いて審査した後に，コンセイユ・デタに付託する．コンセイユ・デタは，付託された書類が要件を整えているかという形式的判断，会の活動に公益性があるかという実質的判断の双方を行い，意見を提出する．

公益性を承認するかどうかは，全く政府の自由裁量とされ，条件を満たせば自動的に承認しなければいけないという羈束裁量ではない（Mescheriakoff et Moncef Kdhir 1996 : 68）．承認の拒否は，訴訟の対象とならず，その手続に瑕疵があった場合のみ越権訴訟を提起できる（ibid.）．

公益性が承認される場合，コンセイユ・デタによるデクレが発布され，このデクレのコピーが知事・郡長に移送される．このデクレが官報に掲載されるこ

584　16＝17 août 1901, Décret portant règlement d'administration publique pour l'exécution de la loi du 1er juillet 1901 relative au contrat d'association, *Duvergier*, t. 101, 368ff.

とにより，承認を求めたアソシアシオンは，「大きな法人格」を取得する．承認に至るまでの手続は，平均して1～2年を要する．

「大きな法人格」を得た公益承認非営利組合は，遺贈，無償贈与を受領することができるが，この受領も，民法典910条の規定に従い，行政の許可を必要とする．国家の関知しないところでの財産蓄積への警戒は，公益性が承認されたアソシアシオンに対しても残った．

また，公益承認非営利組合には，少なくとも年一回の総会と半年に一回の理事会が義務づけられ，総会の決議は，本拠地がある県の知事によって署名されなければならない（ibid. 69）．管理・運営者の職務に対する報酬も禁止され，職務にかかった費用のみ支払うことができる（Édition Francis Lefebvre 308）．

以上のように，公益性が承認されるには，煩雑な手続を踏まねばならず，また承認後の義務も多い[585]．政府が把握できないところで財産の凝集が生じることへの強い警戒感がここに反映されていると言えよう．

(4)　法人理論とアソシアシオン法

次に，法人理論という観点から，以上に概観してきたアソシアシオン法の仕組を検討してみよう．

アソシアシオン法は，無届出，届出，公益性承認という三つの段階に応じて，それぞれ異なった能力をアソシアシオンに付与している．届出によって「小さな法人格」を得ることができるようになったのは，ワルデック・ルソー原案，委員会原案と比較して，大きな前進であったが，その権利能力は，条文により限定列挙された範囲に制約されたものであった．

十全な権利能力を得るには，公益性が承認されねばならず，その場合，規約作成の自由は消滅し，総会の決議内容を行政に知らせ，受贈について許可に服するなどの制約も伴うものであった．

「法人格は，法律による擬制（フィクション）である」という委員会原案の表現は，審議の過程で，不要とされ，削除されたが[586]，以上のような段階的構

585　よって，この公益性の承認を申請するアソシアシオンは，実際のところ，少ない．2000年のコンセイユ・デタの『公益承認非営利組合に関する報告書』によれば，1901年からこれまでの総計で約2000のアソシアシオンに対して公益性の承認がなされたにすぎず，現在，年間10件前後の申請があるのみであり，増加傾向には決してないとされている（Conseil d'État 2000b）．

成に基づく権利能力の制約という仕組は，アソシアシオンの法人格が，アソシアシオンの団体としての実在性に起因するものではないという立法者の考え方を投影したものであろう．

実在説の立場に立脚するならば，オーリウが「合法的に設立されたあらゆるアソシアシオン，財団，施設は，法人格としての完全な権利を享受する」と述べたように（Hauriou 1897：124），団体には，相違なき，完全な法人格が与えられねばならなかった．

実際のところ，第二章で検討した法学者による法人理論が，アソシアシオン法の立法者達に与えた影響は，小さなものでしかなかった．

ワルデック・ルソー以外の他のアソシアシオン法案の多くも，ジュール・シモン法案がそうであったように，アソシアシオンへの法人格の付与には，公益性の承認を別に必要とするというものであった[587]．

ボナパルティスト派に属するクネオ・ドルナーノは，例外的に，その法案において，届出によってあらゆるアソシアシオンに法人格が付与されるとし，またそのような立場から，審議過程においても権利能力を限定列挙している原案の修正を求めている[588]．

しかし，彼の主張は，アソシアシオンそのものの実在性ではなく，諸個人の結社を形成する権利，自由から法人格付与を基礎づけるものであり[589]，法人理論が提示されたわけではなかった．

唯一，パリカトリック学院での教授歴もある法学博士のラマルツェル

586　この表現の削除を提案したアベ・ルミールは，届出非営利組合に断片的で制限された法人格を与えたので，公益承認非営利組合にしか当て嵌まらない定義を与えても無駄であるとした（A. C. D 1901：t. 1，690ff.）．

587　クネオ・ドルナーノ以外には，カンタグレル（Cantagrel）による1877年と1879年の法案が，法人格の問題を公益性の承認から切り離し，届出のみによって，あらゆる権利能力がアソシアシオンに付与されるとしていた（A. S. C. D. Do　1877：t. 1，102ff.；1879：t. 3，295ff.）．

588　（A. C. D 1901：t. 1，394ff.）．

589　1895年に提出した法案の趣旨説明でクネオ・ドルナーノは，次のように述べて，註釈学派で擬制説を展開したローラン（Laurent）を批判している．「法人格については，エミール・アコラ（Émile Acollas）と同様に，結社する権利と全く同等に正統な諸個人の自由の結果であると考える．……ローランのように，政治的，宗教的，商事的，民事的なアソシアシオンは，法律による許可によってのみ人格化という作用を得ることができるという主張は，もはや認めることができないのである．」（A. C. D 1895：t. 1，368）．

(Lamarzelle）が，元老院の審議において，自らの修正案を説明する中で，法人理論を展開していった．

ラマルツェルは，届出を行ったアソシアシオンの権利能力を限定列挙し，公益性が承認されたアソシアシオンには「大きな法人格」を与える原案を，法人格を「特権」とみなし，国家の「恣意」によってそれを付与するものであると批判し，「届出を行ったアソシアシオンは，法人格の完全な権利を有する」とする修正案を提出した[590].

これまでのワルデック・ルソーの法案や発言を引きながら，ラマルツェルは，立法者は，アソシアシオンを個人のような実在するものではなく，国家によって初めて生が与えられるものとみなす法人擬制説に依拠しているとする．しかし，この擬制説は，サヴィニーによって18世紀になって構築されたものに過ぎず，「今日，あらゆる学派や法学部は，古臭い擬制説を放棄している[591]」として，新たな法人理論への説明に向う．

ラマルツェルは，団体に生を与えるのは，擬制説の言うような国家ではなく，国家承認に先立って存在するアソシアシオンの構成員間の「意思の一致」に求められるとする．

このような新しい法人理論は，ドイツにその発祥の地があり，とりわけギールケの魅力的な研究によって開拓されてきたとし，ドイツでは，判例における発展が，1900年のドイツ民法典の無許可非営利社団に関する条文（第52条）にも結実し，無許可であり，任意に存在する会でも，その目的に必要な法的能力が承認されたことが紹介される[592].

フランスにおいてもこのような理論動向の系譜に属するものとして，サレイユ，オーリウといった法学者の名前を挙げ，先のオーリウの「合法的に設立されたあらゆるアソシアシオン，財団，施設は，法人格としての完全な権利を享受する」という記述をラマルツェルは，引用する[593].

国家論まで射程に入れた法人理論を構築しようとした彼らと同様に，ラマルツェルは，擬制説に立つワルデック・ルソーに対して，「仮に，国家のみが法人に生を与えることができるとするならば，国家それ自体は，如何にして存在

590　(A. S 1901 : t. 2, 256ff.)

591　*Ibid.*, 257.

592　*Ibid.*

593　*Ibid.*

することができるようになったのだろうか．誰が国家に生を与えたのか」「そのような循環論法から抜け出すには，国家は，その始原や終わりももたない永続的なものであるとするしかなくなる」とし[594]，彼の法人擬制説と，国家を人為の所産とする共和政の理念とが矛盾するという鋭い批判を提起した．

しかし，このようなラマルツェルの問題提起は，大きな反響を議会内で呼ぶものとはならなかった．

ワルデック・ルソーは，国家理論に関する問いへの回答は行わず，ラマルツェルの修正案に従うと，移転不能の「永代財産」が無制約に増大する畏れがあると反論し[595]，委員会案の報告者であるトルィヨは，団体間に相違なき，平等な法的能力を承認するというラマルツェルの実在説の立場を元老院が採択するならば，「その結果として，普通法の下に置かれることになる宗教的修道会も同じように完全な法人格を有するということになろう[596]」と述べ，反修道会の立場から議会が擬制説を堅持する意義を説いた．

このような立法者による反論の後に，ラマルツェルの修正案は，否決される[597]．届出による「小さな法人格」の承認は，妥協の結果であって，立法者の法人観念の転換を伴ったものではなかった．このように国家が法人の生殺与奪の権を有するという擬制説の観念が維持されながら，修道会への特別扱いの規定が成立していく．

⑸　自由の例外：修道会問題

修道会は，その団体としての性格が，契約的なアソシアシオンとは異なるものであり，永続的存在となって移転不能の永代財産を発生させる危険が高いので，アソシアシオン一般とは別の特別章において規律されることになった．

以後，設立には，法律による許可を必要とし（第13条），これを得ることができなければ，違法な存在として，その構成員に刑罰も科せられることになる（第16条）．解散命令は，アソシアシオン一般には裁判所による手続を要するのに対して，修道会には内閣によるデクレで行えるとされた（第13条）．

保守・王党派は，自然権としての結社の自由，信仰の自由を論拠に，この修

594　*Ibid.*

595　*Ibid.*, 261ff.

596　*Ibid.*, 259.

597　*Ibid.*, 262.

道会規定に抵抗し，修正案を提出し続けるが，常に否決され，議会で多数を占める共和派は，そもそも委員会法案に存在しなかった無許可修道会に属する修道士の教育の禁止をも法律に盛り込む（第14条）．

ところで，このような特別規定を含んだアソシアシオン法の立法者であるワルデック・ルソーの意図については，それほど反宗教的な動機はなく，反共和主義的なキャンペーンを行っていた過激な幾つかの修道会を犠牲にするかもしれないが，急進左派が求めた修道会の全廃に譲歩はせず，法の中に修道会を枠づけることによって，修道会全体を救うことを意図していたという解釈がある[598]．

確かに，実際，ワルデック・ルソーは，教皇レオ十三世と連絡を取りながら，許可制の法案についての理解を教会側に求めてもいる（Sorlin 446）．

しかし，仮にこのような意図があったとしても，その意図は，議会内の右派・王党派に理解されるものでもなく，またその後のコンブ内閣（Combe）に伝達されるものとはならなかった．

アソシアシオン法の採決は，共和派ブロックと右派・王党派との間の激しい対立が解けることないまま，賛成に投票する左派・共和派は，「共和国万歳！」と叫び，反対に投票した右派・中道派は，この法を皮肉って「自由万歳！」と叫ぶという分裂状態の中で行われた[599]．

法施行後，これまで無許可であった修道会は，許可の申請を行うが，議会はこの請求をあえて保留したまま1902年の総選挙に望み，選挙では，アソシアシオン法への賛否が争点となってしまう（Mayeur 1984 : 185）．総選挙後のコンブ内閣は，ほとんどすべての修道会の許可請求を拒絶し，アソシアシオン法を厳格に適用して，修道会による教育施設の閉鎖を命じ，1904年には教育修道会を全て廃止する法律[600]を制定する（Nourrisson 1928 : t. 2, 107ff.）．国家による教育の独占がこのようにして実現し，「宗教的なもの」への「市民社会の優

598　ワルデック・ルソーと家族的な交流のあったモーム（Maumus）神父によって，このような好意的な見解が示されたのが，このような解釈の起源になっている（Sorlin 426）．またアソシアシオン法百周年の際に再版となり，広く読まれたバルドゥーの本でも，このような解釈が取られている（Bardout 1991 : 192）．他方，ソルランは，ワルデック・ルソーは，共和国防衛内閣の求心力を維持するため，反修道会を政権の課題として打ち出したのであり，修道会全廃を断念したのは，現実的に困難であるためであったという解釈を示している（Sorlin 427, 438）．

599　（A. C. D 1901 : t. 2, 758）．

越性」が貫徹していくことになった.

1905年には政教分離法[601]が成立し，宗教領域と世俗領域の分離が最終的に確立された.

第4節　法成立の要因：第3部の小括

以上のように，1901年のアソシアシオン法は，議会内における急進共和派の優位が確定していく中で成立した法律である.

しかし，この法は，ワルデック・ルソー自身も述べているように，修道会規制のみを目的とした状況的な法律ではない[602].

本節では，第3部全体の議論も振り返りながら，法を成立させた要因について考察を加えることにしたい.

第1節で確認したように，刑法典の結社罪を廃止し，アソシアシオン結成の自由を実現するということは，第三共和政発足時からの政治課題であり，1880年代以降は，左派のみならず，自由主義者や保守派・王党派からもアソシアシオン法の提案がなされていった.

1890年以降は，第1章で概観したように，共和主義の側でも，カトリックの側でも，共和政国家が政治的統合を担うことを前提とした新しい中間団体論が提示されるようになっていく.

デュルケムの社会学は，アトム的な諸個人が私利を追求することによって秩序が生まれるとする功利主義の社会像に対して，それぞれの個人が異なった役割を果たす二次的集団の存在がモラルの源泉となることを科学的に示していった.

社会カトリシスムの回勅「レールム・ノヴァルム」は，君主制カトリック国家による階層的秩序関係に社会統合の基盤を見出す旧来の見方を捨てて，「市民社会」の私的団体としての労働者セルクル事業に新たな社会紐帯の基盤を見

600　7＝8 juillet 1904, Loi relative à la suppression de l'enseignement congréganiste, *Duvergier*, t. 104, 206ff.

601　9＝11 décembre 1905, Loi concernant la séparation des Églises et de l'Etat, *Duvergier*, t. 105, 586ff. 政教分離法の制定過程，規定内容，その後の適用については，小泉（2005）を参照.

602　（J. O. C 1901：112）

出していった.

修道会問題が躓きの石となってアソシアシオン法は，成立しないものの，職業組合法や共済組合法の成立によって「中間団体」による「社会的なるもの」の組織化が進み，結社罪も適用されることは稀であったため，第3章で概観したようなアソシアシオンの増大・多様化が実態においては進展していく.

政治結社への警戒も，共和政の安定によって徐々に消滅していき，対話の装置としてこれを位置づける結社観を統治者も有するようになる.

デュギは，結社罪の廃止について，「禁止があるにもかかわらず，フランスの大地は，あらゆるアソシアシオンによって覆われており，このような事実による圧力によってフランス議会は法律を可決した」と書いているが（Duguit 1920 : 75），実際のところ，アソシアシオン法による結社の自由の承認は，19世紀後半以降の事実上のアソシアシオンの存在状態を立法者が追認したものであって，それ自体，状況変革的な立法ではなかった.

しかし，本章で検討したように，承認されるべきアソシアシオンをどう定義するか，アソシアシオンの法的性格をどのように説明するか，というのは，その時点での政治的状況に規定されざるを得ないものであった.

フランスのアソシアシオン法の特徴は，契約類型の一つとしてアソシアシオンを構成したことにある．本章では，ワルデック・ルソーの草案と言説に焦点をあわせて，そのような選択がなされた理由を分析することを課題としてきた.

確かに，成立した法律でのアソシアシオンの法的要素は，第3章で検討した判例において確立されていたものとも共通しており，判例の果たした役割は，否定できない.

しかし，実際の立法過程において，アソシアシオンの法的性格が，普通法である民法典の諸原則に従うところの契約であるとワルデック・ルソーが強調するとき，彼が意図していたのは，修道会という団体を，この諸原則の名においてアソシアシオン一般から排除することを正当化するということであった.

その当時の進歩的な共和主義者であるフルニエールは，コルポラシオンである修道会の正反対にあるものとして「近代的個人主義に基づくアソシアシオン」を特徴づける（Fournière 1907 : 46）.

コルポラシオン＝修道会は，閉鎖的で階層的で権威的で強制的な団体であるのに対して，近代的なアソシアシオンは，選択の自由に基礎をおいており，自由に入会でき，構成員が対等で，目的が限定され，目的のみに拘束されるもの

である (ibid. 47).

契約は，人々をアソシアシオンへと結びつけると同時に，このような自由の領域を保障する道具であった.

アソシアシオン法が創り出す「近代的なアソシアシオン」とは，修道会との対比において構築されたカテゴリーである.

また契約としてアソシアシオンを構成することは，アソシアシオンを，構成員を超越した独自の集団的実在として捉えることを意味しないゆえ，革命の個人主義との間にも両立をはかることができる.

アソシアシオンの契約的構成には，反教権主義と大革命の完成を掲げる急進派の政治的理念が投影している[603].

ワルデック・ルソーによる民法典の諸原則の援用は，このような政治的理念の貫徹を法的に正当化していく機能を果たした．争点であったアソシアシオンと修道会の区別については，民法典の諸原則が援用されることで，両者の間の線引きが政治的・恣意的なものではなく，中立的な法的論理の要請に基づくものであると説明された.

アソシアシオン法の成立は，民法典の諸原則の修正ではなく，その諸原則の延長であった．アソシアシオン法は，「法的なるもの」の中心的基盤である民法典との関連で位置づけられることで，法体系の中でしっかりとした位置を獲得した[604].

アソシアシオン法は，その法人に関する規定に現れていたように，「国家」が関知しないところで財産の蓄積が生ずることにはなおも警戒的であった．そこには，「国家」がライックで均質な「市民社会」を維持しなければならないという「社会像」が投影されている．「市民社会」は，「国家」に対峙する「自

603　バルドゥーは，「ワルデック・ルソーが作りたかった新しいタイプのアソシアシオンは，共和主義的なアソシアシオンであり，それは，連帯の諸価値と 1789 年の革命の個人的自由の諸原則とを結びつけるものであった」と表現している (Bardout 2001 : 43).

604　ロザンバロンは，「実際のところ，1901 年法の立法者の大部分にとって，アソシアシオンは，法的によく考えられたものではなかった.」と述べている (Rosanvallon 2004 : 337). オーリウが指摘したような「制度的要素」を立法者達が全く考慮しなかったという意味では，その通りであるが，ワルデック・ルソーの卓越した法的議論に代表されるように，1901 年法の立法者は，民法典を中心とする既存の法体系を基盤にしながら，アソシアシオンの法概念を練り上げ，修道会との区別を法的に正当化していったのであり，その意味では，法的によく考えながら，自らの戦略を実現していったと言える.

律的な社会」としては観念されていない.「中間団体」の自律が「国家」の専制に対する「個人」の自由の防御壁になるとする自由主義的な問題関心は, 1901 年法の立法者に共有されていなかった.

第 2 章で検討した法人の実在説は, 理論的に精緻なものであったが, このような「社会像」と相容れないゆえ, 立法者に影響を与えることができなかった.

アソシアシオン法は,「個人」を孤立させるのではなく, アソシアシオンを通じた結びつきの中に「諸個人」の人格的発展の基盤を見出すという点で, ル・シャプリエの「社会像」を変更するものである.

しかし, アソシアシオンの独自な存在性, 強固な財政的基盤を認めない点で, この法は, 革命期の「社会像」の痕跡を留めるものであった.

ジャック・シュバリエは, 次のように表現している.

> 「1901 年 7 月のアソシアシオン法は, 少しの曖昧さもなく, アソシアシオンを私的圏域に置くことによって, 公と私の対立という伝統的なシェーマに忠実なままであった. アソシアシオン的な紐帯は私的秩序に属した. ……アソシアシオンは一般利益の威厳さに達することはできず, その構成員の特殊利益を擁護するだけのものとされた. 仮に市民社会が今後, 諸個人とは別に, 諸個人の結合から発生する諸集団から構成されるものとなったとしても, この諸集団は諸個人の延長に過ぎないのであり, 根源的には同じく特殊利益のみを擁護するものなのである. このような私的圏域へのアソシアシオンの投棄は, アソシアシオンの契約的な性質によって確証され, 保障される. ……実際のところ, アソシアシオンは, 完全に私法の帝国に埋め込まれたのである.」(Chevallier 1981 : 895)

第3部　補章　アソシアシオン法の受容
——法制定から百年

以下では，このアソシアシオン法がどのようにして受容されていったのか，について概略していく．最初に，法成立直後のアソシアシオンの状況と法学説の反応を概観する．次に，その後の法改正や判例によってアソシアシオンの自由が強化されていく過程を扱う．最後に，法生誕100周年におけるアソシアシオン法の契約的構成への再評価について検討する．

第1節　法成立直後の受容

(1)　アソシアシオンの状況

アソシアシオン法は，刑法典の結社罪を廃止し，アソシアシオン結成の自由，届出による小さな法人格を与えた法律であるが，この法律の成立によってアソシアシオン創設の傾向に大きな変化がもたらされたのだろうか．

セーヌ・マリティム（Seine-Maritime）県のカントンであるエルブーフ（Elbeuf）地区を対象にアソシアシオン法の効果を検証したアメルは，消極的な評価を与えている（Hamel 2001）．

アメルは，第一に，アソシアシオン法成立に関する地方紙の扱いを調査したところ，修道会が許可される条件について記事で触れられているだけであり，法の本体部分については，1901年以前の既成の事実を承認するようなものであるため，編集者の知覚において，とりわけ関心があったわけではないこと（ibid. 509）．

第二に，この地区で1870～1914年の間に結成されたアソシアシオンの70%は，1901年法以前に創設されており，アソシアシオン法の成立によってアソシアシオン創設の上昇がもたらされたわけではないこと（ibid.）．

第三に，1901年法以後，飛躍があったのは，教育や文化や音楽やスポーツに関するアソシアシオンのみであり，これらは共和国市民のモラル向上と余暇の組織化にとって重要な役割を果たしたが，このような種類のアソシアシオンの叢生は，1901年以前から始まっていたこと（ibid. 513ff.）．

以上の事実から，アソシアシオン法は，状況変革的な立法ではなく，むしろ長期間の変化の到達点として理解されるべきであるとしている（ibid. 519）．

サン・テチエンヌ市において1901年法成立以後，届出を行ったアソシアシオンの傾向からもアメルと同様の結論を引き出すことできる．

以下のグラフは，1901年法施行前については，許可を受けたアソシアシオンの数，1901年法施行後は，届出を行ったアソシアシオンの数[605]の推移を表わしたものである．

このグラフからわかるように，アソシアシオン法成立を境に届出を行うアソシアシオンが急に上昇するということはなく，法成立からしばらくの期間は，1901年法以前の許可申請数と比べると，届出数は，むしろ低位にある．

第一次世界大戦後に上昇カーブがみられるが，これは，大戦中に軍隊部隊が同じであった者達によって軍隊同期会が多く創設されたからである．

次の表は，1901年法以降にサン・テチエンヌ市を本拠地に届出を行ったアソシアシオンの種類を，1901年法以前に許可を受けたアソシアシオンと比較してみたものである．

種類として最も多いのは，各種のスポーツを行うことを目的とするアソシア

図表3-5-1　サン・テチエンヌ市のアソシアシオン創設数（1880-1923年）

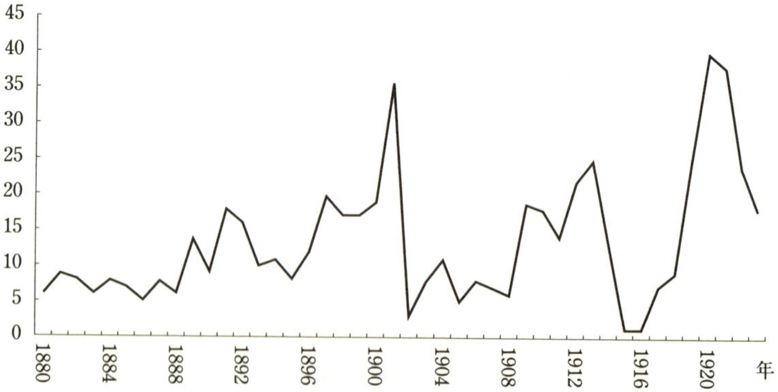

605　（A. D. L 4M 286）

図表 3-5-2　アソシアシオン法施行前と施行後の比較（サン・テチエンヌ市）

	法施行前	比率%	1901-23 年	比率%	比率変化
各種スポーツ・競技会	105	26.8	115	35.1	1.31
同窓会・同郷会・軍人同期会	83	21.2	69	21.0	0.99
セルクル・親睦会・同職セルクル	50	12.8	49	14.9	1.17
宗教結社・宗教教育	3	0.8	31	9.5	12.35
慈善団体	9	2.3	20	6.1	2.66
コーラス・音楽協会	76	19.4	13	4.0	0.20
園芸協会	0	0.0	9	2.7	∞
芸術・文芸・科学の会	2	0.5	7	2.1	4.18
伝書鳩・カナリアの会	19	4.8	2	0.6	0.13
その他	17	4.3	13	4.0	0.91
社会共和主義・労働者セルクル	26	6.6	0	0.0	0.00
自由思想の会	2	0.5	0	0.0	0.00
計	392	100	328	100	1.00

シオンであり，これが 35.1% を占めている．次に多いのが，同窓会・同郷会・軍人同期会であり，これが 21% を占めている．スポーツ結社，同窓会系アソシアシオンの増加という傾向は，すでに 1880 年代からサン・テチエンヌにおいて観察されていた現象である．

宗教・宗教教育に関する結社の比率上昇が著しいが，これは，聖職者の働きかけによって，各教区，各カトリック系私立学校に父母会が創設されたからである．

慈善団体の比率も上昇しているが，公益性承認を得るにはハードルが高かったため，これらの団体は，届出非営利組合としての「小さな法人格」で満足せねばならず，遺贈・贈与の受領能力を欠いた．

また顕著な現象として，1901 年法以前は，許可を申請することが多かった政治結社が，1901 年法以後は，一つも届出を行っていないということを指摘できる[606]．これは，届出を行わずとも「結社の自由」が保障されている以上，あえて届出を行うことによって会の情報が公になるという不利益を受けるより

606　政治結社が無届に留まることが多かったということは，全国レベルにおいても確認されている（Andrieu, Le Béguec et Tartakowsky（ed.）2001 : 8）．

も，政治結社は，法人格のない無届非営利組合に留まることを選んだからであると考えられる．

全国レベルでも法成立後のアソシアシオンの増加は，緩やかなものであり，急激に創設数が伸び，種類も多様化していくのは，1960年代以降の現象であるとされる（Barthélemy 2000 : 59）．

⑵　法学説の反応

次に法学説によるアソシアシオン法への評価について概観していく．

法学説は，アソシアシオンを財産主体として位置づけなかったワルデック・ルソー原案が審議によって修正された点は，評価するものの[607]，修道会への特別規定，アソシアシオンの契約的構成，限定された権利能力といった法の特徴点について批判を行っていく．

修道会への特別規定への批判としては，ヴァレイユ・ソミエールのものがある．ヴァレイユ・ソミエールは，ワルデック・ルソーが民法の諸原則に反すると述べた修道誓願は，構成員間の契約ではなく，神との誓いであって，構成員間の財産関係は，誓願とは別次元に存在するのであって，それについては，普通法が適用されるべきであるとして，修道会への特別規定を批判[608]した（Vareilles-Sommières 1902 : 568ff.）．

アソシアシオン法の契約的構成への理論的批判としては，オーリウとデュギのものがある．オーリウは，第二章で詳述したように，「契約」という捉え方は，アソシアシオンの創設時にのみ注目するものであり，その後，アソシアシオンが内部で法規範を形成しながら持続していくという側面を捉えるには，「制度」という見方が必要であるという理論的主張を行っていく（Hauriou 1906 : 136ff.）．

デュギは，アソシアシオンの創設は，構成員の間において債権者と債務者という関係を発生させるものではないため，民法典の契約の定義とは異質なものであり，むしろそれは，規約という新たな客観法を定立する合同行為として理

607　（Hauriou 1916 : 549. ; Michoud t. 1, 437）．

608　他方で，この時期の民法学で正統たる地位を占めたプラニオルは，「政府は，修道会の影響，少なくとも幾つかの修道会の影響が共和政体への脅威になりうると判断した．それゆえに政府は修道会への闘いを開始したのである」として，反修道会規定につき，肯定的な評価を与えている（Planiol 1925 : 1005ff.）．

解されなければならないと主張した（Duguit 1921 : 292ff.）.

サレイユやミシュウは，アソシアシオン法によって十分な権利能力が与えられなかったことを批判していく.

サレイユは，「1901年法の根元的過ちは，…自由を貧乏な状態においてのみ許したという点にある．この法律は，国家による証印がなければ，アソシアシオンはお金持ちになれないというわれわれの公法の基本的原則を維持するものであった」と述べ（Salleilles 1910 : 30），届出非営利組合が贈与を受領することができず，会費以外に収入を増大させる手段がないという法状態を批判する.

実際，1901年法以前の実務慣行においては，刑法典が求める許可を受けたアソシアシオンは，規約で定めれば，手渡し贈与に限って，受領することが許されていた[609]．しかし，アソシアシオン法は，届出非営利組合に手渡し贈与を受領する能力を与えておらず，財産を集積する手段は，公益性の承認を得ることがなければ，1901年法以前の状態よりも限られることになった.

ミシュウは，「全員に開かれた唯一の手段であるこの小さな法人格では，アソシアシオンが当然なこととして要求できる筈のあらゆる発展を十分に与えることが出来ないものであると信ずる」とし（Michoud t. 1, 448），手渡し贈与や，許可を得た上での贈与の受領能力をアソシアシオンが有しうるということを解釈論として提言している（ibid. t. 2, 133）.

このような権利能力拡張の必要性は，コンセイユ・デタがアソシアシオンに公益性を承認することに非常に抑制的であっただけに，強く感じられるようになっていく．1927年の「結社の自由」に関する法律家会議では，(1)あらゆる届出非営利組合に対して全能の法的権能を与えること，(2)修道会への特別規定を廃止することという二つの要求が採択される[610].

しかし，これらの要求は，直ちに立法者に受入れられるものとはならなかった.

609　本書258頁以下を参照.

610　(Avènement 1007)

第2節 強化される自由

(1) ヴィシー政府期における「結社の自由」

修道会への特別規定が廃止されたのは，個人主義に敵対的であり，中間団体に好意的な思想潮流が影響力を有し，聖職者に公的場面での積極的な役割を期待したヴィシー政府期においてであった．

1940年9月の法律[611]により，修道会が教育活動を行うことが認められ，1942年8月の法律[612]により，修道会への「結社の自由」が承認されることになった[613]．

しかし，このヴィシー政府は，経済・社会領域におけるコルポラティスムを実現するために，職業別に義務的な単一組合を設置して，それを国家の社会委員会のコントロール下においたり[614]，戦時動員体制を支えるために，国家主導で兵士団体，民兵団体，旧兵士団体といった義務的なアソシアシオンを設立して，国家のコントロール下におく[615]など，組合結成の自由，結社加入の自由を侵害する施策を行う．

また外国人の結社が事前許可制におかれたり[616]，あらゆる秘密結社が解散させられたり[617]，政府にあらゆる集団へ解散を命ずる権限が与えられる[618]など，「結社の自由」は，これら戦時立法によって消滅してしまう．

611　3 septembre 1940, Loi abrogeant la loi du 7 juillet et l'art. 14 de la loi du 1er juillet 1901, *Duvergier*, Nouvelle série, t. 40. 2, p. 56.

612　8 avril 1942, Loi modifiant l'art. 13 de la loi du 1er juillet 1901, *ibid*, t. 42, 299ff.

613　この法律によって他のアソシアシオンと同様に許可や届出を行わなくても修道会を結成する自由が承認されたが，修道会が法人格を得るには，コンセイユ・デタのデクレを必要とし，他のアソシアシオンとの間になおも相違が残った．

614　ヴィシー政府期におけるコルポラティスムについては，田端（1979）を参照．

615　(Mescheriakoff et Moncef Kdhir 1996 : 45).

616　12 avril 1939, Décret relatif à la constitution des associations étrangères, *Duvergier*, Nouvelle Série, t. 39, 478ff. この外国人結社への事前許可制が削除されるのは，1981年のミッテラン政権によってである．

617　13 août 1940, Loi portant interdiction des associations secrètes, *ibid.*, t. 40. 2, 29 ff.

(2) 「結社の自由」の憲法化

占領体制から解放された臨時政府のオルドナンス[619]により，1901年法の「結社の自由」は，復活する．しかし，この自由が不動のものとして確立したのは，1971年の憲法院判決[620]によってであった．

この判決は，届出団体が違法な事由に基づき設立されていないか，公序良俗に反する目的をもっていないかを知事が事前に審査し，裁判所での審理により解散を命じることができるようにアソシアシオン法を改正[621]する法律の合憲性について審査したものであり，憲法院は，「結社の自由」は，「共和国の諸法律によって承認され，憲法前文によって厳粛に再確認された基本的諸原理の一つ」であるとし，法律改正に違憲判断を下した．

この判決は，政治的機関の一つとして理解されていた憲法院が人権保障機関へと転換する幕開けでもあった．この判決により，アソシアシオン法による「結社の自由」は，憲法的価値を有するものとされ，以降，立法者がこの自由に介入することが不可能となる．

(3) 団体訴権と政策形成

1970年代に入ると，アソシアシオンは，その創設数が増大するだけではなく，より多様な領域へと関与するようになっていく．これまでの余暇やスポーツや文化活動といった領域に加えて，消費，居住，生活環境，環境問題といった領域に深く関わるようになり，「日常生活の組合主義」を旗印にして，これまで無視されていた集団的利益を擁護する役割を果たすようになっていく

618　14 juillet 1941, Loi relative à la dissolution de groupements et associations dont les agissements se seront révélés contraires à l'intérêt général du pays, *ibid.*, t. 40, 697.

619　9 août 1944, Ordonnance relative au rétablissement de la légalité républicaine sur le territoire continental et tableaux y annexés, *ibid.*, t. 44, 277ff.

620　Décision du Conseil constitutionnel n. 71-44 DC du 16 juillet 1971, *Recueil décision du Conseil constitutionnel*, 1971, 29ff. この判決の解説として，山元（2002）を参照．

621　左翼知識人であるシモーヌ・ド・ボーヴォワールの団体「人民の大義の友」による届出に対して警視総監が公共の秩序維持の観点から受領書を交付しなかった行為を行政裁判所によって違法とされたため，政府は，アソシアシオン法の第5条，第7条を改正することで，事前審査制を導入しようとした．

(Chevallier 1981 : 889).

アソシアシオンの団体訴権は，これが承認されている職業組合と異なり，原則的に判例で否定されているが，1972年の刑事訴訟法典改正による反人種差別団体への私訴権付与[622]，1973年の消費者法典改正（ロワイエ法[623]）による消費者団体への団体訴権付与を皮切りにして，各種の領域のアソシアシオンに対して，刑事訴訟法典への書き込み，あるいは特別法の制定という形式で団体訴権の特権を付与する政策が拡大していく（Boré 1997 ; 荻村 2004).

国家は，直接的な介入ではなく，これらアソシアシオンの活動を通じて，各種の権利侵害や経済的主体の活動に対して監視・コントロールが及んでいく間接的な制御を志向するようになっていく．

都市計画や環境保護の領域では，訴権付与の認可を受けるアソシアシオンに対して，政策形成過程への参加権，意見提出権をも与えて[624]，集団的利益を体現するアソシアシオンに一般利益の定義と実現に貢献することを期待するようになっていく（Chevallier 904).

構成員の個別利益の総和に過ぎず，私的領域に留まっていたアソシアシオンが，固有の集団的利益を表象することで自律的な圏域を形成するようになり，伝統的な公／私の境界を揺り動かすようにもなっていく（Poujol 1988 ; Barthélemy 60).

(4)　民事的能力の漸進的強化

届出非営利組合の「小さな法人格」では，アソシアシオンが収入を得る手段が狭く限定されるという批判が法学説からあったが，判例は，事実上の慣行に対応する形で，届出非営利組合の受領能力を漸進的に拡大する役割を果たしていく．

判例は，構成員が会費とは別に，動産ないし不動産の「持ち寄り財産 apport」をアソシアシオンに提供することを認めていく（Merlet 2001 : 152).　この

622　Loi n. 72-546 du 1er juillet 1972 relative à la lutte contre le racisme.

623　Loi n. 73-1193 du 27 décembre 1973 d'orientations du commerce et de l'artisanat.

624　Loi n. 76-1285 du 31 décembre 1976 portant réforme de l'urbanisme. Loi n. 76-629 du 10 juillet 1976 sur la protection de la nature. 1970年代半ば以降の都市計画・環境保護政策へのアソシアシオンの参加制度については，Helin et Hostiou (ed.) (1984) を参照.

「持ち寄り財産」は，贈与とは異なり，取戻しが可能であり，相続人に継承される性質の財産であるが，1940年の破毀院判決[625]は，財産の取戻しや対価物の提供を求める権利を放棄する約定を予め締結することを認めたため，「持ち寄り財産」という形式で，「事実上の無償贈与 liberalité de fait」を行うことが可能になった.

手渡し贈与についても，1960年の破毀院判決[626]は，少額の範囲なら届出非営利組合も受領する能力があるとした．1987年のメセナ法[627]では，アソシアシオン法の第6条が修正され，明文上，手渡し贈与の受領能力が届出非営利組合に対して認められることになった[628].

手渡し贈与とは，伝統的には，ある人物の手から他の人物の手へ直接，有形動産が渡される様式として理解されていたが，判例は，これを緩やかに解し，小切手による支払い[629]や銀行振込[630]といった様式も許容していく.

また先のメセナ法は，救済，慈善，科学と医学の研究を専ら目的とするアソシアシオンに対して，贈与・遺贈を受領する能力を与え[631]，市民社会内部における寄付活動を促進させる枠組みを作りだした.

社会福祉の領域においては，アソシアシオンこそが最も重要なサービス提供者になっており，1980年代半ば以降からは，移民支援，失業者支援の分野で活躍するアソシアシオンも増えていき，社会的排除に立ち向かい，新たな連帯と雇用を創出する役割がアソシアシオンに期待されるようになっていく(Barthélemy 63).

625　1940年11月19日破毀院民事部判決（Sirey 1943. 1. 9).

626　1960年11月21日破毀院民事部判決（Bulletin des arréts de la Cour de Cassation, 1960, n. 502.）

627　Loi n. 87-571 du 23 juillet 1987 sur le développement du mécénat.

628　現行のアソシアシオン法の翻訳としては，（コリン・コバヤシ編 303ff.).

629　1993年2月10日破毀院民事部判決（Bulletin des arréts de la Cour de Cassation, 1993, n. 65.）

630　1998年5月19日破毀院商事部判決（Juris Associations, 1998, n. 184. 7)

631　よって，これらの目的を追求するアソシアシオンにとっては，公益性の承認を求める必要性は，ラベルを得るという象徴的な意味合いを除いて，なくなった.

第3節　定着する法：法制定から百年

(1)　アソシアシオンへの称賛

以上のようにアソシアシオン法は，判例や部分的な法改正を通じて，法成立当時，法学説から批判された点を漸進的に改良しながら，自由の側面を強化してきた．

届出を行うアソシアシオン数は，1960年代においては，年間1万件程度であったが，70年代以降，飛躍的に増大していき，2001年には，年間6万8千件を数えるようになる[632]．

社会学者のスーは，このようにアソシアシオンによる紐帯が目覚ましく拡大しているという現象について，「後見的国家と制御不能な市場の間に，諸アソシアシオンの大きな連合associationとしての市民社会société civileの自己組成化が遂に出現し，そこに真の第三の道」が見出されるとしている（Sue 2001：14）．

このようにして観念される「市民社会」とは，ワルデック・ルソーが用いた「市民社会」の用法，すなわち国家によって「宗教的な凝集」が排除された均質な社会とは，異なるものであり，国家中心社会でもなく，市場原理が支配する社会でもない第三の社会がイメージされている[633]．

新世紀を迎えたばかりの2001年にアソシアシオン法生誕百周年が盛大に祝われたのは，このような「新しい市民社会」を切り開いていく中心的アクターとしてアソシアシオンへの高い期待が存在することが背景にあった．

アソシアシオン法百周年省際横断任務の一環として行われた世論調査では，アソシアシオンへの好感度・信頼度は，他の社会的アクターと比較して圧倒的に高いものとなっており，82％の回答者が法制定百周年を祝うことに「非常

632　2002年9月から2003年8月の間においても新規に約7万のアソシアシオンの届出が行われ，百周年以降もアソシアシオンの創設数は，上昇の一途を辿っている（*Le Monde*, 10 décembre 2003, Association, I）．

633　「市民社会」概念の用法史を検討するランジョンも，「アソシアシオンの増加，社会団体を通じた責任の分権化・分散化，社会的経済セクターの発展」という現象に，「創造性，自由，自発性」を美徳とする「市民社会のルネッサンス」を論じている（Rangeon 1986：29）．

に重要な意味，それなりに重要な意味」があると回答している（CSA 2001）．

(2) 契約への再評価

法制定百周年に際しては，多くの出版物が刊行されたが，その中でも重要なものが2000年のコンセイユ・デタの報告書『アソシアシオン法から百年』である（Conseil d'État 2000a）．

この報告書は，法制定から百年を迎えるアソシアシオン法が，アソシアシオンの目覚ましい増大，多様化という進化に対して十分に対応しうる枠組を有しているのか，という法的問題を検討するものになっている．

報告書は，大部分のアソシアシオンに対して1901年法の仕組は，上手く機能しているとしながら，1901年の立法者が予期しなかった新たなアソシアシオンの傾向として次の二点について検討することが重要であるとしている（ibid. 350）．

第一は，アソシアシオンの準行政団体化である．アソシアシオンは，さまざまな領域において行政との関係を深め，公権力から特権が付与され，公役務活動を実質的に担うアソシアシオンが増大している．公法上の規制や会計院の監査から逃れるために行政が主体となって設立する「行政アソシアシオン association administrative」も増大している（ibid. 309ff.）．

第二は，アソシアシオンの経済団体化である．アソシアシオンは，現在，約130万人をも雇用する巨大な経済セクターになっている．アソシアシオンであるため，構成員間での利得の分配は行われないものの，その枠組を利用して，補助金や各種の特権を得ながら，収益活動を行い，ゆるい監査体制のもとで商業者に対して有利に競争を進めているという問題が指摘されている（ibid. 320 ff.）．

報告書は，これらの新たな傾向に対処するために，アソシアシオン法の改正が必要かどうか，検討を行うが，規約の自由の原則こそが，アソシアシオンの多様性に対して柔軟に対応することができる仕組なのであり，アソシアシオン法そのものの改正ではなく，団体の規模，目的に応じた解決策を取るのが良いとしている（ibid. 351）．

第一のアソシアシオンの準行政団体化に対しては，公権力とアソシアシオンとの間で，行動指針となるパートナー憲章を作成し，それぞれの責任について明確化しておくこと（ibid. 353），「行政アソシアシオン」については，「公益団体 groupement d'intérêt public（GIP）」という公法上の独立行政法人の新たな団体類型を設けたり，公共施設の設立を容易にする法改正を行うことで対応することが提案されている（ibid. 318ff.）.

第二のアソシアシオンの経済団体化に対しても，アソシアシオン法の改正ではなく，新たに「社会的有用性ある団体 groupement d'utilité sociale」や「社会的目的を持つ企業 entreprise à but social」という団体類型を設ける立法を行うこと，非営利組合から営利会社への移行を容易にする法改正を行うことが提案されている（ibid. 328ff.）.

報告書は，アソシアシオン法が会社法制と異なり，強行法規を欠くために，届出非営利組合一般についても，その会の運営の透明性，民主制が確保されることを保障するという点で不十分な点があるという認識を示してもいるが[634]，そのような問題を考える上でも，「私法上の法人，制度となる以前に，アソシアシオンとは，なによりも人々の契約である」と考えた立法者の原則に立ち返ることが重要であるとし，契約に厳格な形式主義を求めて，強行法規を置くようなアプローチは取るべきではないとしている（ibid. 351）.

そのようなアプローチに代えて提案されているのは，各分野でのアソシアシオンの連合会が，アソシアシオン憲章を自主的に作成することである．この憲章では，会計の透明性や運営の民主性が確保されるような会計原則や規約のモデルが示され，各連合会は，加盟するアソシアシオンに対して，これらの規則の採用を奨励し，採用したアソシアシオンに対して，連合会の信頼ラベルを与えるという方策が提案されている（ibid.）.

国家法による規律強化ではなく，「市民社会」の中での「調整（レギュラシオン）」メカニズムの発揮，各アソシアシオンの自治が期待されているのである．

報告書は，フランスのアソシアシオン法の特徴は，契約の哲学に基づき，アソシアシオンの創設のルール，目的の選択，組織の様式について最も自由であることに存するとしている（ibid. 255）．届出非営利組合の権利能力は，制限されているが，それは，このような自由の対価として位置づけられている（ibid. 350）．大部分のアソシアシオンにとっては，制限された法人格でも活動を行う

634　構成員がアソシアシオンに対して情報提供を求める権利，総会の招集を求める権利，運営者の罷免を求める権利が規約に記されていれば，会の運営の民主性，透明性が高まるとしつつも，これらを強行法規として課すかについては，慎重な考えが示されている（Conseil d'État 2000a : 283ff）.

に不都合がないのであるから，あらゆる組織形態に柔軟に対応できる自由の原則こそが擁護されるべきであるとしている（ibid.）．

以上のように，アソシアシオンの準行政団体化，経済団体化という新たな現象に対しては，それぞれに応じた団体類型を特別法が整備することで対処すべきであるとしているが，アソシアシオン法そのものの柔軟さ，契約の哲学に基づくリベラリズムについては，今日においても堅持されるべき原則であるという高い評価がなされている．

実際，百周年に際してアソシアシオン法の改正は行われず，首相とアソシアシオン・コーディネート会議の議長との間で憲章を締結し，その中で「国家」と「アソシアシオン」の双方の役割を定義して，それぞれが互恵的に遵守すべき約束を列挙するというソフトな手法が取られた[635]．

そこでは，「国家」が，一般利益の保証者とされるが，「アソシアシオンは，独立性を完全に維持しながら，その市民的，社会的な有用性という性格によって，一般利益に貢献をもたらす」ものとして位置づけられ，その批判的機能の行使が民主主義の運営にとって不可欠なものであることが承認されている．

かくして，「アソシアシオン」の存在を一般利益の形成の障壁物とみなした革命期の社会像は，修正され，「国家」と「アソシアシオン」は，パートナーシップの信頼関係に基づき，相互に補完しあっていくものとされ位置づけられるようになる．

憲章では，このような「国家」と「アソシアシオン」の協働関係を契約によ

635　1er juillet 2001, La charte d'engagements réciproques entre l'État et les associations（Sue 2003 : 120ff）．

国家の側は，アソシアシオンの独立性を尊重しながら，(1)全ての人が市民的，社会的ボランティア活動に容易に取り組める条件を創り出すこと，(2)行政アソシアシオンを他の法的枠組に移行させること，(3)一般利益に貢献するアソシアシオンに財政支援を行うこと，(4)政策決定にアソシアシオンをできるだけ関与させること，(5)国家とアソシアシオンの役割を明確に区別すること，(6)官吏にアソシアシオン活動について理解させること，(7)一貫性あるアソシアシオン政策を行うこと，(8)アソシアシオンの活動について研究すること，(9)アソシアシオンの連合化を支援すること，(10)EU レベルでアソシアシオンの価値を普及させること，(11)あらゆる国のアソシアシオン活動を奨励することを約束している．

アソシアシオンの側は，(1)全ての構成員の欲求を事業に反映し，実施過程に参加させること，(2)財政上の倫理を確立すること，(3)人的資源を大切にすること，(4)事後評価を行う文化を持つこと，(5)政策決定に建設的に関与すること，(6)監査手続をしっかりさせておくこと，(7)公権力の対話相手となるための連合化を進めることを約束している．

って明確化していくことが約束されている.

ここで確認されているのは，契約による対等で互恵的な関係の創出というアソシアシオン法の精神は，「アソシアシオン」の構成員間の関係にのみ妥当するものではなく，「国家」と，「新しい市民社会」のアクターとしての「アソシアシオン」との関係においても採用されるべき社会の構成原理であるという理念であろう.

このようなパートナーシップ（組合法理）の理念が，「新しい市民社会」による「国家」へのコントロール強化に寄与していくのか，あるいは，「アソシアシオン」が「国家」の補助機関と化していく[636]実態を覆い隠すものとして作用していくのか，という問いがたてられようが，それを検証していくのは，別の機会としたい.

636　序論冒頭で引用したバルテルミの懸念を参照.

総括
——中間団体否認の痕跡と今後の展望

最後に，これまでの考察から得られた認識について総括的なまとめを行い，今後の研究課題について展望しておこう．

*

本書の課題は，徹底した中間団体否認によって近代社会を創り出そうとしたフランスの歴史的固有性に注目し，革命期の中間団体否認から1901年のアソシアシオン法成立までの歴史過程を法社会学的に分析することにあった．

その際，序論で示したように，第一に，法の背後にある「社会像」を析出しながら，その変遷を辿っていくこと，第二に，「中間団体」を規制した規範の具体的様態を明らかにしながら，社会との相互作用において法の生成，受容のプロセスを捉えていくこと，第三に，法が産み出される場において法固有の論理がいかにして用いられるかを内在的に明らかにしていくこと，以上の三点を方法的視点として掲げた．

以下のまとめでも以上の三点に焦点をあわせながら，本書の歩みを総括することにしたい．

I　革命期の社会像の特殊性

第1部第1章では，フランス革命期における反結社法の「社会像」の特殊性を，ル・シャプリエによる一連の立法と彼の言説を分析することによって，析出することを試みた．

そこで示したのは，「国家」が旧い「社団」から「個人」を解放することで，後に自由な諸個人からなるアソシアシオンの成立可能性が開かれていったとする近代化論の図式が誤っているということであった．

革命の条件を，経済関係の矛盾の激化ではなく，絶対王政末期における民主的なソシアビリテや市民的公共圏の発展といった「新しい政治文化」の成立に求める歴史学によれば，すでに革命前夜に，階層的な「社団国家」の体系とは異質な原理を有する自由で対等なアソシアシオンがすでに成立しており，このアソシアシオンの発達こそが革命の要因であったとされる．

フランス革命の特殊性は，逆説的に，このような革命の原動力となった新しいアソシアシオンも「社団」廃止と同一の論理で禁止・制限し，「国家」のみを唯一のアソシアシオンとして表象したことにある．

「国家」と「諸個人」の間に，独自の領域としての「社会」は，観念されず，「中間団体」から解放された「個人」は，討議を通じてではなく，独り穏やかに書物と法律を読むことで教養を身に付けねばならず，摂理の持ち主たる「国家」は，「社会的なるもの」を一身に引受け，「公共」を独占的に采配するという特殊な「社会像」が存在した．

このような「社会」の空隙を埋めるために演出されたのが，「国民祭典」という「共和国」と「市民」の一体化であった．「人」は，異質な他者とのアソシアシオンではなく，「共和国」全体と直接結びつくことで，「国民」となった．

II　結社罪の機能：統治の実践と社会の抵抗

第2部では，19世紀における中間団体政策の変遷過程を，中間団体を規制した規範の具体的態様にとりわけ注目しながら，跡づけていった．

第1章では，ナポレオン期の中間団体政策の特質を革命期との対比で明らかにすることを試みた．従来，ナポレオン刑法典の結社罪は，革命期の反結社法を継承したものとして位置づけられてきた．しかし，そこには，「個人」の解放，「自由」の実現という理念はなく，公共の秩序の維持を専ら目的としたものへと変容しており，刑法典の結社罪の条文は，この目的にとって有用な中間団体をポリスの監督下で復活させることができる柔軟な規範構造を有していたことが明らかになった．

革命期の反結社法の理念は，リベローによっても，レドレルを除いては，継承されておらず，1834年に強化された反結社法も，共和派結社の政治化を防ぐという公共の秩序の維持を目的としたものであった（第2章第2節）．

この公共の秩序の維持のために柔軟にスライドする結社罪の規範こそが，19世紀を支配することになる．結社罪は，適用されることが稀ではあったが，アソシアシオンが私的な結合の延長の範囲を超えて，政治化することがあれば，それが適用される恐れは常に存在した．結社罪は，「個人」を「中間団体」から解放すべく機能したのではなく，「国家」の承認を得ないアソシアシオンを私的領域に留まらせておく機能を果たしていく．

ただし，第2章で検討したように，革命後の無秩序，急速な産業化による社会紐帯の喪失というモラルの危機に直面した立憲王政下の世論形成家達は，「中間団体」の再建こそが，「社会の解体」に対する処方箋であると考え，ユルトラ派においては，女子修道会の奨励，初期社会主義者においては，賃労働関係の代替としての〈アソシアシオン〉という生産協同組織の実験という形で，「社会」全体に有機的な繋がりを回復させようという試みがなされる．

しかし，ユルトラ派の復古的政策は，反コングレガシオン神話の流布を招いて，政体を瓦解させるきっかけとなり，第二共和政で実験された初期社会主義者の〈アソシアシオン〉構想も，第3章で検討したように，挫折を経験し，〈アソシアシオン〉の献身的，宗教的，包括共同体的な性格が批判されていくことになる．第二共和政の「結社の自由」は，束の間のものであり，19世紀後半も刑法典の結社罪が維持されることになる．

許可なきアソシアシオンの禁止が一般規範として存続する中で，19世紀後半において行われたのは，第四章で検討したように，各個別法で特定機能的な「中間団体」を承認し，それを規律する法的枠組みを設けるという政策であった．

しかし，この各個別法は，事実上，存在する各種の「中間団体」をそのままの形で追認したわけではなく，団体に与える法的枠組みを媒介として，「中間団体」の機能や内部構造を統治者の秩序観に沿うような形に方向づけることが目指された．

1852年の相互扶助組合法は，同職であることを媒介にした相互扶助組合を，カトリック司祭のイニシアティブと金持層の温情によって運営される地域単位の様々な職業者からなる相互扶助組合へと再編することで，権威帝政の秩序観の浸透，階級宥和を実現しようとしたものであった．1864年のコアリシオン承認は，一時的な結合を労働者に認めることによって労使間のコミュニケーションを円滑にし，罷業を減少させることを目的とした．1884年の職業組合法も，罷業減少という目的で推進され，その法の規定には，「政治圏」に「職業組合」を接近させないという立法者の意図がはっきりと確認された．

しかしながら，このような立法者の意図が，そのまま社会のアクターに受容され，浸透していくということにもならない．相互扶助組合は，自由組合に留まるものも多く，労働者は，合法とされたコアリシオンを拡張的に解釈することで継続的な組織を合法であると主張し，職業組合法については，激しい抗議が行われ，職業組合は，広域的な連合組織を発展させることを通じて，職業の連帯を表現し，「政治圏」へと影響を与えていくことになる．

また1898年の共済組合法も広域的な連合組織への道を開くものであり，合理的なリスク計算を通じて，職業・生存のリスクという「社会的なるもの」を引受ける組織が，「社会」の中に拡大していくことになった．

アソシアシオン法の成立前夜である19世紀末は，会社組織も発展しており，社会・経済領域においては，小さなアソシアシオンではなく，組織（オルガニザシオン）の時代が到来していた．

Ⅲ　法が表象する「市民社会」像

第3部では，アソシアシオン法の形成過程を，⑴社会理論の営み，⑵法人学説の形成，⑶規制慣行と判例，⑷議会での審議過程という四つの側面から描いていった．

法の成立を政治的要因にのみ還元するのではなく，アソシアシオンが承認されるまでに，どのような中間団体観の変容が統治者や理論家において生じたのか，法人学説や判例は立法者にどのような影響を与えたのか，立法者は，自らの法案を正当化するためにどのような法的レトリックを展開したのか，を探ることがそこでの課題であった．

第1章では，第三共和政が大革命の完成を使命とする急進派によってリードされていったことを確認した上で，デュルケム社会学の営みと回勅「レールム・ノヴァルム」の社会教説を素材に，共和政国家と矛盾しない形で中間団体論が再構成されていく過程を分析した．

デュルケム社会学の貢献は，「個人」の自立化の条件が，孤立ではなく，異質な他者との分業関係の進展にあるという見方を提示したこと，「中間団体」の存在こそが「個人」の自由とモラルの源泉となるとしながらも，「国家」を，それぞれの「中間団体」の個別主義を超越して普遍を思惟する機関として位置づけたことにある．

「レールム・ノヴァルム」の新しさは，これまでのカトリック君主制国家の復活という路線を断念し，政治的統合とは別の次元で，自発的な「中間団体」による社会的統合の必要性を説いた点にある．

このような「中間団体」に対する位置づけの変化は，アソシアシオンの自由についての好意的な見方をもたらす．

しかし，この自由を法的に正当化し，アソシアシオンの権利能力を論証していこうとしたのは，第2章で検討した法学者達であった．1867年の株式会社の準則主義化が法学者による法理論の営みなくして行われたのに対して（第2部第4章第2節），アソシアシオン成立前夜の法学者達[637]は，積極的に自らの法人理論を提示することによって，旧い法人擬制説がもたらす，アソシアシオンや修道会への不利な法的帰結を乗り越えようとした．

この時期の法人理論には，大きく括って二つのアプローチがあった．一つは，国家承認に先立つ，法人そのものの実在性を論証する法人実在説であり，もう一つは，法人という概念をあえて封印し，団体の法律関係を，すべて既存の民法の枠内から説明することで，国家の干渉からの自由を確保しようとした法人否認説である．

本書では，とりわけ前者の実在説を，ドイツのギールケの社会有機体説と比較しながら，詳細に検討した．オーリウやミシュウの法人理論においては，ギールケのように社会学的に観察される集団意思を実体化させて，それをそのまま法の世界に持ち込むことが拒否された．その理由について，本書では，フランス人の個人主義的気質という文化論的説明に満足せず，その当時の法人理論が「法人としての国家」をも射程に入れたものであったことに注目し，未だ集権化が進まないドイツにおいては，統一的な国家意思の実在性を強く打ち出す必要があったが，集権化が十分に進行していたフランスにおいては，肥大化しつつある国家機関の権力を「法」によって統制することが課題であったゆえ，法人理論の構成においても団体の意思を実体化させず，その権力を「法」によって枠づけることが重視されたという比較歴史社会学的な説明を与えた．

このように団体の機関の権力と構成員の権利とが緊張関係に立つという問題意識は，彼らのアソシアシオンに関する理論にも貫かれ，それゆえに非常に精

637　アルペランによれば，この時期の法学者達は，伝統的な註釈学に留まることに満足せず，1901年に「立法研究協会 Société d'études législatives」を結成するなど，立法に影響を与えることを志向していく傾向があったが，そのような試みは，概して期待したような成果を生まなかったとされる（Halpérin 2001：173, 181）．

緻な理論が彫琢されることになる．オーリウの制度理論は，社会学的に観察される団体の客観的個体性をそのまま法主体として認識したのではなく，規約法という客観的法秩序の成立によって，団体が持続的な法的制度へと転化し，主観法上の権利主体になっていくという法人格化のプロセスを動態的に把握しようとした理論であった．このオーリウは，自律的な規約法を備えたあらゆる団体に，完全な法人格を承認することを求めた．

しかし，このような要求は，アソシアシオン法の立法者に採用されなかった．

アソシアシオン法の成立は，第3章で検討したような，19世紀後半から増大し続けるアソシアシオンという社会的事実を反映して許可過程が自由化，簡略形式化していった流れの延長上に位置づけることもできるが，なによりもその法の特徴として挙げられなくてはならないのは，契約類型の一つとしてアソシアシオンを構成し，修道会をアソシアシオンではない異質な団体として特別規定に服さしめたことにある．

本書では，アソシアシオン一般の自由と修道会の特別規定を別々に扱い，後者の問題を，ドレフュス事件を契機とした急進共和派と王党派の対立の激化という政治的・状況的要因に還元して扱うのではなく，アソシアシオンと修道会との間に境界線を引いていこうとするワルデック・ルソーの法的言説を分析することで，アソシアシオン法の立法者の「社会像」の特殊性を明らかにし，法の構造を総体として把握することを試みた（第4章）．

この境界線を正当化するものとして援用されたのが，民法典 Code civil の諸原則であった．修道会を結成する修道誓願は，この民法典の契約法の諸原則に反するがゆえ，「市民社会 société civile」の原理に対立するものとされ，それに自由が与えられないことが正当化される．ここで言う「市民社会」とは，「国家」から自律的な空間という意味ではなく，「宗教的なもの」の凝集が存在しないライックで均質な空間として観念された．

アソシアシオンが契約として構成されたのは，19世紀を通じた反結社によって中間団体が解体されつくし，バラバラの諸個人からなる社会が成立したからではなく，強い凝集性を有する修道会との対比において，その法概念が練られたからである．アソシアシオンは，公的な性格を有した団体ではなく，私人間の契約の一つであるので，民法典の他の契約類型と同様に「国家」からの自由が保障されることになる．

しかし，このアソシアシオンが，「国家」が関知しないところで財産を集積し，自律的な「市民社会」を形成することには，なおも警戒がもたれていた．遺贈・贈与の受領能力は，公益性が承認されるアソシアシオンにのみ限定され，届出によって取得しうる法人格の権能は，制限されたものとなった．

アソシアシオン法の成立は，アソシアシオンを通じた緩やかな契約的結合の中に「個人」の人格的発展の基盤を見出すという点で革命期の「社会像」を修正するものであったが，「市民社会」を「国家」から自律した空間として観念せず，「国家」こそが「社会」を「文明化 civiliser」するものとして捉えていたという点で，なおも革命期の「社会像」の痕跡を留めるものであった．

現代の「新しい市民社会」論は，補章で概略したように，アソシアシオンの活発化という現象に，伝統的な公／私の境界が揺さぶられ，国家中心社会でもなく，市場原理が支配する社会でもない第三の社会が出現する可能性を展望している．アソシアシオン法百周年が盛大に祝われたのは，アソシアシオンにこのような「新しい市民社会」を切り開いていく中心的アクターとしての期待があるからであろう．また，このような「新しい市民社会」の到来への期待は，グローバルな現象でもある[638]．

しかし，1901 年法の立法者にとっては，公／私の境界を揺さぶり，国家から自律していくような「新しい市民社会」は，観念されていなかった．アソシアシオンを私法上の契約と構成することで私的領域に位置づけ，均質でライックな「市民社会」にとっての脅威である修道会の監督・排除という役割を「国家」が積極的に演じることで，「公共 res publica」は，「共和国 République」こそが創り出すものであるという観念をなおも維持していたのである．

そのような観念を表現するアソシアシオン法の構造に，中間団体否認というフランスに固有な歴史的経路の影響が見出されるのではなかろうか．

本書の辿り着いた認識は，以上のようにまとめられる．

*

最後に，以上の認識を踏まえた上で，残された今後の研究課題を示すことにしよう．

第一に，非営利法人法の**比較**歴史社会学的研究の必要である．本書が示してきたように，非営利法人法の構造は，その国の歴史的経路に規定されて，固有

638 ウォルツァー（2001[1995]）を参照．

の特徴を帯びているのであり，その構造が表象している法人観念を分析していくことは，その国の「国家」像，「市民社会」観念のあり方に関するより深い認識を導くことになる．

本書は，法学者による法人理論については，ドイツのギールケ理論との比較からフランスの特質を比較歴史社会学的に明らかにすることを試みたが，それを除いては，フランスの歴史的展開を専ら素材に分析したにすぎない．

各国の非営利法人制度の特徴については，我が国でも NPO 法制定を契機とした関心の高まりから紹介[639]がなされてきているし，レスター・サロモンらによるジョン・ポプキンズ比較研究プロジェクトによって，各国の NPO セクターの規模や特質について明瞭な概観が与えられるようになっている（Salamon et al 2003）.

しかし，なにゆえにそれぞれの国で非営利法人法が異なった法構造を有しているのか，についての歴史社会学的要因についての分析は，まだ十分になされているとは言えない．

今日，我が国でも非営利法人制度の抜本的改革[640]が行われたばかりであるが，昨今の改革がいかなる「国家」像，「個人」像の変容を伴ったものであるのか，制度設計論とは別の次元で，比較歴史的パースペクティブから検証していくことが一つの研究課題となろう．

第二に，現代フランスの各法領域におけるアソシアシオンの役割に関する実証的研究の必要である．第 3 部補章で概略を与えたように，今日，アソシアシオンは，政策の形成，実施過程への参加，団体訴権の行使を通じて，法の形成・実現に積極的な役割を果たすようになっており，国家のみが公共を担うと

639 日本，アメリカ，イギリス，ドイツ，フランスの非営利法人制度の比較を行う近年の文献として，塚本，古川，雨宮編（2004）.

640 2006 年 6 月 2 日に公布された「一般社団法人及び一般財団法人に関する法律」，「公益社団法人及び公益財団法人の認定等に関する法律」，関連法整備法によって，非営利の一般社団法人，一般財団法人が準則主義に基づき簡便に設立できるようになり，優遇税制を受ける公益法人の認定方法も，従来の主務官庁の裁量依存型が改められ，独立した機構による基準の明確化がなされることになった．しかし，この公益法人制度改革は，既存の公益法人の整理による「小さな政府」の実現という文脈において推進されたものであり，NPO セクターによる非営利一般法人制度の確立，NPO への優遇税制を要求する運動の結果として生じたものではなかった．NPO 法（特定非営利活動推進法）そのものも，NPO セクターからの反発や NPO というシンボルの定着を考慮して，この一般社団法人制度の中に解消せず，維持されることになった．

いう伝統的シェーマは，修正されつつある．

本書は，1901年法の形成過程を分析とすることを課題としたものであり，アソシアシオンの役割の現代的変容については，十分な分析を行わなかった．アソシアシオン法そのものには，大きな修正が行われていないが，1970年代以降，各法領域において，アソシアシオンが積極的に位置づけられるようになってきている．

これは，個人が投票行動を通じて政党を媒介にして立法を獲得していくという伝統的な民主主義モデルからの変容であるが，変容しつつある新たな民主主義モデルに，どのようなフランス的な特徴が存在するかを明らかにしていく必要がある．この変容の把握には，各法領域におけるアソシアシオンに関する規定を分析するだけではなく，アソシアシオンの役割を実証的に事例研究していくことが課題となろう[641]．

第三に，団体の内部法の社会学的研究の必要である．本書第3部第2章で詳述したオーリウの制度理論は，単にアソシアシオンの対外的な法人格の承認を導くための理論であったのではなく，法人格化というプロセスを動態的に捉えるための社会学理論でもあったのであり，規約法という独自の法現象を発見し，機関と構成員との緊張関係を周密に分析した理論であった．

今日，法人実在説の見地から，アソシアシオンの権利能力の制限を批判していくのは，第3部補章で概略したように，判例や法改正によって実質的に権利能力の拡張が行われたため，もはや実益に乏しい．また現状の法人制度は，団体類型に応じて権利能力に段階的取扱いを行っているため，実在説は，現実の法制度を記述する理論としてもふさわしくない[642]．

しかし，団体の内部法という現象は，契約還元説では十分に把握できないのであり，とりわけアソシアシオンが大規模化して，関与する領域も拡張し，民

641　このような関心から，著者は，都市環境法の領域での事例研究を始めている（高村 2004）．

642　カルボニエは，その民法教科書において，フランスの各種の法人類型についての概観を与えた後に，法人の一般理論として，「法人とは段階性を有しているのである．アソシアシオンに関する『大きな法人格』，『小さな法人格』という対立も法律そのものから起因しているのである．…民法典の体系においては，あらゆる自然人の間では，権利の平等が原則として存在するが，法人の間ではそのような平等は存在しない．ただ各法人類型の内部に置いて平等が存在するのみである」という帰結を導いている（Carbonnier 2000 : 378）．現実の法制度の説明としては，カルボニエのこのような把握が適切であろう．

主主義プロセスにおいて重要な役割を果たすようになってくると，その内部関係を法的に統制していくことが必要となってくる．

そのためには，団体の内部法の現実がどのような構造を有しているのか，外部の法制度とどのような関係にあるのか，といった点についての社会学的探究が不可欠となる[643]．オーリウの制度理論は，そのような社会学的探究を最も深めた理論であった．この理論は，アソシアシオン法の立法者には，直接，影響を与えることができなかったが，この理論をさらに彫琢していくことにこそ，アソシアシオンという法現象をより深く認識し，そこから法現象の生成一般を捉える理論を展望していく手懸りがあるように思える．

以上，三点を今後の研究課題として確認した上で，本書を閉じることにしたい．

643　川島武宜は，その民法教科書において，法人学説史に概観を与えた後に，現代における法人理論の課題として，法人内部法についての問題が多く残されるとし，「団体の内部の現実の構造をどの程度にまたどのようなしかたで法的規整の面で反映させるべきかは，法律学の問題であると同時に，このような側面での団体の現実の構造がどのようなものであるかは，社会学（特に法社会学）の問題である．今後の法人法の研究は，法社会学および法律学（特に，社会学的法律学）についての正しい方法論的自覚に立脚しなければならない．」としている（川島 1962 : 230）．本書の次なる課題は，オーリウ理論を手懸りに，この問題を経験的に掘り下げていくことにあろう．

文献一覧

[1] 手稿文書史料

(1) フランス国立中央文書館（Archives Nationales, A. N と略記）
F7 8779, F12 4618-4620

(2) ロワール県文書館（Archives Departementales de Loire, A. D. L と略記）
4M 278, 284-286, 293-296, 298, 302, 304, 308-10, 314-316, 321-322
10M 405
X 859-865, 867-868, 873, 886

(3) ロ・テ・ガロンヌ県文書館（Archives Departementales de Lot-et-Garonne, A. D. L-G と略記）
4M 23, 72, 356

[2] 議会資料

Annales de l'Assemblée National, Débats parlementaires, 1871-1872.（A. A. D と略記）

Annales de l'Assemblée Nationale, Compte rendu in extenso des séances, Annexes, 1871-1876.（A. A. C と略記）

Annales de la Chambre des députés, Débats parlementaires, 1881-.（A. C. D と略記）

Annales du Sénat, Débats parlementaires, 1881-.（A. S と略記）

Annales du Sénat et de la Chambre des députés, Documents parlementaires, 1881-1884.（A. S. C. D と略記）

Annales de la Chambre des députés, Documents parlementaires, 1884-.（A. C. D と略記）

Annales du Sénat, Documents parlementaires, 1884-.（A. S と略記）

Archives parlementaires de 1787 à 1860, 1er série 1787-1799, éd Jérôme Mavidal et Émile Laurent, reprinted.（A. P. 1 と略記）

———, deuxième série 1800-1860, Microfiche éd., National Cash Register.（A. P. 2 と略記）

Fenet (1827) *Recueil complet des travaux préparatoires du Code civil*, O. Zeller, 15 vol.

Journal officiel de la République française. Débats parlementaires. Chambre des députés, 1881-.（J. O. C と略記）

L'avènement de la loi de 1901 sur le droit d'association, genèse et évolution de la loi au fil des Journaux officiels (2000), Les éditions des Journaux officiels.（Avènement と略記）

Le Moniteur universel, 1er janv. 1811-30 juin 1901, Microfiche éd., A. C. R. P. P. (Moniteur と略記)

Locré (1827-1831) *La législation civile, commerciale et criminelle de la France, ou commentaire et complément des codes français*, 31 vol.

[3] 法令集

Duvergier (1836-) *Collection complète des lois, décrets, ordonnances, règlements, et avis du Conseil-d'État*, A. Guyot et Scribe.

Flammeront, Jules (1978), *Remontrances du Parlement de Paris au XVIIIe siècle*, t. 3, (reproduction de l'édition de 1898)

Recueil général des anciennes lois françaises (*1966*), 8 vol, Gregg, (reproduction de l'édition de 1863).

Recueil général annoté de lois, décrets, ordonnances, etc (1835-), Les rédacteurs du journal des notaires et des avocats, Recueil Sirey.

Rondonneau, L (1997) *Corps de droit français*, Durante.

[4] 判例集

Bulletin des arrêts de la Cour de Cassation.

Gazette du Palais. (Gazette と略記)

Juris Associations.

Recueil Dalloz. (Dalloz と略記)

Recueil décisions du Conseil constitutionnel.

Recueil Sirey. (Sirey と略記)

Répertoire général alphabétique du droit français.

[5] 司法統計

Annuaire de Ministère de la Justice -Compte général de l'administration de la justice criminelle, 1825-1901.

[6] 外国語文献

Agulhon, Maurice (1977) *Le cercle dans la france bourgeoise 1810-1848*, Librairie Armand Colin.

——— (1979) *La république au village*, Seuil.

——— (1984) *Pénitents et francs-maçons de l'ancienne Provence -essai sur la sociabilité méridionale*, Fayard.

——— (1988) "L'histoire sociale et les associations", *La Revue de l'économie sociale*, vol. 14, pp. 35-44.

Andrieu, Claire, Le Béguec, Gilles et Tartakowsky, Danielle (ed.) (2001) *Associations et champ politique*, Publications de la Sorbonne.

Archambault, Édith (1999) "Le secteur associatif en France et dans le monde", in : Bloch-Lainé, François (ed.), *Faire société*, Syros, pp. 11-33.

Barbet, Denis (1991) "Retour sur la loi de 1884 -la production des frontières du syndical et du politique", *Genèses*, vol. 3, pp. 5. -30.

Bardout, Jean-Claude (1991) *Les libertés d'association -Histoire étonnante de la loi 1901*, Editions Juris service.

——— (2001) "Hommage à Waldeck-Rousseau (1846-1904)", *juris associations*, n. 234, pp. 42-44.

Barthélemy, Martine (2000) *Associations : Un nouvel âge de la participation?*, Presses de Sciences Po.

Beaud, Olivier et Wachsmann, Patrick (ed.) (1997) *La science juridique française et la science juridique allemande de 1870 à 1918*, Presses Universitaires de Strasbourg.

Berthelemy, Henri (1920) *Traité élémentaire de droit administratif*, 9e éd, Rousseau. Cambridge U. P.

Blanc, Louis (1840) *Organisation du travail*, Prévot.

Bonald, Le vicomte de (1826) *Réflexions sur le mémoire à consulter de M. Le comte de Montlosier*, Beauck-Rusand.

Boré, Louis (1997) *La défense des intérêts collectifs par les associations devant les juridictions administratives et judiciaires*, L. G. D. J.

Borgetto, Michel (1993) *La notion de fraternité en droit public français*, L. G. D. J.

——— (1997) *La devise 〈Liberté, Égalité, Fraternité〉*, P. U. F.

Borgetto, Michel et Lafore, Robert (2000) *La République sociale*, P. U. F.

——— (2004) *Droit de l'aide et de l'action sociales*, Montchrestien.

Bossenga, Gail (1988) "La Révolution française et les corporations : Trois exemples lillois", *Annales ESC*, mars-avril, pp. 405-426.

Bouchardeau, France et Philippe (1981) *Histoire de la chambre de commerce de Valence -tome. 1 -La formation du patronat drômois au XIXe siècle*, Université des sciences sociales de Grenoble.

Bourdieu, Pierre (1986) "La force du droit. Éléments pour une sociologie du champ juridique", *Actes de la recherche en sciences sociales*, n° 64, pp. 3-19.

Bourgeois, Léon (1896) *Solidarité*, A. Colin.

Bourgin, Georges (1912) "Contribution à l'histoire du placement et du livret en France", *Revue politique et parlementaire*, janvier, pp. 105-126.

Brooke, Michael Z (1998) *Le Play -engineer & social scientist*, Transaction.

Buret, Eugène (1840) *De la misère des classes laborieuses en Angleterre et en France*, Paulin, [Document numérisé par BNF 1995].

Burstin, Haïm (1993), "La loi Le Chapelier et la conjoncture révolutionnaire", in : Plessis, Alain (ed.) *Naissance des libertés économiques -Le décret d'Allarde et la loi*

Le Chapelier, Institut d'Histoire de l'Industrie, pp. 63-75.
Carbonnier, Jean (2000) *Droit civil 1/Les personnes -Personnalité, incapacités, personnes morales*, P. U. F.
Carré de Malberg, Raymond (1920) *Contribution à la théorie générale de l'État*, tome. 1, Recueil Sirey.
Chambost, Sophie (2004) *Proudhon et la norme -Pensée juridique d'un anarchiste*, Presses Universitaires de Rennes.
Chanial, Philippe (2001) *Justice, don et association*, La découverte.
Chaptal, Jean-Antoine (1819) *De l'industrie française*, Antoine-Augustin Renouard.
Chatelard, Claude (1981) *Crime et criminalité dans l'arrondissement de St-Étienne au XIXème siècle*, Centre d'étude foréziennes.
Chevallier, Pierre (1975) *Histoire de la franc-maçonnerie française*, 3. vol, Fayard.
Chevallier, Jacques (1981) "L'association entre public et privé", *Revue du droit public.*, T. XCVII, n. 4.
Cheysson, Émile (1904) *La Famille, l'association et l'État*, Guillaumin.
Clère, Jean-Jacques (1993) "Le droit de pétition aux chambres de 1789 à nos jours", in : Clère, Jean-Jacques et autres (ed.), *1791 La première constitution française*, pp. 299-319.
Clunet, Édouard (1909) *Les associations au point de vue historique et juridique*, Marchal et Billard.
Commaille, Jacques (1994) *L'esprit sociologique des lois*, P. U. F.
Conseil constitutionnel (2001) *La liberté d'association et le droit -Centenaire de la loi du 1er juillet 1901*, Conseil constitutionnel.
Conseil d'État (1899) *Série d'études sur le droit d'association dans les législations étrangères*, Conseil d'État.
——— (2000a) *Rapport public 2000 -Jurisprudence et avis de 1999 -Les associations et la loi de 1901, cent ans aprés*, La documentation Française.
——— (2000b) *Les associations reconnues d'utilité publique*, La documentation Française.
Corbon, Anthime (1863) *Le secret du peuple de Paris*, Pagnerre [Document numérisé par BNF 1995].
Cottereau, Alain (1998) "Les Prud'hommes au XIXe siècle : une expérience originale de pratique du droit ", *Justice : Revue générale de droit processuel*, n. 8, pp. 9-21.
Cotterrell, Roger (1995) *Law's community*, Clarendon press.
Cougny, Gaston , Robert, Adolphe et Bourloton, Edgar (1889-1891) *Dictionnaire des parlementaires français comprenant tous les Membres des Assemblées françaises et tous les Ministres français depuis le 1er mai 1789 jusqu'au 1er mai 1889*, Bourloton.
CSA (2001) *L'image de la vie associative en France 1901-2001, Sondage exclusif*, INGEP.

Debré, Jean-Louis (1981) *La justice au XIXe siècle : les magistrats*, Perrin.

Delamare, Nicolas (1729) *Traité de la police*, Depens de la Compagnie.

Delécluse, Jacques (1985) *Les consuls de Rouen, marchands d'hier, entrepreneurs d'aujourd'hui : Histoire de la chambre de commerce et d'industrie de Rouen des origines à nos jours*, P'tit Normand.

Deslandres, Maurice (1932) *Histoire constitutionnelle de la France de 1789 à 1870*, 2. vol, Sirey.

Didry, Claude (2002) *Naissance de la convention collective*, Edition de l'EHESS.

Domat, Jean (1705) *Les loix civiles dans leur ordre naturel*, tome. 1, Chez Pierre Débats.

Donzelot, Jacques (1994) *L'invention du social*, Seuil.

Duclert, Vincent et Prochasson, Christophe (ed.) (2002) *Dictionnaire critique de la République*, Flammarion.

Ducrocq, Théophile (1874) *Cours de droit administratif*, 4e éd, t. 2, E. Thorin.

Dufour, Alfred (1983) "La conception de la personnalité morale dans la pensée de Maurice Hauriou et ses fondements philosophiques", *Quaderni Fiorentini*, 11/12, tome 2, pp. 685-719.

Duguit, Léon (1901) *L'Etat, le droit objectif et la loi positive*, A. Fontemoing.

——— (1913) *Les transformations du droit public*, Armand Colin.

——— (1920) *Les transformations générales du droit privé depuis le code napoléon*, 2ème éd, F. Alcan. (1er éd. 1912)

——— (1921) *Traité de droit constitutionnel*, t. 1, 2ème éd, Ancienne libr. Fontemoing. (1er éd. 1911)

Duprat, Catherine (1996, 1997) *Usage et pratiques de la philanthropie -Pauvreté, action sociale et lien social, à Paris, au cours du premier XIXe siècle*, 2. vol, Comité d'histoire de la sécurité sociale.

Durkheim, Émile (1971) *Le socialisme*, P. U. F.

Édition Francis Lefebvre (2002) *Mémento pratique, Associations, Fondations, Congrégations 2003-2004 juridique, fiscal, social, comptable*, Édition Francis Lefebvre.

Eric, Anceau (1999) *Dictionnaire des députés du Second Empire*, Presses Universitaires Rennes.

Esmein, Adhémar (1896) *Éléments de droit constitutionnel*, L. Larose.

Espinas, Alfred (1877) *Des sociétés animales, étude de psychologie comparée*, G. Baillière.

Ewald, François (1986) *L'État providence*, B. Grasset.

Festy, Octave (1915) *Les associations ouvrières encouragées par la deuxième République*, F. Rieder.

Fouillée, Alfred (1880) *La science sociale contemporaine*, Hachette.

Foulquier, Norbert (2003) *Les droits publics subjectifs des administrés -Émergence d'un concept en droit administratif français du XIXe au XXe siècle*, Dalloz.

Fournière, Eugène (1907) *L'individu, l'association et l'État*, F. Alcan.

Freedeman, Charles Eldon (1979) *Joint-Stock entreprise in France 1807-1867*, The University of North Carolona Press.

Frégier, Honoré Antoine (1840) *Des classes dangereuses de la population dans les grandes villes*, J. -B. Baillière, [Document numérisé par BNF 1995].

Gaillard, Jeanne (1965) "Les associations de production et la pensée politique en France (1852-1870)", *Le mouvement social*, vol. 52, pp. 59-84.

Garaud, Marcel (1953) *La Révolution et l'égalité civile*, Recueil Sirey.

Gaumont, Jean (1924) *Histoire générale de la coopération en France*, 2. vol, Féderation nationale des coopératives de consommation.

Gibaud, Bernard (1986) *De la mutualité à la sécurité sociale -conflits et convergences*, Les éditions ouvrières.

——— (1989) *Révolution et droit d'association au conflit de deux libertés*, Mutualité Française.

——— (1998) *Mutualité, assurances (1850-1914) Les enjeux*, Economica.

Gierke, Otto von (1868) *Das deutsche Genossenschaftsrecht*, Erster Band, Weidmann.

——— (1887) *Die Genossenschaftstheorie und die deutsche Rechtsprechung*, Weidmann.

——— (1895) *Deutsches Privatrecht*, Erster Band, Leipzig.

Godechot, Jacques (1985) *Les institutions de la France sous la Révolution et l'Empire*, P. U. F.

Gossez, Rémi (1967) *Les ouvriers de Paris -L'organisation 1848-1851*, Centrale de l'ouest.

Grange, Annie (1993) *L'apprentissage de l'association 1850-1914*, Mutualité française.

Gras, L. -J. (1910) *Histoire du commerce local et des industries qui s'y rattachent dans la région stéphanoise et forézienne*, Théolier.

Grimaud, Louis (1944) *Histoire de la liberté d'enseignement en France*, t. 1, B. Arthaud.

Gueslin, André (1998) *L'invention de l'économie sociale*, Economica.

Gurvitch, Georges (1932) *L'idée du droit social*, Bar-Le-Duc.

Halpérin, Jean-Louis (2001) *Histoire du droit privé français depuis 1804*, P. U. F.

Hamel, Karine (2001) "Les effets de la loi de 1901 dans le champ associatif à Elbeuf", in : (Andrieu, Le Béguec et Tartakowsky (ed.)), pp. 505-521.

Hauriou, Maurice (1893a) *Précis de droit administratif*, Larose et Forcel.

——— (1893b) "Les Facultés de droit et la sociologie ", *Revue générale du droit*, pp. 289-295.

——— (1897) *Précis de droit administratif et de droit public general*, 3ème éd., L.

Larose.
——— (1898) "De la personnalité comme élément de la réalité sociale", *Revue générale du droit, de la législation et de la jurisprudence en France et à l'étranger*, tome 22, pp. 5-23, pp. 119-141.
——— (1899) *Leçons sur le mouvement social*, L. Larose.
——— (1906) "L'institution et le droit statutaire", *Recueil de Législation de Toulouse*, 2ème série, tome 2, pp. 134-182.
——— (1907) *Précis de droit administratif et du droit public général*, 6ème éd, Larose et Tenin.
——— (1916) *Principes de droit public*, 2ème éd., Sirey.
——— (1917) "Notice sur les œuvres de Léon Michoud", *Annales de l'Université de Grenoble*, tome 29, pp. 1-54.
——— (1919) *Précis de droit administratif et de droit public*, 9ème éd., Sirey.
——— (1923) "La liberté politique et la personnalité morale de l'État", *Revue trimestrielle de Droit civil*, pp. 331-346.
——— (1925a) "La théorie de l'institution et de la fondation (essai de vitalisme social)", *Cahiers de la Nouvelle Journée* (*La Cité moderne et les transformation du droit*), vol. 4, pp. 1-45.
——— (1925b) *Précis de droit administratif et de droit public*, 12ème éd., Dalloz.
——— (1929) *Précis de droit constitutionnel*, 2ème éd., Sirey.
Hayem, Henri (1911) *Les sociétés civiles*, Dalloz.
Helin, Jean-Claude et Hostiou, René (ed.) (1984) *Les Associations, l'environnement et le droit*, Economica.
Hilaire, Jean (1986) *Introduction historique au droit commercial*, P. U. F.
Hirsch, Jean-Pierre (1993) "L' 《effet-Le Chapelier》 dans les pratiques et les discours des entrepreneurs français jusqu'aux années 1860 ", in : Plessis, Alain (ed.) *Naissance des libertés économiques -Le décret d'Allarde et la loi Le Chapelier*, Institut d'Histoire de l'Industrie, pp. 159-166.
Huard, Raymond (1996) *La naissance du parti politique en France*, Presses de la fondation nationale des sciences politiques.
Jarno, C. L. M (1873) *Droit français des associations illicites*, Thèse de droit, Université de Rennes.
Jaume, Lucien (2001) "Une liberté en souffrance : l'association au XIXe siècle", in : (Andrieu, Claire, Le Béguec, Gilles et Tartakowsky, Danielle (ed.)), pp. 75-100.
Jaurès, Jean (1927) *Histoire socialiste de la Révolution Française*, 6. vol, Librairie de l'humanité.
Kalaora, Bernard et Savoye, Antoine (1989) *Les inventeurs oubliés -Le Play et ses continuateurs aux origines des sciences sociales*, Champ Vallon.
Lafargue, Jérôme (1998) *La protestation collective*, Nathan.

Lalouette, Jacqueline et Machelon, Jean-Pierre (ed.) (2002) *1901 Les congrégations hors la loi?*, Letouzey et Ané.

Lamy, Étienne (1899) *Le droit d'association -Étude, notes et rapports*, X. Rondelet.

Lascoumes, Pierre, et Poncela, Pierrette (1998) *Réformer le Code pénal : où est passé l'architecte?*, P. U. F.

Le Bon, Gustave (1895) *Psychologie des foules*, F. Alcan, [Document numérisé par BNF 1995].

Lefebvre-Teillard, Anne (1985) *La société anonyme au XIXe siècle*, P. U. F.

——— (1996) *Introduction historique au droit des personnes et de la famille*, P. U. F.

Le Goff, Jacques (2004) *Du silence à la parole -Une histoire du droit du travail des années 1830 à nos jours*, Presses Universitaires de Rennes.

Lemay, Edna Hindie (1991), *Dictionnaire des Constituants 1789-1791*, Universitas.

Léon XIII (1897) Encyclique "Rerum novarum" ou de la condition des ouvriers, in : Blanc, Abbé Élie, *Études sociales*, Emmanuel Vite.

Le Play, Frédéric (1855) *Les ouvriers européens*, Impr. Impériale.

——— (1864) *La réforme sociale en France*, 2. vol, Henri Plon.

——— (1870) *L'organisation du travail*, Tours, [Document numérisé par BNF 1995].

Leroy, Michel (1992) *Le mythe jésuite -De Béranger à Michelet*, P. U. F.

Linditch, Florian (1997a) *Recherche sur la personnalité morale en droit administratif*, L. G. D. J.

——— (1997b) "La réception de la théorie allemande de la personnalité morale de l'Etat dans la doctrine française", in (Beaud, Olivier et Wachsmann, Patrick (ed.) 1997), pp. 179-217.

Louis, Blanc (1840) *Organisation du travail*, Prévot.

Machelon, Jean-Pierre (1976) *La République contre les libertés?*, Presses de la Fondation nationale des sciences politiques.

Mandon, Daniel (1976) *Les barbelés de la culture -Saint-Étienne Ville ouvrière*, Federop.

Marat, Jean Paul (1967) *Marat dit l'ami du peuple : collection complète du journal*, vol. 19, Society for Reproduction of Rare Books.

Martin-Saint-Leon, Étienne (1897) *Histoire des corporations de metiers*, Guillaumin.

——— (1922), *Histoire des corporations de métiers*, 3ème éd., F. Alcan.

Mathiez, Albert (1931) "Les corporations ont-elles été supprimées en principe dans la nuit du 4 août 1789?", *Annales historiques de la Révolution française* VIII.

Matthys, Jean-Claude (1993) "La philosophie politique du Marquis de Vareilles-Sommieres -Doyen de la Faculté Catholique de Droit de Lille de 1875 à 1905", *Revue d'histoire des facultés de droit et de la science juridique*, n. 14, pp. 43-91.

Mayeur, Jean-Marie (1968) *L'Abbé Lemire, 1853-1928, un prêtre démocrate*, Caster-

man.
——— (1984) *La vie politique sous la Troisième République 1870-1940*, Seuil.
——— (1986) *Catholicisme social et démocratie chrétienne*, Cerf.
Merlet, Jean-François (2000) *Une grande loi de la troisième république : la loi du 1er juillet 1901*, Thèse de l'université de Paris II. vol 2.
——— (2001) *Une grande loi de la troisième république : la loi du 1er juillet 1901*, L. G. D. J.
Mescheriakoff, Alain-Serge et Moncef Kdhir, Marc Frangi (1996) *Droit des associations*, P. U. F.
Mestre, Achille (1899) *Les personnes morales et le problème de leur responsabilité pénale*, Thèse de l'université de Paris.
Meynial, Ed. (1892) "Note sur la jurisprudence de la cour de cassation du 23 février 1891", *Sirey*, t. 1, pp. 73-75.
Michoud, Léon (1895, 1896) "De la responsabilité de l'État à raison des fautes de ses agents", *Revue du droit public et de la science politique en France et à l'étranger*, pp. 401-429, pp. 1-31.
——— (1899) "La notion de personnalité morale", *Revue du droit public et de la science politique en France et à l'étranger*, pp. 5-32.
——— (1900) "La création des personnes morales", *Annales de l'Université de Grenoble*, tome XII, n. 1, pp. 1-45.
——— (1914) "La théorie de la personnalité morale dans l'œuvre de Raymond Saleilles", in : Thaller, M. E (ed.), *L'œuvre juridique de Raymond Saleilles*, Rousseau, pp. 299-337.
——— (1924) *La théorie de la personnalité morale -son application au droit français*, 2 vol, L. G. D. J, (1er éd. 1906)
Ministère du commerce et de l'industrie, des postes et des télégraphes (1899-1904) *Les associations professionnelles ouvrières*, 4. vol.
Monnier, Raymonde (1994) *L'espace publique démocratique*, Kimé.
Montlosier, le Comte de (1826) *Mémoire à consulter sur un système religieux et politique, tendant à renverser la religion, la société et le trone*, Ambroise Dupont et Roret.
Morange, Jean (1977) *La liberté d'association en droit public français*, P. U. F.
Mousnier, Roland (1996) *Les institutions de la France sous la monarchie absolue 1598-1789*, 2. vol, P. U. F.
Multon, Hilaire (2002) "Les assomptionnistes et la loi de 1901", in (Lalouette, Jacqueline et Machelon, Jean-Pierre (ed.)), pp. 171-183.
Napoli, Paolo (1997) "〈Police〉 et 〈Polizei〉: deux notions à l'âge libéral", in : Olivier Beaud et Patrick Wachsmann (ed.), *La science juridique française et la science juridique allemande 1870 à 1918*, Presses Universitaire de Strasbourg, pp. 79-100.

Nicolet, Claude (1994) *L'idée républicaine en france* (*1789-1924*), Gallimard, (1er éd., 1982)

Nisbet, Robert A (1984) *La tradition sociologique*, P. U. F.

Nourrisson, Paul (1915) "Les tentatives de restauration des corporations sous Napoléon premier", *La Réforme sociale*, série. 7, t. 10, pp. 194-163.

——— (1920) *Histoire de la liberté d'association en France depuis 1789*, 2. vol, Libraire du Recueil Sirey.

——— (1928) *Histoire légale des congrégations religieuses en France depuis 1789*, 2. vol, Libraire du Recueil Sirey.

Olivier-Martin, Fr (1938) *L'organisation corporative de la France d'ancien régime*, Libraire du Recueil Sirey.

Ollivier, Émile (1864) *Rapport au nom de la commission du corps législatif, Débat parlementaire*, t. 4, pp. 60-71.

Ozouf, Mona (1989) *L'homme régénéré -Essai sur la Révolution française*, Gallimard.

Patault, Anne-Marie (1988) "La Declaration des Droits de l'homme et du citoyen et la nature juridique de la personne morale", in : Vovelle, Michel (ed.) *La Revolution et l'ordre juridique privé -rationalité ou scandale?*, P. U. F, pp. 151-159.

Pisier-Kouchner, Evelyne (1983) "La notion de personne morale dans l'œuvre de Léon Duguit", *Quaderni Fiorentini*, 11/12, tome 2, pp. 667-684.

Planiol, Marcel (1900) *Traité élémentaire de droit civil conforme au programme officiels*, tome 1, F. Pichon.

——— (1925) *Traité élémentaire de droit civil conforme au programme officiels*, tome 1, 10ème Édition, L. G. D. J.

Pothier, Robert-Joseph (1829) "Traité du contrat de société", *Œvres de Pothier, contenant les traités du droit français*, tome VI, H. Tarlier.

Poujol, Geneviève (1978) *La dynamique des associations 1844-1905*, CNRS, Centre d' études sociologiques.

——— (1988) "Les créations d'associations dans une nouvelle problématique privé/public", *La Revue de l'économie sociale*, vol. 14, pp. 109. -114.

Rangeon, François (1986) "Société civile : Histoire d'un mot", C. U. R. A. P. P, *La société civile*, P. U. F, pp. 9-32.

Rémond, René (1999) *L'anticléricalisme en France de 1815 à nos jours*, Fayard.

Renard, George (1930) *La théorie de l'instutition. Essai d'othologie juridique*, Recueil Sirey.

Ripert, George (1951) *Aspects juridiques du capitalisme moderne*, L. G. D. J.

Rivet, Auguste (1944) *Traité des congrégations religieuses 1789-1943*, SPES.

Robin, Pierre et Glayroux, Alain (1995) *Mémoires et Traditions ouvrières -Contribution à l'histoire du syndicalisme en Lot-et-Garonne*, l'Union départementale CGT de Lot-et-Garonne.

Roche, Daniel (1989) "Révolution de salon -de l'ancien régime à la révolution", *Le Monde de la Révolution française*, n. 2.
Rosanvallon, Pierre (1985) *Le moment Guizot*, Gallimard.
——— (1989a) "Un droit à reprendre", *Le Monde de la Révolution française*, n. 2.
——— (1989b) "Corporations et corps intermédiaires", *le débat*, n. 57 novembre-décembre, pp. 190-194.
——— (1990) *L'État en france de 1789 à nos jours*, Seuil.
——— (1992a) *La crise de l'État-providence*, Seuil.
——— (1992b) *Le sacre du citoyen -Histoire du suffrage universel en France*, Gallimard.
——— (1994) *La monarchie impossible : Les chartes de 1814 et de 1830*, Fayard.
——— (2004) *Le modèle politique français -La société civile contre le jacobinisme de 1789 à nos jours*, Seuil.
Sacriste, Guillaume (2002) *Le Droit de la République (1870-1914)*, Thèse de Paris 1.
Saint-Simon, Claude-Henri de Rouvroy (1964) L'organisateur, in : *Œuvres de Saint-Simon et d'Enfantin*, T. XX, Otto Zeller, [Document numérisé par BNF 1995], (1er éd. 1830).
Salamon, Lester M, Sokolowski, S. Wojciech and List, Regina (2003) *Global Civil Society, Overview*, Johns Hopkins Center for Civil Society Studies.
Saleilles, Raymond (1910) *De la personalité juridique -histoire et théories*, Rousseau.
Savoye, Antoine (1992) "Le Play et la théorie du patronage", in : Luciani, Jean (ed.), *Histoire de l'Office du travail (1890-1914)*, Syros, pp. 27-50.
Sée, Henri (1951) *Histoire économique de la France*, Armand Colin.
Sirot, Stéphane (2002) *La grève en France*, Odile Jacob.
Sorlin, Pierre (1966) *Waldeck-Rousseau*, Armand Colin.
Sorreau, Edmond (1931) "La loi Le Chapelier", *Annales historiques de la Révolution française*, janvier/février, pp. 287-314.
Soubiran-Paillet, Francine (1993a) "Aux origines de la peur des groupements professionnels au XIXe siècle", *Revue historique*, n° 585, *pp. 149-168*.
——— (1993b) "Comportements des autorités repressives à l'égard des corps professionnels en France de 1791 à 1830", *Déviance et Société*, vol. 17, n. 1, pp. 1-17.
——— (1999) *L'invention du syndicat (1791-1884) -Itinéraire d'une catégorie juridique*, L. G. D. J.
Soubiran-Paillet, Francine et Pottier, Marie-Lys (1996) *De l'usage professionnel à la loi (Les chambres syndicales ouvrières parisiennes de 1867 à 1884)*, L'Harmattan.
Sue, Roger (2001) *Renouer le lien social -Liberté, égalité, association*, Odile Jacob.
——— (2003) *La société civile face au pouvoir*, Presses de sciences po.
Supiot, Alain (1994) *Critique du droit du travail*, P. U. F.
Tanguy, Yann (1985) "Associations et représentation dans la conception institution-

nelle de Maurice Hauriou", in : D'arcy, François (ed.) *La représentation*, Economica, pp. 195-209.

Thompson, EP (1993) *Customs in Common*, Penguin.

Tilly, Charles (1986) *La France conteste -de 1600 à nos jours*, Fayard.

Touchard, Jean (1998) *Histoire des idées politiques, Tome. 2, -Du XVIIe siècle à nos jours*, P. U. F.

Tournier, Maurice (1998) "Quand un mot en cache d'autres : le vocabulaire de" l'Association "en 1848", *Cahiers pour l'analyse concrète*, n. 39-40, pp. 59-76.

Troisier de Diaz, Anne (1985) *Regards sur Émile Ollivier*, Publications de la Sorbonne.

Trouillot, Georges et Chapsal, Fernand (1902) *Du contrat d'association -Commentaire de la loi du 1er juillet 1901 et des réglements d'administration publique du 16 août suivant*, Bureaux des lois nouvelles.

Tulard, Jean (1976) *Paris et son administration* (*1800-1830*), Ville de Paris (Commission des travaux historiques, sous-commission de recherches d'histoire municipale contemporaine).

——— (1989) "Les débats autour du rétablissement des corporations sous le Consulat et l'Empire.", in : *Histoire du droit social : Mélanges en hommage à Jean Imbert*, P. U. F, pp. 537-541.

Van den Heuvel, Jules (1884) *De la situation légale des associations sans but lucratif en France et en Belgique*, G. Pedone-Lauriel.

Vareilles-Sommières, Marquis de (1900) *La Personnalité morale*, Extrait de la "Revue de Lille", Arras-Paris.

——— (1902) *Les personnes morales*, F. Pichon.

Vidal, Dominique (2003) *Droit des sociétés*, L. G. D. J.

Villermé, Louis René (1840) *Tableau de l'état physique et moral des ouvriers des manufactures de coton, de laine*, 2. vol, J. Renouard.

Waldeck-Rousseau, René (1902) *Associations et congrégations*, Eugène Fasquelle.

Wey, François (1848) *Manuel des droits et des devoirs -Dictionnaire démocratique*, Paulin et Le chevalier.

Worms, René (1896) *Organisme et société*, V. Girad et E. Brière.

[7] 翻訳文献 ＊引用に際しては，原典を参照しながら，訳文を修正したものもある．

アギュロン，モーリス（1989）『フランス共和国の肖像：闘うマリアンヌ 1789-1880』阿河雄二郎他訳（Agulhon, Maurice, *Marianne au combat*, Flammarion, 1979）

アレント，ハンナ（1994）『人間の条件』志水速雄訳，ちくま学芸文庫（Arendt, Hannah, *The Human Condition*, Chicago University Press, 1958）

ウォルツァー，マイケル（2001）『グローバルな市民社会に向って』石田淳他訳，日本経済評論社（Walzer, Michael, *Toward a Global Civil Society*, Berghahn Books, 1995）

オズーフ，モナ（1995）「公共精神」同他編『フランス革命事典 2』阪上孝訳，みすず書房（Ozouf, Mona, "Esprit public", in : Ozouf, Mona et Furet, François (ed.), *Dictionnaire critique de la Révolution française*, Flammarion, 1988）

カント，イマニュエル（1961）『純粋理性批判（上）』篠田英雄訳，岩波文庫（Kant, Immanuel, *Kritik der reinen Vernunft*, 1781）

ゲッペルト，テオドール編（1947）『基督教と社会再建：レオ十三世・ピオ十一世回勅』エンデルレ書店

ゲニフェー，パトリス（1995）「選挙制度」オズーフ他編『フランス革命事典 2』阪上孝訳（Gueniffey, Patrice, "Suffrage", in : Ozouf, Mona et Furet, François (ed.), ibid.）

ゲニフェー，パトリス，アレヴィ，ラン（1995）「クラブと民衆協会」フュレ他編『フランス革命事典 1』牟田和恵訳，みすず書房（Gueniffey, Patrice et Halévi, Ran, "Culbs et Sociétés populaires", in : Ozouf, Mona et Furet, François (ed.), ibid.）

ゴデショ，ジャック（1986）『反革命：理論と行動 1789 1804』平山栄一訳，みすず書房（Godechot, Jacques, *La contre-révolution -Doctrine et action 1789-1804*, P. U. F, 1961）

コルバン，アラン編（2000）『レジャーの誕生』渡辺響子訳，藤原書店（Corbin, Alain (ed.), *L'avènement des loisirs (1850-1960)*, Aubier, 1995）

サヴィニー，フリードリッヒ・カール・フォン（1996）『現代ローマ法体系第二巻』小橋一郎訳，成文堂（Savigny, Friedrich Carl von, *System des heutigen römischen Rechts*, Zweiter Bnad, Veit, 1840）

サン・シモン（1980）「産業者の教理問答」坂本慶一訳『オウエン　サン・シモン　フーリエ　世界の名著』中央公論（*Œuvres de Saint-Simon et d'Enfantin*, t. 47, Dentu, 1865-1867）

シェイエス，アベ（1950）『第三階級とは何か』大岩誠訳，岩波書店（Sieyés, Abbé Joseph Emmanuel, *Qu'est-ce que le tiers état?*, 1789）

シャルチエ，ロジェ（1994）『フランス革命の文化的起源』松浦義弘訳，岩波書店（Chartier, Roger, *Les origines culturelles de la Révolution française*, Seuil, 1990）

――――（1999）「表象としての世界」二宮広之編訳『歴史・文化・表象：アナール派と歴史人類学』岩波書店（Chartier, Roger, *Le monde comme représentation*, 1990）

シュヴァリエ，ルイ（1993）『労働者階級と危険な階級』喜安朗他訳，みすず書房（Chevalier, Louis, *Classes laborieuses et classes dangereuses à Paris, pendant la première moitié de XIXe siècle*, Plon, 1958）

デュルケム，エミール（1968）『自殺論』宮島喬訳，中央公論社（Durkheim, Émile, *Le suicide*, 1897）

――――（1974）『社会学講義』宮島喬・川喜多喬訳，みすず書房（Durkheim, Émile, *Leçons de sociologie*, P. U. F, 1950）

――――（1989）『社会分業論（上）（下）』井伊玄太郎訳，講談社学術文庫（Durkheim, Émile, *De la Division du travail social*, F. Alcan, 1893）

トクヴィル，アレクシス・ド（1987）『アメリカの民主政治（上）（中）（下）』井伊玄太郎訳，

講談社学術文庫（Tocqueville, Alexis de, *De la Démocratie en Amérique*, 4. vol, Pangnerre, 1848, [1er ed. 1835 et 1840]）
――――（1988）『フランス二月革命の日々：トクヴィル回想録』喜安朗訳，岩波書店（Tocqueville, Alexis de, *Souvenirs de Alexis de Tocqueville*, C. Lévy, 1893）
ニコレ，クロード（1975）『フランスの急進主義：大革命精神の系譜』（Nicolet, Claude, *Le radicalisme*, P. U. F, 1974）
ハードン，ジョン・A 編著（1982）『現代カトリック事典』浜寛五郎訳，エンデルレ書店
ハーバーマス，ユルゲン（1994）『公共性の構造転換』細谷貞雄・山田正行訳，未来社（Harbermas, Jürgen, *Strukturwandel der Öffentlichkeit*, Surkamp, 1990）
――――（2002, 2003）『事実性と妥当性：法と民主的法治国家の討議理論にかんする研究（上）（下）』河上倫逸，耳野健二訳，未来社（Harbermas, Jürgen, *Faktizität und Geltung -Beiträge zur Diskurstheorie des Rechts und des demokratischen Rechtsstaats*, Suhrkamp, 1992）
フュレ，フランソワ（1989）『フランス革命を考える』大津真作訳，岩波書店（Furet, Francois, *Penser la Révolution française*, Gallimard, 1985）
――――（1995）「ジャコバン主義」同他編『フランス革命事典 2』河野健二訳，みすず書房（Furet, François, “Jacobanisme”, in : Ozouf, Mona et Furet, François (ed.), ibid.）
プルードン，ピエール・ジョゼフ（1980）「一九世紀における革命の一般的理念」『プルードン　バクーニン　クロポトキン』猪木正道他訳編，中央公論社（Proudhon, P.-J, *Idée générale de la révolution au XIXe siècle*, Garnier frères, 1851）
ヘーゲル，G. W. フリードリッヒ（1967）「法の哲学」藤野渉・赤澤正敏訳『ヘーゲル　世界の名著』中央公論社（Hegel, Georg Wilhelm Friedrich, *Grundlinien der Philosophie des Rechts*, 1821）
マルクス，カール（1996）『ルイ・ボナパルトのブリュメール一八日』植村邦彦訳，太田出版（Marx, Karl, *Der 18. Brumaire des Loui Bonaparte*, 1852）
――――（1968）『資本論第一巻』マルクス＝エンゲルス全集刊行委員会訳，大月書店（Marx, Karl, *Das Kapital*, 1867）
ミケル，ピエール（1990）『ドレーフュス事件』渡辺一民訳，白水社（Miquel, Pierre, *L'affaire Dreyfus*, P. U. F, 1959）
ミシュレ，ジュール（1968）『ミシュレ　世界の名著』桑原武夫編集　中央公論社（Michelet, Jules, *Histoire de la Révolution française*, 1833-）
リーデル，マンフレート（1990）『市民社会の概念史』河上倫逸・常俊宗三郎編訳，以文社（Riedel, Manfred）
ルソー，ジャン・ジャック（1954）『社会契約論』桑原武夫・前川貞次郎訳，岩波文庫（Rousseau, Jean Jacques, *Du contrat social*, 1762）
――――（1979）「演劇に関するダランベール氏への手紙」『ルソー全集第八巻』西川長夫訳，白水社（Rousseau, Jean Jacques, *Lettre à D'Alembert sur les spectalcles*, 1758）
ローグ，ウィリアム（1998）『フランス自由主義の展開　1870-1914』南充彦他訳，ミネルヴ

ァ書房（Logue, William, *From Philosophy to Sociology*, Northern Illinois University Press, 1983）

［8］ 日本語文献

相本宏（1984）「法人論」星野英一編『民法講座第1巻　民法総則』有斐閣：131-175頁
雨宮孝子（1998）「民法100年と公益法人制度」公益法人8月号：10-15頁
安藤隆穂（1995）「フランス思想史研究における『公論』の概念」経済科学（名古屋大学）42巻4号：83-89頁
安藤隆穂編（2003）『フランス革命と公共性』名古屋大学出版会
石川健治（1999）『自由と特権の距離』日本評論社
石川裕一郎（1996, 1997）「フランス伝統主義における中間団体：ド・ボナールの社会理論(1)(2)(3)」早稲田大学法研論集78号：1-22頁，79号：1-18頁，81号：1-29頁
石原司（1966）「急進派とその政治行動」山本桂一編『フランス第三共和制の研究』有信堂：1-143頁
石部雅亮（1986）「サヴィニーの法人論をめぐる諸問題(1)」法学雑誌32巻4号：33-80頁
磯部力（1985）「オーリウ」伊藤正己編『法学者　人と作品』日本評論社：123-129頁
———（1990）「モーリス・オーリウの行政法学」兼子仁・磯部力・村上順『フランス行政法学史』岩波書店：225-436頁
井手伸雄（1970）「一八四八年における『コルポラシオン』の語義」史淵103号：107-129頁
———（1978）「職人組合と職業紹介所」立正西洋史1巻：1-19頁
稲本洋之助（1968）『近代相続法の研究』岩波書店
———（1972）「フランス革命と『営業の自由』」高柳信一・藤田勇編『資本主義法の形成と展開1巻』東京大学出版会：179-243頁
———（1985）『フランス家族法』東京大学出版会
井上すず（1969）「ジャコバン独裁の政治構造(1)(2)(3)」国家学会雑誌82巻3・4号：167-216頁，5・6号：373-431頁，9・10号：726-768頁
———（1991）「フランス革命とフランスの政治的伝統」年報政治学（1990）：43-60頁
井上武史（2004）「結社の自由保障の理念と制度：フランス結社法における個人と結社(1)(2)」法学論叢155巻4号：76-103頁，156巻1号：91-117頁
今関源成（1982）「レオン・デュギ，モーリス・オーリウにおける『法による国家制限』の問題(1)(2)」早稲田法学57巻2号：31-64頁，58巻1号：105-141頁
上垣豊（1998）「立憲王政下フランスにおけるイエズス会神話」史林81巻3号：41-76頁
内田貴（1994）『民法Ⅰ　総則・物権総論』東京大学出版会
内野正幸（1992）『社会権の歴史的展開』信山社
宇野重規（1998）『デモクラシーを生きる：トクヴィルにおける政治の再発見』創文社
海老原明夫（1990）「法人の本質論(1)(2)(3)」ジュリスト950号：12-13頁，952号：10-11頁，954号：12-13頁
大村敦志（1998）「フランス法における契約と制度」北村一郎編『現代ヨーロッパ法の展望』

東京大学出版会：275-294 頁
———— (2001)『基本民法 I　総則・物権総論』有斐閣
———— (2002)『フランスの社交と法』有斐閣
———— (2003a)「法人―基礎的な検討」法学教室 270 号：44-49 頁
———— (2003b)「『結社の自由』の民法学的再検討・序説」NBL 767 号：54-63 頁
大和田敢太 (1995)『フランス労働法の研究』文理閣
岡田与好 (1973)「市民革命と『経済民主化』」岡田与好編『近代革命の研究（上）』東京大学出版会：251-285 頁
———— (1987)『経済的自由主義』東京大学出版会
荻村慎一郎 (2004)「フランスにおける団体訴訟と訴訟要件」法学協会雑誌 121 巻 6 号：81-163 頁
小田中直樹 (1995)『フランス近代社会　1814-1852』木鐸社
川島武宜 (1950)「市民社会における法と倫理：民法を中心として」『法社会学における法の存在構造』日本評論社：97-182 頁
———— (1962)『民法（三）』有斐閣
喜多川篤典 (1963)「法人理論の問題性」東京大学社会科学研究所編『社会科学の基本問題下巻』東京大学出版会：31-58 頁
木下賢一 (2000)『第二帝政とパリ民衆の世界』山川出版社
喜安朗 (1994a)『近代フランス民衆の「個と共同性」』平凡社
———— (1994b)『夢と反乱のフォブール』山川出版社
小泉洋一 (2005)『政教分離の法：フランスにおけるライシテと法律・憲法・条約』法律文化社
河野健二編 (1979)『資料フランス初期社会主義』平凡社
小谷眞男 (1992)「教皇回勅“Rerum novarum”とその成立過程：〈カトリック家族論〉研究の基礎作業」社会科学研究 44 巻 3 号：151-185 頁
小林亜子 (1990)「『POLICE』としての『公教育』:『祭典』のユートピアと『学校』のユートピアピア」谷川稔編『規範としての文化』平凡社：197-240 頁
小山勉 (1998)『教育闘争と知のヘゲモニー』御茶の水書房
コリン・コバヤシ編 (2003)『市民のアソシエーション：フランス NPO 法 100 年』太田出版
近藤和彦 (1990)「モラル・エコノミーとシャリヴァリ」柴田三千雄編『シリーズ世界史への問い 6　民衆文化』岩波書店：17-44 頁
齋藤純一 (1987)「政治的公共性の再生をめぐって：アーレントとハーバーマス」藤原保信・三島憲一・木前利秋編『ハーバーマスと現代』新評論：255-274 頁
阪上孝 (1981)『フランス社会主義』新評論
作田啓一 (1974)「プルードンの社会理論」河野健二編『プルードン研究』岩波書店：23-55 頁
作道潤 (1980，1981)「19 世紀フランスにおける株式会社制度の発展 (1807-1867) (1)(2)」神戸学院経済学論集 12 巻 3 号 45-88 頁，13 巻 1・2 号：159-206 頁

笹倉秀夫（1979）『近代ドイツの国家と法学』東京大学出版会
佐藤岩夫（2006）「国家・社会関係：市民セクターの発展と民間非営利法制」東京大学社会科学研究所編『「失われた10年」を超えてⅡ：小泉改革への時代』東京大学出版会：107-141頁
篠塚昭次（1975）「法人論争の終結」『論争民法学2』成文堂：246-257頁
柴田三千雄（1983）『近代世界と民衆運動』岩波書店
社会思想史の窓刊行会編（1989）『アソシアシオンの想像力』平凡社
杉原泰雄（1971）『国民主権の研究』岩波書店
高草木光一（1994，1995）「ルイ・ブラン『労働の組織』と七月王政期のアソシアシオニスム（上）（下）」三田学会雑誌87巻3号64-84頁，同巻4号：38-59頁
高作正博（2001，2003，2004）「フランスにおける〈association〉と〈pouvoir〉(1)(2)(3)」琉大法学65号65-82頁，69号39-71頁，71号：1-32頁
高橋和之（1986）『現代憲法理論の源流』有斐閣
高村学人（2004）「フランス都市法における『近隣』と『アソシアシオン』の役割：パリ市における事例調査から」原田純孝・大村謙二郎編『現代都市法の新展開：持続可能な都市発展と住民参加　ドイツ・フランス』ISS Research Series N. 16：183-213頁
竹中幸史（2005）『フランス革命と結社：政治的ソシアビリテによる文化変容』昭和堂
多田道太郎・山田稔（1959）「革命と芸術」桑原武夫編『フランス革命の研究』岩波書店：389-455頁
田中拓道（1998）「西洋政治思想史におけるE. デュルケム：『社会』概念による『政治』観の再構成の試み(1)(2)」北大法学論集49巻2号207-257頁，3号：171-221頁
――――（2004）「フランス福祉国家論の思想的考察」社会思想史研究28号：53-68頁
――――（2006）『貧困と共和国：社会的連帯の誕生』人文書院
田中治男（1970）『フランス自由主義の生成と展開』東京大学出版会
谷川稔（1983）『フランス社会運動史：アソシアシオンとサンディカリズム』山川出版社
――――（1997）『十字架と三色旗：もうひとつの近代フランス』山川出版社
田端博邦（1972）「フランスにおける『労働の自由』と団結」高柳信一・藤田勇編『資本主義法の形成と展開2』東京大学出版会：135-190頁
――――（1979）「ヴィシィ体制下の産業・労働統制：『労働憲章』を中心に」東京大学社会科学研究所編『ファシズム期の国家と社会5：ヨーロッパの法体制』：191-234頁
――――（1985）「フランスにおける社会保障制度の成立過程」東京大学社会科学研究所「福祉国家」研究会『福祉国家2』東京大学出版会：113-168頁
田原音和（1983）『歴史のなかの社会学：デュルケームとデュルケミアン』木鐸社
田村理（1997）『フランス革命と財産権』創文社
遅塚忠躬（1986）『ロベスピエールとドリヴィエ』東京大学出版会
塚本一郎・古川俊一・雨宮孝子編著（2004）『NPOと新しい社会デザイン』同文館
津田内匠（1990a）「フランス革命とフランス経済学」経済研究（一橋大学）41巻1号：1-10頁
――――（1990b）「フランス革命と産業主義」成城大学経済研究所年報3巻：5-65頁

恒藤武二（1955）『フランス労働法史』日本評論新社
徳永千加子（1991）「修道会規制法の発展と結社の自由」早稲田政治公法研究 36 号：185-219 頁
富永茂樹（1979）「トクヴィルにおけるアソシアシオンの概念」ソシオロジ 23 巻 3 号：1-17 頁
――――（2005）『理性の使用：ひとはいかにして市民となるのか』みすず書房
長井伸仁（1991）「十九世紀のパリ警視庁」西洋史学 164 巻：36-52 頁
中上光夫（1979）「19 世紀末におけるフランスの共済組合（上）（下）」三田学会雑誌 72 巻 4 号：63-93 頁，同巻 5 号：62-79 頁
中木康夫（1975）『フランス政治史（上）』未来社
中村紘一（1970）「ル・シャプリエ法研究試論」早稲田大学法学会誌 20 号：1-44 頁
中村秀一（1989）「サン＝シモン教と普遍的アソシアシオン：サン＝シモン派」（社会思想史の窓刊行会編）：31-79 頁
中村睦男（1973）『社会権法理の形成』有斐閣
名和田是彦（1987）「ドイツ近代公法学の基本的性格に関する一試論」森際康友・桂木隆夫編『人間的秩序』木鐸社：145-181 頁
西川知一（1977）『近代政治史とカトリシズム』有斐閣
西谷敏（1987）『ドイツ労働法思想史論：集団的労働法における個人・団体・国家』日本評論社
二宮宏之（1995）「フランス絶対王政の統治構造」『全体を見る眼と歴史家たち』平凡社：158-221 頁
二宮宏之編（1995）『結びあうかたち：ソシアビリテ論の射程』山川出版社
能見善久（2003）「団体論・法人論の現代的課題　総論」NBL 767 号：8-11 頁
野田良之（1972）『フランス法概論　上巻』有斐閣
――――（1975）「会社という言葉について」『現代商法学の課題・鈴木竹雄古稀記念（中）』：689-717 頁
野村啓介（2002）『フランス第二帝制の構造』九州大学出版会
橋本博之（1998）『行政法学と行政判例：モーリス・オーリウ行政法学の研究』有斐閣
長谷川正安（1991）「『人権宣言と日本』によせて」法律時報 63 巻 4 号：65-70 頁
花田達朗（1996）『公共圏という名の社会空間：公共圏，メディア，市民社会』木鐸社
浜田豊（1981）「一九〇一年法における結社の自由と修道会の規制」明治大学大学院紀要法学篇 18 集：195-206 頁
樋口陽一（1989a）『自由と国家』岩波書店
――――（1989b）『権力・個人・憲法学』学陽書房
――――（1993）『比較憲法［全訂第三版］』青林書院
――――（1994）『近代国民国家の憲法構造』東京大学出版会
――――（2001）「『からの自由』をあらためて考える　一九〇一年結社法（フランス）一〇〇周年の機会に」法律時報 73 巻 10 号：93-95 頁
――――（2004）『国法学』有斐閣

廣田明（1990）「フランス革命以後における中間集団の再建：ル・プレェ学派を中心として」土地制度史学127号：1-15頁
福井憲彦編（2006）『アソシアシオンで読み解くフランス史：結社の世界史③』山川出版社
福地俊雄（1998）『法人法の理論』信山社
星野英一（1967）「いわゆる『権利能力なき社団』について」法学協会雑誌84巻9号：1-86頁
槇原茂（2002）『近代フランス農村の変貌：アソシアシオンの社会史』刀水書房
松村文人（2000）『現代フランスの労使関係』ミネルヴァ書房
三阪佳弘（2000，2001）「フランス第三共和政初頭における司法改革(1)(2)」龍谷法学33巻2号：29-89頁，33巻1号：84-124頁
水町勇一郎（2001）『労働社会の変容と再生』有斐閣
水林彪（1997）「西欧近現代法論の再構成」法の科学26巻：84-96頁
宮崎揚弘（1994）『フランスの法服貴族：18世紀トゥルーズの社会史』同文館
宮島喬（1977）『デュルケム社会理論の研究』東京大学出版会
村上淳一（1964）『ドイツの近代法学』東京大学出版会
———（1980）『ゲルマン法史における自由と誠実』東京大学出版会
———（1985）『ドイツ市民法史』東京大学出版会
村田尚紀（2005）「フランスにおけるアソシアシオンの自由：1901年7月1日法までとそれから」日仏法学23号：25-58頁
本久洋一（1993）「フランスにおける『労働契約』の誕生・準備的諸考察」早稲田法学会誌43巻：385-436頁
———（1995）「十九世紀フランスの就業規則」早稲田法学70巻3号：191-271頁
山口俊夫（1978）『概説フランス法（上）』東京大学出版会
———（1983）「フランス法における意思自治理論とその現代的変容」法学協会編『法学協会百周年記念論文集第3巻』有斐閣：211-248頁
———（2004）『概説フランス法（下）』東京大学出版会
山口俊夫編（2002）『フランス法辞典』東京大学出版会
山田誠一（1991）「フランスにおける法人格のない組合」日仏法学17巻：105-132頁
山本桂一（1969）『フランス企業法序説』東京大学出版会
山元一（1993，1994）「〈法〉〈社会像〉〈民主主義〉(1)(2)(3)(4)(5)」国家学会雑誌106巻1・2号：1-53頁，同5・6号：46-105頁，同9・10号：1-49頁，107巻3・4号：74-130頁，同9・10号：147-205頁
———（2002）「憲法院の人権保障機関へのメタモルフォーゼ：結社の自由判決」フランス憲法判例研究会編『フランスの憲法判例』信山社：141-146頁
吉田克己（1997）『フランス住宅法の形成：住宅をめぐる国家・契約・所有権』東京大学出版会
吉田静一（1962）『フランス重商主義論』未来社
米谷隆三（1969）『米谷隆三選集（第一巻）』「米谷隆三選集」刊行会
我妻栄（1965）『新訂民法総則（民法講義Ⅰ）』岩波書店

あとがき

「国というものに対してその輪郭やアイデンティティを与えてくれる法律が実際には存在する．1901年7月1日のアソシアシオン契約に関する法律は，疑いなくそのような法律である．」

シラク大統領は，アソシアシオン法制定百周年を祝う憲法院での式典の開幕演説を以上のような言葉から始めた．この言葉は，現在のフランス社会におけるアソシアシオンの広がりが，「民主主義の学校」，「連帯の学校」として極めて貴重な役割を果たしており，この活動を支える法律が揺るぎない地位を今日の共和国において獲得するに至っていることへの称賛として発せられたものである．

しかし，この言葉には，このアソシアシオン法そのものが，フランスの「国家像」の特質を明確に表象しているということも含意されている．

本書では，このような視角から，この法の生成過程や構造を法社会学的に分析していくことを通じて，中間団体否認を徹底することによって近代を設計した〈共和国〉の論理，フランス近現代における「社会」の観念のされ方の特異性を探っていくという作業を行った．

*

私が，フランスにおける中間団体の問題をテーマに大学院で研究を開始した頃は，日本でもNPO法制定に向けた議論が熱を帯び，胎動しつつある新たなNPOを中核にした「新しい市民社会」，「公共圏」の成立可能性が盛んに論じられていた．私も，当初は，そのように勃興しつつあった「新しい市民社会」論に魅力を感じながら，世紀転換期に苦悩の中で産み出されたフランスのアソシアシオン法の成立過程の中に，「新しい市民社会」への「転換」をもたらした諸条件を探りだしていこうというモティーフで研究を進めていった．

とりわけ，デュルケムの方法論的集団主義による「社会」の把握方法に強く魅了されていた私は，集団意識を個々の構成員の意識の総和に還元しない「新たな社会学的な言説」が，法学者，結社罪の適用を担う警察行政官や裁判官，アソシアシオン法の立法者にどのように伝播し，影響を与えたのか，ということに関心を持ちながら，膨大なArchivesの解読に最初の留学で取り組むことになった．

しかし，研究を進めるにつれ，明らかになってきたのは，「国家」と「諸個人」しか措定しなかった革命期の社会像は，19世紀後半以降，確かに「修正」されて，「中間団体」の存在が積極的に認められるようになっていくものの，社会学においても法学説においても，集団意思そのものを実体化させ，それを「諸個人」に超越させるような理論構成，「国家」の政治的統合に果たす役割を否定するような理論構成は，決してメインストリームを形成することにならず，アソシアシオン法そのものも，アソシアシオンを諸個人の契約として構成し，アソシアシオンが強固な財政的基盤を獲得し，「国家」から自律した「新しい市民社会」を形成していくことには，なおも強い警戒感が持たれていたということであった．

アソシアシオン法の成立に「転換」を探ろうとしていた当初の研究の見通しとは異なり，むしろ，その法の構造やそれを正当化した言説の中に，中間団体否認というフランスの歴史的経路の影響の大きさを本書では確認することになった．

このように当初の見通しとは異なる事実が史料にあたればあたるほど明らかになっていき，研究の過程では，このギャップをどのように整理し，理解するか，ということに常に苦しまされた．本来なら，助手論文の作成のみが職務という最高の研究条件が与えられた東京大学社会科学研究所の助手時代に完了する予定の研究テーマであったが，自分でも納得のいく説明を獲得することができず，本書の成立には，かなりの時間がかかってしまった．

結局，ある程度の骨格ができあがってきたのは，二度目の留学機会が与えられて，オーリウの制度理論を中心に，フランスの法人学説におけるギールケ受容の問題に取り組む中で，社会学的な認識そのものを法学的認識に直結させなかったことにこそ，フランスの特徴があり，この特徴が，当時の独仏の「国家化」のあり方といった比較歴史社会学的要因から説明できるという認識を獲得した時であった．

アソシアシオンをめぐる議論に，現代の市民社会論に繋がるインプリケーションを安易に探し求めるのではなく，むしろその当時における「市民社会」観念のあり方，フランスの「国家像」の特異性を解明していくことが，現代のフランスの法と社会のあり方を認識する上でも肝要であり，今後の比較歴史法社会学研究の基礎になりうると考えるに至った．

フランスのアソシアシオン法を扱う本書から，より民主主義的でより連帯的な「新しい市民社会」を今日，切り拓いていくための示唆を得ることを期待された読者にとっては，ややすっきりとしない読了感が残るかもしれないが，本書が目指したのは，現代の実践的課題への処方を歴史に探し求めるのではなく，われわれが自明視している「市民社会」概念を法的側面から歴史的に洗い直すことで，より開かれた比較「市民社会」論への土台を築いていくことであった．

この試みが，どの程度，成功したのか，今は只，読者からの厳しいご批判を俟つことにしたい．

なお，本書の一部は，すでに公表した論文に加筆・修正を加えたものである．初出を示せば，以下の通りである．

第1部第1章　原題「フランス革命期における反結社法の社会像：ル・シャプリエの諸立法を中心に」早稲田大学法学会会誌（1998年）

第2部第1章　原題「ナポレオン期における中間団体政策の変容：『ポリスの法制度』の視点から」社会科学研究50巻6号（1999年）　＊日本法社会学会・学会奨励賞（論文部門）受賞

また，第3部第3章，第4章は，2001年3月に東京大学社会科学研究所に提出した助手論文を基礎にしているが，まったく原型を残しておらず，今回，一から書き改める必要があった．

なお，本研究の遂行に際しては，2002年度～2003年度の文部科学省の科学研究費（若手B）の補助金の交付も受けた．

＊

拙き出来とはいえ，本書をまとめることができたのは，多くの先生・学友からのご指導・励ましがあったからである．

私が法社会学という学問を志すようになったのは，楜澤能生先生の早稲田大学法学部での講義，ゼミを通じて，その魅力に惹きつけられたからである．中間団体論を研究テーマにしたのも，先生のゼミで，入会団体のフィールド調査や理論研究を行い，団体的法現象に強く興味を持ったからである．楜澤先生は，早稲田大学大学院での指導教授として私を研究の世界に導いてくださり，現在でもなにかとご厚情を賜っている．

東京大学社会科学研究所においては，原田純孝先生のご指導を賜ることができ，フランス法研究の本当の奥の深さと醍醐味を知ることになった．途中で何度も投げ出しそうになった研究をなんとかまとめることができたのは，原田先生の叱咤激励抜きにしてはありえない．先生は，本年，めでたく還暦を迎えられた．本書をこれまでのご指導の御礼の記しとしたい．

東京都立大学の先輩教授であった名和田是彦先生は，私が院生である頃からギールケの読書会を通じて団体法論の真髄をご教示して頂いただけでなく，その後も様々なフィールドへと同行させてくださり，私が自立した法社会学研究者として育っていくことに最もご配慮いただいている．

大学院時代においては，私の問題関心についてとことん議論に付き合ってくださった「〈市民社会〉と法」研究会の皆様，Ewald の読書会を主催してくださった今関源成先生，本久洋一先生，西洋法制史の集中講義を行ってくださった三成賢次先生にとりわけ大きな学恩をうけた．

東京大学社会科学研究所では，当時，所長として研究の場を保障してくださった廣渡清吾先生，先輩助手として何かと親切にしてくださった高橋裕氏，現在も非営利法人制度の比較研究プロジェクトにお誘い頂いている佐藤岩夫先生にとりわけお世話になった．

1999 年～2000 年（文部省在外研究員），2003 年～2004 年（都費派遣）の二回に渡ってフランス留学の機会が与えられ，思う存分，史料や稀書に当たることができたのは，本書の成立にとって不可欠な条件であった．

この二回の留学の受け容れ教授として多くの法社会学研究者が集うパリ郊外の Cachan の研究所に私を暖かく迎え入れてくれ，様々な研究者との出会いや報告・講義を行う機会を私に提供してくださった Jacques COMMAILLE 先生，私の研究計画書に詳細なアドバイスを与え，国立文書館で直接，史料分析方法をご教示してくださった Francine SOUBIRAN 先生，フランス社会学会での報告機会を与えてくださった Claude DIDRY 先生，良き議論相手，良き友人として家族ぐるみでお付き合い頂いているRomain MELOTさんに対してとりわけ御礼を記しておきたい.

また，パリでの留学生活は，多くの日本人研究者と知己を得て，ワイングラス片手に学問論を熱く論じるという貴重な時間を与えてもくれた．ここで一人ひとり名前を挙げることは控えさせて頂くが，皆が私に与えてくれた知的刺激と友情に感謝したい.

*

なお，私が現在，勤務する東京都立大学は，設置者である都の一方的な決定により，2010年度末に廃校となる運命にある．都立大学の学問的伝統に尊敬と愛着の念を抱いていた私は，この大学を破壊の上に成り立つ首都大学東京への就任を拒否することで，研究者としての尊厳を守るという選択を行った．すでに2005年4月から同じキャンパスに新大学である首都大学東京が開校し，都立大残留教員は，圧倒的な少数者になっている．困難な日々が続くが，この間，同じく首大非就任の選択を行った先生方，学外の研究仲間から，暖かいエールを送り続けてもらっていることに衷心からの感謝を記しておきたい.

また講義や演習の場で，本書の構想に熱心に耳を傾けてくれた都立大法学部の学生達にも深く感謝している.

勁草書房の徳田慎一郎氏には，原稿に丁寧に読んでいただき，有益なアドバイスを多く頂いた．徳田氏の精力的な編集作業にお礼申し上げたい.

*

最後に，私事で恐縮であるが，私を精神的に支えてくれている妻・美永子にも感謝したい．娘の誕生までに本書を書き上げるという約束があったからこそ，なんとか完成にこぎつけることができた．また，本書を亡き父・龍美に捧げることを許して頂きたい.

2006年10月

高村学人

法令索引

＊年月日は，法令の制定日を表わす.
＊括弧内は，各法令が本書の記述との関連で有した意味を記したもの.

1789年8月4日　封建的諸特権廃止のデクレ　30
1789年8月26日　人および市民の権利宣言　3, 31-32, 53, 56, 111-112, 202, 230
1789年11月2日　教会財産国有化のデクレ　53-55, 218
1790年2月13日　修道誓願禁止のデクレ　55-57
1790年8月16日　司法組織法（救貧税による劇場運営）　48
1790年11月13日　協会結成自由のデクレ　32, 34
1791年1月13日　スペクタクルに関するデクレ　48-50
1791年3月2日　ダラルド法　30-31, 33, 71
1791年5月18（10）日　請願権の制限に関するデクレ　38-43
1791年6月14日　ル・シャプリエ法　11, 19-20, 28, 33-38, 46-47, 60-64, 67, 69, 71, 83, 102, 170-171
1791年7月19日　市町村ポリスの組織化に関するデクレ　72
1791年9月3日－14日　1791年憲法　32, 50, 57-58
1791年9月27日　商業会議所の廃止　71
1791年9月29, 30日　民衆協会の活動制限に関するデクレ　38, 43-47
1792年8月18日　在俗修道会，信心会廃止のデクレ　57-60
1793年3月19日　公的救済の組織化に関するデクレ　61
1793年5月4日　穀物・パンの最高価格法　71
1793年6月28日　捨子・老齢者への救済組織設立のデクレ　61
1793年6月24日　1793年憲法　50, 60-61
1793年9月29日　総最高価格法　71
1793年11月3（4）日　財団資産の国有化法　61, 79
1793年12月4日　革命暫定政府の様式に関するデクレ（協会同士の横の連絡を禁止）　52
1794年4月15日　株式会社廃止のデクレ　3
1794年7月11日　救貧院，慈善事業施設の国有化のデクレ　61, 79
1795年8月22日　共和歴Ⅲ年憲法（結社の自由の制限）　52, 87
1795年8月23日　クラブ・民衆協会の廃止のデクレ　52
1796年2月27日　旧ジャコバンクラブ廃止の布告　87
1796年10月7日　救済院，施療院への財産返還の法律　79

1797年7月25日　政治結社の暫定的禁止法　87
1799年12月28日　宗教祭祀に関する布告　79
1801年10月11日　パン屋の職業団体復活の布告　77
1802年4月8日　宗教祭祀の組織化に関する法律　80
1802年9月30日　肉屋の職業団体復活の布告　77
1802年12月24日　商業会議所復活の布告　74-75
1803年4月12日　ジェルミナル法（製造業諮問院の創設，労働者のコアリシオンへの罰則強化，労働者手帳制度創設）　75, 83-84
1804年3月21日　フランス人の民法典（民事法の統一，法人の規定欠く）　69, 80-83, 241, 273, 277-284, 286
1803年12月1日　労働者手帳制度に関する布告　84-84
1804年6月22日　修道会の許可体制に関するデクレ　80
1806年3月18日　労働審判所の試験的設置に関する法律　85-86
1807年8月28日　商法典　123, 136, 160-162
1809年6月11日　労働審判所創設のデクレ　85-86
1810年2月2日　刑法典（結社罪，コアリシオン罪）　11, 67, 69-70, 83-93, 219, 265-266
1814年6月4日　復古王政の憲章　100-101
1814年6月10日　許可修道会の受領能力に関する王令　103
1816年5月8日　離婚制度廃止法　101
1817年1月2日　教会施設の受領能力に関する法律　103
1825年4月20日　涜聖禁止法　101
1825年4月27日　亡命貴族への賠償法　101
1825年5月24日　女子修道会法　102-108, 199, 272
1830年8月14日　七月王政憲章　108
1830年10月8日　政治犯への陪審制導入の法律　109-110
1834年4月10日　反結社法　109-117, 289
1848年2月26日　国立作業所開設のデクレ　134
1848年4月19日　クラブ結成の自由宣言　130
1848年7月5日　アソシアシオン助成法　134-138
1848年7月28日　クラブ・集会に関するデクレ（届出の義務化）　132
1848年11月4日　第二共和政憲法　128-133
1849年6月19日　反クラブ法　142-143
1849年11月27日　コアリシオン罪の修正に関するデクレ（労使の形式的平等）　169
1850年6月6日　反クラブ法の延長に関する法律　142
1850年7月15日　相互扶助組合法　143-144, 151-152, 184-185
1851年6月21日　反クラブ法の再延長に関する法律　142
1852年3月25日　結社罪，反結社法の復活のデクレ　144
1852年3月26日　相互扶助組合法　148-153
1855年4月30日　労働者手帳制度のデクレ　151

1856年7月11日　株式合資会社法　162-163
1863年5月23日　有限会社法　163-164
1864年5月25日　コアリシオン承認の法律　62, 169-174, 264
1867年7月24日　商法典の改正（株式会社の準則主義化，可変資本会社（協同組合）の法定）　164-168, 222
1868年6月6日　集会に関する法律（事前許可制）　197
1872年3月14日　反インターナショナル法　270, 289
1880年3月29日　イエズス会の解散，無許可修道会の解散のデクレ　198
1880年7月17日　カフェ，酒場開業の自由の法律　197
1881年6月16日　初等教育の無償化法（フェリー法）　198
1881年6月30日　集会の自由法　197
1881年7月29日　出版の自由法　197
1882年3月28日　ライシテと義務教育法（フェリー法）　198
1884年3月21日　職業組合法　67, 175-182, 222
1884年7月27日　離婚制度復活法　198
1886年10月30日　初等教育の組織化法　198
1893年8月1日　株式会社法の改正（民事的営利組合の商事会社への移行促進）　242
1898年4月1日　共済組合法　153, 182-185, 222
1901年7月1日　アソシアシオン法　1-4, 7-14, 136, 191-192, 222, 239-240, 267-318
1901年8月16日　アソシアシオン法施行令　294
1904年7月7日　教育修道会全廃の法律　299
1905年7月14日　老齢障害扶助法　185
1905年12月9日　政教分離法　300
1910年4月5日　退職年金法　185
1920年3月12日　職業組合の民事的権利能力拡張の法律　182
1939年4月12日　外国人結社に関するデクレ（事前許可制へ）　310
1940年9月3日　修道会の教育活動の自由化法　310
1940年8月13日　秘密結社解散の法律　310
1941年7月14日　結社解散命令権を政府に与える法律　310
1942年4月8日　修道会の結成の自由化法　310
1944年8月9日　法令復活のオルドナンス（アソシアシオン法復活）　311
1972年7月1日　反人種差別法（反人種差別団体に私訴権付与）　312
1973年12月27日　ロワイエ法（消費者団体に団体訴権付与）　312
1976年12月31日　都市計画法改正（認可アソシアシオンに訴権，参加権付与）　312
1976年7月10日　自然保護法（認可アソシアシオンに訴権，参加権付与）　312
1978年1月4日　民法典改正の法律（ソシエテが法人）　241
1987年7月23日　メセナ法　313
2001年7月1日　アソシアシオン憲章　317-318

索引

＊法令については，法令索引を参照のこと．

サ行

タ行

ナ行

ハ行

マ行

ヤ行

ラ行

ワ行

著者略歴

1973年　石川県に生まれる
1998年　早稲田大学大学院法学研究科博士課程中退
東京大学社会科学研究所助手，エコール・ノルマル・シュペリゥール・ドゥ・カシャン客員研究員を経て，
現　在　東京都立大学法学部助教授
論　文　「都市におけるコミュニティ型福祉政策と社会形成」原田純孝編『日本の都市法Ⅱ』東京大学出版会（2001年），「フランスにおける近隣住区の機能とその制度化」法社会学59号（2003年）ほか
訳　書　ジャック・コマイユ『家族の政治社会学：ヨーロッパの個人化と社会』（丸山茂と共訳）御茶ノ水書房（2002年）

アソシアシオンへの自由　〈共和国〉の論理

2007年2月23日　第1版第1刷発行

著　者　高村学人（たかむら がくと）

発行者　井村寿人

発行所　株式会社　勁草書房（けいそう）

112-0005 東京都文京区水道2-1-1　振替　00150-2-175253
（編集）電話 03-3815-5277／FAX 03-3814-6968
（営業）電話 03-3814-6861／FAX 03-3814-6854
大日本法令印刷・鈴木製本

ISBN978-4-326-40241-0　Printed in Japan